John R. Gillis
Mythos Familie

Dieses Buch ist Ben gewidmet, dessen Tod eine Welt zerstört hat, und Tina, Chris und Kathy, deren Liebe eine neue aufbaut.

John R. Gillis

Mythos Familie

Auf der Suche nach der eigenen Lebensform

Aus dem Amerikanischen von Sonja Hauser

BELTZQUADRIGA

Titel der Originalausgabe:
John R. Gillis
A World of Their Own Making.
Myth, Ritual, and the Quest for Family Values
© 1996 by BasicBooks, New York

© 1997 Beltz Quadriga Verlag, Weinheim und Berlin
Lektorat: Claus Koch
Herstellung: Iris Walther
Umschlaggestaltung: Federico Luci, Mailand
Umschlagphotos: oben: Image Bank, Frankfurt, unten: AKG, Berlin
Satz: Fotosatz Horst Kopietz, Hemsbach
Druck und Bindung: Druckhaus Beltz, Hemsbach
Printed in Germany
ISBN 3-88679-287-0

INHALT

Teil IV
Neue Zeiten, neue Orte:
Mythen und Rituale für eine globale Ära

PROLOG

Ich hätte nie gedacht, daß ich jemals ein Buch über Mythen und Rituale schreiben würde. Ich habe mir das Thema nicht ausgesucht, es hat sich mir sozusagen aufgedrängt. Wie die meisten Männer meiner Generation hielt ich die Bilder und Symbole, die die Grundlage meines Familienlebens bildeten, für selbstverständlich. Ich wurde als einziger Sohn 1939 geboren, heiratete Anfang der sechziger Jahre und wurde Vater zweier Söhne. Unter diesen Vorzeichen stellten sich mir die Familienwelten, die meine Mutter und meine Frau geschaffen hatten, als ganz natürlich dar, und von mir wurde nur hin und wieder ein Zeichen der Anerkennung erwartet. Doch nicht einmal das konnte ich immer geben, weil ich, wie die meisten beruflich stark geforderten Männer, Familientreffen und die weibliche Kontrolle, für die sie standen, haßte.

Vielleicht hätte ich die Rolle, die Mythen und Rituale in meinem Leben spielten, nie erkannt, wenn die behagliche Welt der Familie, die ich bewohnte, nicht Weihnachten 1991 in ihren Grundfesten erschüttert worden wäre. Wir hatten beschlossen, uns in jenem Jahr in Kalifornien zu treffen. Ich verbrachte gerade ein Forschungsjahr in Berkeley, wo auch meine Frau Tina beschäftigt war. Meine Mutter und Chris, einer unserer Söhne, stießen zu uns. Unser anderer Sohn Ben konnte nicht bei uns sein, weil er, nach erfolglosen Bemühungen, als Pilot in den Staatsdienst übernommen zu werden, nach Kenia zurückgekehrt war, um dort für eine kleine Chartergesellschaft zu fliegen. Der Höhepunkt des Tages war sein Anruf aus Mombasa. Dieser Anruf kam, als wir uns gerade zum Essen hinsetzen wollten; auf der anderen Seite der Erde war es bereits Abend. Ben erzählte, er habe den Weihnachtstag zusammen mit seiner Freundin Michelle und ihrem Labradorwelpen Beja am Indischen Ozean verbracht. Spät in der Nacht erhielten wir noch einen weiteren Anruf aus Afrika.

Es war Michelle, und sie sagte uns, Bens Maschine sei auf dem morgendlichen Flug nach Masai Mara abgestürzt. Es habe keine Überlebenden gegeben. In jenem Augenblick schwanden alle Vorhersagbarkeit, Ordnung und Bedeutung aus unserer Welt. Die Zukunft verlor ihre Wichtigkeit, und die Vergangenheit wurde ein Vakuum. Die Zeit hörte auf zu vergehen, wie sie es noch vor ein paar Stunden getan hatte, und unser Familienleben erschien uns plötzlich leer, auch wenn wir wie bisher weitermachten. In den folgenden Wochen bekamen wir Hunderte von Briefen und Botschaften aus Bens riesigem Freundeskreis. Michelle überführte seine Asche von Nairobi nach Amerika, und wir bereiteten für den Januar einen Gedenkgottesdienst in Princeton, New Jersey, unserem eigentlichen Heimatort, vor. Da wir keinem bestimmten Glauben angehören, sahen wir uns zum ersten Mal mit der Aufgabe konfrontiert, uns selbst ein Ritual zu schaffen, das an Bens Leben und Wirken erinnern würde.

Im Juli brachten Chris, Tina und ich seine Asche zu unserem Sommerhaus an der Küste von Maine. Dort hielten wir zu dritt eine zweite Feier ab. In Gegenwart von Freunden und Nachbarn, die Ben von Kindesbeinen an gekannt hatten, begruben wir seine Asche auf dem Inselfriedhof, inmitten der Gräber früherer Generationen, von denen viele ebenso vor der Zeit gestorben waren. Obwohl es bei beiden Gelegenheiten Momente gab, in denen wir nicht wußten, ob es uns gelingen würde, unsere eigenen Wünsche zu verwirklichen, entdeckten wir, indem wir alles so arrangierten, wie *wir* es wollten, eine gegenseitige Liebe, die wir zuvor nur selten ausgedrückt hatten und an der wir später nie mehr zweifeln sollten.

Wir schöpften Kraft aus unserer Art, uns an Ben zu erinnern, doch zusätzlich hielten wir noch fester an den alten Familienritualen fest. Allerdings halfen uns diese nicht dabei, den Schmerz zu lindern. Ich hatte den Eindruck, als breche meine kleine Welt in sich zusammen und erdrücke mich unter Träumen, die sich nun nicht mehr realisieren ließen, und Erinnerungen, die früher angenehm gewesen waren, jetzt aber unerträglich. In den folgenden Monaten sah ich in den Dingen, die zuvor für mich wichtig gewesen waren, darunter auch in meiner Arbeit, keinen Sinn. Und noch schlimmer: Der Schmerz schien einen Keil zwischen Tina und mich zu treiben. Nichts hatte mich darauf vorbereitet, wie sehr sich ihre frischen, lebendigen Erinnerungen von meinen flüchtigen und vagen unterschieden. Ihre Fähigkeit, selbst noch die kleinsten Details seiner Kindheit heraufzubeschwören, sollte mich eigentlich trösten, doch sie erinnerte mich nur daran, daß ich letztlich bloß ein Fremder gewesen war, im ersten Lebensjahrzehnt meiner Jungen so wenig Zeit für sie gefunden und sogar an dem Tag, an dem Ben zur Welt gekommen war, unterrichtet hatte. Meine Erinnerung an ihre späteren Jahre stimmte mit meinem wachsenden erzieherischen Engagement während ihrer Teenagerzeit überein, aber die Erkenntnis, wieviel mir entgangen war, erzeugte so starke Schuldgefühle in mir, daß ich größte Probleme hatte, überhaupt über Ben zu reden.

Gerade die Rituale, die dazu dienen sollten, uns enger aneinanderzuschmieden, drohten nun, uns auseinanderzureißen. Als dann Weihnachten 1992 und damit der erste Jahrestag von Bens Tod herannahte, hatten wir alle Angst, obwohl keiner von uns das zugegeben hätte. Schließlich sagte Tina, sie habe keine Lust auf die üblichen Weihnachtsfeiern, und ich mußte gestehen, daß es auch für mich leichter sein würde, Weihnachten ganz ausfallen zu lassen. Chris rettete letztlich die Situation, indem er sich bereit erklärte, statt des traditionellen Bratens sein Lieblingsrezept, ein vegetarisches Chili, zu kochen. Das Alte um etwas Neues zu bereichern, hatte eine wunderbare Wirkung auf uns alle. Der Bann war gebrochen, wir waren zum ersten Mal in der Lage, über Ben zu sprechen. Die Geschichten, die wir uns gegenseitig erzählten, hatten eine zutiefst heilende Wirkung. Statt über seine Abwesenheit zu trauern, spürten wir seine Gegenwart. Die Zeit begann wieder zu vergehen, und das vegetarische Weihnachtsessen ist eine Tradition geworden.

Wir spürten Bens Anwesenheit erneut: Im Sommer 1995, als Chris auf dem Rasen unseres Sommerhauses, mit Blick auf den Friedhof, Kathy Armstrong heiratete. Die Hochzeit, zu der zwei Familien ihren Beitrag leisteten, fand an einem Tag statt, der zuerst nach Gewitter aussah und in einem phantastischen Sonnenuntergang endete. Sie verlieh dem Sommerhaus eine weitere Bedeutungsebene und verband uns mit einer Vergangenheit, die wir nicht vergessen wollen, sowie mit einer Zukunft, in die uns eine neue Generation führen würde.

Neue Rituale haben die alten ersetzt. Sie sind noch mächtiger als die alten, weil sie das Produkt eines bewußten Aktes aller sind. Obwohl ich meiner Meinung nach noch immer nicht das gleiche Geschick wie Tina besitze, die Zeiten und Orte zu schaffen, an denen wir uns orientieren, bin ich mit meinen Bemühungen zufrieden. Ich bin und bleibe Rationalist, aber ich halte es nicht mehr für rational, die Dinge abzutun, die unserem Leben so offensichtlich Sinn verleihen. Die Herausforderung, wie ich sie nun sehe, besteht darin, die Angemessenheit unserer gegenwärtigen Mythen und Rituale zu hinterfragen und sie, wenn nötig, an unsere jeweiligen Lebensumstände anzupassen. Indem ich diese Geschichte der Familienkulturen schreibe, versuche ich, zu einem Prozeß der kulturellen Rekonstruktion beizutragen, den ich für wesentlich halte, nicht nur für die Zukunft unserer Familie, sondern auch für den Aufbau von menschlichen Gemeinschaften, die sich intensiver umeinander kümmern. Wenn andere, besonders Männer, durch die Lektüre des vorliegenden Buches zu einem tieferen Verständnis der Rituale und Mythen gelangen, an denen sich ihr Leben ausrichtet, für die sie selbst aber nur selten die Verantwortung übernehmen, betrachte ich meine Bemühungen als geglückt. Denn die Erkenntnis, daß das, was sie einmal als ganz natürlich erachtet haben, eigentlich historisch ist, wird sie – ähnlich wie mich – dazu bringen zu sehen, wie wichtig es ist, selbst an der Entwicklung neuer Familienkulturen teilzuhaben, die die Veränderlichkeit unserer Welt berücksichtigen und diese Welt für alle angenehmer machen.

Einleitung

*Unser Verständnis der Familie in der zeitgenössischen
amerikanischen Gesellschaft kann nur so groß sein wie unser
Wissen um das, was die Familie symbolisch für die Amerikaner
repräsentiert.*

Jane Collier, Michelle Rosaldo und Sylvia Yanagisako, Rethinking the Family[1]

* * *

Wir leben nicht nur in Familien, sondern sind auch davon
abhängig, daß sie die symbolische Arbeit verrichten, die
früher religiösen und kommunalen Einrichtungen zukam: Sie
stellen uns uns selbst gegenüber dar, wie wir uns gerne sehen
würden. Um es anders auszudrücken: Wir alle haben zwei
Familien, eine reale und eine ideale. Wir würden die beiden gern
zur Deckung bringen, doch das gelingt uns nicht. Nur zu oft legt
die reale Familie jenes selbstsüchtige, rivalisierende, entzweiende
Verhalten an den Tag, das wir normalerweise mit der freien
Marktwirtschaft und dem öffentlichen Leben in Verbindung
bringen. Sie ist oft fragmentarisch oder vorübergehender Natur
und somit weit weniger zuverlässig als die imaginäre, ideale
Familie, an der wir uns orientieren. Diese ideale Familie darf uns
nie im Stich lassen. Sie konstituiert sich aus Mythen, Ritualen und
Bildern und muß Schutz bieten, komme, was da wolle, auch wenn
das bedeutet, daß wir die Realität des Familienlebens mystifi-
zieren.

Heutzutage hat jede Familie ihre Mythen und Legenden, die sie
hochhält, einen Geschichtenerzähler sowie einen Archivar und
jemanden, der die Familienrituale und -erinnerungen bewahrt.
Eine mit mir befreundete Familie hat sogar ein Wörterbuch mit
eigenen Kosenamen und Aussprüchen erstellt, und zwar kurz

bevor die älteste Tochter einen jungen Mann aus völlig anderen Kreisen heiratete, damit dieser sich leichter in ihre Familienkultur einfügen konnte. Dieselbe Familie verfaßt auch jedes Jahr einen Weihnachtsbrief, der, genau wie die Millionen von anderen Karten, die jeden Dezember verschickt werden, weniger einen Bericht über die Ereignisse des vergangenen Jahres darstellt als ein sorgfältig niedergeschriebenes Kapitel der viel längeren Geschichte, die diese Familie für sich selbst aufbaut.

Solche Briefe sind heute so weit verbreitet, daß wir sie für selbstverständlich halten. Etwas ungewöhnlicher allerdings dürfte das monatliche Rundschreiben einer Frau aus New Jersey sein, die einen fortlaufenden Bericht über ihr eigenes sowie das Familienleben ihres früheren Ehemannes, seiner neuen Frau und deren Kinder erstellt. *The Ludwig Chronicle* wird nicht nur von den Familienangehörigen selbst, sondern von mehr als hundert Freunden und Bekannten gelesen, die die Schrift abonniert haben. Am Ende des zwanzigsten Jahrhunderts reicht es nicht, einfach ein Familienleben zu *haben*.

Mit einer Energie und Ernsthaftigkeit erforschen, dokumentieren, fotografieren, erzählen und nehmen wir heute unsere Familie auf Video auf, ja veröffentlichen sie, was frühere Generationen wahrscheinlich für peinlich und gänzlich überflüssig gehalten hätten. Aber sie brauchten ja auch, im Gegensatz zu uns, keine idealen Familien, nach denen sie sich ausrichten konnten.

Unsere Bemühungen, ideale Familien zu konstruieren und aufrechtzuerhalten, haben viele Formen, von denen wiederum eine ganze Menge erstaunlich ausgefeilt sind. Unser Wunsch, uns selbst nach außen hin zu repräsentieren, hat unsere Wohnzimmer in Familienporträtgalerien verwandelt und unsere Speicher in Archive. Unsere Häuser sind Minimuseen voller Erb- und Erinnerungsstücke der Familie. Zahlreiche Amerikaner und Europäer scheuen heutzutage weder Kosten noch Mühe, um einen zweiten Wohnsitz zu unterhalten, den sogenannten »Familiensitz«. Selbst wenn dieser den größten Teil des Jahres nicht genutzt wird, gibt seine bloße Existenz selbst für jene Familienmitglieder, die sich selten bis nie dort aufhalten, ein Gefühl der Sicherheit.

Diese imaginären Familien und mythischen Heimaten sind nicht weniger real als die in Volkszählungen erfaßten. Erst durch unsere Phantasie – unsere Bilder, Mythen und Rituale – erhält die Familie ihre Bedeutung. Die ideale Familie ist für uns genauso wichtig wie die reale Familie, heute mehr denn je. Nie zuvor kam der Familie größere kulturelle Bedeutung bei der Vermittlung zwischen Spannungen und Widersprüchen zu, die unser auf Wettbewerb, sofortige Erfüllung von Wünschen und amoralische Betrachtungen von Personen und Dingen aufgebautes politisches und wirtschaftliches System beinhaltet.[2] Da unsere moderne westliche Gesellschaft keinen anderen Platz für Werte wie Kooperation, Treue und moralische Rücksichtnahme gefunden hat, hat sie sie ins Reich der realen Familie verbannt, sie zu einer kulturellen Bürde gemacht, mit der die Mitglieder dieser häuslichen Gemeinschaften im Alltag nur schwer, wenn überhaupt, zurechtkommen.

Dies ist nicht das erste Mal, daß es der Familie nicht gelungen ist, die Werte zu repräsentieren, die man ihr zugeschrieben hat. Heutzutage ist oft die Rede vom Niedergang der Familie und der familiären Werte, was dazu führt, daß wir die gute Familie als »eine verlorene Welt« betrachten.[3] Diese Vorstellung steht jedoch auch im Mittelpunkt des Mythos von der idealen Familie. Es hat seit jeher Spannungen zwischen der realen und der idealen Familie gegeben. Unsere Zeit unterscheidet sich nur insofern von allen anderen, als jede Familie nun Schöpferin und Hüterin ihrer eigenen Mythen, Rituale und Bilder ist. In früheren Jahrhunderten fanden die Menschen ideale Familien im Kosmos oder in der Gemeinschaft, und diese idealen Familien befreiten sie von der Last, selbst Mythen und Rituale zu ersinnen. Außerdem waren sie längst nicht so sehr an ihr eigenes Haus gebunden wie wir und fühlten sich viel mehr in der Welt zu Hause, als wir es jemals könnten. Unsere heutige Familienkultur unterscheidet sich sehr

von allen vorangehenden, und unsere Besessenheit von Familienmythen, -ritualen und -bildern erklärt sich dadurch, daß wir keine
anderen Orte mehr haben, in die wir unsere tiefsten moralischen
Werte verbannen könnten.

Daraus ergibt sich der Wunsch, einen Teil der westlichen Familienkultur zu erzählen, der bisher nicht erzählt worden ist. Wir
sind ziemlich gut über die realen Familien der Europäer und
Nordamerikaner in den vorangegangenen Jahrhunderten infor-
miert, aber wir wissen nur wenig über ihre Vorstellungen von der
idealen Familie. Bis vor kurzem wurde die Familie als dem Reich
der Natur, nicht dem der Kultur, zugehörig gesehen, und deshalb
konnte man sich ihr nur über beobachtbare Verhaltensweisen
annähern. Folglich war die Familie die Domäne von Demographen, Soziologen und Psychologen, die mit Hilfe von Volkszählungen und Umfragen eifrig ihre meßbaren Dimensionen erfaßten. In den letzten Jahren haben sich Historiker diesen Bemühungen angeschlossen und ähnliche Methoden auf die Erforschung
der Vergangenheit angewandt, so daß wir nun ziemlich viel über
vergangene und gegenwärtige Haushalte wissen.

Das gleiche läßt sich allerdings nicht von den idealen Familien
behaupten, weil es für sie keine umfassende Kulturgeschichte des
westlichen Familienlebens gibt. Zwar haben sich zahlreiche Forscher mit der Familie beschäftigt, aber ihre Geschichte unterscheidet sich von der Geschichte der Mythen, Rituale und anderen kulturellen Praktiken idealer Familien. Die Mythen und Rituale
anderer Kulturen nehmen wir sehr ernst, doch wenn wir in
unserer eigenen Umgebung darauf stoßen, betrachten wir sie oft
als flüchtig. Sie sind so tief in unserem Alltagsleben verwurzelt,
daß sie praktisch unsichtbar bleiben oder – falls man sie bemerkt –
ins Reich der zeitlosen Folklore verbannt werden. Doch auch
diese kulturellen Praktiken haben Ursprünge, mit denen wir uns
beschäftigen müssen, wenn wir das Familienleben, wie wir es
heute erleben, verstehen wollen.

Die Familienkultur hat sich im Verlauf der letzten beiden Jahrhunderte im gleichen Maße verändert wie die symbolischen Systeme, mit deren Hilfe wir die Welt interpretieren. Mit dem Niedergang religiöser und kommunaler Kulturen, die in der Lage waren, Modelle für gutes Familienleben zu liefern, sind sowohl die Chance als auch die Last, Familienmythen, -rituale und -bilder zu schaffen, auf die häusliche Gemeinschaft selbst übergegangen. Heute ist jede Familie ihr eigenes symbolisches Universum, ihr eigener Kosmos, ihre eigene Gemeinschaft.[4] Im Regelfall beschäftigen sich eher die Frauen als die Männer mit den Ritualen. Aufbau und Genuß der modernen Familienkultur ist eine in hohem Maße geschlechtsbedingte Angelegenheit und Teil der komplizierten Beziehung zwischen Frauen und Männern in der zeitgenössischen westlichen Gesellschaft.

Es scheint mir an der Zeit zu sein, die Ursprünge und die Bedeutung der gedachten idealen Familie zu erforschen. Zu diesem Zweck muß man sich von den üblichen biologischen und soziologischen Ansätzen entfernen und sich statt dessen einer anthropologischen Perspektive zuwenden, die sich mit Bedeutung und Verhalten beschäftigt. Eine Kulturgeschichte der Familie muß sich mit den »stummen Sprachen« des Raumes und den »verborgenen Dimensionen« der Zeit auseinandersetzen, die unserer Aufmerksamkeit entgehen, wenn wir uns dem Objekt Familie zu direkt annähern und ihre symbolischen Dimensionen ignorieren.[5] Überzeugt davon, daß die Zahlen der Demographen und die Strukturen der Sozialgeschichtler nur einen Teil der Veränderungen im Verlauf der Jahrhunderte erfassen, habe ich mich in dem vorliegenden Buch daran gemacht, die Geschichte der gedachten idealen Familie im westlichen Kulturkreis von ihren Anfängen im ausgehenden Mittelalter bis zur Gegenwart zu rekonstruieren.

Der Mensch hat sich die gesamte schriftlich erfaßte Geschichte hindurch Bilder von der Familie zurechtgelegt. Die Familien, in die wir hineingeboren werden oder in die wir hineinheiraten, sind immer schon zu zerbrechlich gewesen, um das existentielle Bedürfnis nach Kontinuität, Zugehörigkeitsgefühl und Verwurzeltsein zu befriedigen. Möglicherweise verstärkt die einzigartige Zusammensetzung der westlichen Familie mit ihrer Betonung der Kleinfamilie die grundlegende Spannung zwischen der tatsächlichen Beschaffenheit von Familien und der von uns gewünschten – jedenfalls hat sich die gedachte ideale Familie des westlichen Kulturkreises nicht schon immer von denen anderer Kulturen unterschieden, sondern sich auch selbst im Lauf der Zeit verändert. Die Europäer bevölkerten Kosmos und Gemeinschaft vom ausgehenden Mittelalter bis zum späten achtzehnten Jahrhundert mit Bildern und Ikonen des guten Familienlebens. Religiöse und kommunale Mythen und Rituale versorgten sie mit einem Bewußtsein von Familie und Heim, das nichts mit den tatsächlichen häuslichen Gegebenheiten zu tun hatte. Erst in der Zeit des Viktorianismus – und anfangs hauptsächlich in der protestantischen Mittelschicht von Nordwesteuropa und Nordamerika – bauten Familien ihre eigenen Familienmythen, -rituale und -bilder auf. Die Viktorianer richteten eigene Familienzeiten und ein festes Zuhause ein und markierten so einen epochalen Wendepunkt im westlichen Familienleben. Heute nehmen unser Zuhause und unsere Familienzeiten, die es vor dem neunzehnten Jahrhundert noch gar nicht gegeben hatte, einen festen Platz in unserem Denken ein. Die Last, ein gutes Familienleben zu präsentieren, hat sich verschoben, und mit ihr die Bedeutung von Mutter-, Vater- und Kinderrolle. Früher wurde von Vater, Mutter und Kind nicht erwartet, daß sie ein Rollenmodell abgaben. Und nicht nur die Lebenden, sondern auch die Toten müssen sich in einem Zeitalter ohne kosmische und kommunale Ikonen dem Dienst an der gedachten idealen Familie unterwerfen.

Heutzutage besteht trotz der Unterschiede im Detail und unabhängig von Klasse, ethnischer Zugehörigkeit und geographischem Raum eine verblüffende Ähnlichkeit in bezug darauf, wie

Familienkultur praktiziert wird. Besonders auffallend sind die Ähnlichkeiten zwischen Nordwesteuropa und Nordamerika. Kulturelle Praktiken, die in der protestantischen Mittelschicht wurzeln, sind nun in allen Schichten und auch unter Katholiken und Juden gang und gäbe.[6] Jede Gruppe hat ihre eigenen Mythen und Rituale, aber sie ähneln sich alle in ihrer Funktion. Die Bedeutung der jüdischen Mutter entspricht der der italienischen Mama oder der englischen Mum. Auch die Art und Weise, wie Menschen in Nordwesteuropa und Nordamerika heutzutage über ihr Zuhause denken, unterscheidet sich kaum. Mittlerweile sehen die Menschen überall auf der Welt ihre Wurzeln in ihrem Haus oder ihrer Wohnung. Die Tatsache, daß jede Nationalität und ethnische Gruppe ihre Heim- und Familienkultur als einzigartig betrachtet, sollte uns nicht zu dem Irrglauben führen, daß sie sich grundsätzlich unterscheiden. Die Suche nach den Wurzeln, die zu einer Betonung der unterschiedlichen Ursprünge führt, ist zu einem universellen Merkmal des modernen Lebens geworden, doch wie bei so vielen anderen Dingen verbinden diese Unterschiede uns auch bei der Familie.

TEIL I

Andere Zeiten, andere Orte:
Die Bedeutung von Familie und Zuhause vor
der Neuzeit

DER MYTHOS VERGANGENER FAMILIEN

*Das starke Bewußtsein der Tradition ist ein modernes
Phänomen, das ein Bedürfnis nach Sitten und Gebräuchen in
einer durch ständige Veränderungen und Innovationen
gekennzeichneten Welt reflektiert. Die Hochachtung vor der
Vergangenheit ist so groß geworden, daß Traditionen, falls sie
noch nicht existieren, einfach erfunden werden.*

Witold Rybczynski, Home[1]

* * *

Viele Aspekte des modernen Familienlebens verändern sich;
das einzige, was sich nie zu ändern scheint, ist die Ansicht,
daß die Familie nicht mehr so ist wie früher. Bei uns gelten die
Familien der Vergangenheit nicht nur als stabiler, sondern auch als
authentischer als die heutigen. Damals – das war die Zeit, als die
Väter noch richtige Väter waren, die Mütter noch richtige Mütter
und die Kinder noch richtige Kinder. Die Familien der Vergangenheit werden meistens als einfacher und weniger problematisch
dargestellt. Wir stellen sie uns nicht nur als groß, sondern auch als
organisch gewachsen vor; wir meinen, sie seien nicht durch
Generationenkonflikte belastet gewesen, es habe engere Verbundenheit geherrscht und größere Achtung vor den Alten und vor
den Toten. Die Familien der Vergangenheit hatten angeblich
Wurzeln und eine Mitte; sie identifizierten sich mit bestimmten
Orten und achteten die Vergangenheit. Wir halten sie für »traditionell«, nicht nur, weil sie der Vergangenheit angehören, sondern
auch, weil sie unserer Ansicht nach auch eine engere Verbindung
mit ihr pflegten. Weil wir davon ausgehen, daß die vorherge-
den Generationen der Vergangenheit so große Bedeutung beimaßen, betrachten wir unsere eigenen Familienanlässe ganz ähnlich,

wie wir alte Möbel sehen, die uns vererbt worden sind: Sie haben einfach schon bessere Zeiten gesehen. Doch wie Antiquitäten gewinnen Familientraditionen durch die Zeit an Wert und werden heute als viel kostbarer erachtet als früher. Die meisten Leute sind ziemlich überrascht, wenn sie erfahren, daß unsere liebgewonnenen Familientraditionen relativ neuen Ursprungs sind. Die wenigsten von ihnen sind vor der Mitte des neunzehnten Jahrhunderts entstanden. Die protestantische Mittelschicht in Europa und Amerika, die Viktorianer, entdeckten als erste den Wert des Alten als einen solchen. Sie ersannen die moderne Vorstellung von Antiquitäten und schrieben auch als erste der Vergangenheit jene Authentizität zu, die wir heutzutage so bereitwillig akzeptieren.[2] Je mehr die Welt sich verändert, desto mehr versuchen wir, sie zu bewahren. Nie zuvor hat das alte Silber heller geglänzt, und noch nie hat man sich so viel Mühe gegeben, die alten Bräuche hochzuhalten. Keine Epoche der menschlichen Geschichte war so damit beschäftigt, Altes zu erhalten und zu restaurieren. Früher gehörte die Vergangenheit einzig und allein der Elite, die sie genauso bewahrte wie Ämter und Grund – ausschließlich für sich selbst. Heutzutage ist die Vergangenheit demokratisiert; wir haben alle Anspruch auf Geschichte. Was früher Luxus war, ist zur Notwendigkeit geworden. Frühere Privilegien haben sich zu Rechten gewandelt.

Die Gegenwart verleiht Antiquitäten ihren jetzigen Wert, und die Gegenwart verleiht auch der Familienvergangenheit ihre enorme Bedeutung. Die Einheit, Kontinuität, Verwurzelung und traditionelle Ausrichtung, die vergangenen Familien zugeschrieben wurden, zuerst von den Viktorianern und dann von allen folgenden modernen Generationen, gleichen der Tatsache, daß eine Gemeinschaft als in ständiger Auflösung begriffen gesehen wird. Auf beiden Seiten des Atlantiks bestand die Tendenz, sich eine bestimmte Zeit und einen bestimmten Ort als Inbegriff des menschlichen Zusammenlebens zu wählen – für die Amerikaner ist das die typische Neuengland-Ortschaft, für die Schweden sind es die Dörfer in der Darlana-Region, für die Deutschen die von Mauern geschützte Altstadt, für die Engländer die Dörfer der sogenannten Home Counties – der dann zum Inbegriff der traditionellen Gemeinschaft wurde. Alles, was darauf folgte, konnte nur noch als Zerstörung und Verlust empfunden werden.[3]

Der gleiche Mechanismus setzt ein, wenn wir von der Familie im traditionellen Sinn sprechen. Indem wir ein statisches Bild der Familie auf eine bestimmte Zeit der Vergangenheit und einen bestimmten Ort projizieren, verbinden wir jede Veränderung sofort mit »Niedergang« oder »Verlust«. Ironischerweise modernisieren wir unsere Vorstellung von der traditionellen Gemeinschaft und Familie von Zeit zu Zeit, so daß sich das Goldene Zeitalter immer wieder verschiebt. Für die Viktorianer zum Beispiel existierte die traditionelle Familie, die sie sich als zutiefst verwurzelt und ausgedehnt vorstellten, irgendwann vor der Industrialisierung und Verstädterung; die Menschen, die während des Ersten Weltkriegs erwachsen wurden, verbanden Tradition hingegen mit der Lebensform der Viktorianer. Heutzutage sind für uns die fünfziger und frühen sechziger Jahre die Zeit, in der Familie und Gemeinschaftsleben so beschaffen waren, wie wir es uns als ideal vorstellen.

Bilder der Vergangenheit helfen uns, die Hoffnung und Energie aufzubringen, die nötig sind, am Aufbau besserer Gemeinschaften und Familien für die Zukunft zu arbeiten. Doch wenn aus der Erinnerung an die Vergangenheit Selbstzweck wird, »reine Nostalgie«, dann degeneriert sie zu einer statischen Chimäre der Vergangenheit, die uns von der lebendigen Spontaneität der Gegenwart abschneidet und uns die Möglichkeit einer Zukunft versagt.[4]

Wenn wir aus den Neunzigern, einer Zeit steigender Scheidungsraten und wachsender Zahlen unehelicher Kinder, zurückschauen, empfinden wir die fünfziger Jahre wie einen Fels in der Brandung. Doch in Wahrheit war dieses Jahrzehnt voller Ängste um das Familienleben, besonders vor den Bedrohungen, die die neuen Jugendkulturen darstellten. In den Fünfzigern galt die Familie der Depressionszeit als Idealvorstellung, weil ihre Mitglieder loyal zueinanderhielten, um nicht unterzugehen.[5] Diejenigen wieder, die tatsächlich in den zwanziger und dreißiger Jahren gelebt hatten, hätten sich nicht wiedererkannt in den Mythen, die spätere Generationen um sie spannen, denn sie sahen sich selbst inmitten einer sexuellen Revolution.[6] Und die sogenannte »Lost Generation« fühlte sich völlig von der Vergangenheit abgeschnitten, die ihrer Meinung nach im Gegensatz zu ihrer eigenen Gegenwart stabil und nicht chaotisch gewesen war. Für sie stellte der Viktorianismus die Tradition dar. Doch wie wir bereits gesehen haben, waren die Viktorianer sich selbst alles andere als sicher, wenn es um die Familie ging. Sie machten sich große Sorgen über den aus der rapiden Verstädterung resultierenden Verlust des Gemeinschaftssinns und fühlten sich in ihrem eigenen Familienleben auch nicht geborgener als wir. 1851 blickte der Amerikaner Horace Bushnell voller Bedauern auf die Zeiten zurück, in denen die Familien »in Gänze in den Produktionsprozeß eingespannt waren, jung und alt, Mann und Frau, vom Jungen auf dem Ackergaul bis zur Großmutter, die mit der Brille auf der Nase strickte«.[7]

Die europäische Mittelschicht glaubte durchaus an den Fortschritt, doch genau wie die Amerikaner sah sie das Zeitalter des guten Familienlebens eher in der Vergangenheit als in der Zukunft. Auch vor dieser Zeit war das Gefühl der Nostalgie nicht unbekannt, aber es hatte sich zunehmend auf einen bestimmten Ort, nicht auf die Vergangenheit als solche konzentriert. Erst die Viktorianer brachten zum ersten Mal das Paradies mit ihren Wurzeln in Verbindung und nicht mit einer Bestimmung, und sie begannen, die Vergangenheit, besonders die Kindheit der Vergangenheit, in ein Ideal zu verwandeln.[8] »Gott hat jedem von uns sein eigenes Paradies gegeben, seine eigene Kindheit, über der der Glanz des Alten liegt – an der unser Herz hängt wie an einem Himmel auf Erden«, schrieb James Anthony Froude 1849 und baute damit ein Vorbild der Sehnsucht nach der Vergangenheit auf, das in der Mittelschicht westlicher Kulturen und hier wieder am ausgeprägtesten unter den Männern, besonders stark geworden ist.[9]

Die Viktorianer – oder genauer gesagt die protestantische Mittelschicht – waren die ersten, die die Vergangenheit als vergangen wahrnahmen. Da sie das Gefühl hatten, von der Zeit beraubt worden zu sein, nahmen sie frühere Generationen aus der Geschichte heraus, nannten sie »traditionell« und schrieben ihnen einen statischen, naturnahen Status zu. Sie stellten sich die Familien der Vergangenheit als groß und eng verbunden vor; ihrer Meinung nach umfaßten sie viele Angehörige und verschiedene Generationen; sie waren in einem Ort und einer Tradition verwurzelt und religiöser als sie selbst.[10] Von dieser starken Basis aus entwickelte sich – oder besser gesagt: degenerierte – alles, denn für die Viktorianer bot die Vergangenheit, genau wie für uns, das authentische Original des Familienlebens, so perfekt, daß sie nichts Besseres tun konnten, als darauf aufzubauen. Wie alle folgenden Versionen umfaßte auch die der Viktorianer überlebensgroße Väter und Mütter sowie immer artige Kinder.

Die Viktorianer der Mittelschicht waren nicht unbedingt die ersten, die sich eine verwendbare Familienvergangenheit ausdachten. Schon Jahrhunderte zuvor hatten Adels- und Patriziergeschlechter sich Stammbäume geschaffen. Doch vor dem neunzehnten Jahrhundert war die Genealogie ein ziemlich exklusives Unterfangen gewesen; nur sehr wenige Familien wußten über ihre Herkunft Bescheid, und noch weniger interessierten sich für die Geschichte der Familie im allgemeinen.[11] Die Arbeiterschicht zum Beispiel brachte keine allzu nostalgischen Gefühle für ihre Vergangenheit auf, denn bis vor kurzem ging es in ihrer Familiengeschichte vor allem um harte Zeiten und Kindheiten.[12] Die Viktorianer der Mittelschicht begannen damit, sich Traditionen für ihre eigenen Familien auszudenken, wurden jedoch schon bald zu Hütern der Tradition im allgemeinen. Bis 1900 hatten sie Hunderte von genealogischen und historischen Gesellschaften in Europa und Nordamerika ins Leben gerufen. Der Enthusiasmus für Familientraditionen breitete sich auf niedrigeren gesellschaftlichen Ebenen deutlich langsamer aus, doch bis zu den siebziger Jahren entwickelte sich die Suche nach den Wurzeln zu einer Massenbeschäftigung, und heutzutage weiß fast jede Familie über ihre Geschichte Bescheid. Die Kinder lernen in der Schule, ihre Familiengeschichte zu schätzen, Zeitschriften erklären uns, wie wir unsere Familientraditionen aufpolieren können, und Software-Programme ermöglichen es uns sogar, uns unseren eigenen Stammbaum zu konstruieren. Heute will jede Familie ihre eigene Geschichte und ihre eigene Tradition. Mit diesem neuen Familienbewußtsein geht ein neues ethnisches Bewußtsein einher, das die Einzigartigkeit der Identität einer jeden Gruppe betont, basierend auf der Einzigartigkeit der ihr eigenen Geschichte.

Trotz der Unterschiede gibt es auch Gemeinsamkeiten: Die »traditionelle Familie« weißer Mittelschichtamerikaner von der Ostküste unterscheidet sich nicht wesentlich von der der Juden, Deutschen und Mexikaner. Alle Modelle vergangener Familien konzentrieren sich auf Stabilität und Einheit, auf Verwurzeltsein und Kontinuität. Wenn Afroamerikaner sich erinnern, daß frühere Generationen kooperativer und fürsorglicher waren, unterscheiden sie sich nicht von asiatischen oder irischen Amerikanern. Auch nationale Vergleiche ergeben ein ähnlich einheitliches Bild. Die Vorstellung von den alten Siedlungen, die Schweden oder Polen haben, sind kaum anders als die der Kalifornier und Australier. Offenbar suchen wir im Grunde alle nach dem gleichen, einem beruhigenden Mythos von der Familienvergangenheit, der sowohl unseren gegenwärtigen Bedürfnissen als auch unseren Zukunftsplänen entgegenkommt.

Allerdings dürfen wir die gedachte ideale Familienvergangenheit nicht mit den realen Familien verwechseln, in denen die früheren Generationen lebten. Bis vor nicht allzu langer Zeit haben auch die Historiker nicht zwischen beiden unterschieden. In den letzten beiden Jahrzehnten jedoch haben demographische und sozialgeschichtliche Forschungen ein völlig neues Bild von den Familien der Vergangenheit ergeben, das auf eine viel größere Verhaltenskontinuität von vergangenen und gegenwärtigen Familien hinweist als bislang vermutet. Offenbar gehört das Gefühl der Fragmentierung, der Instabilität und mangelnden Kontinuität, das heute so stark ist, mindestens seit dem ausgehenden Mittelalter zur europäischen Erfahrung. Europäer, die nach Amerika auswanderten, brachten den Traum von einer fürsorglichen, kooperativen Gemeinschaft mit, waren aber nicht in der Lage, diesen Traum in dem neuen Land zu verwirklichen. Während des ganzen siebzehnten und achtzehnten Jahrhunderts blieben Einheit und Kontinuität innerhalb der Familie auf beiden Seiten des Atlantiks nur schwer erreichbar, und in den großen industriellen und politischen Umwälzungen des neunzehnten Jahrhunderts verschlimmerte sich dieser Zustand noch.

Die menschliche Fortpflanzung ist nie geradlinig verlaufen, und keine Gesellschaft hat bisher einen Weg gefunden, ihre Widersprüchlichkeiten auszuräumen. Unterschiedliche Völker gehen auf verwirrend vielfältige Weise damit um; im Lauf der Zeit haben sich nicht die Probleme selbst, sondern nur die Antworten darauf verändert. Die Fragen, mit denen sich die westliche Zivilisation im Verlauf der Jahrhunderte auseinandersetzen mußte, unterscheiden sich nicht wesentlich von denen, mit denen sich jede vorindustrielle Gesellschaft konfrontiert sieht, nämlich, wie sie mit der zerstörerischen Wirkung von hohen Sterblichkeits- und Fruchtbarkeitsraten sowie den mangelhaften, ungleichmäßig verteilten Ressourcen umgeht. Bis zu unserem Jahrhundert war kein Teil der Welt in der Lage, Todes- oder Geburtsraten zu kontrollieren oder soviel Wohlstand zu erzeugen, daß alle Familien darauf hoffen konnten, gleichmäßig an den Ressourcen teilzuhaben.

Wir wissen, daß Europa, besonders der nordwestliche Teil,

sich im Mittelalter von den bis dahin existierenden häuslichen Praktiken sowohl der klassischen mediterranen Welt als auch der germanischen Völker zu entfernen begann und so eine Entwicklung einleitete, die sich von den meisten Teilen der Welt unterschied.[13] Im Zentrum des einzigartigen europäischen Familiensystems, das so ganz anders war als die Familiensysteme in Afrika, Asien und dem präkolumbianischen Amerika, stand die auf monogamer Ehe basierende Kleinfamilie. Die erste »Regel« lautete, daß eine Heirat erst dann möglich war, wenn das Paar wirtschaftlich unabhängig war. »Wenn du verheiratet bist, solltest du dich, wenn möglich, mit deiner Frau allein ernähren können und in einer eigenen Familie leben«, riet William Whateley 1624 jungen Leuten in England.[14] Die ersten Siedler richteten sich außerdem nach seiner Maxime, »daß das Nebeneinander zweier Herrscher oder zweier Damen unter einem Dach meist nicht gutgeht und Unruhe unter allen beteiligten Parteien erzeugt«.[15]

Im südlichen und östlichen Europa herrschte weiterhin die Großfamilie vor, doch in Nordwesteuropa und den Teilen der Welt, in denen sich seine Bewohner niederließen, führte die Kleinfamilie zu einer zweiten Neuerung, einem relativ hohen Verehelichungsalter. Vom vierzehnten Jahrhundert an betrug das durchschnittliche Heiratsalter von Männern ungefähr sechsundzwanzig Jahre, und die Frauen gingen im allgemeinen mit dreiundzwanzig den Bund der Ehe ein – sie waren also nicht wesentlich jünger als die Männer, was wiederum einen deutlichen Unterschied zur restlichen Welt darstellte. Dieses Alter sank erst im ausgehenden achtzehnten Jahrhundert wahrnehmbar, blieb aber im Vergleich zu anderen Teilen der Welt immer noch hoch. Heute scheinen sich wieder die alten, seit fast sechs Jahrhunderten bestehenden Muster herauszubilden.

Die Verbindung zwischen später Heirat und Form des Haushalts führte zu zwei weiteren, für das westliche Familiensystem typischen Kennzeichen. Die Sitte der späten Heirat sorgte dafür, daß es eine große Auswahl unverheirateter junger Leute gab. Die meisten von ihnen hofften, irgendwann zu heiraten und einen eigenen Haushalt zu gründen, aber aufgrund der bescheidenen Lebensverhältnisse im Mittelalter und der frühen Neuzeit hatten nicht alle Gelegenheit dazu. Deshalb betrug der Anteil der lebenslang zölibatär Lebenden nie weniger als zehn Prozent und stieg manchmal sogar auf zwanzig Prozent an. Das stand in krassem Widerspruch zu anderen Weltgegenden, wo die Ehe mitunter universellen Charakter annahm. Die Ehe setzte sich als Form des Zusammenlebens im Westen erst im zwanzigsten Jahrhundert durch; jetzt, da wir uns einem neuen Jahrtausend annähern, scheinen sich die alten Muster der späten Verehelichung und sinkenden Heiratsziffern wieder herauszubilden.[16]

Nur die Reichen und Mächtigen hatten so etwas wie eine Ehegarantie, doch auch sie waren den hohen Kindersterblichkeitsraten unterworfen, die bis ins zwanzigste Jahrhundert andauerten.[17] Die durchschnittliche Lebenserwartung betrug vor dem zwanzigsten Jahrhundert ungefähr fünfundvierzig Jahre für beide Geschlechter; die Sterblichkeit war über alle Lebensalter gleichmäßig verteilt; die Sterblichkeitsrate betrug im ersten Lebensjahr zwischen fünfzehn und dreißig Prozent. Kaum die Hälfte der Kinder erlebte das zwanzigste Lebensjahr, und auch im mittleren Alter war das Leben alles andere als sicher. Erst im zwanzigsten Jahrhundert sank die Sterblichkeitsrate deutlich: Zwei Drittel der Lebensaltergewinne in der gesamten Menschheitsgeschichte fanden in den letzten hundert Jahren statt.[18]

Hohe Sterblichkeitsraten gingen immer mit großer Fruchtbarkeit einher. Um die Kinder zu ersetzen, die schon bald starben, mußten die Frauen der Vergangenheit ihr ganzes Eheleben mit Schwangerschaften verbringen. Vom vierzehnten bis zum neunzehnten Jahrhundert hatten verheiratete Frauen durchschnittlich vier bis sechs Kinder. Es wären vielleicht noch mehr gewesen, wenn das Heiratsalter nicht so hoch gewesen wäre oder die Frauen nicht gestorben wären oder irgendwann ihre körperlichen Grenzen erreicht hätten. Jedenfalls hielt sich das Bevölkerungswachstum in Europa und Nordamerika im Vergleich zur heutigen Dritten Welt, wo ein niedriges Heiratsalter und höhere Lebenserwartung zu sehr hohen Geburtenraten führen, in Grenzen.

Trotz des moderaten Bevölkerungswachstums in Europa hatten die Familien der Vergangenheit Probleme, alle Kinder aufzuziehen, was teilweise mit der hohen Elternsterblichkeit zusammenhing: In England waren vor der Mitte des neunzehnten Jahrhunderts siebzehn Prozent der Kinder im Alter von zehn Jahren vaterlos, siebenundzwanzig Prozent im Alter von fünfzehn. Peter Laslett schätzt, daß die Hälfte bis zwei Drittel aller jungen Frauen, wenn sie mit Mitte Zwanzig heirateten, bereits ihren Vater verloren hatten.[19] Deshalb verwundert es nicht, daß viele der Kinder nicht mehr in ihrer eigenen Familie lebten. Erstaunlich jedoch ist es, daß sogar Kinder, deren Eltern noch am Leben waren, schon sehr früh von zu Hause auszogen. Bei manchen geschah das bereits im Kindesalter, bei den meisten jedoch im Teenageralter. Praktisch alle jungen Leute wohnten und arbeiteten eine kürzere oder längere Zeitspanne außerhalb der Familie. David Herlihy schätzt, daß im Europa des späten Mittelalters und der frühen Neuzeit zwei Drittel bis drei Viertel der Gesamtbevölkerung einen Teil der Kindheit und Jugend an einem anderen Ort als der Ursprungsfamilie verbrachten.[20] In England lebte in der frühen Neuzeit ein Fünftel der Landbevölkerung in fremden Haushalten.[21]

Bei den Familienfremden handelte es sich nicht nur um Waisen, sondern auch um eine große Zahl von unverheirateten Dienern und Lehrlingen sowie verheirateten Erwachsenen, die durch Armut oder andere Umstände gezwungen waren, außer Haus zu arbeiten. Beim Tod des Partners heiratete der Überlebende im allgemeinen sofort wieder, um den Haushalt aufrechterhalten zu können, denn wenn eine Heirat nicht gelang, löste sich der Haushalt meist auf. Witwen und Witwer machten einen großen Teil der Erwachsenen aus, die nicht mehr in der Ursprungs- oder der eigenen Familie lebten.

So war der Drei-Generationen-Haushalt entgegen allgemeiner Ansicht ziemlich selten. Während des ganzen späten Mittelalters und der frühen Neuzeit lebten Kinder im Teenageralter und alte Menschen nur sehr selten zusammen. Die Jungen wurden als Lehrlinge oder Bedienstete untergebracht, zwei Institutionen, die in den westlichen Kulturen mindestens seit dem vierzehnten Jahrhundert einen festen Platz in der Gesellschaft einnahmen. Die Alten wurden durch Armenhilfe und individuelle Arrangements versorgt, die ausgearbeitet wurden, wenn sie nicht mehr in der Lage waren, ihren Haushalt selbst zu führen. Manche alten Menschen schlossen »Ruhestandsverträge« mit ihren eigenen Familien ab, eine erstaunlich hohe Zahl von ihnen lebte jedoch auch im Haushalt von Nichtverwandten. Die meisten von ihnen, besonders jene, deren Kinder vor ihnen gestorben waren, hatten kaum eine andere Wahl, andere hingegen entschieden sich für ein solches Arrangement, weil sie so einen gewissen Teil ihrer Unabhängigkeit bewahren konnten.

Heutzutage sind wir so sehr an den Gedanken gewöhnt, daß die Armen die meisten Kinder haben, daß wir ziemlich erstaunt sind, wenn wir hören, daß vor dem neunzehnten Jahrhundert die größten Haushalte die der Reichen waren. Die Reichen waren nicht nur besser in der Lage, eine größere Zahl der eigenen Kinder bei sich zu behalten, sondern sie rekrutierten auch die meisten Bediensteten und im Haus wohnenden Arbeiter. In der Haushaltsstruktur, die vom vierzehnten bis zum neunzehnten Jahrhundert vorherrschte, profitierten die »großen Häuser« von den überschüssigen Arbeitskräften der weniger betuchten Nachbarn, deren Zuhause normalerweise nicht einmal die Bezeichnung »Haus« verdiente. Wenn die jungen Leute im Teenageralter und darüber für die besseren Schichten arbeiteten, ersparte das ihrer eigenen, ärmeren Familie die Kosten für Verpflegung und Unterbringung.

Zusammenfassend läßt sich sagen, daß der Austausch von Kindern die wirtschaftliche, gesellschaftliche und politische Ordnung in Europa und Nordamerika bis zum neunzehnten Jahrhundert aufrechterhielt.

Sogar Familien mit bescheidenem Wohlstand schlossen Lehrlingsverträge für ihre Kinder, die eine gute Behandlung des Nachwuchses sicherstellten, wenn dieser sich seinem Herrn oder seiner Herrin gegenüber als loyal erwies.[22] Das Recht der Eltern definierte sich eher gesellschaftlich und rechtlich als natürlich. Die Gesellschaftsordnung hing nach allgemeiner Auffassung von einer Hierarchie der Haushalte ab. Der Haushaltsvorstand – der König stellte sozusagen den Kopf des Haushalts Staat dar – übte elterliche (normalerweise patriarchalische, seltener matriarchalische) Gewalt über alle Bewohner des Hauses aus, egal, ob sie nun verwandt waren oder nicht. In diesem vielschichtigen System konnten nur wenige Familien den Haushalt allein führen. Alle Familien, die armen wie die reichen, hingen bis zu einem gewissen Grad voneinander ab. Dieser zentrale Aspekt des wirtschaftlichen, gesellschaftlichen und politischen Lebens ließ sich nur aufrechterhalten, wenn alle in der Lage waren, sich die Familie als etwas Größeres als nur die durch Geburt oder Heirat vorgegebene Gemeinschaft vorzustellen. Daraus folgt, daß das Familiensystem in der westlichen Kultur den größten Teil seiner Geschichte über nur funktioniert hat, weil Individuen familienähnliche Bindungen mit Fremden eingingen und sich auch an anderen Orten als ihrem eigentlichen Zuhause daheim fühlten.

Unsere Mythen von der Familie der Vergangenheit sagen uns, daß die Menschen früher monogamer waren und der Sex sich auf die Ehe beschränkte, doch auch hier erweist sich die historische Realität als anders. Die Kirche brauchte ziemlich lange, bis es ihr gelang, Macht über Ehe und Scheidung auszuüben, und sogar noch im neunzehnten Jahrhundert waren eheähnliche Gemeinschaften und recht volkstümliche Scheidungssitten in Europa und Nordamerika weit verbreitet. Bis zu diesem Zeitpunkt war die Grenze zwischen Verheirateten und Unverheirateten nicht immer deutlich zu ziehen. Die Zahl der außerehelichen Kinder blieb an den meisten Orten die ganzen Jahrhunderte hindurch ziemlich konstant niedrig, die vorehelichen Schwangerschaften hingegen kamen etwas häufiger vor: Ihr Anteil bewegte sich immer zwischen zehn und dreißig Prozent.[23]

In den agrarisch und handwerklich ausgerichteten ländlichen Gemeinschaften, die bis zum neunzehnten Jahrhundert vorherrschten, gab es nie genug Ressourcen, als daß jeder die Möglichkeit gehabt hätte, einen Bauernhof zu haben oder ein eigenes Handwerk auszuüben, zu heiraten und eine eigene Familie zu gründen. Doch das hinderte die Menschen nicht daran, außerhalb der Kleinfamilien noch andere intime Verbindungen einzugehen. Die Unterscheidung zwischen dem »großen Haus« und dem »kleinen Haus« spiegelte sich in der Unterscheidung zwischen großen Hochzeiten, die von Kirche und Gesetz anerkannt waren, und den kleinen Ehen, die die Leute ohne eine vergleichbare offizielle oder auch nur gesellschaftliche Anerkennung führten. Vor der kirchlichen Reglementierung der Ehe im zwölften Jahrhundert hatten die Europäer ihre sexuellen Verbindungen und die daraus entspringenden Kinder durch ein komplexes Geflecht eigener Rituale sanktioniert. Brunnen, Brücken und auffällige Orte der Natur dienten als Altäre, an denen der Treueschwur geleistet wurde. Ringe und andere Liebeszeugnisse gab es bereits vor der kirchlichen Institution der Ehe, die diese heidnischen Symbole – wenn auch zögernd – in ihre Zeremonien integrierte.[24] Ziemlich lange akzeptierte die Kirche selbst noch die Zustimmung der beteiligten Parteien als ausreichend für die Eheschließung. Ihre eigenen Riten setzten sich erst im neunzehnten Jahrhundert vollends durch.

Wir sehen die große kirchliche Trauung gern als traditionell an, doch auch sie ist vergleichsweise modernen Ursprungs. Vor dem neunzehnten Jahrhundert wurde kein großes Aufhebens um voreheliche Schwangerschaften oder sogar außereheliche Kinder gemacht, solange die Gesellschaft davon ausgehen konnte, daß sie nicht ungebührlich mit dem Kind belastet würde.[25] Das Kind veränderte den gesellschaftlichen Status der betreffenden Person nicht. Hier ein Beispiel aus dem Maine des achtzehnten Jahrhunderts: Martha Ballards Sohn Jonathan lebte weiterhin bei seiner Mutter, obwohl er bereits ein Kind zusammen mit Sally Pierce hatte. Und Sally blieb bei ihrer eigenen Familie, bis sie, ungefähr vier Monate nach der Geburt, den zögernden Jonathan heiratete. Selbst nach der Eheschließung lebten die Partner noch einen weiteren Monat bei den Ballards beziehungsweise den Pierces, bevor sie einen eigenen Haushalt gründeten. Erst als sie ihren eigenen Haushalt hatten, nahm Jonathan seinen Platz unter den Stadtvätern von Hallowell ein. Sein Initiationsritus war öffentlich und förmlich. Er wurde zu einem der Männer der Stadt, als er, zusammen mit sechs anderen frischverheirateten Männern, in das eigens ersonnene Amt des »Schweineaufsehers« eingeführt wurde.[26]

Die weiblichen Initiationsriten waren weniger öffentlich, aber wir können ziemlich sicher sein, daß aus Sally in dem Augenblick, in dem sie selbst ein Haus hatte, in den Augen der Dorfgemeinschaft eine Frau wurde. Uns mag es erstaunen, daß die Geburt eines Kindes damals kein so richtungweisendes Ereignis war wie heute, doch vor dem neunzehnten Jahrhundert definierten sich Mutter-, Vater- und Kindesrolle primär gesellschaftlich und nicht biologisch. Mütter waren jene Frauen, die mütterliche Aufgaben übernahmen – auch wenn sie nie selbst einem Kind das Leben geschenkt hatten; Väter waren jene Männer, die einem Haushalt vorstanden – auch Junggesellen. Die Aufgaben einer Mutter waren unabhängig von der Schwangerschaft und ließen sich auf verschiedene Frauen verteilen. Ammen waren auf beiden Seiten des Atlantiks weit verbreitet, und die kleinen Kinder lebten oft lange Zeit nicht bei den leiblichen Eltern. In Haushalten, in denen die Mutter zu beschäftigt oder überhaupt nicht anwesend war, übernahmen oft ältere Töchter die Rolle der »kleinen Mutter« für ihre jüngeren Geschwister.

Das Aufziehen der Kinder war auch nicht die ausschließliche Aufgabe der Frauen: Vor dem neunzehnten Jahrhundert erwartete man von den Vätern eine mindestens ebenso große Beteiligung an der Erziehung der Kinder wie von den Müttern. Die Vaterrolle definierte sich, ähnlich wie die Mutterrolle, eher gesellschaftlich als biologisch. Vater zu sein bedeutete viel mehr als ein Kind zu zeugen. Es hieß, sich ein genau definiertes Arsenal häuslicher Fähigkeiten anzueignen – die Versorgung des Haushalts, Gastfreundschaft und Kindererziehung – und sich die Aufgaben mit anderen Männern zu teilen. Im achtzehnten Jahrhundert hatten viele unverheiratete Haushaltsvorstände »ihre eigene Familie«, und im Verlauf eines Lebens übernahm der deutsche »Hausvater« die Vaterrolle für fremde Kinder, während seine eigenen Kinder bei anderen Vätern lebten.[27]

Heutzutage betrachten wir Mutter-, Vater- und Kindesrolle als natürliche, biologische Gegebenheiten. Damit unterscheidet sich unsere Auffassung deutlich von der früherer Jahrhunderte, in denen man sich die Fähigkeiten einer Mutter oder eines Vaters aneignete, sie einsetzte und wieder ablegte, wenn die Zeit gekommen war. Sogar von den Kindern erwartete man, daß sie lernten, Kinder zu sein, denn bis zur Mitte des neunzehnten Jahrhunderts richteten sich Ratgeber für die Familie nicht nur an die Eltern, sondern auch an sie. Kindheit und Jugend wurden als gesellschaftliche Rolle und nicht als biologisch definierte Alterskategorie verstanden und waren somit Rollen, in die man sich einfügen mußte. Letztlich waren alle Familienbindungen erworben und nicht durch die Geburt bedingt. Die gesellschaftliche Definition der Familie war immer stärker als die biologische. Der gesellschaftliche Vater, der *pater,* war wichtiger als der leibliche, der *genitor,* genauso wie die leibliche Mutter hinter der gesellschaftlichen Mutter zurückstand in einer Welt, in der das Überleben des Kindes oft davon abhing, daß es eine ganze Reihe von – männlichen wie weiblichen – Ernährern hatte.

Die wirtschaftliche Notwendigkeit, die junge Leute dazu

zwang, die Ehe zu verschieben oder ganz auf sie zu verzichten, sowie der Druck auf die Eltern, ihre Kinder aufzugeben, wurden erträglich, weil die Familie als Gemeinschaft gesehen wurde, die flexibel und groß genug war, um allen Ersatzfamilienbande zu garantieren. Für den größten Teil der Bevölkerung, der aufgrund der hohen Sterblichkeitsraten oder Mobilität ohnehin von seiner Vergangenheit abgeschnitten war, war der familiäre Ursprung nicht wichtig.

Vor dem neunzehnten Jahrhundert hatten Familien auf beiden Seiten des Atlantiks nur selten die Stabilität und Kontinuität, die wir ihnen gern zuschreiben würden. Im Old Country wie auch in der Neuen Welt lebten Familien nur selten länger als zwei Generationen an ein und demselben Ort (oder gar in ein und demselben Haus). Bauernhöfe und Stadthäuser hatten ihre eigene Identität, unabhängig von den verschiedenen Familien, die sie bewohnten. Orte gaben den Menschen Namen und nicht umgekehrt. Die führenden Familien erhielten manchmal die Bezeichnung »Haus«, weil das Haus die Familie definierte. Der Ausdruck »Familie« hingegen beschrieb noch immer alle Mitglieder des Hauses – Bedienstete, Gäste, im Haus wohnende Angestellte sowie dort lebende Verwandte. In jener Zeit galten sogar Besucher als Teil der Familie.[28]

Diese beständige Veränderung war fester Teil einer hierarchischen gesellschaftlichen Ordnung, in der jeder seinen Platz hatte, wenn er auch möglicherweise nicht viel über seine persönliche Vergangenheit wußte. Die Reichen konnten nicht nur die Produktions- und Reproduktionsfähigkeit der Armen für sich in Anspruch nehmen, sondern sogar deren Identität. Dieses Vorrecht zeigte sich am deutlichsten in Gebieten mit Sklavenhaltung. Dort erhob das große Haus Ansprüche, die weitreichender waren als die der natürlichen Familien. Es untersagte Sklavenehen und weigerte sich, den Nachwuchs der Sklaven anzuerkennen. Dieses patriarchalische System beschränkte sich nicht auf Plantagen, denn alle Herren forderten die Loyalität all jener ein, die unter ihrem Dach lebten. Das ging so weit, daß sie sogar die Eheschließung von Bediensteten und Lehrlingen verbieten konnten. Das, was Millionen von afroamerikanischen Sklaven als Bedingungen der Sklaverei hinnehmen mußten, ertrugen auch die europäischen Armen als Leibeigene.[29]

Nur wenige Familien konnten Anspruch auf eine Vergangenheit und eine Zukunft erheben. Die geringe Anzahl der Familiennamen vor dem siebzehnten und achtzehnten Jahrhundert zeugt davon, wie wenig eine Familienbezeichnung für all diejenigen bedeutete, die nicht der höchsten Gesellschaftsschicht in Europa oder Amerika angehörten. Sklaven und Arme nahmen oft den Namen ihrer Herren und seine Familienidentität an. Laut Aussage von Mechal Sobel waren im Virginia des achtzehnten Jahrhunderts »Schwarze und Weiße Teil einer Familie, sei es durch Blutsbande oder durch Adoption«.[30] Dort beherbergten die großen Häuser anfangs sowohl Herren als auch Sklaven. Die Herren bezeichneten die Sklaven als Familienangehörige, als »Onkel«, »Tante« oder »Mammy«. Im Gegenzug nahmen die Sklaven den Namen des Herrn an und damit seine Familiengeschichte. Oft verwendeten sie dabei diese fiktive Verwandtschaftsbeziehung als Argument gegen die Unmenschlichkeit der Sklaverei.[31] Auch in Europa zählten im Haus lebende Bedienstete und Gesellen zur »Familie«. Schon bald entwickelten sie großes Geschick darin, die patriarchialische Ideologie so zu manipulieren, daß sie ihren eigenen Zwecken diente.[32]

Die meisten Menschen paßten ihr Leben dem Rhythmus und dem vorgegebenen Ort der Familie an, in deren Schoß sie aufgenommen worden waren, nicht dem der Familie, aus der sie eigentlich stammten oder in die sie eingeheiratet hatten. In Virginia feierten die Sklaven Geburten in der Familie ihres Herrn und trauerten, wenn einer seiner Angehörigen starb.[33] Vor dem neunzehnten Jahrhundert wäre niemand auf die Idee gekommen, daß jede natürliche Familie ihre eigenen Rituale und Mythen, ihre eigene Geschichte und ihre eigenen Wurzeln haben sollte. Der mittelalterliche Katholizismus machte den größten Unterschied zwischen der Ursprungsfamilie und dem göttlichen Archetypus; die protestantische Betonung darauf, daß das Leben nur eine Reise ist, die zu Gott führt, schränkte die Bedeutung von Familie und Herkunft weiter ein. Bis Anfang des neunzehnten Jahrhunderts beschäftigte sich die westliche Kultur viel mehr mit Ziel- als mit Ausgangspunkten.[34]

Bis zur Mitte des neunzehnten Jahrhunderts verstanden sich die meisten Amerikaner und Europäer noch als Teil der »Great Chain of Being«, einer von der unbelebten Natur bis zu Gott hierarchisch aufgebauten Struktur des Lebens, als einer stetig voranschreitenden Linie des Fortschritts. Sie fanden ihren Platz in der Welt eher durch den Ort, an dem sie lebten, als durch die Geschichte. Der moderne Mensch hat dieses Gefühl für den Ort verloren. Wir sind deshalb viel stärker als unsere Vorfahren von der Zeit und unseren Ursprüngen abhängig, die Menschen und Dingen unserer Meinung nach Bedeutung und Wert verleihen.[35] Ein Mensch, eine Familie, eine Nation – wenn sie keine Vergangenheit haben, können sie auch keine Bedeutung oder Substanz haben.[36] Doch abgesehen von den Genealogien der aristokratischen Elite reichte das Wissen unserer Vorfahren vor der Neuzeit um ihre Ursprünge kaum weiter als zwei Generationen zurück. Die meisten von ihnen hätten nicht gewußt, wo die Altvorderen begraben waren, und es hätte sie auch nicht interessiert. Abgesehen von den Angehörigen der Oberschicht kümmerte sich niemand um die Pflege von Familiengräbern oder zu feiernde Jahrestage. Ralph Josselin, ein englischer Priester des siebzehnten Jahrhunderts zum Beispiel, zeigte nur geringes Interesse an seinen Vorfahren; er sah sich und seine Frau als den Stamm eines Baumes und seine Kinder als dessen Äste. Auffällig ist, daß Josselins Familienbaum keine Wurzeln hatte.[37]

Eine solche Einstellung paßt nicht zu den Mythen, die wir uns über die Familie der Vergangenheit aufgebaut haben und durch die wir unsere fast schon zwanghafte Beschäftigung mit den Vorfahren auf frühere Generationen projizieren. Vor dem neunzehnten Jahrhundert kam es zum Teil wegen Kommunikationsproblemen, zum Teil auf Grund der Beschäftigungsbedingungen nur selten zu Familienzusammenkünften, auch wenn die Angehörigen im Regelfalle in einem Fünfzehn- bis Dreißig-Kilometer-Radius lebten. Es gibt auch nur wenige Belege dafür, daß sich irgend jemand die Mühe machte, solche Treffen auf regelmäßiger Basis zu organisieren.[38] Taufen, Hochzeiten und Beerdigungen, die unserer Meinung nach größere Familienanlässe waren als heute, wurden nur selten von den entfernten Verwandten besucht, ja kaum einmal von den nächsten Angehörigen. Taufen fanden oft statt, wenn die Mutter nach der Geburt noch ans Bett gefesselt war. Bei der Eheschließung wurde die Braut oft von einer lärmenden Menge zur Kirche begleitet, nicht von ihrem Vater. Eltern spielten in vorneuzeitlichen Hochzeiten kaum eine Rolle. Geschenke kamen eher von der Gemeinschaft als von Familie und Verwandten, und auch die Beerdigung war Sache der Gemeinschaft. Erst im neunzehnten Jahrhundert wurde sie Familienanlaß.

In der Sprache des präindustriellen Europa und des kolonialen Amerika war die Unterscheidung zwischen Verwandtschaft und Nichtverwandtschaft viel verschwommener als heute. Vor dem neunzehnten Jahrhundert machte niemand einen deutlichen Unterschied zwischen Freundschaft – einer freiwillig gewählten Verbindung – und Verwandtschaft, die mit Verpflichtung einhergeht. Die Familien der Vergangenheit hatten keinen besonders engen Kontakt zu ihren Verwandten, besonders, wenn sie an einem anderen Ort lebten. Sie unterschieden auch nicht deutlich zwischen den verschiedenen Verwandtschaftsgraden. Die Bezeichnungen »Schwiegermutter« und »Stiefmutter« waren oft austauschbar; Großmütter und Großväter konnten alle älteren weiblichen oder männlichen Verwandten, manchmal sogar ältere

Personen der näheren Umgebung, sein. Die intimere Anrede »Opa« und »Oma« bildete sich Mitte des achtzehnten Jahrhunderts heraus und setzte sich erst viel später allgemein durch.[39] Die Bezeichnung »Freund« wurde für Verwandte, Nachbarn und Angehörige desselben Glaubens verwendet. Als Familie galten Gilden, Zünfte, Klöster und das Militär – Gruppen, die wir heutzutage nicht mehr »Familie« nennen würden.[40]

Die Offenheit des Begriffs »Familie« hatte gute Gründe: Die Eltern brachten den Kindern bei, sich nicht allzu sehr auf die Blutsverwandtschaft zu verlassen; die Puritaner in den Neuenglandstaaten ermahnten sich gegenseitig sogar immer wieder, ihre Frauen und Kinder nicht zu sehr zu lieben, weil sie das von der Liebe zu Gott ablenken könnte. »Suche nicht nach Perfektion bei deinen Verwandten. Gott hat die Perfektion einem anderen Zustand vorbehalten, in dem keine Ehe nötig ist«, hieß es bei ihnen.[41] Elternschaft, Kindheit und Ehe – sie alle endeten mit dem Tod. Thomas Hooker schrieb, »im Himmel gibt es keine Ehe«, denn so wie er und seine Zeitgenossen sich das Paradies vorstellten, hatten »alle einander dort gleich lieb, als seien sie alle wie Eheleute, Eltern, Kinder oder Freunde miteinander verbunden«.[42] Bis weit ins neunzehnte Jahrhundert wurde der Himmel nicht als Gemeinschaft von Familien, sondern als große Gemeinschaft von Freunden dargestellt.[43]

Vor dem neunzehnten Jahrhundert, als noch der Ort und nicht die Vergangenheit den Menschen ihre Identität gab, lebten fast alle in Haushalten zu mehreren Personen. In manchen Teilen der Neuenglandstaaten war es ungesetzlich, allein zu leben, und in Europa sorgte ein seit langem bestehendes System von Haushalten und Herbergen dafür, daß sich die Anzahl der Alleinlebenden auf ein Minimum beschränkte. Das Zuhause war der Ort, der im gegebenen Augenblick Schutz bot, und nicht der Platz, mit dem man die Kindheit oder die Ursprungsfamilie assoziierte.[44]

Unsere Vorfahren waren keineswegs, wie wir oft glauben,

seßhafter als wir. Sie sahen auch keine besondere Bindung an ein bestimmtes Haus; die Veränderungen, die wir heute als traumatisch empfinden, nahmen sie gelassen hin. Im folgenden ein Tagebucheintrag der Hebamme Martha Ballard vom 21. April 1791 darüber, daß sie den Ort verließ, an dem sie zwölf Jahre lang gewohnt hatte: »Wir zogen von der Mühle in ein Haus mit dem Namen Old Leut Howards, und Peter ging mit seiner Familie in die Mühle.« Am nächsten Tag schrieb sie in ihr Tagebuch: »Daheim. Habe mit der Gartenarbeit begonnen.« Laurel Thatcher Ulrich meint dazu: »Sie erwähnt den Umzug vom einen Haus zum anderen fast nebenbei, in einer ruhigen Chronik über ihre tägliche Arbeit.«[45] Für Martha Ballard war ihr Zuhause lediglich das Hier und Jetzt, ein Arbeitsplatz wie jeder andere, ganz ohne sentimentale Bindungen. Ihr Tagebucheintrag weist außerdem darauf hin, daß das Zuhause für sie eher ein Zielort als ein Platz war, an den man zurückkehrte – wieder ein Unterschied, der ihre Welt von der unseren unterscheidet.

Wir gehen heute davon aus, daß die Kunst, ein schönes Zuhause zu schaffen, im Lauf der Zeit verkümmert ist, doch auch diese Annahme entpuppt sich als falsch. Früher waren die Haushalte nur schwer in den Griff zu bekommen, weil darin gearbeitet wurde und die Leute den ganzen Tag aus und ein gingen. So dürfte es auch für die fleißigste Hausfrau unmöglich gewesen sein, alles sauber zu halten. Die Häuser des achtzehnten Jahrhunderts schienen einen eigenen Willen zu besitzen; sie widersetzten sich den Bemühungen ihrer Eigentümer, Frieden und Ordnung in ihr Inneres zu bringen. Häuser boten den Menschen Schutz, aber keinen Trost. Martha Ballard empfand ihren Mann oft als so angriffslustig, daß nicht einmal sie mit ihrem starken Willen sich durchsetzen konnte, und über den Raum, der innerhalb des Hauses zur Verfügung stand, hatte sie nicht viel Gutes zu sagen – ganz anders übrigens als über ihren Garten.[46]

Zweifelsohne verwendete Martha Ballard das Bild des widerspenstigen Haushalts, um das Gefühl ihrer eigenen schwindenden

Kraft auszudrücken, doch die Menschen im achtzehnten Jahrhundert betrachteten den sie umgebenden Raum im allgemeinen als lebendig, als etwas, mit dem man sich arrangieren mußte. Sie hatten eine persönliche Beziehung zu den Orten, an denen sie lebten, allerdings weniger zu bestimmten Häusern als zu Landschaften und Städten.[47] Ihnen bedeuteten alte Häuser viel weniger als uns. Ihr Zuhause war längst nicht so dauerhaft wie das unsere, und sie hatten keinerlei Skrupel, es niederzureißen oder umzuziehen, wenn die Umstände es erforderten.[48]

Unsere Vorfahren waren alles andere als Stubenhocker. Sie hatten ein stärkeres Ortsbewußtsein als wir und fühlten sich in der großen weiten Welt mehr zu Hause als wir. Sie wechselten ohne Umstände die Haushalte; die alte Tradition der Gastfreundschaft war keineswegs begraben – die Anwesenheit von Fremden im Haushalt wurde noch immer als Erhöhung des eigenen Status gesehen.[49] Im achtzehnten Jahrhundert war der Komfort noch nicht wichtiger als die Großzügigkeit. William Byrd II., der Kopf einer der großen Familien in Virginia zum Beispiel, verbrachte fast drei Viertel des Jahres mit Besuchen oder wurde selbst besucht. Auch auf bescheidenerer Ebene schien die Sitte der gegenseitigen Besuche die Bande innerhalb der Gemeinschaft zu stärken und wechselseitige Abhängigkeiten zu schaffen, die in Zeiten von Krankheit oder Not von unschätzbarem Wert werden konnten. Manche Besuche waren kurz, doch andere Aufenthalte, besonders von jungen Leuten, konnten sich in die Länge ziehen. In großen wie auch in kleinen Häusern verhinderte das ständige Aus und Ein der Gäste das gemütliche Leben, das unserer Meinung nach in der Vergangenheit existierte.[50]

Möglicherweise waren die Frauen im Nordamerika des achtzehnten Jahrhunderts noch mobiler als die Männer. Seinerzeit nannte man das »gadding«; es hatte nur wenig mit dem formalen, ritualisierten Charakter der Besuche von Frauen im Viktorianismus zu tun.[51] Die Leute traten ein, ohne zu klopfen, ja, ohne wahrgenommen worden zu sein, und setzten sich mit einer

Vertrautheit ans Feuer oder an den Tisch, die uns wahrscheinlich ziemlich befremdlich anmuten würde. Selbst die Angehörigen der Mittelschicht wechselten so oft zwischen den Haushalten hin und her, daß manchmal schwer festzustellen war, welche Familie wohin gehörte.[52] Damals war das Haus noch kein strikt privater Raum, den man ausschließlich mit der Kleinfamilie assoziierte. Es war vielmehr der Ort, an dem man arbeitete und an dem sich unterschiedliche Schichten, Geschlechter und Lebensalter versammelten. Nur wenig davon paßt zu dem Mythos des Zuhauses als friedlichem Rückzugsort, den wir uns aufgebaut haben.

Wir müssen uns auch von der Ansicht trennen, daß die Familien der Vergangenheit stärker darauf aus waren, Bräuche und Traditionen aufrechtzuerhalten, und daß sie sich die Zeit für sich selbst nahmen, die wir heutzutage als so gefährdet betrachten. Im großen und ganzen beschäftigten sich die Europäer und Amerikaner vor der Neuzeit stärker mit der Ökonomie des Ortes als mit der der Zeit. In den Haushalten war die gemeinsam verbrachte Zeit etwas ziemlich Selbstverständliches; sie wurde bestimmt durch die Abfolge von Arbeit und Freizeit – eigene Zeiten für die Familie als solche gab es nicht. Wie wir noch sehen werden, lebten die damaligen Menschen nach einer völlig anderen Zeitkultur als wir. Die Vergangenheit hatte für sie noch nicht jenen Charakter des unwiderruflich Vergangenen angenommen, der uns so viel Kopfzerbrechen bereitet. Sogar die Toten waren auf dem Dorffriedhof immer in Reichweite, und die Menschen fühlten sich durch ihre Anwesenheit eher gestört.[53] Nicht sie waren diejenigen, die Ahnenkult betrieben, sondern wir. Das achtzehnte Jahrhundert sah die Generationen nicht so wie wir. Die Bezeichnung bedeutete damals lediglich den Nachwuchs des gleichen Elternteils und beinhaltete eher Ähnliches als Unterschiedliches.[54] Nach dieser Definition bevölkerten alle Generationen dieselbe große Gegenwart. Die Jugend wurde nicht notwendigerweise mit der Zukunft in Verbindung gebracht, und das Alter nicht mit der

Vergangenheit. In der vorneuzeitlichen Ökonomie der Zeit galten alle Lebensalter als gleich weit vom Tod entfernt, und die Altersunterschiede, denen wir heute so große Bedeutung beimessen, waren damals weit weniger wichtig als jetzt.

Vielleicht waren die Menschen seinerzeit nicht so besessen von zeitlichen Unterschieden wie wir heute, vielleicht waren sie sich des Alters auch weniger bewußt, aber wenn es darum ging, Platz zu teilen, konnte es Probleme geben. Genau das passierte, als Martha Ballard gezwungen war, in ihrem Haus mit ihrem Sohn Jonathan und seiner Frau Sally zusammenzuleben. Wenn so etwas geschah, trafen die betroffenen Parteien eine Abmachung über die Aufteilung des Raumes und der Ressourcen, damit es nicht zum Streit kam. Auch die Ballards folgten diesem Beispiel, doch offenbar reichte ihre Abmachung nicht, um Spannungen zwischen Martha und ihrer Schwiegertochter zu verhindern.[55]

Und noch eine weitere Vorstellung müssen wir aufgeben: Bei den Familien der Vergangenheit existierte kein Bedürfnis nach Nähe um der Nähe willen. Die Familien versammelten sich im allgemeinen zum Arbeiten oder um die gemeinschaftlich organisierte Freizeit miteinander zu verbringen, nicht aber zum alleinigen Zweck von Familienanlässen. Die meisten solcher Treffen hatten eher mit der Gemeinschaft, nicht mit der Familie zu tun; die Nostalgie, die wir gemeinhin mit Familienanlässen in Verbindung bringen, fehlte damals ganz. Seinerzeit besuchte man keine Gräber und gedachte auch nicht der Vorfahren. In der vorneuzeitlichen Ökonomie der Zeit war kein Bruch zwischen Vergangenheit und Gegenwart wahrzunehmen; es bestand auch kein zwingendes Bedürfnis, eine Verbindung mit anderen Generationen herzustellen oder sich der Toten zu erinnern.

In Anbetracht der Trennungen und Verluste, die die demographischen und wirtschaftlichen Realitäten der vorindustriellen Zeit mit sich brachten, verwundert es kaum, daß unsere Vorfahren die Fähigkeit zu vergessen als Segen betrachteten. Wir glauben gern, daß unsere Vorfahren ein besseres Gedächtnis hatten als wir selbst, doch wie so viele Vorstellungen von der Vergangenheit ist dieser Glaube eher eine Projektion unserer eigenen Angst vor dem Vergessen als ein realistisches Bild dessen, was für unsere Vorfahren tatsächlich wichtig war. Montaigne war der Überzeugung, daß sich »ein hervorragendes Gedächtnis oft mit dem schwächsten Intellekt verbindet«.[56] Im vorneuzeitlichen Europa und Nordamerika unterlagen die Menschen keinerlei religiösem Zwang, sich an irdische Dinge zu erinnern, nicht einmal, wenn sie ihre eigene Familie betrafen. »Die Dinge und Beziehungen dieses Lebens sind wie Spuren im Sand; es gibt nicht das geringste Anzeichen dafür, daß sie erinnert werden«, erklärte Thomas Hooker. »Der König erinnert sich nicht an seine Krone, der Ehemann entsinnt sich nicht seiner Frau und der Vater nicht seines Kindes.«[57] Es war Gott und nicht der Mensch, der sich erinnerte.

Wir würden gern glauben, daß die Familien der Vergangenheit einheitlicher, kontinuierlicher und vereinter waren als die heutigen, doch die historische Realität trägt nicht dazu bei, diesen Glauben zu bestätigen. Lawrence Stone schätzt, daß der Anteil der Ehen, die in früheren Jahrhunderten durch den Tod eines Partners aufgehoben wurden, in etwa der heutigen Scheidungsrate entspricht.[58] Natürlich ist die eine Form der Trennung unfreiwillig und die andere nicht, aber man darf sich auch nicht dazu verleiten lassen zu glauben, daß Vereinzelung und Abschwächung der Familienbindungen etwas Neues sind oder daß wir uns heute einer bisher nicht gekannten Situation in der Geschichte der westlichen Zivilisation gegenübersehen.[59] Was sich verändert hat, sind die kulturellen Ressourcen, die den verschiedenen Perioden zur Verfügung standen, um mit der permanenten Herausforderung, ein Gefühl der Kontinuität und Dauerhaftigkeit zu erzeugen, fertig zu werden. Die moderne Kultur erreicht genau das, indem sie den Mythos von der früher so viel stabileren und einheitlicheren Familie propagiert.

Deshalb müssen wir uns von unseren falschen Vorstellungen

über die Familie der Vergangenheit trennen. Das ist noch nicht alles, denn wir können den Mythos nicht völlig transzendieren. Marina Warner hat recht, wenn sie uns warnt, daß »das Flehen um eine Rückkehr zur Vernunft, um ein Abstreifen der Illusion, die Notwendigkeit und die Vitalität mythischen Materials im Bewußten wie im Unterbewußten ignoriert«.[60] Wir sind genausowenig in der Lage, ohne unsere gedachten Familien zu leben, wie unsere Vorfahren. Der einzige Unterschied besteht darin, daß sie ihre Mythen, Rituale und Ikonen aus Religion und Gemeinschaft bezogen, während wir die unseren selbst erzeugen. Wir werden unser eigenes Verhältnis zu Mythos und Ritual erst dann verstehen, wenn wir das der vorangegangenen Generationen begreifen. So kann die Vergangenheit dazu dienen, die Gegenwart zu erhellen.

ZU HAUSE BEI FREMDEN FAMILIEN

Die Familie ist keine Institution, sondern ein ideologisches,
symbolisches Konstrukt mit eigener Geschichte und Politik.
Judith Stacey, Good Riddance to the Family[1]

* * *

Heutzutage ist viel die Rede von verlorenen Familienwerten und dem Niedergang des häuslichen Lebens. Sozialwissenschaftler wie Moralisten behaupten, daß wir uns mit großer Geschwindigkeit dem Ende der Familie, wie wir sie bis jetzt kannten, nähern. »Tausende von Jahren hat sich die Institution der Familie immer wieder reduziert, bis sie bei ihrem nackten Kern angelangt war, und jetzt scheint sich auch noch dieser Kern zu spalten«, meint David Popenoe, Soziologe und einer der führenden Vertreter der These vom Niedergang der Familie.[2] Daß sich die Kleinfamilie von der weiteren Verwandtschaft abgesondert hat, war schon schlimm genug, doch jetzt steht etwas noch Grundlegenderes auf dem Spiel. Die gegenwärtigen Ängste werden von der Vermutung genährt, daß ein Naturgesetz unterlaufen werden soll. »Die Familiengeschichte endet in dieser elementaren, wesentlichen Einheit der menschlichen Fortpflanzung«, schreibt Popenoe.[3]

Laut den soziobiologischen Prämissen, die hinter den düsteren Prognosen von Popenoe und anderen stehen, reproduziert uns die Kleinfamilie nicht nur körperlich, sondern auch kulturell. In der Vergangenheit waren die Familienwerte stark, weil die Kleinfamilie stark war, heute jedoch sind beide gefährdet, weil sich die kleinste Einheit aufzulösen beginnt und alleinerziehende Eltern ihre Werte nicht an die Kinder weitergeben können. Folglich, so

Popenoe, »ist der Familiensinn als kultureller Wert im Schwinden«.[4]

Doch wenn man Menschen in Amerika oder Europa fragt, was ihnen im Leben am wichtigsten ist, nennen sie immer noch ihr Zuhause und die Familie an erster Stelle; nicht einmal Religion oder Gemeinschaft können da mithalten. Trotz des ganzen Geredes über den Niedergang der Familie und das Ende der Ehe zeigen Umfragen, daß sich der persönliche Wunsch des Durchschnittsamerikaners nach einer Ehe in den letzten dreißig Jahren konstant bei erstaunlich hohen sechsundneunzig Prozent gehalten hat. Im gleichen Zeitraum jedoch heirateten nicht einmal neunzig Prozent der Menschen, die sich eine Ehe gewünscht hatten. Mit dem Wunsch nach Kindern verhält es sich ganz ähnlich: Er ist größer als die tatsächliche Fruchtbarkeit.[5] Obwohl es in den letzten beiden Jahrzehnten immer schwieriger geworden ist, ein Haus zu erwerben, ist die Sehnsucht nach eigenem Grundbesitz so groß wie kaum jemals. Noch nie zuvor haben so viele Europäer und Amerikaner ein eigenes Haus besessen; Millionen von Menschen haben heutzutage sogar noch einen Zweitwohnsitz.[6] Als Wert – das heißt also, als etwas, an das die Menschen glauben, auch wenn es sich nicht immer realisieren läßt – sind Familie und Zuhause also keineswegs im Niedergang begriffen. Der ausgesprochen hohe Prozentsatz der Geschiedenen, die wieder heiraten, die Ängste kinderloser Paare und die weit verbreitete Furcht vor Obdachlosigkeit zeugen ebenfalls davon, wie sehr wir Zuhause und Familie hochschätzen.

In denselben Umfragen heißt es, daß Familienwerte und Familienverhalten nur selten übereinstimmen. Eine von ihnen stellte fest, daß »die emotionale Qualität von Familienbeziehungen im allgemeinen als wichtiger empfunden wird als der formale Status solcher Beziehungen… Eine glückliche Ehe zu führen, ist auf der Werteskala höher angesiedelt, als überhaupt verheiratet zu sein. Die Kinder zu achten ist wichtiger, als Kinder zu haben. Die inneren Werte einer Beziehung werden höher eingestuft als das bloße Bestehen einer solchen Beziehung.«[7] Offenbar steht die Familie nun auch auf der langen Liste der Dinge, bei denen die Abweichung mehr zählt als die Einhaltung. Außerdem besteht eine tiefe Kluft zwischen dem, was die Leute über die Unantastbarkeit des Zuhauses sagen und dem, was sich an Gewalttätigkeiten und Mißbrauch dort tatsächlich abspielt.

Die Künder des Familienniedergangs beklagen das Auseinanderklaffen von Ideal und Realität, die Zyniker sehen es als Beweis für die Heuchelei der zeitgenössischen Gesellschaft, und beide gehen davon aus, daß die Dinge irgendwann in der näheren oder ferneren Vergangenheit anders waren, daß es einmal eine Zeit gegeben hat, in der Zuhause und Familie noch so waren, wie sie sein sollten. Aber wann soll dieses Goldene Zeitalter gewesen sein? Wir werden umsonst nach einer Zeit suchen, in der die Menschen in ihren realen Familien all die Werte realisieren konnten, an denen sie sich ausrichteten, eine Zeit, in der die Menschen sich in ihrem Zuhause ganz und gar daheim fühlten.

Es ist nicht das erste Mal, daß Europäer und Amerikaner sich einen Ersatz für ihr Familienleben und ihr Zuhause gesucht haben und sich von den Bildern des guten Familienlebens verlocken ließen, auch wenn es ihnen schwerfiel, ihre Ideale in ihrem eigenen Alltagsleben zu verwirklichen. Mit größerer Distanz wird einem klar, daß es noch nie leicht gewesen ist, Ideal und Realität zur Deckung zu bringen. Vor dem neunzehnten Jahrhundert gab es jedoch nicht nur eine ganze Auswahl von Familien kosmischer und gemeinschaftlicher Natur – also Familien von Fremden –, an denen man sich orientieren konnte, sondern auch eine Fülle von fremden Zuhausen, die man aufsuchen konnte. Wir verstehen die Probleme, die wir im Umgang mit unseren realen Familien haben, wenn wir einen Blick auf die gedachten Familien und mythischen Zuhause werfen, die früheren Generationen zur Verfügung standen, wenn sie sich den Problemen des Zusammenlebens mit den Familien stellen mußten, in die sie hineingeboren waren oder in die sie hineinheirateten.

Wir gehen einfach davon aus, daß die Familie schon immer der Ort gewesen ist, an dem die höchsten Werte der Menschen angesiedelt waren, doch in der Welt der Antike gab es kein Konzept der Familie als Quelle moralischer Werte. »Die Menschen des Altertums... nahmen die unmittelbare Familie nicht als abgegrenzte moralische Einheit wahr«, schreibt David Herlihy.[8] Die römische *familia* umfaßte alles, was zu *paterfamilias* gehörte, einschließlich Sklaven und Bediensteten sowie angeheirateten und Blutsverwandten. Die Angehörigen dieser heterogenen Gruppe hatten keine gemeinsame Kultur oder moralische Position. Im ausgehenden Altertum kam Ehe und Fortpflanzung keine wichtige Stellung zu. Der formal geschlossene Bund der Ehe war nur in der Klasse der Patrizier verbreitet. Sklaven und das gemeine Volk erwarteten nicht, zu heiraten oder Kinder aufzuziehen, die aus intimen Beziehungen entstanden. Die zölibatäre Lebensweise war weit verbreitet, Kinder wurden oft ermordet oder ausgesetzt – bei Christen und Heiden gleichermaßen, und zwar im gesamten Mittelmeerraum.[9]

Die Menschen des Altertums unterschieden zwischen Leben und gutem Leben, zwischen Familienleben und gutem Familienleben, und retteten so ihre wichtigsten Werte vor den Verwüstungen von Zeit und Ort. Sowohl der Judaismus als auch das frühe Christentum akzeptierten und institutionalisierten die Unterscheidung in natürliche Familien, die Zeit und Ort unterworfen waren, und ewige Familien, die gegen alle Formen des Chaos und der Degeneration resistent waren. »Verlasse dein Land und die deinen und deines Vaters Haus und geh in das Land, das ich dir zeigen werde«, befahl Jahwe Abraham. Gott prüfte sein auserwähltes Volk, indem er von ihm verlangte, es solle ihn mehr lieben als seine eigenen Familien. Schließlich kam auch der Judaismus zu einer Wertschätzung der patriarchalischen Familie, doch seine Anhänger haben immer gezögert, die Liebe zur Familie über die Liebe zu Gott zu stellen.[10]

Eine ähnliche Spannung ist auch von Anfang an im Christentum festzustellen. Die familiäre Situation von Christus selbst war alles andere als klar. Seine Menscheneltern waren zum Zeitpunkt seiner Zeugung nicht verheiratet; er hatte keinerlei Blutsverwandte im engeren Sinne.[11] In seinen Predigten ordnete er die Menschenfamilie immer der Familie Gottes unter und stufte den Geist wichtiger ein als das Blut: »Wenn jemand zu mir kommt und nicht Vater und Mutter, Frau und Kinder, Brüder und Schwestern, ja sogar sein Leben gering achtet, dann kann er nicht mein Jünger sein« (Lukas 14,26). Er verstand die Familie eher als geistig denn als durch Geburt oder Heirat bedingt: »Wer den Willen Gottes erfüllt, der ist für mich Bruder und Schwester und Mutter« (Markus 3,35).[12] Im ersten Jahrhundert nach dem Tod Christi schoben die Gläubigen weltliche Belange im Hinblick auf Seine Wiederkunft auf. »Den Unverheirateten und den Witwen sage ich: Es ist gut, wenn sie so bleiben wie ich«, riet der Heilige Paulus (Erster Brief an die Korinther 7,8).[13] Die frühen Christen wurden beschuldigt, Familien und Haushalte auseinanderzureißen (was übrigens den religiösen Sekten auch heute wieder vorgeworfen wird). Die Unantastbarkeit des Zölibats blieb auch dann noch ein wichtiges Thema im Christentum, als seine Anhänger im zweiten Jahrhundert nach Christus zögernd begannen, sich wieder zu verheiraten und sich von neuem ihren Familien zuzuwenden. Als die Christen, die um zweihundert vor Christus in Pontus lebten, schließlich einsahen, daß das Reich Gottes noch nicht kommen würde, »heirateten die jungen Mädchen, und die Männer gingen zurück aufs Feld«.[14]

Wenn Christus und seine Apostel heute noch leben würden, würden viele Christen sie zweifellos als familienfeindlich einschätzen. Obwohl sowohl fundamentalistische Christen als auch orthodoxe Juden die Kleinfamilie immer mehr glorifizieren, werden auch andere Stimmen laut, die stärker im Einklang mit den spirituellen Traditionen beider Religionen stehen und den Gläubigen erklären, daß man, »um das Himmelreich zu erlangen, Waise gewesen sein muß«.[15] Sowohl der Judaismus als auch das

Christentum wehren sich traditionell gegen die Verehrung der Natur und der biologischen Familie. Sie sind, wie die Anthropologin Carol Delaney es ausgedrückt hat, »monogenetische« Religionen. Ihr Gott ist der Schöpfer, der immerwährende Ursprung allen Lebens. Andere Religionen gestehen der Natur schöpferische Kraft zu, das Christentum hat sich gegenüber den Forderungen der Natur lange Zeit ambivalent verhalten.[16] In den ersten tausend Jahren seines Bestehens betrachtete es Ehe und Fortpflanzung als der Keuschheit und dem Zölibat unterlegen. Der heilige Hieronymus entwickelte ein Zahlensystem von eins bis hundert, sozusagen eine Skala der Heiligkeit, auf der er die Jungfernschaft mit hundert, das Witwendasein mit sechzig und die Ehe mit dreißig Punkten bewertete. »Ich lobe Eheschließungen«, sagte er, »aber nur, weil aus ihnen Jungfrauen erwachsen.«[17] Bis zum zwölften Jahrhundert wurden klösterliche Gemeinschaften höher geschätzt als normale Familien. Im Mittelalter, einer Zeit, in der sich Spiritualität offenbar nicht mit biologischer Mutter- oder Vaterschaft vereinbaren ließ, gab es keine verheirateten Heiligen.[18]

Das frühe Christentum entwickelte die Vorstellung von der Dreifaltigkeit, aber kein Konzept von der Heiligen Familie. Die Gestalt von Gott, dem Vater, war so übermächtig, daß Josef im Mittelalter nur als schattenhafter Stiefvater wahrgenommen wurde, und Maria galt eher als die Gemahlin von Jesus, nicht als seine Mutter. Christus wurde als Herr des Himmels dargestellt, Maria als seine Königin. Nicht ihre Mutterrolle wurde betont, sondern ihre Jungfernschaft. Die frühmittelalterliche Maria war eher ein Vorbild für Nonnen als für normale Frauen und wurde noch nicht so vorbehaltlos vom Volk verehrt wie später. Um Mutterbilder zu finden, aus denen sie Kraft und Trost schöpfen konnten, wandten sich die normalen Frauen den örtlichen Heiligen zu, die ihre heidnische Herkunft als Fruchtbarkeitsgöttinnen kaum verhehlten.[19] Es ist nicht bekannt, wie früh die mittelalterlichen Väter sich selbst zum Vorbild nahmen; fest steht nur, daß die zölibatär lebenden Kirchenväter normalen Vätern kaum ein Vorbild sein konnten.

In der Antike hatten die Menschen keine große Verbundenheit mit ihrem Zuhause gezeigt, und auch die frühen Christen waren nicht gerade in ihren Behausungen verwurzelt: Sie unterlagen der geistigen Verpflichtung, auf der Suche nach Heiligkeit herumzureisen, und diese Pilgerreise sollte die westliche Vorstellung von Zeit und Raum bis ins neunzehnte Jahrhundert formen. Yi-Fu Tuan drückt es folgendermaßen aus: Kulturen, die ihr Hauptaugenmerk auf Reisen legen, neigen dazu, tatsächlich existierende Räume zu entwerten.[20] Das Christentum ererbte von der judaischen Tradition den Hang, einen spirituellen Zielort als wahres Zuhause hochzuschätzen. Daraus ergibt sich eine Abwertung aller anderen Orte, unter ihnen auch die des Geburtsortes. Die frühen Christen projizierten das Zuhause auf einen Ort jenseits von Geschichte und Natur. Es hieß, sie lebten »in ihren eigenen Ländern, aber nur als Fremde... Jedes fremde Land ist ihnen Vaterland, doch jedes Vaterland ist für sie auch ein fremdes Land. ... Sie leben ihr Leben auf Erden, aber sie sind Bürger des Himmels.«[21]

In den transzendentesten Versionen des Christentums ist das Domizil nur ein vorübergehendes Zuhause, ein Punkt, von dem aus man reist, an den man aber nie zurückkehrt. Je mehr die Kirche sich in weltliche Dinge einmischte, desto mehr Orte erhob sie auch in den Rang des Heiligen, wenn auch nur als Zwischenstationen auf dem Weg zu Gott, niemals als Endziele. Das mittelalterliche Christentum erkannte den Wert weltlicher Reisen, aber nur in der höchst ritualisierten Form der Pilgerfahrt. Gwen Neville schreibt:

Der Dorf- oder Stadtbewohner, der »die Welt sehen« wollte, bekam durch die Institution der Pilgerreise eine gesellschaftlich akzeptable Struktur der vorübergehenden Erforschung. Er oder sie konnte in die *communitas* der Pilgergruppe eintreten und den Schrein besuchen, um eine Weile den Strukturen zu entkommen, innerhalb derer sich das gesamte Alltagsleben notwendigerweise abspielte.[22]

Heilige Reisen dienten dazu, das Individuum aus den Fesseln und Fallen seines Haushalts zu befreien – das heißt, die Seele wurde aus der körperlichen Gefangenschaft in der Kleinfamilie herausgelöst – und ihm die Suche nach einer spirituellen Heimat zu ermöglichen, in der es, zumindest vorläufig, in der Gesellschaft der realen oder imaginären Familie Gottes auf seine individuelle Rettung hinarbeiten konnte. »Sichtbares, Unsichtbares, Natürliches, Übernatürliches: Gott; Maria, die Mutter Gottes; die Engel und Heiligen« – sie alle waren angeblich am Ziel der Pilgerreise versammelt.[23]

Die Pilgerreise diente dazu, den normalen Christen in die Gesellschaft des Heiligen zu bringen. Einige wenige erhielten durch den Katholizismus die Möglichkeit, sich im Kloster auf eine lebenslange Pilgerfahrt zu begeben, doch vor dem sechzehnten Jahrhundert hatten die meisten Christen nur ein paar Augenblicke im Leben, in denen sie durch ein Ritual von ihrem Körper losgelöst wurden und mit einem geistigen Wesen kommunizieren konnten, das in der Lage war, ihre Erlösung zu erleichtern. Ein solcher Augenblick war der katholische Ritus der Taufe, eine symbolische zweite Geburt, die gleichzeitig für die rituelle Trennung des Kindes von seinen leiblichen Eltern stand. Es wurde in die Hände des heiligen Vaters am Taufbrunnen übergeben und dann von den Paten, den Verwandten im Geiste, entgegengenommen.[24] Auf ähnliche Weise wurde durch die mittelalterlichen Todesriten eine rituelle Trennung des Verstorbenen von seiner Ursprungsfamilie und eine symbolische Aufnahme in die Gemeinschaft der Toten vorgenommen. Die Leiche wurde unabhängig von der Ursprungsfamilie beerdigt, denn das Jenseits galt als Wiedervereinigung mit Gott und seinen himmlischen Heerscharen. Dort würden alle vereint leben, ohne Ansehen ihrer Geburt oder Ehe.[25]

Alle Pilgerreisen zwischen Geburt und Tod folgten demselben Muster: Trennung von der Kleinfamilie und Aufnahme bei den sichtbaren und unsichtbaren Verwandten im Geiste. Diese Aufgabe kam oft örtlichen Bruderschaften zu, die die spirituelle Verwandtschaft sogar noch besser repräsentierten als Paten.[26] Die Tatsache, daß Pilgerstätten oft von heiligen Familien aus Mönchen und Nonnen bewacht wurden, verlieh ihnen einen sakramentalen Wert, und die Reliquien und Souvenirs, die die Pilger mit nach Hause brachten, dienten dem Zweck, die Gläubigen, wo immer sie sich auch aufhielten, mit jenen Mekkas des spirituellen Trostes zu verbinden.[27]

Im späten Altertum und sogar noch zu Beginn des Mittelalters unterschieden sich die Christen in ihrer Geringschätzung ihres Zuhauses und der Kleinfamilie nur unwesentlich von den heidnischen Nachbarn. Die germanischen und keltischen Völker in Nordeuropa schätzten die Mutterschaft höher ein als die Römer, aber die monogame Ehe hatte bei ihnen keinerlei Wert. Bei ihnen blieb der Anspruch auf bilaterale Verwandtschaft hoch, und sie erkannten die Ursprungsfamilie nicht als moralische Einheit an. Erst im zwölften Jahrhundert begannen die Europäer, der Kleinfamilie als solcher einen Wert beizumessen, wenn auch noch längst nicht die Bedeutung, die die biologische Familie heutzutage hat.[28]

Mutter- und Vaterheilige erschienen erst im späten Mittelalter auf der Bildfläche. Doch selbst dann noch fiel es der katholischen Kirche schwer, die biologische mit der spirituellen Elternrolle zu vereinbaren. Sie stellte sich den Kosmos als große Hierarchie von Familientypen vor, an deren Spitze sich die Familie Gottes und an deren unterem Ende sich die Familie des Menschen befand, nur wenig höher als die Tiere. Die höchsten Formen des Familienlebens waren im Hier und Jetzt nicht zu erreichen, sondern existierten nur jenseits von Zeit und Raum im Einklang mit Gott. Diese übernatürliche Welt jenseits der Geschichte war dauerhaft und vorhersagbar. Wir modernen Menschen organisieren unser Gefühl von Zeit und Raum anthropozentrisch, sie organisierten das ihre theozentrisch.[29] Unsere Fixpunkte befinden sich auf der

Erde, die ihren waren im Himmel. Wir messen unser Leben vom Tag unserer Geburt an; sie maßen das ihre vom Zeitpunkt ihres Todes an. Für uns ist das Leben eine Ewigkeit, für sie war es »ein kleiner Einschub« zwischen der Ewigkeit vor und nach dem kurzen Aufenthalt des Individuums auf der Erde.[30] Auf der Erde war der Christ nicht nur Waise, sondern auch im Exil; er wartete darauf, zu seiner wahren Familie, der Familie Gottes, zurückzukehren.[31]

Am nächsten kamen der Familie im Himmel jene unterschiedlichen spirituellen Familien, die die Kirche vom vierten Jahrhundert an etablierte. Am oberen Ende dieser Hierarchie standen die zölibatären Orden, in die man nur eintreten konnte, wenn man bereit war, sich als Waise zu sehen und sozusagen im Exil zu leben. Die Kirche bot ausgeklügelte Initiationsriten für diejenigen, die ihre Ursprungsfamilie hinter sich lassen und als heilige Bräute oder Brüder Christi in einen heiligen Orden eintreten wollten. Doch die Mehrzahl der Gläubigen war dazu bestimmt, ein niedrigeres Leben in der natürlichen Familie zu leben, was bedeutete, daß man sie des guten Lebens in dieser Welt, vielleicht auch in der nächsten, beraubte. Wenn die eigene Familie schon keine heiligen Werte repräsentieren konnte, so hatten die mittelalterlichen Christen doch ein ganzes Arsenal gedachter Familien, die das konnten. Die Patenschaft hatte einen gewissen praktischen Nutzen, aber – und das war wichtiger – sie symbolisierte auch die Werte, die die realen Familien nicht immer selbst produzieren konnten.[32] Diese Institution erhielt Familienideale wie Liebe, Vertrauen und Fürsorge in einer Zeit aufrecht, in der es aufgrund der hohen Sterblichkeitsrate, der extremen Armut und der politischen Wirren in Europa schwierig, wenn nicht gar unmöglich war, ein gutes Familienleben zu führen.

Zusätzlich zur Institution der Patenschaft bot der Katholizismus seinen Gläubigen noch andere spirituelle Familien – Bruderschaften, Gilden und Pilgergruppen –, mit deren Hilfe Laien sich selbst im positivsten Licht sehen konnten, wenn auch nur vorübergehend. Im vierzehnten und fünfzehnten Jahrhundert gehörten jene spirituellen Familien zu den allgegenwärtigen Merkmalen der europäischen Gesellschaft. Sie assistierten bei Geburten, richteten Hochzeiten aus, begruben die Toten oder stellten für kürzere oder längere Zeit ein zweites Zuhause zur Verfügung – mit anderen Worten: Sie boten genau jene Dienste an, die wir uns heute nur noch von Familienmitgliedern oder engen Verwandten erwarten.[33]

Eine Pilgerreise an einen Ort, an dem ein Heiliger gewirkt hatte, verursachte ein Gefühl des Wohlbehagens und heilte vielleicht sogar sieche Familienmitglieder. Durch das Ritual der Pilgerreise konnten Männer und Frauen sich ein Familiengefühl wie auch das Bewußtsein, in der Welt daheim zu sein, aufbauen – und sei's auch nur vorübergehend und an einem anderen Ort als ihrem eigenen überfüllten Zuhause. Der mittelalterliche Katholizismus bot eine reiche Vielfalt gedachter Zuhause und Familien, in denen die Menschen ihre Ängste vor einer gewalttätigen und todbringenden Welt zerstreuen konnten.

Die Menschen des Mittelalters fanden das gute Familienleben eher außer- als innerhalb ihres Zuhauses. Genau wie Gott seinen einzigen Sohn gegeben hatte, um die Menschheit zu retten, so schämten sich auch die Christen nicht, ihre Kinder wegzugeben, wenn dies einem höheren Zweck diente. John Boswell meinte zu diesem Thema: »Kein christlicher Autor hat je die Position vertreten, daß die Zeugung eines Kindes auch zu der Pflicht führt, es zu versorgen.« Mittelalterliche Eltern führten eine Tradition fort, die in der Welt des Altertums und der Germanen wurzelte – sie überließen ihre Kinder »der Gnade von Fremden« und überantworteten sie Klöstern, überzeugt, daß diese »Opfergabe« ihnen spirituelles und materielles Wohlergehen garantieren würde[34].

Nicht nur Kinder profitierten von der Gnade Fremder. Vor der Neuzeit wurden auch ältere Menschen in fremden Familien aufgenommen.[35] Sogar Menschen in der Blüte des Lebens empfanden fremde Familien oft als wünschenswerte Alternative. Gilden und Gesellenverbindungen, die sich selbst als »eine Familie und Bruderschaft« verstanden, erlebten im Mittelalter und der frühen Neuzeit ihre Blüte. Ihre Initiationsriten, die unmittelbar der christlichen Taufe nachempfunden waren, etablierten eine weitere Art der Familienbindung, die sowohl praktischen Nutzen als auch einen Ort für Werte bot, die man zu Hause nur schwer bewahren konnte.[36] Ab dem Mittelalter verließen sich Familien zunehmend auf die Hilfe von Fremden, eine christliche Tradition der Nachbarschaftshilfe, die in der frühen Neuzeit durch Gesetze fixiert wurde und die die Gemeinden dazu verpflichtete, Notleidenden zu helfen.[37]

Die Unterscheidung zwischen höheren und niedrigeren Formen des Familienlebens sowie die Tatsache, daß spirituellen Familien und Familien von Fremden ein höherer Wert beigemessen wurde als der Familie, in die man hineingeboren worden war oder in die man hineingeheiratet hatte, erwiesen sich im Mittelalter und bis in die frühe Neuzeit hinein als wesentlich für die Expansion wirtschaftlicher und politischer Institutionen. Fiktive Verwandtschaftsverhältnisse trugen dazu bei, daß das frühmittelalterliche Europa sich aus einem Zustand der Anarchie erheben konnte; die feudalen Vertrauensverbindungen, die so entstanden, erstreckten sich über Zeit und Raum, transzendierten Blutsbindungen und ermöglichten die Schaffung einer neuen politischen, religiösen und wirtschaftlichen Ordnung.[38] Natürlich machte die Tatsache, daß die Kleinfamilie sich auf der untersten Sprosse der Hierarchie gedachter Familien befand, es Institutionen wie der Kirche, den Gilden und verschiedenen »großen Häusern« leichter, Mitglieder zu rekrutieren und Loyalitäten zu erhalten. Ganz im Gegensatz zur Meinung derjenigen, die heute den Niedergang der Kleinfamilie heraufbeschwören, wurde diese schon dem Aufbau der westlichen Zivilisation geopfert.

Der Aufbau des westlichen Ein-Familien-Haushaltssystems ging einher mit der Herausbildung einer Hierarchie gedachter Familien und mythischer Zuhause, an deren Spitze die Heilige Familie stand. Erst im zwölften Jahrhundert hörten die Menschen auf, Maria als Königin und Gattin ihres Sohnes zu sehen; erst jetzt wurde sie zu einer echten Mutterfigur. Nun »übernahm sie allmählich die Funktion der alten, vertrauten und beliebten örtlichen Heiligen und einige ihrer Charakteristika – Nähe, Vertrautheit und elterliche Sorge für die Angelegenheiten der Kinder«. Der Kult um die Mutter Maria, den die Kirche unterstützte, weil sie jetzt nicht mehr nur das Leben der Mönche und Nonnen bestimmen wollte, sondern auch das der Laien, verdrängte die alten heidnischen Göttinnen und die neueren jungfräulichen Heiligen. Nun wurde sie zum Mittelpunkt all jener, die Trost suchten in einer Welt hoher Sterblichkeit – sowohl bei Kindern als auch bei Müttern. Orte wie Chartres, die mit der Heiligen Muttergottes in Verbindung gebracht wurden, entwickelten sich ziemlich schnell zu großen Pilgerstätten. »Die Unsicherheit und die tatsächlichen Gefahren der Kindheit im Mittelalter schufen mächtige, dauerhafte Phantasien von Schutz und Rettung durch eine allmächtige, liebende Mutter«, schreibt Clarissa Atkinson.[39]

Trotzdem erschienen Heiligkeit und Familienleben im ausgehenden Mittelalter noch immer als unvereinbar. Erst ganz allmählich begann man, Verheiratete heilig zu sprechen. Um diese Zeit konnten sich die Menschen auch zum ersten Mal Mutter- und Vaterheilige vorstellen, und die Heilige Familie, »die als Beispiel und zur Erbauung diente«, wurde zum Mittelpunkt der christlichen Verehrung. »Die Christen wurden ermutigt, den von Jesus und seiner Mutter, seinem Stiefvater und seiner Großmutter vorgegebenen Rollen nachzueifern.«[40]

Anfangs galt die Heilige Familie als Großfamilie, bestehend aus Mutter und Kind, der Großmutter mütterlicherseits – der heiligen Anna – sowie verschiedenen Cousins. Die Konzentration auf die mütterliche Seite dieser gedachten Familie scheint die Realitäten des frühmittelalterlichen Familienlebens zu spiegeln, in dessen Mittelpunkt noch immer die Frauen standen.[41] Der große Wert, der der Großfamilie zugewiesen wurde, stimmte mit den feudalistischen Bemühungen überein, eine politische und wirtschaftliche Ordnung aufzubauen, die die Interessen der Kleinfamilie transzendierte. Im zwölften Jahrhundert allerdings schien dieser Aspekt nicht mehr so dringlich zu sein.[42] Durch die Wiederherstellung des Friedens, die Wiederbelebung des Handels und den Aufstieg einer bescheidenen Händlerschicht waren die Grundlagen für eine Neubewertung der Ursprungsfamilie durch Kirche und Staat geschaffen. Im Verlauf der nächsten beiden Jahrhunderte sollte sich das Bild der Heiligen Familie radikal verändern; sie wurde kleiner und patriarchischer.

Den größten Teil des Mittelalters blieb Josef lediglich eine Randfigur, dessen Vaterschaft von der Gottes überschattet wurde. Genau wie die frühe Maria eine deutlich unmütterliche Form angenommen hatte, war auch Josef nur ein dummer alter Mann oder ein eifersüchtiger Ehemann, dessen Anspruch auf Vaterschaft zum Objekt des Skeptizismus unter Gelehrten und zum Ziel beliebter Witze wurde. Im vierzehnten und fünfzehnten Jahrhundert jedoch erhielt der heilige Josef schließlich einen Platz in der Heiligen Familie; er ersetzte die heilige Anna. Bildliche Darstellungen von Christi Geburt wurden häufiger. Dadurch trat die Ursprungsfamilie in den Vordergrund und verdrängte die Verwandtschaft ein für allemal von der Bildfläche. Marias Mutterrolle wurde voll entwickelt, und Josef erhielt nun nicht nur einen heiligen Charakter, sondern auch ein jugendlicheres Aussehen, so daß seine Vaterschaft zum ersten Mal plausibel wurde. Und genauso wichtig: Zum ersten Mal bekam die Heilige Familie so etwas wie ein »Zuhause«, ein Haus, das auf mysteriöse Weise von Nazareth in den winzigen italienischen Ort Loreto verpflanzt worden war und dort zu einer der Hauptpilgerstätten des ausgehenden fünfzehnten Jahrhunderts wurde.[43]

»Das war nun wahrhaft ein neues Konzept von der Heiligen Familie«, schreibt John Bossy. »Im fünfzehnten Jahrhundert völlig neu ersonnen und von der Kirche der Postreformation gefördert, stellte es nicht nur für die Geschichte des Menschen Christus eine große Veränderung dar, sondern wahrscheinlich auch für die Geschichte der europäischen Familie.«[44] Umgekehrt könnte man natürlich behaupten, daß die Geschichte der europäischen Familie gewaltigen Einfluß auf die Umgestaltung der Heiligen Familie hatte, denn genau zu dieser Zeit wurde der Ein-Familien-Haushalt dominant, besonders in der sich gerade herausbildenden Mittelschicht der Städte. Die eine Veränderung läßt sich unmöglich von der anderen trennen. Archetypen reflektieren immer auch existierende gesellschaftliche Beziehungen und prägen sie ihrerseits wieder. Die Neugestaltung der Heiligen Familie als eindeutig nuklearer, patriarchalischer Einheit war ganz klar mit dem Aufstieg einer neuen städtischen Mittelschicht verbunden, einer Schicht, die dem gottesfürchtigen Haushalt vom fünfzehnten Jahrhundert an eine völlig neue Funktion und Bedeutung zuwies.[45]

Die Lehren der Humanisten in der Renaissance kündigten diese Veränderung bereits an, doch erst während der protestantischen Reformation, die ihren Mittelpunkt in Nordwesteuropa hatte, wurden die alten Hierarchien der spirituellen Familien über Bord geworfen, und die patriarchalischen Haushalte ersetzten die Pilgerstätte als moralisches Zentrum des christlichen Universums.[46] Reformer wie Luther und Calvin kehrten zu den Familienwerten des Alten Testaments zurück und bestanden darauf, daß ein gutes Familienleben nur gottesfürchtigen Haushalten möglich sei. John Bossy betont, daß die Reformer die Vorstellung von der Heiligen Familie beibehielten, »obwohl diese für sie weniger ein wesentliches Glied in der Erlösungskette darstellte, als eher ein Vorbild für menschliches Verhalten«.[47] Die Reformer schafften nicht nur die Heilkräfte der Mutter- und Vaterheiligen ab, die die Phantasie der spätmittelalterlichen Katholiken bevölkerten, sondern auch die Patenschaft und alle heiligen Väter und Mütter der religiösen Orden. Außerdem fegten sie die alten

Fremdfamilien sowie die Gilden, Zünfte und Pilgergruppen weg und ließen den Gläubigen nur noch den gottesfürchtigen Haushalt.

Die Reformation spiritualisierte den Haushalt, weigerte sich aber, die Kleinfamilie als solche zu sanktionieren.[48] Die Protestanten glaubten noch fester als die Katholiken daran, daß das Leben so etwas wie ein Exil sei und der Tod die einzig sichere Methode, wieder in die himmlische Heimat zurückzukehren. Die Puritaner in den Neuenglandstaaten hatten ihren familiären Verpflichtungen gegenüber höchst zwiespältige Gefühle; sie sahen die Ehe und die Fortpflanzung als Pflichten, aber nicht als Selbstzweck.[49] John Cotton warnte seine Gemeindemitglieder, daß sie nur heiraten und sich fortpflanzen sollten, »um Gott besser dienen und Gott näher sein zu können«. Des weiteren sagte er, »wer sich zu sehr an Ehemann, Ehefrau und Kindern erfreut, läßt das Licht des Geistes ermatten«.[50] Bis zum frühen neunzehnten Jahrhundert herrschte unter den Protestanten die Ansicht, daß die menschliche Familie lediglich eine Vorbereitung auf, aber kein Ersatz für die göttliche Familie ist. Der Tod wurde in einer ganz und gar theozentrischen Weise als letzter Lebensritus neu gedacht, der den Gläubigen von allen irdischen Fesseln befreit und ihn zum himmlischen Vater zurückkehren läßt.[51]

Die protestantische Idealisierung des patriarchalischen Ein-Familien-Haushalts war nicht nur eine logische Verlängerung des westlichen Familiensystems, sondern kam auch genau zur rechten Zeit für die sich herausbildenden absoluten Monarchien und den Kapitalismus, die beide die westliche Welt im sechzehnten und siebzehnten Jahrhundert zu formen begannen. Die absolute Monarchie legitimierte sich als eine Hierarchie patriarchalischer Haushalte, an deren Spitze der Monarch stand, der durch die loyalen Haushaltsvorstände seines Reiches regierte.[52] Der Kapitalismus in seiner kommerziellen proto-industriellen Phase hing ebenso von dem gottesfürchtigen Haushalt als zentraler Produktionsstätte ab. In protestantischen Ländern mußten sich alle

Alternativen – heilige Orden, Bruderschaften und Pilgergruppen – dem gottesfürchtigen Haushalt beugen. Obwohl die Gilden und Gesellenvereinigungen sich weiterhin als Familienverbände begriffen und bis ins neunzehnte Jahrhundert als Heimat fern der Heimat dienten, reduzierte sich die Größe der gedachten westlichen Familie beträchtlich.

Fremdfamilien für Männer – Schulen und das Militär zusätzlich zu den Gilden und Gesellenvereinigungen – bestanden weiterhin, doch den Frauen blieb nun nur noch eine Wahl. Im Augsburg des sechzehnten Jahrhunderts zum Beispiel wurden alleinstehende Frauen gesetzlich verpflichtet, in einem gottesfürchtigen Haushalt zu wohnen.[53] So verbesserte sich der Status verheirateter Frauen, allerdings hatte das seinen Preis. »Im protestantischen Europa wurde die Mutterschaft zum Zeichen, ja sogar zur Voraussetzung für die moralische und körperliche Gesundheit der Frau«, schreibt Clarissa Atkinson. »Gehorsam ersetzte Jungfernschaft und Armut als wesentliche weibliche Tugend auf dem Weg zur Heiligkeit.« Eine Frau konnte praktisch keine gute Christin werden, wenn sie »nicht heiratete und keine Kinder bekam«. Sogar in den katholischen Gebieten, wo das Zölibat noch immer eine Alternative für Frauen darstellte, wurden die Klöster der strikten Kontrolle eines »väterlichen« Bischofs unterstellt.[54] Inzwischen war eine Familie, die nur aus Frauen bestand, undenkbar geworden.

So wurde der gottesfürchtige Haushalt nicht nur zum wesentlichen Ort politischer Kontrolle, sondern auch zum Auslöser eines erstaunlichen wirtschaftlichen und demographischen Wachstums. Dadurch, daß die jenseitsgerichtete Askese der klösterlichen Familie von der innerweltlichen Askese des Haushalts und der Plantage abgelöst wurde, kam es zu einer massiven Steigerung der materiellen Produktion und der politischen Macht im ganzen protestantischen Europa und Nordamerika.[55] Die Protestanten mußten nicht mehr reisen, um das Geheiligte zu finden. Sie wehrten sich gegen die katholische Betonung der

Pilgerreise und ersetzten sie durch die genauso geheiligte Idee von der »Lebensreise«, die eher spirituelle als körperliche Bewegung erforderte, um zur letzten Vereinigung mit Gott zu gelangen.

Die radikalen Reformer des sechzehnten Jahrhunderts entwerteten anfangs alle weltlichen Orte. Sie verwarfen nicht nur das Konzept der heiligen Pilgerstätte, sondern sogar die *communitas* der Pilgerreise selbst, setzten dafür die tatsächliche Gemeinde der Gläubigen ein und umgingen so die Notwendigkeit einer physischen Reise.[56] Nach Gwen Neville »wird das ganze Leben des Indviduums eine Pilgerreise, eine Reise von der Geburt bis zum Tod, auf der der Mensch von Gottes Gesetzen begleitet wird«.[57] Diese Reise konnte unternommen werden, ohne daß man sein Zuhause je verließ, obwohl Kinder und alte Menschen bis ins neunzehnte Jahrhundert ziemlich mobil waren. Protestantische Familien hingen weiterhin von der Gemeinschaft ab, die sich nun eher als Gemeinschaft von Gläubigen als von Nachbarn definierte. Die Hilfsorganisationen der Quäker erstreckten sich oft über riesige Gebiete, sogar über den Atlantik hinweg, und begründeten so die vielleicht am weitesten verbreitete Familie von Fremden, die es in der westlichen Welt je geben sollte.[58]

Vom sechzehnten bis zum frühen neunzehnten Jahrhundert blieb der Protestantismus eine Religion, die eher zielgerichtet war, als daß sie sich auf ihre Ursprünge besann, und dem Herkunftsort keine Heiligkeit zusprach. Gemäß dem Alten Testament ging die Religion von Luther und Calvin davon aus, daß das einzig wahre Zuhause nur bei Gott im Himmel sein könne.[59] Diejenigen, die nicht mehr lange zu leben hatten, galten als auf der Heimreise, alle anderen mußten sich als Waisen und Exilanten betrachten. Es gab nur eine Möglichkeit der Heimkehr, und zwar die zum Allmächtigen Gott.[60]

Die Protestanten machten den Riten der Trennung und Wiedereingliederung, mit deren Hilfe die Katholiken ihre Erlösungsdramen durchgespielt hatten, ein Ende. Für sie begann und endete das Leben nicht mehr mit Riten, also schafften sie die Kindstaufe und die letzte Ölung ab. Die Erlösung konnte man sich nun nicht mehr mit den Sakramenten erwerben, sondern nur noch durch die Gnade Gottes. Die Patenschaft wurde ebenfalls abgeschafft, und die Familien hörten auf, ihre Verstorbenen der Kollektivität anheimzugeben. Statt dessen beerdigten sie sie, wenn möglich, gleich neben anderen Mitgliedern der Familie, die bereits verstorben waren.[61] Die Gräber blieben jedoch im allgemeinen ungeschmückt, weil man sich die jenseitige Welt noch nicht aus Familien bestehend vorstellte. Die Reformer investierten weder in Gräber noch in Häuser, denn das letzte Ziel war nur zu erreichen, wenn man dem geraden Weg durch diese Welt folgte und keine Bindung an bestimmte Orte aufbaute. In den Gebieten, in denen sich die Reformation durchsetzte, wurden die alten Pilgerstätten ihrer religiösen Bedeutung beraubt, auch wenn die Menschen sie wegen ihrer angeblichen Heilkräfte noch bis weit ins achtzehnte Jahrhundert aufsuchten.[62]

Die Protestanten sollten sich in der diesseitigen Welt nie ganz zu Hause fühlen, und vor dem neunzehnten Jahrhundert waren auch nur die wenigsten Häuser heimelig. Sie dienten der Produktion und dem Verbrauch und waren immer voller Menschen, laut und überfüllt. Da ständig Leute ein und aus gingen, gab es keine festen Orte oder Zeiten nur für die Familie. Wenn eins der Kennzeichen für ein »Heim« darin besteht, daß darin eine gewisse Kontrolle des Ortes über die Zeit besteht, dann ähnelten diese Haushalte, insbesondere die »großen Häuser«, in denen sich die meisten Leute gleichzeitig aufhielten, keinem »Heim«.[63]

Menschen, die sich nach zeitlicher und örtlicher Regelmäßigkeit sehnten, fanden diese eher außerhalb der Häuser. Unsere Vorfahren verbrachten einen großen Teil ihrer Zeit an öffentlichen Orten, an denen sie sich, im Gegensatz zu ihren geschäftigen Häusern, behaglich fühlen konnten.[64] Shakespeare schrieb, daß Männer »am lustigsten vom Hause sind« (Heinrich V., I/2, 271). Im siebzehnten und achtzehnten Jahrhundert begaben sich nicht mehr nur Gesellen auf die Wanderschaft, nein, auch junge Herren machten sich auf die Reise. Allerdings waren nicht nur Männer unterwegs. Für die Armen beiderlei Geschlechts war Mobilität unerläßlich, doch sogar die Wohlhabenden hatten ihre Kinder gern aus dem Haus. Am liebsten war es ihnen, wenn sie in einem anderen gottesfürchtigen Haushalt unterkamen. Die daraus resultierende Wanderlust der jungen Leute von zehn bis Anfang Zwanzig läßt die Heranwachsenden von heute schon fast wie Stubenhocker erscheinen.

Natürlich sollten die jungen Leute nicht völlig auf sich allein gestellt sein. Ihre Reisen durch ganz Europa wurden von patriarchalisch organisierten Handels- und Lehrorganisationen sorgfältig überwacht. Etwas Vergleichbares gab es in der Neuen Welt nicht, aber auch dort mußten alle Alleinstehenden – Männer wie Frauen – in einem Haushalt unterkommen.[65] Nicht nur die jungen Leute hatten im siebzehnten und achtzehnten Jahrhundert Ersatzzuhause. Auch viele Erwachsene, besonders Arme, wohnten in Fremdhaushalten. Die Alten schlüpften ebenfalls in den Häusern von Fremden unter. Und sogar wohlhabende Hausbesitzer sahen sich anderswo nach dem Frieden und dem Trost eines Zuhauses um. Thomas Dudley, der im siebzehnten Jahrhundert in Massachusetts lebte, beklagte sich, daß er »weder einen Tisch noch einen anderen Ort zum Schreiben hatte als am Kamin, auf meinen Knien«. Besonders stark störte ihn das im Winter, wenn sich alle im Innern drängten. Die Enge der Familie ärgerte ihn, denn »sie haben keine Manieren und bringen mich oft dazu, das zu vergessen, was ich sagen oder verschweigen wollte«.[66]

Dieser Wunsch nach einem Zuhause außerhalb des eigenen Zuhauses hielt bis weit ins neunzehnte Jahrhundert an. Bis zu den vierziger und fünfziger Jahren des letzten Jahrhunderts besuchten alle Schichten Kneipen, Cafés und Pensionen. In London hatten alle einen bestimmten Klub, in Birmingham »hatte fast jeder Mann seine Schenke, in der er regelmäßig einen Teil des Tages verbrachte... Er betrachtete seine Kneipe als sein zweites

Zuhause.« Mrs. George war die Wirtin des Woolpack, »eines Zufluchtsorts, einer Salonbar ... in der sie die strikteste Etikette forderte und durchsetzte...« Es handelte sich offensichtlich um die abendliche Zuflucht »einiger bemerkenswerter Männer«, die die gewünschte Ruhe anscheinend zu Hause nicht finden konnten. Doch nicht nur die Herren besuchten solche Orte. Zeugnisse aus Nordamerika und Europa belegen, daß die Frauen der Mittelschicht bis Mitte des neunzehnten Jahrhunderts genauso häufig aus dem Haus gingen wie die Männer.[67] Für die niedrigeren Schichten blieben die Straße, die Schenke und die Kneipe noch viel länger das zweite Zuhause. Selbst heute noch sind die, so Raymond Oldenburg, »wunderbaren, schönen Orte« – das Café, der Kosmetiksalon und die Kneipe an der Ecke – so etwas wie ein Zuhause für die »Stammgäste, auch wenn besagte Orte heute immer seltener werden und nur noch ein blasser Abklatsch ihrer Vorgänger sind«.[68]

Das wichtigste Zuhause außerhalb des eigenen Zuhauses blieb jedoch der gottesfürchtige Haushalt, der nicht nur die natürlichen Eltern und Kinder umfaßte, sondern auch Lehrlinge, Bedienstete, Gäste und alle anderen, die sich gerade dort aufhielten. Vom sechzehnten bis zum neunzehnten Jahrhundert waren die Haushalte große, komplexe Institutionen, zu denen auch der Nachwuchs anderer Familien, die häufig, aber nicht immer, weniger wohlhabend waren, stieß. Von den Haushalten wurde erwartet, daß sie ihre Lehrlinge, Bediensteten und/oder Sklaven genauso behandelten wie ihre eigenen Kinder. Alle Angehörigen des Haushalts waren der absoluten Kontrolle des Herrn und der Herrin unterworfen; sie waren, solange sie sich in diesem Haushalt aufhielten, gesetzlich wie auch gesellschaftlich sein »Kind«. Diener, Lehrlinge und Sklaven bezahlten für Schutz und Nahrung mit Gehorsam und Arbeit. Hausvater und Hausmutter ihrerseits mußten den höchstmöglichen Elternstandard bieten und die natürlichen Eltern, deren Zuneigung zu den eigenen Kindern im allgemeinen mit gewissem Argwohn betrachtet wurde, noch übertreffen.[69]

Die Reformation brachte dem Patriarchen eine hohe Stellung, aber sie sanktionierte die Vaterschaft als solche nicht. Auf ganz ähnliche Weise entwertete der Protestantismus die Jungfernschaft und ermöglichte es verheirateten Frauen und Müttern, an der Spiritualität teilzuhaben. Andererseits machte er sie hinsichtlich ihres moralischen Status vollkommen vom Haushalt abhängig.[70] Fruchtbarkeit allein garantierte keiner Frau moralischen Wert. Bis zur Mitte des neunzehnten Jahrhunderts wurde die Rolle der Mutter im wesentlichen unter der der Ehefrau subsumiert, die ihrerseits im sechzehnten Jahrhundert neue Gestalt annahm. Die Behandlung unverheirateter Mütter verschlimmerte sich in der frühen Neuzeit, weil uneheliche Kinder zum ersten Mal stigmatisiert wurden. Die protestantische Frau hatte zwar nie die gleichen Rechte gehabt wie ihr Mann, aber jetzt entsprach ihr Verhältnis zu ihm in etwa dem, das der Priester einmal zu Gott gehabt hatte – sie übernahm eine aktive Rolle im Haushalt, der moralischen Keimzelle der Gesellschaft, doch im öffentlichen Leben kam ihr ein weit weniger aktiver Part zu.

Zu Beginn der Neuzeit erhielt der Haushalt eine praktische und symbolische Bedeutung, die er bis dahin nicht gehabt hatte und seitdem auch nicht mehr erlangt hat. Da er weder himmlische noch irdische Konkurrenten hatte, wurde er zum Mittelpunkt des protestantischen Universums. Er bot nicht nur Schutz, sondern auch symbolischen Trost durch die Bilder einer neuen Heiligkeit, die sich aus frommen Patriarchen, »goodwives« und artigen Kindern zusammensetzte. Diese Neugestaltung machte die mittelalterliche Vorstellung von der Heiligen Familie, den Kult um die heilige Maria und eine ganze Reihe anderer Praktiken unnötig, die in katholischen Ländern weitergeführt wurden und sich sogar in Gebieten weiterhin großer Beliebtheit erfreuten, in denen sich die religiöse Reform eigentlich durchgesetzt hatte.

In diesem Stadium der wirtschaftlichen und politischen Entwicklung war der gottesfürchtige Haushalt so etwas wie ein Gemeinwesen im kleinen; er erfüllte nicht nur wichtige wirtschaftliche und politische Funktionen, sondern präsentierte auch der Gesellschaft eine ideale Vision ihrer selbst. William Gouge, ein englischer Prediger des siebzehnten Jahrhunderts, meinte zu diesem Thema: »Eine Familie ist eine kleine Kirche und ein kleines Gemeinwesen oder doch zumindest ein *lebhaftes Abbild* davon.«[71]

Vor der Einführung der Produktion in Fabriken und des nationalen Staatswesens war die Gemeinschaft gottesfürchtiger Haushalte die Grundlage für die materielle und die moralische Ordnung. Die Protestanten hatten realistischere Vorbilder heiligen Verhaltens als die Katholiken. Ihre Phantasie beschäftigte sich nicht mehr mit den himmlischen Heerscharen, sondern mit irdischen Dingen. Lobreden auf gottesfürchtige Gemeindemitglieder wurden zu einem festen Bestandteil des protestantischen Begräbnisgottesdienstes im sechzehnten und siebzehnten Jahrhundert, und auf den amerikanischen und europäischen Friedhöfen wimmelte es nur so von pflichtbewußten Ehefrauen. Als Dorothy Dudley 1643 starb, wurde folgendes Lob in ihren Grabstein gemeißelt: Sie sei bekannt gewesen für ihre »Gläubigkeit, ihren Gebetseifer, ihre Aufmerksamkeit, ihren Eifer, ihre Klugheit, ihre Aufrichtigkeit, ihre Demut und Bescheidenheit, ihre Geduld, ihre Unabhängigkeit von dieser Welt, ihre Entsagung, ihren Gemeinsinn, ihren Fleiß, ihre Treue und ihre Güte«.[72] Laurel Thatcher Ulrich meint dazu: »Es fällt uns schwer, uns einer Welt anzunähern, in der weder Innovation noch Individualität zu den Haupttugenden zählten und in der die reiche Fülle des Alltagslebens bewußt auf formelhafte Abstraktion reduziert wurde. Doch der Zweck einer Grabinschrift bestand nicht darin, an die Persönlichkeit des Verstorbenen zu erinnern, sondern sie zu transzendieren. Eine gute Frau verdiente die Würde der Anonymität.«[73]

Das Bild der guten Frau ließ Dorothy Dudleys tatsächliche

Biographie höchst effektiv verblassen, und auch von der Geschichte ihres Familienlebens ist nichts bekannt, nicht etwa, weil die Trauernden nichts darüber gewußt hätten, sondern weil sie sie als irrelevant betrachteten. Im siebzehnten Jahrhundert diente der Grabspruch nicht dazu, an die Person zu erinnern, sondern an einen bestimmten Typ Mensch. In Dorothy Dudleys Welt war es immer noch unziemlich, den Lebenden ein Denkmal zu setzen. Ein Leben wurde für gewöhnlich am Ende zusammengefaßt und nicht fortlaufend miterzählt, wie wir das heute gewöhnt sind. Nur wenige Menschen schrieben damals eine Autobiographie, und diejenigen, die es tatsächlich taten, legten sehr viel weniger Wert auf ihre frühen Jahre als auf ihre späteren. Das heißt, daß sie ihre »Lebensreise« eher in spirituiller als in gesellschaftlicher Hinsicht darstellten. Posthume Lobreden und Biographien folgten demselben Muster; sie boten in unseren Augen merkwürdig unpersönliche, statische Porträts der Beschriebenen. Doch solche Porträts waren typisch für die damalige Kultur und Zeit, als jegliche Literatur und Kunst dazu dienen sollte, uns »keine Person, sondern eine Art von Person« zu zeigen, ja, eher das Bild eines guten Familienlebens darzustellen als die Realität.[74] Die Einzelheiten eines Lebens waren weniger wichtig als die generellen Lehren, die sich daraus ziehen ließen. Bis zum achtzehnten Jahrhundert »faßte man ein Leben nicht als eine diachrone Kontinuität auf, sondern als Beispiel für unveränderliche, universelle Prinzipien«.[75] Zweifelsohne war Dorothy Dudleys Leben weitaus erfüllter und komplexer, als ihr Grabspruch uns glauben machen will, aber es war nicht wichtig, daß ihre Zeitgenossen sich in allen Details daran erinnerten, solange Gott es im Kopf behielt. Bis zum neunzehnten Jahrhundert war das das einzige, was zählte.[76]

Natürlich werden wir nie erfahren, ob Dorothy und all die anderen domestizierten Heiligen der reformierten Bewegung tatsächlich die perfekten Väter, Mütter und Kinder waren, als die sie hingestellt wurden. Wir können mit ziemlicher Sicherheit davon ausgehen, daß die neuen Heiligen sich selbst nicht in diesem Licht sahen, denn der Sünde des Stolzes wollten gute Protestanten auf keinen Fall bezichtigt werden. Allerdings mußten sie nicht mehr wie die Katholiken auf die Welt verzichten, um nachahmenswerte Vorbilder zu finden.

In protestantischen Gebieten, doch auch in großen Teilen des katholischen Europa, sorgte die Konzentration der Produktion auf den Haushalt zusammen mit der politischen und religiösen Verantwortung dafür, daß nur noch wenig Zeit und Raum für die Kleinfamilie beziehungsweise die Aktivitäten blieb, die heutzutage als ausschließlich auf das Zuhause bezogen betrachtet werden. Bis zum ausgehenden neunzehnten Jahrhundert war Weihnachten eher eine öffentliche als eine private Angelegenheit, und weder die Geburt noch das Sterben wurden vor dem Industriezeitalter domestiziert. Wir glauben heute, daß in den präindustriellen Haushalten daheim geboren und gestorben wurde, doch in Wahrheit wurde damals weder für die Geburt noch für den Tod formale Vorsorge getroffen.

Aber nicht nur die Geschäftigkeit innerhalb des Haushalts und die Beengtheit trieben die Leute dazu, anderswo Trost zu suchen. In früheren Jahrhunderten war der öffentliche Ort wichtig, denn er vermittelte ein Raumgefühl, das ein ganz normales Haus nicht geben konnte. Mittelalterliche Städte dienten genau wie das präkapitalistische Land, dessen natürliche wie auch von Menschen geschaffenen Merkmale so einprägsam waren, daß sich daraus eine individuelle wie auch eine kollektive Erinnerung aufbauen ließ, als Erinnerungspunkte.[77] Vor dem neunzehnten Jahrhundert verschwand ein bestimmtes Haus eher als ein Baum oder ein Marktkreuz. Die Häuser waren damals weder numeriert noch benannt, so daß sich die Menschen den Weg mit Hilfe anderer Hinweise suchen mußten. Sie bildeten das visuelle Vokabular des Ortes, das es ihnen erlaubte, sich auch außerhalb ihrer Häuser wohlzufühlen.

Die Menschen im achtzehnten Jahrhundert hatten ein ähnlich enges Verhältnis zu Stadtbildern und Landschaften, wie wir es heute zu Häusern haben. Die Bezeichnung »Heimweh«, ein Wort, das beispielsweise erst Ende des achtzehnten Jahrhunderts Eingang in die englische Sprache fand, bezog sich eher auf Gebiete als auf Häuser. Angeblich handelte es sich bei den ersten Leuten, die unter Heimweh litten, um Schweizer Söldner des ausgehenden siebzehnten Jahrhunderts, denen »die kontinuierlichen Vibrationen des animalischen Geistes durch die Fasern des mittleren Gehirns, in dem noch immer die beeindruckten Reste des Vaterlandsgedankens haften« zu schaffen machten.[78] Es überrascht nicht, daß die Menschen mehr Angst vor dem Verlust eines Ortes als vor dem einer Unterkunft hatten, denn nur wenige konnten überhaupt ein Haus ihr eigen nennen, während sie innerhalb der Gemeinden, in denen sie lebten, immerhin gewisse Rechte in Anspruch nehmen konnten. Nach Amerika ausgewanderte Europäer besaßen eher ein Haus als diejenigen, die zurückgeblieben waren, doch der Mythos von der Siedlung im Wilden Westen übertreibt schamlos: Weit weniger Amerikaner als wir vermuten, hatten vor diesem Jahrhundert ein eigenes Haus.

Vor dem neunzehnten Jahrhundert war nur eine Minderheit der erwachsenen Männer mit Besitz Haushaltsvorstand im rechtlichen und wirtschaftlichen Sinn des Wortes. Alle anderen – das heißt alle jungen Leute um die Mitte Zwanzig, die meisten Frauen (mit Ausnahme vermögender Witwen) und alle besitzlosen Männer – lebten entweder unter dem Dach eines anderen oder in einem vorübergehenden Unterschlupf. Und trotzdem galten sie nicht als obdachlos, denn solange sie »ihren Platz kannten« und zum Haushalt eines anderen gehörten, hatten sie ein Zuhause und stellten keine Bedrohung für die patriarchalische Ordnung dar.

Unsere Vorstellung, die Ordnung beruhe darauf, daß jeder ein Zuhause und eine Familie habe, wäre für sie gleichbedeutend mit Chaos gewesen: Als dieser Gedanke während der englischen

Revolution im siebzehnten Jahrhundert zum ersten Mal aufkam, wurde er so schnell wie möglich wieder unterdrückt.[79]

Obwohl die Haushaltsvorstände sich länger an einem Ort aufhielten als die ständig wechselnden Bediensteten, Lehrlinge, alten Gäste und Verwandten, waren sie nicht besonders auf ihr Zuhause fixiert. Dieses »Zuhause« bedeutete für sie auch die Felder und den Marktplatz; Frauen wie Männer fühlten sich außerhalb des Hauses genauso daheim wie innerhalb. Das Haus wurde nach seiner Nützlichkeit bewertet. Wenn es im Winter warm war, sprach man davon wie von einem Vogelnest oder dem Bau eines Tieres, aber im Sommer verließ man es gern, um in den Scheunen mehr Platz zu haben, behaglicher essen und schlafen zu können.[80] Kurz: das Haus nahm weder den zeitlichen noch den räumlichen Platz in der Phantasie der Menschen ein wie die moderne Wohnung. Es war ein Ort für den Augenblick, der weder die Zukunft vorwegnahm noch auf die Vergangenheit verwies.

Vor dem neunzehnten Jahrhundert machten sich die Menschen nichts aus alten Dingen. Sie bewahrten ihre Erinnerungen anderswo auf, und ihre Träume handelten nicht von Häusern. Vor dem neunzehnten Jahrhundert wurden eher Brücken und Marktplätze von Geistern bevölkert als Häuser.[81] Das Leben strömte durchs Haus, aber es war noch nicht jener besondere Ort, an dem alles begann und alles endete, wie die Menschen es sich später vorstellten.

Solange die Leute sich auf vertrautem Territorium bewegten, fühlten sie sich nicht nur in ihrem eigenen Haus, sondern auch in allen örtlichen Haushalten daheim. Gäste tauchten zu allen Tages- und Nachtzeiten auf, hier bestand kein Unterschied zwischen Europa und Nordamerika. Alle wurden im großen Raum am Feuer untergebracht. Wenn es nicht genug Betten gab, rückten die Leute eben zusammen. Diese Tradition hielt sich im ländlichen North Carolina bis in unser Jahrhundert: »Wir sind nie einsam gewesen... Die Jungs haben uns damals den Hof gemacht; viele von ihnen wohnten weit weg. Die haben bei uns geschlafen und mit uns Abend gegessen und gefrühstückt.«[82]

In einer Gesellschaft, in der die Grenze zwischen Bekannten und Fremden immer knapp hinter dem Horizont lag, war die häusliche Schwelle kaum von Bedeutung. Die Leute kamen und gingen, wie sie wollten, wie das im ländlichen Irland bis vor ein paar Jahrzehnten immer noch gang und gäbe war. Zum Beispiel in Balleymenone: »Die Tür, offen an schönen Tagen, unverschlossen in der Nacht, bietet keinen Widerstand und schwingt oft hin und her, um Leute herein oder heraus zu lassen. Besucher machen auf der Schwelle nicht halt, und so breitet sich die Gemeinschaft ohne Übergang von den Feldern zum Herdfeuer aus und umfaßt alle Küchen der Gegend. Die Gemeinschaft, das ist genau der Raum, der die Herdfeuer miteinander verbindet.«[83] Besucher gingen direkt ins Zentrum des Hauses, in einen großen Raum, der oft den Beinamen »das Haus« trug und in dem immer ein Feuer brannte.[84] Eingangsbereiche gab es nur in den allergrößten Gebäuden, und jeder hatte direkten Zugang zum Herdfeuer, wo sich alle Aktivitäten des Haushalts – Arbeit und Muße, Essen und Schlafen – abspielten.

Es gibt nur wenige Schilderungen darüber, wie es war, ein Haus des achtzehnten Jahrhunderts zu betreten, weil die Schwelle überhaupt nicht markiert und der Prozeß des Eintretens deshalb nichts Bemerkenswertes war. Das war in vielen ländlichen Gegenden bis vor wenigen Jahrzehnten immer noch so. Als Henry Glassie in den sechziger Jahren Balleymenone besuchte, stellte er fest, daß die Iren sich am Herdfeuer ihrer Nachbarn am wohlsten fühlten. Er beschreibt ihre Küchen als

charmant verletzlich, offen und bevölkert. Die Leute drängen von draußen hastig in ihr Zentrum, wo ein Feuer brennt und schon das Wasser für den Tee aufgesetzt ist. Die Leute im Innern müssen, wenn sie zu einer anderen Stelle wollen, die Küche durchqueren, und dabei orientieren sie sich am Herdfeuer und beurteilen jede Bewegung danach, ob sie sie nach oben oder nach unten führt. Wenn die Bewegung aufhört, befinden sich die Leute normalerweise in der Küche, am Herdfeuer.

Dort nehmen sie Platz, bereit, mit Rat und Tat zur Seite zu stehen oder sich auch nur ein wenig zu unterhalten.[85]

Vor der Neuzeit unterschieden sich die Inneneinrichtungen kaum. Die Räume im Haus waren eher funktional als dekorativ, und die Möbel waren so beschaffen, daß man sie, dem Anlaß entsprechend, verschieben konnte.[86] Der Rhythmus des Hauses wurde durch die Jahreszeiten bestimmt, durch den Kalender der Gemeinschaft und die Produktion, die wichtiger war als die Rhythmen von Individuen oder Familien. Wir glauben, daß Familien ein Haus brauchen, aber damals brauchte das Haus die Familie. Genau wie ein modernes Büro oder eine Fabrik war das Haus eine Institution mit einer Reihe genau umrissener Aufgaben, die jeweils von bestimmten Menschen erledigt wurden. Wenn die Kleinfamilie dazu nicht ausreichte, nahm man bereitwillig Fremde auf. Abhängig von seiner Funktion konnte die Größe des Haushalts zwischen einer Kleinfamilie und Dutzenden von Personen variieren, ohne sich dabei im Lauf der Zeit allzusehr zu verändern. Wenn ein Paar noch jung war, holte es sich zur Unterstützung Bedienstete und Lehrlinge, die wieder gingen, wenn die Kinder alt genug waren, ihre Aufgaben zu übernehmen.[87]

Im achtzehnten Jahrhundert war ein Umzug weniger eine symbolische als eine praktische Angelegenheit. Ein neues Kind mußte sich an den existierenden Raum anpassen, neue Paare ersetzten die alten, ohne irgend etwas am Haus zu verändern. Die Fähigkeit zu heiraten hing von der Möglichkeit ab, einen Haushalt zu etablieren und aufrechtzuerhalten, und wenn ein Paar keine Garantie dafür geben konnte, verweigerte die Gemeinschaft entweder die Zustimmung zur Heirat oder stand ihm bei, »seine eigene Welt zu beginnen«, wie die Waliser sagen. Manchmal halfen die anderen dabei, das Haus zu bauen, häufiger jedoch sammelte die Gemeinschaft Geld- oder Sachspenden, die als Geschenk nicht nur für die Bewohner, sondern auch für das Haus selbst zu sehen waren.[88] Unser Wunsch, uns etwas von Null aufzubauen und nur neue Möbel zu kaufen, wäre damals – abgesehen davon, daß niemand sich so etwas hätte leisten können – undenkbar gewesen.

Diejenigen, die mithalfen, einen Haushalt in die Gänge zu bekommen, sorgten auch später dafür, daß er dem Standard der Gemeinschaft entsprach. Damals hatten die Menschen keinerlei Skrupel, sich in das Leben anderer einzumischen, wenn sie fürchteten, daß häusliche Auseinandersetzungen das kollektive Wohlergehen bedrohten. Religiöse Gemeinden übernahmen ähnliche Aufgaben; sie billigten Ehen, schlichteten bei häuslichen Streitereien und unterstützten zerrüttete Familien. Es war nicht leicht, den Nachbarn irgend etwas vorzuenthalten, so daß die Verhaltensnormen sowie der Standard des Haushalts im ausgehenden achtzehnten und beginnenden neunzehnten Jahrhundert nicht nur genau festgelegt waren, sondern auch streng befolgt wurden.[89]

Im Verlauf seines Lebens wohnte der durchschnittliche Amerikaner oder Europäer der frühen Neuzeit in vielen verschiedenen Häusern und betrachtete keines von ihnen als etwas Besonderes. Die nostalgischen Gefühle für unser Zuhause der Kindheit, die heute so weit verbreitet sind, existierten damals nicht. Wenn James Woodfords Cousin Bob 1762 sagte, er werde »nach Hause« gehen, bedeutete das keineswegs, daß er vorhatte, zu seiner Familie oder seinem Geburtsort zurückzukehren, sondern an den Ort, an dem er beschäftigt war.[90] Solange jeder seinen Platz kannte, egal ob reich oder arm, verwandt oder nicht, konnten alle den gleichen Raum für sich in Anspruch nehmen, ohne die persönliche oder kollektive Identität zu bedrohen. Im späten achtzehnten und frühen neunzehnten Jahrhundert war das Raumbewußtsein so stark, daß es allen diente, immer vorausgesetzt, alle akzeptierten die Ungleichheiten und Hierarchien, die das mit sich brachte. Die Häuser waren ausgesprochen ungleichmäßig verteilt, aber nicht einmal die Hauslosen waren obdachlos in der heutigen Bedeutung des Wortes.

Der Protestantismus »durchbrach die Kontinuität, zerschnitt die Nabelschnur zwischen Himmel und Erde und warf so den Menschen in historisch noch nie dagewesener Weise auf sich selbst zurück«.[91] Doch selbst in einer Zeit, in der man den Kosmos und die Archetypen auf die Erde zurückgeholt hatte, boten noch immer Religion und Gemeinschaft, nicht die biologische Familie, den sichersten Hort für all das, was den früheren Generationen wichtig gewesen war. Der Tod des kosmischen Archetypus und seine Ersetzung durch ein gemeinschaftliches Vorbild gingen einher mit der Aufgabe des traditionellen Heiligenkalenders und der Pilgerstätten, die bei den katholischen Gläubigen noch immer so beliebt waren. Auch wenn die Protestanten realistischere Ikonen ersannen, hofften sie nicht unbedingt, sie innerhalb der Familie zu finden, in die sie hineingeboren worden waren oder in die sie hineingeheiratet hatten. Ihre Heiligen waren Teil der Gemeinschaft, aber niemand erwartete, daß jede Familie den höchsten Ansprüchen genügte. Nicht jede Frau, die ein Kind zur Welt brachte, mußte eine vorbildliche Mutter sein; nicht jeder Mann, der ein Kind zeugte, wurde automatisch als Vaterfigur betrachtet. Und vor dem neunzehnten Jahrhundert hatte die Tatsache, wessen Kind man war, eher etwas mit den jeweiligen Umständen als mit der Biologie zu tun.

Die Unterscheidung zwischen Familie und gutem Familienleben galt das ganze achtzehnte Jahrhundert hindurch.[92] Solange sie Gültigkeit hatte, ließen sich Bilder gottesfürchtiger Haushalte und heiliger Familien ohne weiteres mit komischen, ja manchmal profanen Repräsentationen des normalen Familienlebens vereinbaren. Im achtzehnten Jahrhundert konnten Künstler wie William Hogarth sich über Mütter und Väter lustig machen und ungestraft Kinder verspotten. Populäre dramatische und graphische Darstellungen von ganz normalen Familien zeigten sie alle in ihrer chaotischen, gewalttätigen Welt – etwas, wovor unsere modernen Medien noch immer zurückschrecken. Solange noch ein paar gottesfürchtige Haushalte das Ideal hochhielten, konnten sich Schriftsteller und andere Künstler ohne weiteres über die Schrullen der Familien lustig machen.[93]

In der Vergangenheit waren die Bilder vom guten Familienleben praktisch unangreifbar. Heutzutage bekommen wir schon beim kleinsten Hinweis auf die Familienrealität Panik. Der Fall einer unverheirateten Mutter aus der Mittelschicht, den die Fernsehserie *Murphy Brown* vorstellte, wurde von vielen Amerikanern als Beweis für den Niedergang der Familienwerte aufgefaßt. Obwohl Vizepräsident Dan Quayles Denunziation von Murphy Brown die Wählerschaft 1992 nicht auf die Seite der Republikaner zog, ist der Symbolgehalt der Angelegenheit heute noch stärker als damals. Heute beschwören Demokraten wie Republikaner gleichermaßen apokalyptische Visionen vom Verfall der Familie und vom gesellschaftlichen Chaos herauf. Und obwohl die meisten Amerikaner nicht das Gefühl haben, daß ihr eigenes Familienleben in Gefahr ist, sehen sie sofort erste Zeichen der Auflösung bei ihren Nachbarn. Da wir heute nicht mehr die kosmischen und kommunalen Archetypen besitzen, die unseren Vorfahren Halt verliehen, werden wir gegenüber den modernen Prophezeiungen vom Verfall der Familie immer empfänglicher.

LEBEN UND TOD ALS KURZE ZWISCHENSTATION

Die Zeit ist nichts Gegebenes, sondern etwas... Ersonnenes. Chronotypen sind temporal und plural; sie werden ständig aus zahlreichen individuellen, gesellschaftlichen und kulturellen Ebenen gemacht und erneuert... Sie verändern sich im Lauf der Zeit und haben deshalb eine Geschichte oder sogar Geschichten.

John Bender und David Wellbery, Chronotypes[1]

* * *

W ir leben in unserer realen Zeit, orientieren uns aber auch an der gedachten Zeit, unseren Chronotypen, die es uns erlauben, Sinn in die zeitlichen Beschränkungen und die überwältigende Tatsache der menschlichen Existenz zu bringen: in unsere Endlichkeit.[2] Die gedachte Zeit unseres Lebens funktioniert genauso wie unsere gedachten Familien, und sie ist genauso historisch veränderbar. Die moderne Vorstellung von der Lebensspanne – ein Zeitstrahl, unterteilt in eine Reihe deutlich voneinander abgegrenzter Lebensalter, die in standardisierten Abständen und bei jedem Menschen in der gleichen Abfolge eintreten – ist nur einer von mehreren Chronotypen, die der Mensch erfunden hat, um der menschlichen Endlichkeit Sinn zu verleihen.[3] Wir denken gern, daß wir das Geheimnis des Alterns entdeckt haben, dabei ist es auch nur eine unserer Erfindungen. Wie so vieles von dem, was die sogenannten Fakten des Lebens ausmacht, sind auch Kindheit, Jugend, mittleres Alter und Alter kulturelle Schöpfungen. Sie sind die Lösung des modernen Westens für die universelle menschliche Suche, die Barbara Adam als »Zeit-Transzendenz« bezeichnet – »eine Beziehung zu unserer eigenen Endlichkeit zu haben, eine temporale Welt den Prinzipien der Dauerhaftigkeit zu unterwerfen«.[4] In jeder bekannten Gesellschaft haben die Menschen die Lebensalter, an denen sie sich orientierten, erfunden und neu erfunden und sie sich selbst als gegeben und unveränderlich dargestellt. Das in verschiedene Alter aufgeteilte Leben ist unsere moderne Antwort auf eine ewige Frage, wenn auch nur eine Antwort unter vielen.

Die reale Zeit, die die Menschen der Vergangenheit zur Verfügung hatten, unterschied sich deutlich von der Zeit, die wir heute haben. Vor der Mitte des neunzehnten Jahrhunderts lebten die Europäer und Amerikaner durchschnittlich nur zwei Drittel der Zeit, die wir heute leben. Allerdings wußten sie nie, wann sie dahingerafft werden würden, denn der Tod war etwas, was alle Altersgruppen betraf und nicht hauptsächlich die alten Leute wie heute. Zwar war ihr Leben kürzer und unsicherer als das unsere, aber sie sehnten sich nicht unbedingt nach Langlebigkeit wie wir, denn ihre Chronotypen ermöglichten es ihnen, in der ihnen gegebenen Zeit zu leben; sie verliehen einem Dasein, das uns brutal und kurz erscheinen würde, einen Sinn. Sie dachten immer daran, daß das Ende nah sei, und dennoch stellte der Tod für sie keine Bedrohung dar wie für uns; sie akzeptierten ihre Sterblichkeit und konnten sich eine Unsterblichkeit jenseits aller Zeit vorstellen, während wir, unfähig, unsere Sterblichkeit hinzunehmen, die Ewigkeit durch Langlebigkeit ersetzt haben. »Der Preis dafür, daß wir die Unsterblichkeit durch die Gesundheit ersetzen«, meint Zygmunt Bauman, »ist, daß wir immer im Schatten des Todes leben; wenn man den Tod hinauszögert, muß man das Leben darauf verwenden, ihn zu bekämpfen.« Die Moderne, schreibt er, »hat die Sterblichkeit, gegen die man nichts unternehmen kann, in eine Reihe von Gebrechen dekonstruiert, die man in den Griff bekommen kann«.[5]

Unsere Vorfahren waren in der Lage, sich etwas Ewiges jenseits der Zeit vorzustellen, und konnten so Altern und Tod von der Biologie als solcher trennen. Für sie war das Altern etwas völlig

anderes als für uns.[6] Man ging davon aus, daß man spirituell mit
einer völlig anderen Geschwindigkeit altern konnte als biologisch.
»So wie wir vom körperlichen Alter sprechen, in dem wir von der
Kindheit in die Jugend überwechseln und so weiter... so ist das
spirituelle Alter ein Fortschreiten von Tugend zu Tugend, von
Gut zu Besser, von Perfektion zu größerer Perfektion«, schrieb
Thomas, der Bischof von Brinton 1380.[7] Uns fällt es schwer, uns
das Altern unabhängig vom Körper vorzustellen, sie hingegen
hatten kein Problem, das Wunder des *infantia spiritualis*, des
heiligen oder weisen Kindes, des Wunderkindes, zu akzeptieren.
Aus dem gleichen Grund glaubten sie auch Geschichten von
Menschen, die Hunderte von Jahren alt wurden.[8]

Wir dagegen leben, im wörtlichen wie im symbolischen Sinn,
nach Zahlen. Die Menschen der Vergangenheit wußten nur selten
ihr genaues Alter, wir jedoch markieren jedes vergangene Jahr.
Das soll nicht heißen, daß unsere Vorfahren sich nicht über den
Verfall von Körper und Geist oder die Endlichkeit des Lebens
bewußt gewesen wären. Nein, sie machten ihnen genauso viele
Sorgen wie uns, vielleicht sogar mehr, weil sie nicht unsere
Möglichkeiten hatten, mit Hilfe der Medizin Schmerz und Leiden
zu lindern. Doch sie hatten Bilder, Rituale und Symbole, um
gegen ihre Ängste anzugehen und das Leben so als lebenswert
anzusehen. Der Unterschied zwischen ihnen und uns liegt deshalb
nicht in der Zeit, die uns die historischen Umstände tatsächlich
lassen, sondern in unseren Bildern von der Zeit. Ihre Bilder von
der Zeit waren kosmisch und gemeinschaftlich; unsere sind viel
persönlicher und individualisierter.[9] Ihre Vorbilder des Alterns,
des guten Lebens und des guten Todes, waren entweder übernatürliche Wesen oder exemplarische Persönlichkeiten. Wir finden unsere Bilder viel näher an der Realität, in unserem eigenen
Körper oder dem Körper derer, die uns nahestehen, normalerweise von Familienangehörigen, mit denen wir unsere Bilder vom
guten Tod wie auch vom guten Leben verbinden.

Wir befinden uns in der einzigartigen Situation, uns selbst über

Alter und Altern klarwerden zu können. Das bringt jedoch auch eine gewaltige Verpflichtung mit sich, mit denen sich frühere Generationen nicht auseinandersetzen mußten. Sie waren nicht nur in der Lage, ihr Ideal vom guten Familienleben auf kosmischer oder auf Ebene der Gemeinschaft anzusiedeln – jenseits der Zeit und ihrer eigenen grimmigen häuslichen Realität –, sondern auch, Trost in transzendentalen Idealen von der guten Geburt und dem guten Tod zu finden, ohne Angst haben zu müssen, daß sie versagten, wenn sie deren Standard nicht erreichten. Wir hingegen, die wir uns selbst unter Druck setzen, erfolgreich zu altern und ein langes, gesundes Leben zu führen, werden von unserer Unfähigkeit gequält, der numerischen Norm zu entsprechen. Das soll nicht heißen, daß die Menschen der Vergangenheit besser oder schlechter älter wurden als wir. »Die Vergangenheit hat keine ›Antworten‹ für die Gegenwart«, warnt Thomas R. Cole. »Sie beinhaltet jedoch den grundlegenden Vorrat des Menschen an Gedanken, Bildern, Überzeugungen, Wünschen, abergläubischen Vorstellungen, Gefühlen, Träumen, Hoffnungen und Ängsten über das Altern.«[10]

Alle Völker versuchen das zu bilden, was David Cheal einen temporalen Verband nennt: Individuen, die ein ähnliches Zeitgefühl haben und einander bei den Schwierigkeiten, die das Leben mit sich bringt, behilflich sind.[11] Diese Metapher beschwört das Bild der Sicherheit vor Gefahren herauf, die nahe der Oberfläche lauern; temporale Verbände stärken uns gegen die Verwüstungen der Zeit und die Tatsache, daß der Mensch endlich ist. In der Vergangenheit lieferten vor allen Dingen Kirche und Gemeinschaft solche temporalen Verbände. Die Vorbilder des Alterns, an denen sich die Menschen orientierten, waren nicht ihre Verwandten oder Freunde, sondern religiöse Archetypen und exemplarische Persönlichkeiten der Gemeinschaft. Kirche und Gemeinschaft sorgten außerdem für die Riten, die von einer Lebensphase in die nächste überleiteten sowie für die Vorbilder guten Lebens und Sterbens. Sie riefen die temporalen Verbände ins Leben, die es den früheren Generationen erlaubten, durch die rauhe See der Zeit zu einem sicheren Hafen bei Gott zu navigieren, zu einer Ewigkeit jenseits der Zeit.

Weil wir heute unsere temporalen Verbände eher innerhalb der Familie sehen, hat das Altern und Sterben von Familienangehörigen eine viel größere Auswirkung auf uns. Die Menschen der Vergangenheit waren nicht weniger fürsorglich als wir, sie verstanden sich nur als Mitglieder eines größeren Verbandes.[12] Die katholische Kirche stellte ein großes Repertoire an heiligem Altern und Sterben bereit, während die Protestanten ihre Vorbilder näher an der Realität suchten, wenn auch ebenfalls noch ein ganzes Stück von der Kleinfamilie entfernt. Im siebzehnten und achtzehnten Jahrhundert lieferten die Herren und Herrinnen der gottesfürchtigen Haushalte die meisten Bilder vom guten Leben und Sterben für das nordwestliche Europa und Amerika. Diese Rolle erlegte einer vergleichsweise kleinen Zahl von Menschen eine große Last auf; doch solange sie bereit waren, die großen Stationen des Lebens – Geburt, Hochzeit und Tod – öffentlich zu durchlaufen, hatte der Rest der Bevölkerung Bilder, nach denen er sich getrost richten konnte.

Europäer und Amerikaner vor dem neunzehnten Jahrhundert lebten nach Gottes, nicht nach des Menschen Zeit. Der Gott der jüdisch-christlichen Tradition war ein temporaler Gott, dessen erster Akt es gewesen war, den Tag von der Nacht zu scheiden und so ein Gefühl von der Zeit zu schaffen, an dem sich sein auserwähltes Volk orientieren konnte. Indem Jahwe einen siebentägigen Zyklus festlegte, schuf er einen Kalender, der die Juden von allen anderen Völkern unterschied.[13] Selbst als sie keinen eigenen Raum mehr hatten, hatten sie doch noch eine Zeit, nämlich den Sabbat, der nur ihnen allein gehörte, eine wichtige Quelle der Identität für die Juden im Verlauf der Jahrhunderte.[14] Auch der Gott der Christen war ein temporaler Gott. Er wirkte in der Geschichte, gestaltete sie nach seinem Willen und verlangte, daß die Gläubigen jede andere Zeit der seinen unterordneten. Die frühen Christen gaben in Erwartung seiner baldigen Wiederkunft die normale Zeit auf und lebten für jenen Augenblick in der Zukunft. Im zweiten Jahrhundert nach Christus wurde das Warten unerträglich, und sie schufen sich ihre eigenen religiösen Riten, doch die theozentrische Vorstellung von der Zeit blieb weiter Teil der christlichen Theologie. Sie schenkte den Gläubigen ihre eigene Version des Sabbat, die ebenfalls dazu diente, ihre einzigartige kollektive Identität zu bewahren, egal, wo sie sich befanden.

Doch nur nach Gottes Zeit zu leben erwies sich für die meisten Christen als schwierig. Den größten Teil des Mittelalters hatten nur Mönche und Nonnen das Privileg, strikt nach einer göttlichen Uhr und einem göttlichen Kalender zu leben. Sie waren einer jenseitigen Askese unterworfen, von der die Laien und die meisten anderen Kirchenleute ausgeschlossen waren. Das gemeine Volk gestaltete sich sein eigenes Gefühl von der Zeit aus irdischerem Material: Es orientierte sich an Ernte, Jahreszeiten und biologischen Körperrhythmen. Genau wie die ersten räumlichen Maßeinheiten – der Fuß und die Hand – wurde auch die Zeit mit Hilfe von körperlichen Funktionen gemessen. Die Menschen sprachen damals nicht von Minuten oder Stunden, sondern von der Zeit, die man brauchte, eine Kuh zu melken oder von der »Pinkelpause«,[15] wie sie sich bis heute in unserem Wortschatz gehalten hat. Die temporale Disziplin der heiligen Orden hatte im mittelalterlichen Leben der Laien keinen Platz. Rabelais drückte die Einstellung seiner Zeit aus, als er schrieb: »Nie werde ich mich den Stunden unterwerfen, denn die Stunden sind für den Menschen geschaffen, nicht der Mensch für die Stunden... Ich behandle die Zeit wie einen Steigbügel, den ich mir einstelle, wie ich ihn brauche.«[16]

Die mittelalterliche Kirche war sehr entgegenkommend, was die Zeit anbelangte, an der sich die Menschen auf dem Lande orientierten. Sie berücksichtigte, daß die meisten Gläubigen sich nach dem Rhythmus der Landwirtschaft richteten, und als sie sich daran machte, die Bevölkerung von Europa zu bekehren, ließ sie zu, daß ihr eigener Kalender heiliger Tage eine Symbiose mit den alten heidnischen Chronotypen einging, die sich an Sonne und Mond, an den Jahreszeiten sowie den menschlichen und tierischen Rhythmen orientierten. Die Kirche verwandelte bereits existierende heidnische Festtage in die Tage von Heiligen. Aus der sommerlichen Sonnenwende wurde Johanni, und die Weihnachtszeit war in ihrer Gestaltung ganz ähnlich wie heidnische Winterfeste. Im ausgehenden Mittelalter war die christliche Zeit bereits erstaunlich nuanciert und komplex. Das Jahr wurde nicht nur durch hundertachtzig offizielle »heilige Tage« markiert, sondern auch durch viele örtliche Festtage, die jedes Jahr, jeden Monat, jede Woche und jeden Tag mit Bedeutung füllten. Christliche und heidnische Zeiten vermischten sich so sehr, daß man sie nicht mehr voneinander unterscheiden konnte.

Das mittelalterliche Bild von Zeit und Geschichte wurde durch ein sich endlos drehendes Rad dargestellt. Das Leben wurde außerdem als Kreislauf vom Mutterleib bis zum Grab gesehen, nicht als lineare Entwicklung durch eine Anzahl festgelegter Lebensalter, an deren Ende der Tod stand, wie heute bei uns. Das Leben war ein »wheel of fortune«, ein Glücksrad, und somit unvorhersehbar, »nichts so endlos, nichts so schnell beendet«.[17] Alle Menschen, egal, wie alt, waren gleich weit vom Tod entfernt, jenem unberechenbaren Ereignis, das den Kreislauf unterbrach und den Weg zum ewigen Leben eröffnete.[18] Geburt und Tod passierten einfach. In einer Zeit vor der Geburtenkontrolle und der modernen Medizin konnte man solche Ereignisse erwarten, aber nicht vorhersehen. Die Zeit lag nicht in den Händen des Menschen, und jeder Versuch, sie zu beeinflussen, war eine Herausforderung des göttlichen Willens. Unsere Vorfahren waren besessen von dem Wunsch, den richtigen Augenblick für Geburt, Hochzeit, ja sogar den Tod herauszufinden – sie verwendeten dazu eine Vielzahl von Ritualen und Symbolen, die so etwas wie Ordnung in ihr unsicheres Leben brachten. Dieser Wunsch ergänzte ihren Glauben, daß sämtliche Ereignisse letztlich außerhalb der menschlichen Kontrolle liegen, daß es keine Möglichkeit gibt, die Zeit zu verlängern, die jedem Leben zugewiesen ist.

Das Verständnis von Zeit, das die Renaissance vom Mittelalter ererbte, war ähnlich selbstgenügsam; es erstreckte sich nicht endlos in Vergangenheit und Zukunft, sondern war, wie Donald Gifford es beschreibt, »ein geschlossenes Medium, in dem aufeinanderfolgende Ereignisse durch das Schreckgespenst der menschlichen Sterblichkeit beherrscht wurden«. Er zitiert Sir Thomas Browne, der im siebzehnten Jahrhundert lebte und fast siebzig Jahre alt wurde. Sein Zeitverständnis war typisch für die damalige Zeit: »Erachte deine Zeit in dieser Welt nicht als kurz, denn die Welt selbst ist nicht lang. Die erschaffene Welt ist nur eine kurze Zwischenstation in der Ewigkeit; und eine kurze Last zwischen dem Zustand, der davor herrschte, und dem, der vielleicht danach kommt.«[19]

Der Chronotyp von Sir Thomas, ein Erbe des Mittelalters, wurde bereits von manchen seiner Zeitgenossen in Frage gestellt und unterscheidet sich grundlegend von unserer eigenen Lebensvorstellung. Wenn wir an die Ewigkeit denken, denken wir gleichzeitig an die Unendlichkeit, was Browne nicht tat. Die Ewigkeit existierte auf einer Ebene, die sowohl die menschliche Zeit als auch die menschliche Geschichte transzendierte. Sie grenzte das Leben auf beiden Seiten mit der Geburt und dem Tod ein und machte es Browne und seinen Zeitgenossen unmöglich, sich ein Vor- oder Nachleben in zeitlichen Kategorien vorzustellen. Ein Neugeborenes hatte keine Geschichte vor der Geburt, und die Verstorbenen existierten auch jenseits der Zeit.[20] Vor dem neunzehnten Jahrhundert hatten Himmel und Hölle in der Phantasie der Menschen keine zeitliche Dimension.[21] Die Seelen verschwanden in den Himmel oder die Hölle, wo sie ohne weitere Entwicklung auf ewig existierten.

Browne und seine Zeitgenossen hatten nicht den Wunsch,

gegen die Sterblichkeit zu kämpfen, das Leben über seine vorgesehene Spanne hinaus zu verlängern. Sie bekundeten kein Bedürfnis, Zeit zu sparen oder alte Dinge zu restaurieren. Sie wollten auch nicht über die Gegenwart hinaus in die Zukunft sehen, denn eine andere Zeit als die ihre interessierte sie nur wenig. Die Ewigkeit erschien ihnen so real, wie sie uns unreal vorkommt. Für sie fehlte es Vergangenheit und Zukunft an Substanz; diese Vorstellung lag dem mangelnden Wunsch zugrunde, das Leben zu verlängern. Die Menschen im Mittelalter sehnten sich eher nach der Ewigkeit als nach Langlebigkeit, und diese Sehnsucht motivierte sie auch, die Grenzen ihrer kurzen Zwischenstation genau abzustecken: Sie hießen das Kind, das sich zuvor in einem Zustand der Nichtexistenz befunden hatte, durch das Ritual der Taufe in der Welt willkommen, und die letzten Riten der Kirche begleiteten die Seelen der Toten auf ihrem Weg in die Ewigkeit. Beginn und Ende des Lebens waren unseren Vorfahren nicht weniger rätselhaft als uns, doch ihnen gelang es, die Angst vor der eigenen Endlichkeit zu reduzieren, indem sie sich eine Ewigkeit vorstellten, die jenseits der Zeit existierte und gegen alle ihre Probleme gefeit war.

Außerdem wurde die kollektive Geschichte der Menschheit als geschlossenes System mit einem abrupten Anfang und einem ebenso abrupten Ende gesehen. Es gab kein Konzept der Vorgeschichte – von jener anderen Art der Geschichte, sei sie nun natürlich oder auch nicht, die unserer heutigen Ansicht nach der unseren vorausgeht. Etwas Vorgeschichtliches war damals undenkbar, das gleiche galt für eine »Nachgeschichte«, wie wir sie uns in der Science Fiction oder der Futurologie vorstellen.[22] Weil die Zeit nicht lange zurück und auch nicht weit in die Zukunft reichte, bot die Gegenwart ausreichend Platz, auch wenn Männer wie Frauen kaum älter als vierzig wurden.

Die stets gegenwärtige Möglichkeit des vorzeitigen Todes mag durchaus dazu beigetragen haben, daß die Zeitgenossen von Thomas Browne nur ungern über die kurze Zwischenstation hinausdachten, doch die relative Unsicherheit des Lebens beantwortet die Frage nur zum Teil, warum unsere Vorfahren sich weit weniger mit der Langlebigkeit beschäftigten als wir. Wesentlicher ist, daß die Zeit, an der sie sich orientierten und der sie die größte Bedeutung beimaßen, nicht ihrer eigenen Kontrolle unterstand, sondern der Gottes. Sie hatten kein großes Bedürfnis, ein richtiges Verhältnis zu ihrer eigenen Zeit und zu ihrem eigenen alternden Körper herzustellen, denn ihre Hauptpflicht bestand darin, ein richtiges Verhältnis zu Gott aufzubauen.

Weil im Mittelalter die Ewigkeit den Platz einnahm, den wir Vergangenheit und Zukunft einräumen, waren die Menschen der damaligen Zeit und auch der Renaissance vor dem Gefühl geschützt, von der Vergangenheit erdrückt oder von der Unsicherheit der Zukunft bedroht zu werden. Für das gemeine Volk begann die Geschichte bestenfalls ein oder zwei Generationen vor der eigenen. Sein Gefühl für die Vergangenheit erstreckte sich nicht viel weiter als die »lebendige Erinnerung« der Dorfältesten, und seine Zukunftsperspektiven waren ähnlich eingeschränkt, so daß es die Gegenwart als weiter empfand, als wir es jemals tun könnten.[23] Die gebildete Elite war sich eines größeren zeitlichen Kontextes bewußt, aber auch ihr Horizont war nach modernen Maßstäben ziemlich beschränkt. Erst im siebzehnten Jahrhundert kam jemand auf die Idee, eine Datierung für das Buch Genesis vorzunehmen. Erzbischof James Ussher, der sich 1650 an diese Aufgabe machte, schätzte, daß die Schöpfung höchstens ein paar Jahrtausende zuvor stattgefunden hatte – um neun Uhr morgens, am 26. Oktober 4004 v. Chr.[24] Die genaue Datierung des Erzbischofs stimmte mit der traditionellen Ansicht überein, daß die Geschichte, ähnlich wie das Leben, ein geschlossenes System ist, das von einem klaren Anfang und einem ebenso klaren Ende begrenzt wird.

Wir empfinden Sir Thomas' Gedanken der kurzen Zwischenstation als unerträglich einengend. Wir lieben es, in der Vergangenheit herumzuwühlen und die Zukunft offen zu halten. Wir haben eine Abneigung gegen klare Anfänge und Enden entwickelt. Vor dem neunzehnten Jahrhundert jedoch scheint die westliche Kultur ganz zufrieden gewesen zu sein mit der Tatsache, daß die Menschen ziemlich nahe an ihrem Anfang und Ende lebten. Diese Zufriedenheit beeinflußte nicht nur ihr Verständnis von Geschichte, sondern auch das von ihrem eigenen Alter und dem anderer Familienmitglieder. Beiden schenkten sie weniger Beachtung als den Geburts- und Todestagen ihrer Lieblingsheiligen. Im großen und ganzen reichte es ihnen, in dem zu leben, was der heilige Augustinus »die Gegenwart der gegenwärtigen Dinge« (*Bekenntnisse*, XI, 20,26) nannte.[25]

Diese Vorstellung von einem Leben in einer »geräumigen« Gegenwart überdauerte in manchen ländlichen Teilen Europas und Nordamerikas bis in unser Jahrhundert. Henry Glassie traf sie noch in den sechziger Jahren in Balleymenone, einem Ort in Nordirland, an. Dort beschäftigten sich die Menschen viel mehr mit Mittelteilen als mit Anfängen und Enden. »Sie bauen die Mitte voller Sorgfalt auf, lassen die Kanten rauh und überlassen das Ganze sich selbst«, schrieb Glassie. In Balleymenone gaben sich die Leute keine allzugroße Mühe, sich an ihre eigenen Geburtstage oder die ihrer Familienangehörigen oder Freunde zu erinnern. Die Zeiten in ihrem Leben, die sie als »Große Tage« bezeichneten, waren Augenblicke, in denen »die Zeit sich in beide Richtungen ausbreitete, nach hinten und nach vorne, und Jahreszeiten bildete; aus den Jahreszeiten wurden Jahre, Jahre, verloren in der Zeit«.[26]

Vor dem neunzehnten Jahrhundert hatte das in Jahren gezählte Lebensalter der Menschen ähnlich geringe Bedeutung. Die Zeit, die in Mengeneinheiten wie Jahren, Monaten, Wochen und Tagen gemessen wurde, war für Individuum und Gemeinschaft nicht so wichtig.[27] Damals gab es keine standardisierte Zeitmessung, wie wir sie heute kennen. Jeder Ort hatte seine eigene Zeit, und die Anzahl der Zeitzonen war praktisch unendlich. Die Vereinigten

Staaten hatten noch 1870 zweihundert.[28] Jeder Ort hatte seinen eigenen Kalender; jeder Haushalt maß die Zeit nach seinen eigenen Bedürfnissen. Die Zeit hatte sich noch nicht vom Ort gelöst. Das »Wenn« wurde zum größten Teil vom »Wo« bestimmt, denn nur die wenigsten lasen die Zeit an Uhren ab. Statt dessen verließen sie sich auf eine weit weniger präzise Methode, auf die Orientierung an dem, was rund um sie herum geschah. Der Abend begann, wenn die Kühe hereinkamen; die Nacht brach herein, wenn alle ins Bett gingen; der Morgen fing an, wenn der Hahn krähte oder der Geruch des Herdfeuers in die Nase stieg.[29]

Das Alter hing ebenfalls vom Ort ab. Die meisten Leute auf dem Land konnten nicht genau sagen, welches Alter sie hatten, aber sie konnten grob schätzen, wie jung oder alt jemand war, wenn sie einen Bezug zu gewissen erinnerten Ereignissen herstellten – ein Heiligengeburtstag, eine Überschwemmung, eine Ernte. Als ein Gericht 1602 versuchte, das genaue Alter von William Fish festzustellen, berief es eine ganze Anzahl von Zeugen ein, darunter auch Thomas Storr, der aussagte, er wisse, daß William im August geboren worden sei, weil er sich daran erinnerte, daß Fishs Vater John zu ihm gekommen sei, »als er gerade die Gerste schnitt, um ihn zu bitten, Zeuge bei der Taufe des besagten William zu sein«. Auch die Methode, wie Storr feststellte, wie viele Jahre seither vergangen waren, war denkbar einfach: Er zählte sie anhand »der Ernten, die seitdem eingebracht« worden waren. Die Hebamme Johanna Craven bestätigte seine Aussagen: »Sie versorgte die Mutter des besagten William, als sie diesen zur Welt brachte, und das war am Bartholomäustag, weil sie später noch zur Kirmes nach Stockwith gegangen war.«[30] Die Zeit wurde im ländlichen England noch bis zum Ersten Weltkrieg so gemessen. Wenn man die Kinder bat, ihren Geburtstag zu sagen, antworteten sie: »Unser Charlie hat Geburtstag, wenn das Getreide geschnitten, und unsere Alice, wenn es geschält wird.«[31]

Bis zum neunzehnten Jahrhundert hingen die meisten Menschen von Haushalten, Gilden, der Kirche und der Gemeinschaft

ab, deren Regeln die Einteilung ihres Lebens fast ganz bestimmten. Das Leben war damals situationsgebundener und spontaner.
Es wurde von Tag zu Tag, von Jahr zu Jahr gelebt, innerhalb der
kurzen Zwischenstation, in der man nur selten die Zukunft
plante. Das absolute Alter war weniger wichtig als das relative,
denn die Bildungs- und Heiratschancen wurden davon bestimmt,
ob man ein jüngerer Sohn oder die älteste Tochter war, nicht
davon, welches konkrete Alter man hatte. Wie jung oder alt man
war, hing weniger von der Anzahl der Jahre ab, sondern eher von
der Stellung, die man innerhalb des Ein-Familien-Haushalts
einnahm. In der Arbeiterschicht galt dies sogar noch in diesem
Jahrhundert. Winifred Foley, die um die Jahrhundertwende in
eine mittellose englische Bergarbeiterfamilie hineingeboren
wurde, erinnerte sich, daß es »in Familien wie der unseren in der
Jugend nur drei wichtige Geburtstage gab: den eigentlichen
Geburtstag; den fünften, der bedeutete, daß man in die Schule
gehen konnte und der Mutter nicht mehr so zur Last fiel; und den
vierzehnten. Dieser Geburtstag hieß für eine Tochter, daß sie nun
alt genug war, die Beine unter einem anderen Tisch auszustrecken
[d.h. sie konnte sich Unterkunft und Verpflegung selbst verdienen, indem sie bei anderen arbeitete]; für einen Sohn bedeutete er,
daß er seinen Vater von nun an ins Bergwerk begleitete.« Der
letzte der genannten Geburtstage war alles andere als glücklich für
Winifred, weil sie Veränderungen hinnehmen mußte, auf die sie
nicht vorbereitet war. Als ihre Mutter ihr erklärte, daß sie ihre
Kindheit und ihren bisherigen Namen aufgeben müsse, sobald sie
in anderer Leute Dienste sei, hatte sie das Gefühl, daß sie »keine
junge Frau und keine Polly statt einer Winifred« sein wolle.[32]
   Wie in manchen zeitgenössischen afrikanischen Gesellschaften
war auch hier die Altersfeststellung eher eine Frage des gesellschaftlichen Vertrages als eine Zuweisung einer bestimmten
Anzahl von Jahren.[33] Arbeiter mußten sich bis weit ins neunzehnte Jahrhundert jünger machen, wenn sie Arbeit bekommen
und nicht in den gefürchteten »workhouses« landen wollten. Als

Frederick Bettesworth Ende des neunzehnten Jahrhunderts in Surrey starb, wußten seine Verwandten nicht, welches Alter sie auf dem Sarg angeben sollten. George Bourne, der den alten Mann gut kannte, schrieb: »Bettesworth wollte, daß ich ihn für jünger halte, als er eigentlich war. Aber es ist gut möglich, daß er sich seines Alters selbst nicht so sicher war.«[34] Vor dem zwanzigsten Jahrhundert hatten nur die Angehörigen der Eliten ein Anrecht darauf, ihre Geburts- und Jahrestage zu feiern. Bei allen anderen wurde das Alter durch Fremde definiert.

Die Stellung, die jemand innerhalb eines Haushalts einnahm, war der beste Indikator dafür, ob der oder die Betreffende als jung oder alt eingeschätzt wurde. Genau wie in Winifred Foleys Familie bestimmten auch in diesen Haushalten wirtschaftliche Gesichtspunkte, wann aus einem Mädchen eine Frau wurde. Ein Arbeiter wie Fred Bettesworth hatte nur wenig Aussicht, jemals als Mann im umfassenden Sinn des Wortes verstanden zu werden, denn seine untergeordnete Position definierte ihn, ungeachtet seines Alters, als einen »lad«, einen Burschen, genau wie ein Schwarzer in Amerika immer ein »boy« blieb, egal, wie alt er war. Alte Menschen gaben die Leitung eines Hofs oder eines kleinen Betriebes nur ungern auf, weil sie damit auch den Status eines der Ältesten in der Gemeinschaft verloren. Folglich traten sie mit ihren Erben in Verhandlungen, um sich sowohl schriftlich als auch mündlich darüber zu einigen, daß ihnen im Ruhestand weiterhin Hochachtung entgegengebracht werden würde.[35]

Der Status des Ältesten war nicht unbedingt gleichbedeutend damit, daß man alt war, und nicht jedes Kind verlebte tatsächlich eine Kindheit. Offenbar funktionierten diese Chronotypen ganz gut, auch wenn sie oft dazu führten, daß Gleichaltrige sich auf völlig unterschiedlichen gesellschaftlichen Stufen befanden. Das Alter, in dem man zu arbeiten oder mit der Schule begann, variierte enorm. Sogar innerhalb einer Familie konnte das Leben der Kinder völlig unterschiedlich verlaufen.[36] Auch die Mitte des Lebens folgte keinem vorgezeichneten Muster; das gleiche galt für den Rückzug aus dem Berufsleben. Er konnte irgendwann zwischen dreißig und achtzig erfolgen.[37]

Das biologische Alter hatte auch nur wenig mit der Entscheidung zu heiraten zu tun. Vor dem neunzehnten Jahrhundert fand die Hochzeit in allen möglichen Lebensaltern statt; die Hauptüberlegung war dabei der Zugang zu einem wirtschaftlich überlebensfähigen Haushalt. »Heirate erst, wenn du dir sicher bist, daß du auf deinen eigenen zwei Beinen stehen kannst«, riet ein Vater im siebzehnten Jahrhundert seinem Sohn.[38] Die Leute redeten nicht vom Alter als einem Grund zu heiraten. Es herrschte unausgesprochenes Einverständnis darüber, daß ein gewisses Alter erreicht sein mußte, aber kaum jemals meinte jemand, es sei zu spät. Dieselbe Einstellung herrschte bezüglich anderer einschneidender Schritte im Leben: Einschulung, Auszug von zu Hause, Elternschaft – all das wurde nicht vom biologischen Alter bestimmt oder hintereinander absolviert, wie wir es gewöhnt sind. An den Schulen und Universitäten wurden kleine Jungen zusammen mit Jugendlichen unterrichtet. An der Oxford University reichte das Alter der Studenten bis weit ins neunzehnte Jahrhundert von den frühen Teenagerjahren bis in die späten Zwanziger.[39] Es störte auch niemanden, daß viele der jungen Männer ihre Ausbildung mehrfach unterbrachen, um zu arbeiten, und so die geregelte Abfolge von Lernen und Arbeiten mißachteten, die wir heute als selbstverständlich ansehen. Vor dem neunzehnten Jahrhundert schien sich niemand Gedanken über frühreife Teenager zu machen: Zwar wurden Wohlstand und Macht normalerweise an ältere Leute vergeben, aber es hatte auch niemand etwas dagegen, wenn sich ein Wunderkind nach vorn drängte.[40] Man sprach über das jugendliche Aussehen eines älteren Menschen, aber letztlich zählte der Geist mehr als der Körper. Viele Menschen, die wir heute als zu alt für verantwortungsvolle Positionen erachten würden, übten bei unseren Vorfahren Macht aus. »In einer Kultur, der das ewige Leben wichtiger war als die ewige Jugend, überrascht diese Vorliebe nicht«, schreibt Thomas Cole. »Wenn ein Mensch sein Alter transzendierte, triumphierte er über die weltliche Zeit, er konnte in die zeitlose Welt der Ewigkeit eintreten.«[41]

Die Vorstellung von einem in Abschnitte gegliederten Leben von der Geburt bis zum Tode war unmöglich für Menschen, die glaubten, nur auf der Durchreise zu sein. Ihr Bild vom Leben als Glücksrad paßte gut zur damaligen Sterblichkeitsrate und Mobilität. Das Leben so zu betrachten ergab Sinn für Menschen, die selbst nur sehr wenig Kontrolle über ihr Schicksal hatten. Für alle, die nicht reich oder mächtig waren, wäre der Versuch, das Leben bewußt zu planen, frustrierend gewesen. Für sie gab es kein Leben, in dem eine Stufe automatisch zur nächsten führte, in dem eine logische Verbindung zwischen dem, was man als junger Mensch und dem, was man als alter Mensch tat, bestand. Deshalb überrascht es nicht, daß das Dasein im Mittelalter als »eine Reihe deutlicher Übergänge von einer deutlichen Phase in eine andere« wahrgenommen wurde und »nicht als ein Prozeß fortlaufender Veränderung«.[42]

Im Mittelalter gab es unterschiedliche Auffassungen darüber, wie viele Phasen oder »Lebensalter« es gab. Manche Leute begnügten sich, das Leben in zwei Alter einzuteilen, andere jedoch bestanden auf drei, vier oder sogar sieben. Offenbar herrschte keine Übereinkunft darüber, wie lange diese Lebensabschnitte dauerten; wenig Einigkeit gab es auch bis zum neunzehnten Jahrhundert über die Bilder von Kindheit, Jugend, Erwachsenenalter und Alter. Manche beschränkten die Jugend auf die Teenagerzeit, andere behaupteten, sie erstrecke sich bis Ende Zwanzig; wieder andere glaubten, die Jugend ende mit der Hochzeit.[43] Die variierenden Beschreibungen mittleren und hohen Alters reflektierten den Mangel an Altersnormen. Es machte nichts aus, wenn bestimmte Altersstufen übergangen, wiederholt oder völlig ausgelassen wurden. Männer und Frauen, die nicht heirateten, verletzten zum Beispiel keine Norm, weil es auch für ältere, unverheiratete Leute einen Platz im Haushalt gab.

Sie blieben dann einfach nur ihr ganzes Leben lang »Jungen« oder »Mädchen«. Die meisten Leute lebten die Ikone von den verschiedenen Lebensaltern nur mittelbar, weil sie selbst nicht alle Phasen durchschritten.[44] Angesichts der hohen Sterblichkeitsraten während des gesamten Mittelalters mußten junge wie alte Menschen gleichermaßen immer auf das Schlimmste gefaßt sein. Die Leute »alterten« genauso plötzlich wie sie ihren Platz in der gesellschaftlichen Ordnung veränderten. Junge Leute wurden automatisch durch die Heirat erwachsen, egal, wie alt sie waren, und der Rückzug des Haushaltsvorstands aus dem aktiven Leben brachte, unabhängig von dessen körperlichem Zustand, ein Gefühl des Verlusts mit sich. Die Kinder lehrte man, sich schon sehr früh auf den Tod vorzubereiten, doch sie lernten auch, für andere Dinge bereit zu sein. Junge Familienmitglieder mußten beim Tod oder Rückzug ihrer Eltern manchmal ziemlich abrupt die Rolle der Älteren übernehmen. Sie wurden darauf vorbereitet, sich von solchen unvermittelten Veränderungen nicht aus der Ruhe bringen zu lassen.

Heutzutage beklagen sich die Kinder, vor allem die Teenager, oft, daß die Zeit zu langsam vergeht und daß sie bereit für das Leben sind, lange, bevor das Leben bereit für sie ist. Das moderne Leben leidet unter einer Situation, die sich vielleicht mit dem Begriff »Überreife« umschreiben läßt: Man lebt in Zeitlupe, weil man alles vorhersehen und planen kann. Wenn wir über alles, auch über den Tod, Bescheid wissen, scheint die Zukunft beständig wie eine Bedrohung über uns zu hängen. Nicht nur die Jungen sind ungeduldig; auch die Alten wollen oft vor der Zeit sterben.[45] Unsere Vorfahren waren ihr Leben lang ständig mit dem Tod konfrontiert, aber weil sie ihre eigene Sterblichkeit akzeptierten, wurde ihr Dasein weniger stark von ihm überschattet. Es fiel ihnen schwer, irgend etwas vorherzusehen oder zu planen, aber sie mußten sich auch nicht ihrem biologischen Alter gemäß verhalten, wie es von uns erwartet wird.

Bis zum neunzehnten Jahrhundert lebten die meisten Europäer, besonders jene, die mit der Landwirtschaft zu tun hatten, mit der Vorstellung vom Leben als einem Glücksrad. Doch bereits im sechzehnten Jahrhundert begann sich parallel dazu in der protestantischen, städtischen Mittelschicht Nordwesteuropas ein neues Bild des Daseins als fortlaufender spiritueller Entwicklung herauszubilden, ein Konzept, das unter der Bezeichnung »Lebensreise« bekannt wurde.[46] Katholiken mußten ihr Zuhause noch immer verlassen, ja, sich aus der Welt zurückziehen, um sich der Spiritualität zu widmen, Protestanten hingegen konnten sich nun ein gewisses Maß an Heiligkeit durch das Alltagsleben ihrer eigenen gottesfürchtigen Haushalte erwerben. Das gute Leben bestand aus einem geordneten Durchschreiten von Kindheit, Jugend, Ehe und Familie und führte schließlich zu einer Wiedervereinigung mit Gott.

Für die Katholiken hatten die Pilgerreisen zu den guten Werken gehört, die ihnen Zutritt ins Himmelreich verschafften; die Protestanten verließen sich ausschließlich auf die Gnade Gottes, die sie von der körperlichen Pilgerreise entband und sie dafür einer persönlichen Askese verpflichtete, in der jede Stufe des Lebens, jeder Augenblick, gleich viel zählte. Die Reformer warteten bis zum Tag ihres Todes, um mit Gott endgültig ins reine zu kommen, widmeten jedoch auch schon ihr ganzes Leben diesem Unterfangen. John Donne drückte es in einer Rede, die er anläßlich einer Beisetzung 1628 hielt, folgendermaßen aus: »Unser wesentlicher Tag ist nicht der Tag unseres Todes, sondern der ganze Verlauf unseres Lebens.«[47] Der Zugang zum Himmelreich führte nicht mehr wie bei den Katholiken über die letzten Riten, die Beisetzungsfeierlichkeiten und die Bußen, die die trauernden Angehörigen und Freunde zahlten. Das Fegefeuer, ein Ort, den das Mittelalter als eine Art Durchgangslager für die Seelen ersonnen hatte, deren Schicksal noch nicht endgültig besiegelt war, wurde aus den protestantischen Vorstellungen vom Leben im Jenseits verbannt.[48] Die Lebenden konnten den Toten nicht mehr beistehen.

Das Bild des Lebens als einer fortdauernden spirituellen Reise entsprach der weltlichen Orientierung der sich herausbildenden Händlerschicht.[49] Sie ergänzte den Aufstieg des patriarchalischen Haushalts als spirituelles wie auch wirtschaftliches Zentrum. Anfangs waren die Darstellungen der spirituellen Pilger ausschließlich männlich, doch im siebzehnten Jahrhundert wurden allmählich auch Frauen in die Bildsprache des guten Lebens aufgenommen, obwohl ihre spirituellen Reisen immer als denen der Männer nachgeordnet gezeigt und auf die häuslichen Rollen der »good wives« und Mütter beschränkt wurden. Das Bild der Jugend wurde auf ähnliche Weise domestiziert. Eine Altersgruppe, die man sich bis dahin als wackere Ritter und hübsche Mädchen vorgestellt hatte, weit, weit weg von zu Hause beschäftigt, wurde nun auf die Bedürfnisse der Haushaltsproduktion zurechtgestutzt. Von jetzt an waren der fleißige Lehrling und die gehorsame Tochter das Ideal.[50]

Diese neuen Bilder waren genausowenig realistische Darstellungen des Lebens junger Leute wie die alten, aber sie verliehen einer neuen gesellschaftlichen und wirtschaftlichen Ordnung, die auf dem kommerziellen Kapitalismus basierte und größere Kontinuität und langfristigere Familienplanung erforderte, Bedeutung. Ob dieses neue Verständnis vom Leben eine Ursache oder eine Wirkung des kommerziellen Kapitalismus war, läßt sich hier nicht beantworten. Jedenfalls hätte sich die protestantische innerweltliche Askese mit ihrer Betonung der hinausgeschobenen Befriedigung von Wünschen meiner Ansicht nach nicht praktizieren lassen ohne die Unterstützung durch Bilder von einem sich fortlaufend entwickelnden Leben, in dem jedes Alter vorhersehbar, wenn auch zeitlich nicht genau geplant, zum nächsten führte.[51] Im Mittelalter gab es zu viele nebeneinander existierende Verpflichtungen gegenüber Angehörigen, Kirche und Gemeinschaft, als daß man sich auf eine solche Entwicklung hätte verlassen können. Wir haben bereits gesehen, warum das geordnete Aufeinanderfolgen der Generationen praktisch nur für die sehr Wohlhabenden möglich war. Im Gegensatz zu unseren idealisierten Vorstellungen von den Familien der Vergangenheit fiel es den Söhnen damals schwer, in die Fußstapfen ihrer Väter zu treten, und den Töchtern gelang es ebenso selten, sich am Vorbild ihrer Mütter zu orientieren.

Als die rechtlichen und gesellschaftlichen Verpflichtungen gegenüber Verwandten und der Gemeinschaft sich im fünfzehnten und sechzehnten Jahrhundert zu lockern begannen, wurde es für manche Familien möglich, vielleicht sogar nötig, die Ressourcen in die Entwicklung ihrer Kinder zu investieren. Die sich herausbildende Händlerschicht wurde immer stärker abhängig davon, daß die Familie und weitläufige Verwandte sich Fähigkeiten aneigneten und Kapital ansammelten.[52] In dieser Schicht begannen die Eltern, mehr Zeit und Geld in die Ausbildung ihrer Kinder zu stecken. Dafür erwarteten sie als Gegenleistung größeren Gehorsam.[53] Das Kind als Zukunftsgarantie der Familie zu sehen war etwas völlig Neues in der westlichen Zivilisation, eine Erwartung, die sich fast ausschließlich auf die aufsteigende protestantische Mittelschicht beschränkte.[54] Die Protestanten waren die ersten, die die Kindheit als entwicklungsfähiges Stadium betrachteten: Das Kind wurde nun nicht mehr als kleiner Erwachsener betrachtet, dessen Natur vom Zeitpunkt der Geburt an festgelegt war. Jetzt war es die Aufgabe der Eltern, sich um die Entwicklung des Kindes zum Erwachsenen zu kümmern.[55] Doch bis zum neunzehnten Jahrhundert reichten die Nachkommen dieser gottesfürchtigen Haushalte noch nicht aus, um eine sichere Familienzukunft aufzubauen. Sie hingen weiter von den Kindern anderer Haushalte ab, um selbst nicht unterzugehen, so daß auch ihre Definition der Eltern-Kind-Beziehung weiterhin flexibel blieb.

Trotz all dieser Veränderungen wurde das Leben immer noch nicht als vorhersehbare Abfolge numerisch definierter Lebensalter gesehen. Die Protestanten hatten ein in mancher Hinsicht noch zwiespältigeres Verhältnis zur Uhr und zum Kalender als die Katholiken. Um Platz zu schaffen für den spirituellen Fortschritt des Pilgers, hatten die Reformer all die katholischen Fest- und Feiertage abgeschafft und so den Gläubigen einen direkten Zugang zur Zeit des Allmächtigen verschafft. Sie hatten es ihnen ermöglicht, mit ihm, dem signifikantesten anderen überhaupt, einen ganz persönlichen Verband durch die gefährlichen Gewässer der Zeit aufzubauen. Ein Gott, der die Zeit nach seinem eigenen unergründlichen Willen schuf und veränderte, ließ sich nicht nach Stundenplan verehren; manche frühen protestantischen Sekten verweigerten sich nicht nur der Vorstellung vom Tag des Herrn, sondern auch der von heiligen Orten der Verehrung, weil sie der Ansicht waren, daß der Gläubige bereit sein müsse, Gott zu jeder Zeit und an jedem Ort anzubeten. Die konservativeren Protestanten richteten schließlich wieder festgelegte Zeiten und Orte der Verehrung ein, doch auch sie waren sich schmerzlich bewußt, daß die Zeit, die ihnen gegeben war, nicht ihnen gehörte, sondern Gott, und daß sie bereit sein mußten, ihrem Schöpfer dann gegenüberzutreten, wann er (und nicht sie) es wollte. Im sechzehnten und siebzehnten Jahrhundert beteten sie am Straßenrand, vertrauten ihren Tagebüchern ihre Beichte an und fasteten, wann immer sie glaubten, Gott nicht gefallen zu haben.[56]

Der Protestantismus strebte genausowenig nach Langlebigkeit wie der Katholizismus, aber die neue Vorstellung vom Leben als Reise ließ den Gedanken glaubwürdiger erscheinen, daß Menschen, die lange lebten, von Gott gesegnet waren. Alte Menschen waren, wenngleich ihr Körper zusehends verfiel, der Erlösung am nächsten. Zwar wurden alte Leute nicht immer gut behandelt, aber ihre Zeitgenossen versuchten, hinter ihren ausgezehrten Körpern Anzeichen spiritueller Vitalität zu entdecken. Die Protestanten schenkten den letzten Jahren des Lebens im allgemeinen mehr Aufmerksamkeit als den frühen, weil das Alter als die gewichtigste Zeit des Lebens galt: In ihr ließ sich der Wille Gottes

am deutlichsten erkennen. In den Lebensdarstellungen vorbild-
hafter Männer und Frauen der Gemeinschaft und in den Autobio-
graphien des siebzehnten und achtzehnten Jahrhunderts nahm nie
die Kindheit, sondern immer das Alter den größten Raum ein.[57]
Ein langes Leben schien der göttlichen Vorsehung zu entsprechen, und fromme alte Menschen wurden als »sichtbarer Beweis
für die höchste Gnade« behandelt.[58]

Ein langes Leben, das als wertvolles Geschenk von Gott
wahrgenommen wurde, war etwas Schätzenswertes, doch bis
zum neunzehnten Jahrhundert glaubte niemand, ein Recht auf
Langlebigkeit zu haben oder diese gar selbst beeinflussen zu
können.[59] Solange die Protestanten die Zeit als Geschenk Gottes
betrachteten, sahen sie sich genausowenig versucht wie die Katholiken, Geburts- und Jahrestagen große Bedeutung beizumessen.
Ihr Blick war unerschütterlich auf Bestimmungsorte und nicht auf
Ursprünge gerichtet; erst im Alter begannen sie, ihre Tage mit
einer gewissen Regelmäßigkeit zu zählen.[60] Doch selbst dann
verwendeten sie die numerischen Markierungen, die uns dazu
dienen, uns in der Zeit zu orientieren, eher, um sich von der Zeit
zu distanzieren, das Ewige zu suchen. Geburtstage waren kein
Anlaß zum Feiern. Sie waren vielmehr Augenblicke, in denen der
einzelne sich an Gottes Zeitplan ausrichtete. Wenn die Menschen
ihre Geburtstage überhaupt aufzeichneten, taten sie es, ähnlich
wie William Gladstone, um über das Ende, nicht über den
Anfang, zu reflektieren. Er betrachtete sein Tagebuch als »Kon-
tenbuch über das wertvolle Geschenk der Zeit«, und er benutzte
es an seinem achtundzwanzigsten Geburtstag, um seine Sicht des
Tages aufzuzeichnen: »Möge der Tag meiner Geburt mir den Tag
meines Todes in Erinnerung rufen.«[61]

Frühere Generationen hatten vielleicht nur eine verschwom-
mene Vorstellung von den Anfängen des Lebens, aber über das
Ende, auf das sie immer vorbereitet waren, wußten sie genau
Bescheid.[62] Die Bedeutung, die wir heute dem Beginn des Lebens
beimessen, fanden frühere Generationen im Ende, und die Zei-

chen der Zukunft, nach denen wir in unseren Neugeborenen suchen, wollten sie in den Sterbenden finden. Wenn das Leben als spirituelle Reise geführt wurde, war nicht so wichtig, wie lange man lebte, sondern, wie gut man auf sein Ende vorbereitet war. Damals umgab den Tod keine Aura der Scham oder der Schuld; die Leute schwiegen nicht darüber. Doch von den Sterbenden wurde auch erwartet, daß sie eine gute Vorstellung lieferten, gut starben. Wer von dieser Norm abwich, mußte mit der Enttäuschung seiner Zeitgenossen rechnen. Als Lord Kames 1782 das Zeitliche segnete, beklagte sich James Boswell: »Ich fand es schade, daß er im Tod kein einziges Wort sagte. Nichts Erbauliches oder Frommes.«[63]

Wir stellen uns gern vor, daß die Menschen in der Vergangenheit zu Hause, im Kreis ihrer Familie, starben. Wie wir jedoch bereits gesehen haben, verhinderten die allgemeine Mobilität und die Zersplitterung der Familie das in den meisten Fällen. Die sogenannten Hospitale des Mittelalters dienten als Hospize für die Sterbenden, doch am Sterbebett fanden sich nur in den allerwenigsten Fällen Ärzte ein. Wenn sie alles in ihrer Macht Stehende getan hatten, überließen sie den Sterbenden einem Geistlichen, dem eigentlichen Spezialisten für den Tod. Sobald die Ärzte die Hospize im achtzehnten Jahrhundert übernommen und sie in etwas verwandelt hatten, was dem modernen Krankenhaus ähnelte, verschlossen sie die Türen für die Sterbenden, denn die Medizin hatte immer noch keine Mittel gegen die Rätsel des Todes gefunden. Im neunzehnten Jahrhundert starben nur die Armen im Krankenhaus, und erst in unserer Zeit ist der Tod wieder in die Hospitäler zurückgekehrt. Bis zum neunzehnten Jahrhundert lag der Tod in den Händen der Kirche oder der Gemeinde; die Familie spielte in dieser Hinsicht nur eine nachgeordnete Rolle. Wenn die Verwandten rechtzeitig benachrichtigt wurden, taten sie ihr möglichstes, die Sterbenden noch einmal zu sehen, aber wenn sie es nicht mehr schafften, war das nicht so schlimm, wie wir uns das heute vielleicht vorstellen, da die Leute daran gewöhnt waren, andere in Anwesenheit von Fremden sterben zu sehen und sich zu sterbenden Fremden hingezogen fühlten. Je prominenter die Persönlichkeit, desto öffentlicher der Tod. Wenn das Oberhaupt eines Königshauses starb, war das ein großes Ereignis, doch selbst von Patriarchen und Herrinnen erwartete man, daß sie im vorgeschriebenen Stil der Zeit starben und somit ein Beispiel für den guten Tod gaben. Ihre letzten Augenblicke wurden genauestens aufgezeichnet, und man erinnerte sich eher der jährlichen »Todestage« als der Geburtstage.[64]

Es besteht kein Grund, diese Art zu sterben zu idealisieren. Wie in allen Kulturen starben die Menschen, wie sie gelebt hatten. Die Armen starben allein und anonym.[65] Ihre Gräber waren nur selten markiert, und kaum jemand erinnerte sich an ihr Leben. Der Tod eines Mannes erregte mehr Aufmerksamkeit als der einer Frau. Bis weit ins neunzehnte Jahrhundert war der Status der betreffenden Person der wesentlichste Indikator für die Bedeutung seines Todes. Genausowenig wie es damals ein universelles Recht auf Kindheit, Ehe oder Familienleben gab, bestand auch keinerlei Anrecht auf einen würdigen Tod oder ein anständiges Begräbnis. Die Armen lebten in der Angst, in einem Armengrab zu landen.[66]

Der Tod betraf alle Altersgruppen, und die Erwachsenen achteten darauf, daß die Kinder so früh wie möglich mit dem Sterben konfrontiert wurden, um sie damit vertraut zu machen. Der Tod war ein beeindruckender Moment für alle Beteiligten, denn dies war nicht nur der letzte Zeitpunkt, an dem der Sterbende Forderungen an die Lebenden stellte – Forderungen, die oft schwere Verpflichtungen mit sich brachten –, sondern auch der Augenblick, in dem aufgestauter Neid und Aggressionen sich entluden; manchmal sogar in Anwesenheit des Sterbenden. Norbert Elias schreibt, daß das Leben der frühen Neuzeit weniger beherrscht war als das unsere und daß die Menschen sich in Gegenwart des Todes nicht anders verhielten als zu irgendeiner anderen Zeit. Das Sterbebett war nicht nur ein Ort großer

Zärtlichkeit, sondern auch erstaunlicher Grausamkeit. Wie in anderen Bereichen machten die Menschen der frühen Neuzeit wenig Unterschied zwischen ihrem öffentlichen und ihrem privaten Verhalten.[67]

Frühere Generationen fühlten sich von Sterbenden angezogen, waren aber angewidert von den Toten. Für diejenigen, die noch auf der Durchreise waren, war es wichtig, die Grenze zwischen Leben und Tod zum Wohle beider aufrechtzuerhalten. Es gibt keine Kultur, die sich nicht von Leichen distanzieren würde; im siebzehnten und achtzehnten Jahrhundert jedoch wurden sie so eilig beiseite geschafft, daß es uns fast schon als anstößig erscheinen könnte. Die Beerdigung fand statt, sobald man sicher war, daß die Seele des Verstorbenen von dieser Welt in die nächste geschlüpft war. Die Leichen der Armen wurden zu Massengräbern gekarrt, und sogar die sterbliche Hülle der Wohlhabenden wurde in für uns skandalöser Weise behandelt. Nur die Elite wandte Zeit und Geld für Beerdigungen auf, und die offizielle Trauerzeit war selbst nach unseren Maßstäben ausgesprochen kurz.

Man muß sich ins Gedächtnis rufen, daß die Christen nie große Hochachtung vor dem Körper oder der Natur, die er symbolisierte, gehabt haben. Deshalb verwundert es auch nicht, daß Beerdigungen im siebzehnten und achtzehnten Jahrhundert ziemlich schnell vor sich gingen. Das Christentum hat den körperfeindlichsten Gedanken überhaupt entwickelt, nämlich die Vorstellung von der Unsterblichkeit der Seele.

Für uns sind unser eigener Körper und der von Familienangehörigen die einzigen Möglichkeiten der Repräsentation von Alter und Tod. Heutzutage erzeugen Verfall und Tod Angst und Schrecken; sie erinnern uns daran, daß wir sterblich sind. Da wir die Fähigkeit verloren haben, zwischen körperlichem und spirituellem Altern zu unterscheiden, sind wir geradezu besessen von unserem alternden Körper geworden und versuchen verzweifelt, ihn zu formen und zu verändern, um die Schrecken der Zeit abzuwehren. Doch wie wir noch sehen werden, tun wir auch fast alles, um die Toten am Leben zu erhalten. Wir verfolgen sie auf eine Art und Weise, die unsere Vorfahren geschmacklos, ja sogar blasphemisch gefunden hätten. Der Unterschied, den die früheren Generationen zwischen körperlichem und spirituellem Altern machten, zwischen Zeit und Ewigkeit, ermöglichte es ihnen, im Gesicht alter Menschen noch etwas anderes als Falten zu sehen. Wir würden uns natürlich die Krankheiten und die hohe Sterblichkeitsrate, unter denen sie zu leiden hatten, nicht wünschen, aber wir sind fasziniert von den Chronotypen, die es ihnen erlaubten, mit den unausweichlichen Dingen des Lebens besser zurechtzukommen. Ähnlich wie unsere Vorfahren in der Lage waren, sich in einem fremden Zuhause daheim zu fühlen, fanden sie auch im Leben und Sterben kosmischer und kommunaler Persönlichkeiten, die uns heutigen Menschen nicht mehr zur Verfügung stehen, eine Beziehung zu ihrer eigenen Endlichkeit.

TEIL II

Bezaubernde Familien:
Die viktorianischen Ursprünge der
modernen Familienkultur

EINE SELBSTGESCHAFFENE WELT

Die Familienmitglieder – Eltern und ihre Kinder – bewohnen
eine selbstgeschaffene Welt, eine Gemeinschaft von Gefühl und
Phantasie, Handlung und Grundsatz.

Gerald Handel und Robert Hess, Family Worlds[1]

* * *

Die Biologie allein ist nicht in der Lage, uns eine bewohnbare Welt bereitzustellen. Anders als Tiere müssen Menschen sozusagen zweimal geboren werden, einmal körperlich und ein zweites Mal kulturell, denn nur die Kultur kann uns das Gefühl der Sicherheit und Orientierung geben, das bei Tieren instinktiv vorhanden ist. Die symbolischen Reiche, die wir bewohnen, werden von bedeutenden anderen, von bedeutungsvollen Objekten und von den Zeiten und Räumen bevölkert, die uns heilig sind. Sie verleihen uns eine geistige Struktur und geben uns auf fast schon magische Weise ein Gefühl der Ordnung und Vorhersagbarkeit, das es uns erlaubt, mit dem Chaos des täglichen Lebens fertig zu werden.[2] Diese symbolischen Reiche variieren von Kultur zu Kultur und verändern sich mit Zeiten und Räumen. Die moderne Zeit unterscheidet sich nur insofern, als sie vom kleinsten aller denkbaren symbolischen Reiche abhängig ist – von den Gemeinschaften des Gefühls und der Phantasie, die wir unsere Familienwelt nennen. Dabei handelt es sich um selbstgeschaffene Welten, die ihrerseits allen Eigentümlichkeiten und Endlichkeiten des menschlichen Daseins unterliegen.[3]

Jahrhundertelang verließen sich Europäer und Amerikaner auf symbolische Welten, die viel größer und in vielerlei Hinsicht stabiler und dauerhafter waren als die, die wir heute bewohnen. Bevor das Christentum die heidnischen Götter und Göttinnen verbannte, war die Natur voller Bedeutung gewesen. Das gleiche galt für den Haushalt, der von den Geistern der Toten und Hausgottheiten bevölkert wurde. Nachdem die Kirche die Welt aus Fleisch und Blut ihrer heiligen Kraft beraubt hatte, verließen sich die Katholiken immer mehr auf die himmlischen Heerscharen, wenn es um ihr Gefühl der Sicherheit und Kontinuität ging. Die Protestanten brachten die Religion wieder auf die Erde zurück, durch einen, wie Peter Berger es nennt, »verwegenen Versuch, sich das ganze Universum als menschlich bedeutungsvoll vorzustellen«, doch ihre Bemühungen, ausschließlich nach Gottes Zeit zu leben, ausgerichtet auf ein Zuhause im Himmel, ernüchterten die Welt noch mehr.[4] Im siebzehnten und achtzehnten Jahrhundert schienen die Hausgötter und -göttinnen ein für allemal verschwunden zu sein. Das Magische war im Rückzug begriffen, und selbst, wenn die Geister noch immer die dunklen Winkel der Zivilisation heimsuchten, wagten sie es nicht, in gottesfürchtige Haushalte einzudringen.

Als Thomas Clarkson im frühen achtzehnten Jahrhundert amerikanische und englische Quäker besuchte, fand er dort nüchterne Häuslichkeit ohne jeden Schnörkel vor; ein häuslicher Raum war wie der andere. Es waren keine Ikonen und religiösen Darstellungen zu sehen, die sich so oft in katholischen Haushalten fanden, und die Quäker verspürten wie viele andere Protestanten keine Notwendigkeit, Bilder oder Erinnerungsstücke geliebter Menschen zur Schau zu stellen. Es gab keine »Porträts von ihnen selbst oder Familienangehörigen oder Vorfahren, es sei denn, sie waren gefertigt worden, bevor diese Vorfahren Quäker geworden waren«, denn, so Clarkson, »sie hatten keine gute Meinung von solchen Bildern. Sie waren außerdem der Ansicht, daß die Menschen stolz und überheblich würden, wenn sie Porträts ihrer eigenen Person zur Schau stellten.«[5]

Clarkson fand auch keine Spiegel vor, denn die Quäker reflektierten nicht gern über sich selbst, weder im wörtlichen noch im übertragenen Sinne. Sie bezogen sich einzig und allein auf das

Gedächtnis Gottes und lehnten alle körperlichen Darstellungen ab. Ihre Gräber waren schlicht, und ihre Trauer fand »im Kopf« statt. Die Erinnerung sollte eher »in den liebenden Herzen und der erbaulichen Konversation der Nachkommen am Leben gehalten werden als auf vergänglicher Leinwand, die sie an die Wände ihrer Häuser hängten«.[6] Sie ehrten keine Gegenstände und schätzten sie nur wegen ihres Gebrauchswerts. Da sie glaubten, daß ihr Erbe in der nächsten Welt lag, hatten sie keinerlei Dinge im Haus, die nicht nützlich waren. Antiquitäten waren gänzlich unbekannt, und die Familienporträts und Erbstücke, die es auch damals gab, gehörten praktisch nur den Angehörigen des Adels.

Der nüchterne Haushalt der protestantischen Mittelschicht im achtzehnten und frühen neunzehnten Jahrhundert besaß einen eigenen Charakter, der viel offener und ungezwungener war, als wir es uns heute vielleicht vorstellen. Nach den zeitgenössischen Darstellungen zu urteilen, war das Leben in solchen Haushalten »voller Spontaneität, Vergnügen und großzügiger Gesten der Zuneigung«. In der protestantischen Kultur des Wortes war das Gesprochene viel wichtiger als das Visuelle. Gespräche verliefen lebhaft und intensiv. Die Männer hörten den Frauen und auch den Kindern zu, deren Meinung ernst genommen wurde. In einer Welt, in der jeder seinen Platz kannte, stellte der Austausch zwischen den Geschlechtern und den Generationen keine Gefahr für die bestehende Ordnung dar.[7] Die Förmlichkeit, die unserer Ansicht nach die prämoderne Geselligkeit dominierte, hatte im Haus selbst keinen Platz. Benimmbücher bezogen sich ausschließlich auf das Verhalten in der Öffentlichkeit; die ersten Ratgeber zur häuslichen Etikette erschienen erst in den dreißiger Jahren des neunzehnten Jahrhunderts.[8]

Die Protestanten hatten alles Erdenkliche getan, um die Grenzen zwischen dem Geistlichen und dem Weltlichen einzureißen. Eine Unterscheidung von öffentlichem und privatem Verhalten hatte für sie keine Bedeutung, und sie richteten keine eigenen Zeiten für die Familie ein. Sie behandelten alle Tage der Woche gleich und behielten den Sonntag ausschließlich deshalb der Ruhe vor, weil sich alle einmal von der Arbeit erholen mußten. Im protestantischen Jahreskalender gab es keine Familientage. Wenn Weihnachten nicht auf einen Sonntag fiel, wurde der Tag wie alle anderen verbracht, ohne besondere Bedeutung für die Familie. Taufen, Hochzeiten und Beisetzungen wurden mit einem Minimum an Festlichkeit abgehalten, denn genauso, wie es keine Familienbilder gab, existierten auch keine Familienszenen.[9]

Die Protestanten haßten jegliche Form des Theatralen und brachten es in Verbindung mit dem Katholizismus und persönlicher Unaufrichtigkeit. »Eine wahre Kirche hat schlichte Zeremonien... Äußerer Glanz und Pomp ... lenkt den Geist der Menschen ab«, schrieb ein schottischer Prediger des siebzehnten Jahrhunderts. Die Quäker als extremste Ausrichtung des Protestantismus lehnten sogar die einfachsten Rituale ab, darunter Begrüßungs- und Abschiedsformeln. Sie machten sich nichts aus Namen oder Titeln, die sie als oberflächlich erachteten. Sie nannten alle Menschen »Freunde«; das galt für Fremde genauso wie für Familienangehörige.[10] Der Gleichmut, mit dem die Protestanten ihre eigenen Familienangehörigen behandelten, basierte auf ihrer theozentrischen religiösen Überzeugung, die Gott zum einzigen Mittelpunkt ihrer Zuneigung machte, und auf ihrem Leben in einer Welt gottesfürchtiger Haushalte, in denen das Gebot, daß man seine Eltern ehren sollte, nicht nur für die leiblichen Väter und Mütter galt, sondern für alle. Eheleuten wurde nahegelegt, daß sie einander nicht zu sehr lieben sollten, und die Eltern bereiteten sich selbst und ihre Kinder durch ihre tägliche Betrachtung des Todes und der letztendlichen Vereinigung mit dem Allmächtigen auf die irgendwann stattfindende Trennung vor. Das Bild der Familie von sich selbst war eher zweidimensional; das himmlische Zuhause wirkte in den Augen der Protestanten viel lebhafter als jede irdische Behausung.

Das Familienleben war lediglich Teil des Alltags, unmittelbar, transparent, ohne Darstellungen seiner selbst; es verlief von Tag zu Tag und bezog sich nicht auf Bräuche oder Traditionen. Die direkte, sachliche Art, wie Eltern und Kinder miteinander umgingen, stellte keine Bedrohung für eine Gesellschaft dar, deren Ordnung noch stark war. Die Eltern hatten kein Bedürfnis, sich zu Göttern des Haushalts zu machen, denn im protestantischen Universum gab es nur einen Gott, alles andere war lediglich eine unvollkommene Kopie. Auch der Gedanke, die Kinder zu verehren, war den Protestanten fremd. Sie mißtrauten allen weltlichen Bindungen, auch denen des Blutes, und noch in den vierziger Jahren des neunzehnten Jahrhunderts empfahl Reverend Horace Bushnell, der führende amerikanische Experte in Sachen Kindererziehung, das »Hinausschicken« der Kinder, weil die Kleinfamilie zu beengt für die christliche Erziehung sei.[11]

Im ausgehenden achtzehnten und frühen neunzehnten Jahrhundert nahm die Bedeutung von Familien aus Fremden und weitläufigen Verwandten zu, weil die Frühphase der Industriellen Revolution die Ressourcen der Kleinfamilie fast völlig ausschöpfte. Erfolg in Geschäft und Landwirtschaft erforderte nun ein noch höheres Maß an Kooperation unter den Haushalten. Diese Strategie machte sich die neue Mittelschicht zunutze, um sich innerhalb relativ kurzer Zeit bisher nie dagewesenen Einfluß und Wohlstand aufzubauen. In einer Zeit hoher Sterblichkeitsraten mußten kleine Geschäfte und Höfe immer die Möglichkeit haben, neue Leute zu rekrutieren. In der neuen Mittelschicht erhöhte sich die Mobilität der Kinder sogar noch; Tanten und Onkel agierten als Ersatzeltern, und ältere Geschwister zogen jüngere auf.[12] Die Haushalte der Mittelschicht wurden nicht kleiner, sondern größer und umfaßten viele entfernte Verwandte sowie die üblichen Bediensteten und Arbeiter, die im Haus wohnten.[13]

Zu keiner Zeit in der Familiengeschichte des Westens hatten verwandtschaftliche Beziehungen größeren praktischen Nutzen. Weil Banken und Börsen noch nicht richtig entwickelt waren, bildeten Erbschaften, Anleihen von Verwandten und Aussteuer die Hauptgrundlage des Kapitals, das die erste industrielle Revolution der Welt finanzierte.[14] Ein Netzwerk von Verwandten verbesserte auch die Heiratschancen von Söhnen und Töchtern, die nur mit den Ressourcen der Ursprungsfamilie vermutlich nicht in der Lage gewesen wären, sich zu verehelichen. In dieser Zeit waren Ehen auf Cousinebene wahrscheinlich weiter verbreitet als jemals sonst, und vielerorts waren Gemeinschaft und Verwandtschaft fast nicht mehr zu unterscheiden.[15] Ein junger Mann, der im Geschäft seines Onkels anfing, heiratete im allgemeinen die Tochter des Hauses; die Frauen wurden ermutigt, ihr Vermögen mit dem der Geschäftspartner ihrer Brüder oder Väter zu verbinden.[16] Ein junger Verkäufer aus Rochdale sah offenbar keinen Widerspruch zwischen finanziellem Interesse und Gefühl, Geschäft und Ehe, als er seiner Verlobten 1811 folgende Zeilen schickte:

> Wenn der Vorrat unseres Glücks in der Hand von Fremden liegt,
> Erschöpft schlecht gesichertes Vermögen sich oft im Bankrott.
> Doch das Herz erhält Wechsel, gegen die nie Einspruch erhoben wird,
> Wenn sie auf Frau, Kinder und Freunde ausgestellt sind.[17]

Die wachsende Macht der Mittelschicht lag nicht nur in ihren spirituellen und verwandtschaftlichen Bindungen, sondern auch in verwandtschaftsähnlichen Beziehungen zu Personen des gleichen Glaubens. So gelang es der protestantischen Bürgerschicht, die Grenzen des Raumes zu überwinden und auf nationaler, ja sogar internationaler Ebene zu operieren. Die Quäker sind das beste Beispiel für dieses Phänomen, auch wenn die spirituellen Familien überall im protestantischen Europa und Nordamerika in hohem Maße mit der tatsächlichen Verwandtschaft übereinstimmten. Oft waren beide kaum mehr zu unterscheiden, wenn Angehörige des gleichen Glaubens untereinander heirateten.[18] Aus dieser Basis entwickelte sich jenes Klassenbewußtsein, das der Bürgerschicht den Mut gab, das aristokratische Monopol des Wohlstandes und der Macht herauszufordern.

Diejenigen, die die erste Phase der Industriellen Revolution zusammen mit den politischen Umwälzungen des ausgehenden achtzehnten und frühen neunzehnten Jahrhunderts erlebten, sahen sich an der Grenze zum Unbekannten, gefangen zwischen einer Vergangenheit, die sich zu schnell zu entfernen schien, und einer Zukunft, die man nur verschwommen wahrnahm. Dieses Gefühl des Umbruchs versuchte Thackeray auszudrücken, als er 1860 schrieb:

> Es war erst gestern, aber was für eine Kluft besteht zwischen jetzt und damals. *Damals,* das war die alte Welt. Postkutschen, mehr oder minder schnell, Reitpferde, Lastpferde, Wegelagerer, Ritter in Rüstung, normannische Invasoren, römische Legionen, Druiden, blau bemalte alte Briten und so weiter – all das gehört der alten Zeit an... Doch die Eisenbahn stellt den Beginn einer neuen Ära dar, und wir ... gehören sowohl der neuen als auch der alten Zeit an.[19]

John Stuart Mill nannte seine Zeit das »Zeitalter des Übergangs«, den Augenblick, in dem »die Menschheit aus alten Institutionen und alten Doktrinen herausgewachsen ist, sich aber noch keine neuen erworben hat«.[20] Er und seine Zeitgenossen wandten den Blick zurück, nicht nur, um eine verlorene Vergangenheit wiederzugewinnen, sondern auch, um sich in Richtung einer unsicheren Zukunft zu orientieren. Sie meinten, in einer Periode »der Verschmelzung und des Übergangs [zu leben]... Alte Formeln, alte Alternativen, altehrwürdige Systeme werden in den Schmelztiegel geworfen; sie verschmelzen – sie müssen neu geformt werden: Wer kann schon sagen, in welcher neuen Gestalt ... sie den Formen entsteigen?«[21] James Anthony Froude erinnerte sich an die vierziger Jahre des neunzehnten Jahrhunderts als eine Zeit, in der »die Feuerschiffe rund um uns herum sich aus ihren Verankerungen gelöst haben, und das war eine neue und anstrengende Erfahrung. Die gegenwärtige Generation, die in einem neuen spirituellen Ozean der Offenheit aufgewachsen ist, an den sie sich gewöhnt und in dem sie allein zu schwimmen gelernt hat, wird nie erfahren, was es hieß festzustellen, daß die Lichter plötzlich alle dahintrieben, die Kompasse nicht mehr funktionierten und man sich nur noch an den Sternen orientieren konnte.«[22]

Wenn wir uns die Zeit nehmen, dem zuzuhören, was die frühen Viktorianer tatsächlich sagten, entdecken wir besorgte Bemerkungen über »Depressionen und *ennui*« (Langeweile), die nach Meinung von Matthew Arnold »die Krankheit der modernsten Gesellschaften und der fortschrittlichsten Zivilisationen« sei.[23] Walter Paters Evozierung der »unerschöpflichen Unzufriedenheit, der Trägheit und des Heimwehs« in seiner Generation klingt merkwürdig vertraut, fast wie eine Vorahnung unseres eigenen Zeitalters der Angst.[24] John Stuart Mill schrieb 1854 in sein Tagebuch:

> Fast keiner in den gebildeteren Ständen scheint noch eine Meinung zu haben oder den Ansichten, die er angeblich hat, tatsächlich Glauben zu schenken... Diejenigen, die den anderen ein Vorbild sein sollten, sehen bei jeder Frage zu viele Seiten. Sie hören so viel oder finden, daß sich so viel sagen ließe über alles, daß sie in einzelnen Wahrheiten keine Sicherheit finden.[25]

Dieses Gefühl des Wandels galt auch für das Familienleben. Das frühe neunzehnte Jahrhundert erlebte die dauerhafteste Periode der Experimente mit Familien- und Ehemodellen vor den sechziger und siebziger Jahren unseres Jahrhunderts. Bevor Amerikaner und Europäer sich für das entschieden, was wir heute als viktorianische Familie betrachten, probierten sie ein weites Spektrum gemeinschaftlicher und spiritueller Alternativen aus. Im frühen neunzehnten Jahrhundert fand die erstaunlichste Ausbreitung von Fremdfamilien seit dem Mittelalter statt. Es entstanden neue Vater- und Mutterfiguren, die das Bedürfnis nach Sicherheit und Kontinuität befriedigten, und die Menschen brachen mit ihrem eigenen Fleisch und Blut, nicht im Widerspruch zur, sondern im Einklang mit der Religion, um Schutz zu finden in den spirituellen Familien, die durch religiöse Erneuerungsbewegungen im Nordamerika und Europa des ausgehenden achtzehnten und frühen neunzehnten Jahrhunderts entstanden. Solche Familien waren nicht nur Ergebnis, sondern auch Lösung der massiven Veränderungen, die die Industrielle Revolution mit sich brachte. Der religiöse Eifer legitimierte nicht nur die Auflösung alter Haushaltsformen, sondern auch die Schaffung neuer. Ähnlich wie die frühen Christen fühlten sich die vom Geist der Erneuerung Beseelten »gezwungen, Vater und Mutter, Bruder und Schwester zu verlassen und im Angesicht einer spöttischen Welt ihr Kreuz aufzunehmen«.[26] Frauen und junge Leute waren die ersten, die in religiösen Sekten »wiedergeboren« wurden, welche sich selbst nicht nur durch brüderliche und schwesterliche Liebe definierten, sondern sich auch als nonpatriarchalische Familien gaben. Männer, besonders wenn sie einem traditionellen Haushalt vorstanden, fühlten sich durch die religiösen Erneuerungsbewegungen und die alternativen Familienformen, die sie entwickelten, bedroht, und die wirtschaftlichen Veränderungen untergruben die Basis ihrer Autorität noch weiter. Viele von ihnen folgten irgendwann ihren Frauen und Kindern in die neuen spirituellen Familien, die die religiösen Erneuerungsbewegungen hervorgebracht hatten.[27]

Die evangelikalen Religionen waren jedoch nicht der einzige Nährboden dieser neuen Fremdfamilien. Das reiche Vereinsleben, das in den zwanziger und dreißiger Jahren des neunzehnten Jahrhunderts auf beiden Seiten des Atlantiks entstand, lieferte weitere Alternativen für diejenigen, die nach dem Schutz suchten, den die traditionellen Haushalte nicht mehr boten. Die Frauen, denen es alles andere als leicht fiel, ihre Kinder mit Hilfe der Kleinfamilienressourcen großzuziehen, schlossen sich zu Hilfsorganisationen zusammen, den sogenannten »maternal associations«. Diese standen Müttern nicht nur auf praktische Weise bei, sondern bauten auch eine völlig neue Vorstellung der Mutterrolle auf, die versprach, die Stellung der Frau, insbesondere in Bezug auf die Kinder, zu verändern. Die *maternal associations* achteten darauf, »die Vorrechte des Vaters nicht zu schmälern und den Einfluß nicht zu mißbilligen, den er auf den Charakter der Familie ausüben kann«. Trotzdem verkündeten sie zusammen mit den Mütterverbänden, daß »der angemessene Bereich sowie die angemessene Betätigung der Mutter ihr einen deutlichen Vorteil beim Aufbau des zukünftigen Charakters verschaffen; sie gibt den Kindern all jene Prinzipien und Gefühle mit, die ihr Schicksal in der Zukunft kontrollieren werden«.[28]

Angesichts der bescheidenen Verhältnisse, in denen Kleinfamilien lebten, war die neue Vision der Mutterrolle nur schwer zu verwirklichen. Deshalb war sie abhängig von der haushaltsübergreifenden Kooperation der Frauen. Zu dieser Zeit weiteten sich die Konzepte vom Zuhause und der Gemeinschaft erneut aus, und unzählige neue Fremdfamilien entstanden, um die Bedürfnisse der jungen Leute zu befriedigen, die nicht mehr auf ihre Ursprungsfamilie zählen konnten. Viele der zahlreichen im frühen neunzehnten Jahrhundert gegründeten Hilfskassen und -organisationen machten sich den Gedanken von Brüderlichkeit und Schwesterlichkeit zu eigen. Für junge Männer ohne Aussicht auf eine Erbschaft boten neue Organisationen wie der Christliche Verein Junger Männer eine Kultur der Sparsamkeit, Nüchternheit und gegenseitigen Hilfe sowie Unterkunft, Nahrung und Gesellschaft. Doch vor allem schufen sie ein neues Bild der Jugend als separatem Lebensabschnitt mit eigenen Rechten, der nicht mehr von den alten patriarchalischen Haushalten abhing.[29] Auch Gewerkschaften und Gesellenverbände bedienten sich des Brüderlichkeitsgedankens; die Idee der Schwesterlichkeit fand Ausdruck in einer Reihe von Frauenorganisationen, die ebenfalls eine neue Frauenrolle außerhalb der Kleinfamilie definierten.[30]

Auch die Patriarchen selbst wurden in die neuen Organisationen gelockt – zu den Freimaurern, den Odd Fellows und zahlreichen Gesellschaften, die die Mäßigung propagierten. Diese Verbände boten ihnen eine alternative Definition der Männlichkeit: Die Männer wurden ermutigt, sachlicher, fleißiger und bedeutend unabhängiger zu sein als jemals zuvor. In diesen Bruderschaften hing der Grad der Männlichkeit nicht mehr davon ab, wieviel Alkohol ein Mann vertrug oder wieviel patriarchalische Autorität er besaß, sondern von seiner Fähigkeit, für sich selbst und seine Familie zu sorgen.[31] In dieser Hinsicht trugen die neuen Männerorganisationen dazu bei, die Vaterrolle in ähnlicher Weise zu reformieren, wie die *maternal associations* und Mütterverbände die Mutterrolle neu definierten. Das neue Bild vom Vater als Ernährer entstand nicht innerhalb der Familie, sondern außerhalb. Bis zur Mitte des Jahrhunderts allerdings blieb es schwierig, jenes neue Bild – ähnlich übrigens wie das neue Bild der Mutterrolle – innerhalb der Kleinfamilie umzusetzen. Die Abhängigkeit von einer haushaltübergreifenden Kooperation lockte die Männer zu neuen, familienähnlichen Arrangements, die vorübergehend die Bluts- und Familienbande zu ersetzen schienen.

Die christliche Tradition lieferte viele Vorbilder für die Neudefinition der Familie, die im frühen neunzehnten Jahrhundert stattfand. Manche versuchten, dem Modell frühchristlicher Sekten zu folgen. Sie wandten sich völlig von der Ehe und der Fortpflanzung ab und suchten sich ihre Mutter- und Vaterfiguren anderswo. Die Engländerin Ann Lee, eine mißbrauchte Ehefrau und frustrierte Mutter, die hilflos hatte zusehen müssen, wie ihre vier Kinder gestorben waren, als sie noch klein waren, interpretierte diese Todesfälle als Botschaften von Gott. Sie behauptete, er habe ihr offenbart, daß »die Verbindung des Fleisches einen Bund mit der Hölle und dem Tod darstellt«. Also erklärte sie, von nun an nur noch »mit dem Herrn Jesus Christus verheiratet« zu sein. »Er ist mein Oberhaupt und mein Ehemann; sonst habe ich keinen.« Sie nahm den Namen »Mutter Ann« an und wurde zur visionären Führerin einer Bewegung, die sich hauptsächlich aus Menschen zusammensetzte, deren Haushalte sie nicht mehr ernähren konnten – unter ihnen auch viele verwitwete und verlassene Frauen. Mutter Ann und ihre Anhänger nannten sich Shaker und wanderten in den siebziger Jahren des achtzehnten Jahrhunderts nach Amerika aus. Dort gründeten sie eine ganze

Reihe von Gemeinschaften, die strikt zölibatär lebten und sich ausschließlich durch Neuzugänge von außen erneuerten. Sie waren also Fremdfamilien im engsten Sinn des Wortes.[32] Im neunzehnten Jahrhundert belebte sich nicht nur die Tradition des Zölibats und der spirituellen Ehe neu; es gab auch Menschen, die eine andere Ausprägung der jüdisch-christlichen Tradition wiederaufleben ließen: polygame und komplexe Ehen als Alternative zum Kleinfamilienhaushalt. Die evangelikalen Religionen waren die Grundlage für Joseph Smiths patriarchalische Vision, die zur Gründung der Mormonen und Experimenten mit gottesfürchtiger Polygamie führte. Das Versprechen der Heiligen der Letzten Tage, daß sie ein besseres Familienleben bieten würden, veranlaßte in den dreißiger und vierziger Jahren des neunzehnten Jahrhunderts Tausende von Menschen in Nordamerika und Großbritannien dazu, sich ihnen anzuschließen.[33] Ein ähnlicher Glaube führte John Humphrey Noyes, der bei seinen Anhängern »Vater Noyes« hieß, dazu, mit ebenso unkonventionellen Formen der Fortpflanzung zu experimentieren.[34] Es ist kein Zufall, daß viele der Menschen, die sich jenen mächtigen Vaterfiguren zuwandten, aus zerrütteten Elternhäusern und Ehen stammten. Visionen der spirituellen Erneuerung, von denen manche ans Apokalyptische grenzten, führten zur größten Infragestellung der konventionellen Ehe und Familie seit den millenaren Sekten der Reformationszeit.

Doch die Religion war nicht das einzige Vehikel für die neuen Visionen von der Familie, die sich im frühen neunzehnten Jahrhundert sowohl diesseits als auch jenseits des Atlantiks ausbreiteten. Robert Owen, der englische Sozialreformer, der das Christentum als Basis häuslichen Glücks ablehnte, hielt die konventionelle Ehe für »eine künstliche Verbindung der Geschlechter, erdacht von den Priestern, die Kleinfamilienarrangements erforderte und zu Kleinfamilieninteressen führte«. Er und seine Anhänger verwirklichten seine Ideen in einer Reihe von Siedlungen, die sie in den zwanziger und dreißiger Jahren des neunzehnten Jahrhunderts in England und Nordamerika aufbauten. Sie waren der Ansicht, daß »der Instinkt der Familie« durch kooperative Unterbringung, Versorgung und Erziehung »zum ersten Mal in der menschlichen Geschichte zu individuellem Glück und öffentlichem Nutzen führen würde«.[35]

Die Oweniten sahen ihre Gemeinschaften als Großfamilien, die sich auf der Basis egalitärer Brüderlichkeit und Schwesterlichkeit, nicht auf patriarchalischen Prinzipien, organisierten. Der Wunsch, eine Ehe einzugehen, sollte unabhängig sein von allen materiellen Erwägungen, und die Scheidung wurde erlaubt, wenn die Partner sich nicht mehr liebten, vorausgesetzt allerdings, daß sich jemand um den Nachwuchs kümmerte – im Regelfall die Gemeinschaft. Um das zu erreichen, was Owen als »Vergrößerung des Zuhauses« bezeichnete, schafften seine Anhänger Privateigentum und Erbschaften ab. Alle Kinder sollten Zugang zu einem gemeinsamen Erbe haben. In Owens Großfamilie sollten keine unehelichen Kinder oder Waisen existieren. Außerdem würde es keine unfreiwilligen alten Jungfern oder Junggesellen und keine verlassenen Mütter oder abwesenden Väter geben, denn alle jungen Leute würden genug Partner zur Auswahl haben, und Männer und Frauen würden sich Arbeit und Familienleben so weit wie nur irgend möglich teilen. William Thompson schrieb 1825 voller Enthusiasmus an Anna Wheeler; hier sei

eine bessere Gesellschaft, in der das Prinzip der Güte über das der Angst siegen soll. In ihr sollen rastlose, begierige Konkurrenz wechselseitiger Kooperation und gemeinsamem Besitz Platz machen, Männer wie Frauen sich freiwillig verbinden und die wechselseitige Garantie für die Erfüllung sinnvoller Wünsche werden.[36]

Nur wenige dieser visionären Projekte überdauerten die fünfziger Jahre des neunzehnten Jahrhunderts. Die Ära der Experimente fand ein abruptes Ende, als die Industrielle Revolution an einem weiteren Wendepunkt anlangte: Die Produktion trennte sich von den Haushalten, so daß die Familienbindungen für die Beschäftigungs- und Verehelichungschancen immer unwichtiger wurden.

In der Arbeiterschicht von Europa und Nordamerika blieben verwandtschaftliche Beziehungen und Fremdfamilien weiterhin nützlich für jene, die nach einem Platz in der neuen industriellen Welt suchten; für die Angehörigen der Mittelschicht jedoch hing die Chance auf eine gute Karriere nun eher von der Ausbildung als von ererbten Produktionsmitteln ab.[37] Von der Familie erwartete man eine gute Erziehung – für die Männer die Aussicht auf höhere Bildung und für die Frauen eine respektable Ehe –, doch von nun an lag es am einzelnen selbst, seinen Weg in der Welt zu machen.

In der zweiten Hälfte des neunzehnten Jahrhunderts traten Banken und Börse als Kapitalquellen an die Stelle von Familie und Verwandtschaft. Die Haushalte waren nun nicht mehr die Zentren der Produktion und konnten auf die Arbeitskraft der eigenen Kinder sowie des Nachwuchses von Nachbarn und entfernten Verwandten verzichten. Um diese Zeit begannen die Kinder, eher ein Kosten- als ein Nutzenfaktor zu werden, und die Mittelschicht zu beiden Seiten des Atlantiks fing an, systematisch die Fruchtbarkeit zu kontrollieren. Die Haushalte blieben durch die Bediensteten weiterhin groß, aber bereits um 1900 war die eigentliche Familie auf ihren Kern zusammengeschrumpft.[38] Dies war auch der Zeitpunkt, zu dem die Frauen aufhörten, sich an den Geschäften des Mannes zu beteiligen, und die Heirat hatte nun nichts mehr mit der praktischen Frage zu tun, daß man die richtige Person fand, die die Fähigkeiten oder das Kapital hatte, den Hof oder das Geschäft der Familie weiterzuführen.[39] Der finanzielle Wert eines zukünftigen Ehemannes oder einer zukünftigen Ehefrau wurde nie völlig irrelevant, aber kein achtbares Paar der Mittelschicht konnte es sich fortan noch leisten zuzugeben, daß es aus einem anderen Grund als aus Liebe geheiratet hatte. In der zweiten Hälfte des neunzehnten Jahrhunderts wurden die Netzwerke von Gemeinschaft und Verwandtschaft, die so wichtig für die Herausbildung der Mittelschicht gewesen waren, praktisch irrelevant. Die Ehe war nun, ähnlich wie der Beruf, eine individuelle Entscheidung, die nur die beiden Ursprungsfamilien etwas anging.

Der Triumph des Individualismus betraf Männer und Frauen gleichermaßen, wenn auch in unterschiedlichem Maß und auf unterschiedliche Weise. Der ehrgeizige junge Mann trennte sich so früh wie möglich von seiner Ursprungsfamilie. Junge Männer zogen nur noch sehr selten zu Verwandten. Eher lebten sie vor der Ehe in Schulen oder allein. Die jungen Frauen der Mittelschicht jedoch verließen die Ursprungsfamilie kaum mehr. Die Mädchen aus der Arbeiterschicht gingen weiterhin arbeiten, in den höheren Schichten hingegen galt das nicht mehr als schicklich. Sogar die Mobilität der jungen Frauen, die früher zu Verwandten gegangen waren, hörte auf, so daß sie in der Einschätzung der Welt und ihrer selbst völlig von ihrer Ursprungsfamilie abhingen.

In der Vergangenheit erwarb man sich seine Erwachsenenidentität, indem man einem der unzähligen Rollenvorbilder der Gemeinschaft nacheiferte. Solange Kindheit und Jugend zumindest zum Teil in Fremdfamilien verbracht wurden, wußten Männer und Frauen gleichermaßen, was sie zu erwarten hatten. Die Elternrolle war jungen Erwachsenen, die bereits bei der Erziehung ihrer jüngeren Geschwister mitgeholfen hatten, nicht fremd. Die verschiedenen Fremdfamilien, zu denen sie gehörten, ermöglichten es ihnen, sich in unterschiedlichen Erwachsenenrollen zu üben, und gemeinschaftliche Initiationsriten leiteten sie in wesentlichen Momenten des Wandels. Solange die Gemeinschaft Erwartungen an die Haushalte hatte, konnten sich die Menschen darin ihrer Rollen und Identitäten sicher sein.[40]

Doch nun, da die Familie sich selbst von der Außenwelt distanzierte, nahm die Anzahl der Rollenvorbilder drastisch ab. Die jungen Leute waren jetzt sehr viel mehr auf sich selbst angewiesen, wenn es darum ging, die richtigen Rollen und Identitäten zu finden. Das, was einem früher geschenkt worden war, mußte man nun selbständig entdecken. Der Übergang von der Jugend zum Erwachsenenalter wurde ein komplexer, flüchtiger Prozeß, bei dem die Gemeinschaft keine Unterstützung mehr bot. Im selben Maße, wie sich das symbolische Universum auf die Kleinfamilie reduzierte, verkleinerte sich auch der Kreis, in dem die jungen Leute sich nach ihren Vorbildern umsehen konnten. Während die körperliche Distanz zwischen Eltern und Kindern größer wurde, intensivierte sich ihre symbolische Interaktion. Der Nachwuchs projizierte höchst idealisierte Bilder von Vater- und Mutterschaft auf die Eltern, und die Eltern begannen ihrerseits in ihren Kindern eine Unschuld und Perfektion zu sehen, die es so noch nie gegeben hatte und auch nie geben würde.[41]

Die Viktorianer der Mittelschicht verwandelten die Familie in ein Objekt der Verehrung und Kontemplation. Als Ergebnis der Glaubenskrise, die viele dazu verleitet hatte, Zweifel an der Existenz Gottes und seiner transzendenten Ordnung zu hegen, wurde schließlich die Familie der Beweis für die Existenz des Göttlichen.[42] Die Viktorianer zu beiden Seiten des Atlantiks begannen in einer Umkehrung der göttlichen Ordnung, die die früheren Generationen als heidnisch, wenn nicht sogar papistisch betrachtet hätten, Gott durch ihre Familien zu verehren. Das Familienleben wurde eine Art Sakrament für die, die wie Charles Kingsley erklärten, daß »wir, um die Bedeutung des Ausdrucks ›Vater im Himmel‹ voll und ganz zu verstehen, selbst Väter sein müssen; und um zu wissen, wie Christus die Kirche liebte, müssen wir eine Frau haben, die wir lieben.« So wurde die Vaterrolle geheiligt, doch die Mutterschaft wurde noch höher angesiedelt, denn für Männer wie Kingsley waren Frauen »am göttlichsten, weil sie am menschlichsten sind«. Von nun an hatten sie innerhalb der Familie eine Rolle inne, die der des Klerus in der Kirche entsprach – sie wurden Leitfiguren und perfekteste Inkarnation in einer Person.[43]

Die Archetypen waren auf die Erde heruntergeholt worden; indem die Viktorianer die Familienvorbilder von Kosmos und Gemeinschaft verwarfen, übernahmen sie jedoch auch die kulturelle Aufgabe, sich ein eigenes symbolisches Universum zu schaffen und dieses aufrechtzuerhalten. Ihre gedachten Familien waren nun nichts Selbstverständliches mehr; man mußte sich ständig um sie kümmern. Diese grundlegende Veränderung eröffnete zahlreiche neue Möglichkeiten für Individuen, sich selbst Identitäten, Ehen und Familienwelten zu schaffen, aber sie erlegte der Ehe und der Familie auch die gewaltige Last auf, jene Verhaltensmodelle bereitzustellen – die fromme Mutter, den guten Familienvater, das perfekte Kind –, die früher nur im göttlichen oder gemeinschaftlichen Vorbild zu finden gewesen waren, niemals jedoch in der Familie selbst.[44]

Die viktorianische Mittelschicht, die durch das Zusammenwirken von Säkularismus und Individualismus von den alten kosmischen und gemeinschaftlichen Archetypen abgeschnitten worden war, verwandelte nun die Menschen, mit denen sie zusammenlebte, in ihre signifikanten Anderen und verlieh ihnen Attribute, die man bis dahin nur mit göttlichen oder kommunalen Archetypen assoziiert hatte. Das, was früher die religiösen und gemeinschaftlichen Rituale, Bilder und Symbole geliefert hatten, wurde nun Verantwortung jener Haushaltsgötter und -göttinnen. Zu der Aufgabe, die materielle Basis des Familienlebens aufrechtzuerhalten, kam nun noch die, für ihre spirituellen Bedürfnisse zu sorgen. Im Familienleben spielte sich eine Revolution ab: In der zweiten Hälfte des neunzehnten Jahrhunderts hörte der Haushalt innerhalb weniger kurzer Jahrzehnte auf, ein Ort wie jeder andere zu sein; aus ihm wurde eine verzauberte Welt, bevölkert von mythischen Figuren.

Wenn Thomas Clarkson die Quäker nur ein halbes Jahrhundert später besucht hätte, hätte er dort Familienporträts, Erinnerungsstücke und Spiegel vorgefunden, und ihre Kalender wären voll mit gerade erst ersonnenen Familienfesttagen gewesen. Das bis dahin schlichte und schmucklose Zuhause war zu einem Ort der Repräsentation geworden. Spiegel luden zur Reflektion ein; Porträts und Fotografien garantierten die Gegenwart der Familie, sogar wenn sie nicht anwesend war. Ein immer größerer Teil dessen, was die Leute als Familienleben sahen, war nun nicht mehr das reale Leben der Familienmitglieder, sondern Repräsentation jenes Lebens, das sie füreinander produzierten. Alain Corbin bemerkt, daß im neunzehnten Jahrhundert »der visuelle Kontakt wichtiger wurde als der körperliche«.[45] Durch einen Wandel, der in gewisser Hinsicht unsere heutige »virtuelle Realität« vorwegnahm, wurden die Bilder der Familie zum Maßstab der Familie. Die Kopie wurde nun so real wie die Wirklichkeit selbst.[46]

Das Bild der Familie, das sich vormals durch die größeren Gemeinschaften von Freunden und Nachbarn verschwommen präsentiert hatte, wurde nun plötzlich scharf.[47] Die Familie stellte sich jetzt selbst zur Schau. Mütter und Kinder, die früher nur selten Mittelpunkt von Familienporträts gewesen waren, wurden nun zu Ikonen des Familienlebens und waren bei all seinen wichtigen Anlässen dabei. Die Kinder, die ehemals wegen ihrer Arbeitskraft und Fähigkeit, Geld zu verdienen, geschätzt worden waren, nahmen nun symbolischen Wert an, und zwar in einem Maße, daß man sie am Ende des neunzehnten Jahrhunderts als kostbare Besitztümer betrachtete, die sich bei Verlust nicht ersetzen ließen.[48] Früher hatten die Kinder nur eine kleine Rolle bei religiösen und kommunalen Riten gespielt, doch nun nahmen sie bei allen Anlässen, bei denen die Familie ein Bild von sich selbst zur Schau stellte, eine zentrale Rolle ein. Die christliche Taufe, die früher innerhalb der Gemeinschaft stattgefunden hatte, verlagerte sich zum ersten Mal ins Haus. Und nicht zufällig wurde ungefähr zur gleichen Zeit auch der jüdische Ritus der Beschneidung, der *bris*, von der Synagoge ins Haus verlegt.[49] Die Geburtstage der Kinder, die bis dahin keinerlei Bedeutung gehabt hatten, wurden zum Mittelpunkt des Familienkalenders, und 1900 waren die christliche Konfirmation beziehungsweise Firmung und die jüdische Bar-Mizwa zu so großen Familienfesten geworden, daß die religiösen Autoritäten zu befürchten begannen, sie könnten ihre religiöse Bedeutung verlieren.[50]

Im zwanzigsten Jahrhundert schließlich konnten sich die Familien der Mittelschicht nicht mehr vorstellen, kinderlos zu sein. Der Nachwuchs wurde länger zu Hause gehalten, und auch wenn er die Ursprungsfamilie verließ, blieb er eine mächtige symbolische Präsenz. Die Bilder der Kinder wurden in Familienalben aufbewahrt, ihre Spielsachen und Schulhefte sorgfältig in Speichern und Kellern gelagert. Sie durften die mentalen Welten, die die Familien jetzt bevölkerten, niemals verlassen. Sogar ihre Zimmer wurden nach ihrem Auszug nicht verändert. Sie blieben ein Objekt der Nostalgie für junge Erwachsene und gleichermaßen eine Versicherung gegen den Verlust der elterlichen Identität für diejenigen, deren Zeit als Eltern nun vorbei war.[51] Im zwanzigsten Jahrhundert galt ein kinderloses Paar nicht mehr als Familie. Bei Eltern, deren Kinder von zu Hause ausgezogen waren, sagte man nun sogar, die Familie habe sie verlassen.[52]

Die Mutterrolle erhielt auf ganz ähnliche Weise die Funktion einer Ikone. In der viktorianischen Vorstellung vom guten Familienleben nahmen die Mütter eine immer zentralere Stellung ein und verdrängten die Vaterfigur fast völlig. Am Ende des Jahrhunderts standen die Männer eher hinter der Familienkamera als davor. Sie wurden – im wörtlichen wie im übertragenen Sinne – zu Faktoren der Abwesenheit in einer Familienwelt, die sich immer stärker um die symbolische Interaktion zwischen Frauen und Kindern organisierte. Im selben Maße, wie die Mutter zum zentralen Symbol der Generationenkontinuität wurde, veränderte sich auch das Bild der Großmutter. In den vorhergehenden Jahrhunderten waren Großeltern kaum jemals in den gedachten Familien aufgetaucht, und wenn sie es tatsächlich einmal taten, stand im allgemeinen der männliche Vorfahr im Mittelpunkt. Großmütter waren früher als bedrohliche Figuren angesehen worden, die sich überall einmischten; nun betrachtete man sie in einem schmeichelhafteren Licht. Am Ende des neunzehnten Jahrhunderts hatte die ältere Frau ihr Image als eigensinniges Triebwesen verloren und war zu einem Muster der liebevollen

Fürsorge geworden.[53] Auch das Bild des Großvaters verbesserte sich gewaltig, obwohl die Sterblichkeitsrate noch immer hoch war, was die Großeltern oft daran hinderte, eine große Rolle im Leben ihrer Enkel zu spielen. Die symbolische Bedeutung der Alten erhöhte sich, auch wenn die Generationen in jeder anderen Hinsicht auseinanderdrifteten.

Das Bild des Patriarchen wurde durch den Aufstieg dieser Ikonen fast völlig verdrängt. Die Nation wurde jetzt durch die weibliche Form repräsentiert, und auch das Haus identifizierte man eher mit der Ehefrau als mit dem Ehemann.[54] Die Männer jedoch waren mehr denn je darauf aus, als Teil der Familie gesehen zu werden, auch wenn sie nun einen viel größeren Teil ihres Lebens außer Hauses verbrachten. »Kind und Mutter sind nun nicht mehr wie früher in die Räume der Frau verbannt«, stellte ein französischer Beobachter fest. »Das Kind wird schon hergezeigt, wenn es noch sehr klein ist. Die Eltern stellen stolz die Kinderschwester vor. Es ist, als präsentierten sie ihr Kind auf der Bühne. Kurz: Heutzutage ist ein Mann so Vater, wie er vor noch nicht einmal einem Jahrhundert Bürger gewesen wäre – er macht ziemlich großes Aufhebens darum.«[55] Die Tatsache, daß die Väter im Alltagsleben des Haushalts eher durch Ab- als durch Anwesenheit glänzten, machte die Zurschaustellung der Vaterrolle nur noch dringlicher. Wie alle anderen Aspekte der Familie wurde auch die Präsentation der Vaterrolle mindestens genauso wichtig wie das Vatersein selbst.

Die Familien sahen sich nicht nur in völlig neuem Licht, sie sprachen auch ganz anders über sich selbst. In der Mitte des neunzehnten Jahrhunderts unterschied sich die Definition des Wortes »Familie« deutlich von »Haushalt« oder jeder anderen häuslichen Gemeinschaft.[56] Eltern- und Geschwisterschaft beschränkten sich auf Blutsverwandte, und die Kinder hörten auf, ihre Eltern mit »Sir« oder »Madame« anzureden. Die Bezeichnungen, die sie einst gegenüber allen Erwachsenen verwendet hatten, schienen nun bei den speziellen Menschen, die sie zum allerersten Mal »Daddy« und »Mommy« nannten, unangemessen.[57] Diese Koseworte und -namen, die die Viktorianer so gern verwendeten, verliehen jeder Familie eine selbstgemachte Sprache, die für sie selbst so deutlich war wie für die meisten anderen obskur. Die Sprache definierte die Grenzen bestimmter Familien genauso wie die Grenzen der Nationen. Durch die ihnen eigene Rhetorik und die Geschichten, die sie nur ihren eigenen Angehörigen erzählten und niemandem sonst, wurden die gedachten Familien genauso lebendig und real wie die gedachten Gemeinschaften, die mittlerweile dem nationalen Bewußtsein zugrunde lagen.[58] Auch Namen erhielten nun eine Magie, die sie früher nicht gehabt hatten. Im achtzehnten Jahrhundert hatte das Kind im allgemeinen erst dann einen Namen erhalten, wenn man sicher sein konnte, daß es überleben würde, und diese Namen symbolisierten dann eher Bindungen, die außerhalb der Familie lagen.[59] Die Katholiken wählten aus einem begrenzten Vorrat an Heiligennamen, während die Protestanten Namen bevorzugten, die auf Tugenden verwiesen – Patience, Preserved, Chastity –, nicht auf Familienbande. Oft wurde ein und derselbe Name mehrfach verwendet, von einem toten Kind auf das überlebende übertragen. Von der Mitte des neunzehnten Jahrhunderts an erlangten Namen eine Bedeutung, die sie nie zuvor gehabt hatten, und die Taufzeremonie, die früher einen relativ kleinen Teil der gesamten christlichen Taufe ausgemacht hatte, wurde zu ihrem Mittelpunkt, zu einem wichtigen Familienanlaß, zu einem Initiationsritus, nicht in die große spirituelle Gemeinschaft, sondern in die Familie selbst. So wurde ein Ritus, der vormals die Fehlbarkeit des Fleisches symbolisiert hatte, nun zu seiner Feier.[60]

Nur der Adel war in den vorhergehenden Jahrhunderten in der Lage gewesen, einen eindeutigen Anspruch auf einen Familiennamen zu erheben. Noch Ende des achtzehnten Jahrhunderts war die Verbindung zwischen Individuen und Familiennamen eher schwach. Das galt sogar für die Männer. Die Namen hatten eher etwas mit dem Grund als mit der Familie zu tun. Deshalb gab es in manchen Gegenden den Brauch, daß der Mann den Familiennamen seiner Braut annahm, wenn er in eine Familie mit Grundbesitz einheiratete.[61] Viele Männer hatten dieses Glück nicht, und viele Arme wurden ihr ganzes Leben lang nur bei ihrem Vor- oder Spitznamen gerufen. Am Ende des neunzehnten Jahrhunderts jedoch teilte der Familienname die Menschen eher nach dem Geschlecht als nach der Schicht ein. Es dauerte noch eine ganze Zeit, bis Frauen das Recht bekamen (oder wiederbekamen), bei der Heirat ihren eigenen Namen zu behalten. Der Familienname war allerdings das erste, was ein Kind lernte, das erste Zeichen für seine Intelligenz und für seine Initiation in die Mysterien seiner ganz speziellen Familienwelt.[62]

Namen wurden die symbolische Verbindung der Familie mit ihrer Vergangenheit und ein Versprechen ihrer Zukunft. Sie wurden sorgfältig in Familienbibeln und Stammbäume eingetragen, die in der viktorianischen Zeit zu einem sicheren Zeichen dafür wurden, daß die Betreffenden der Mittelschicht angehörten.[63] Die Aristokratie hatte schon immer Wert auf einen Stammbaum gelegt, bei der Mittelschicht war die Leidenschaft für die Genealogie etwas völlig Neues. In der zweiten Hälfte des Jahrhunderts wurden auf beiden Seiten des Atlantiks Dutzende von genealogischen Gesellschaften gegründet.[64] Was die Menschen früher als eitel und affektiert erachtet hatten, wurde nun zu einem unerläßlichen Emblem der Verbindung für Familienangehörige, die feststellen mußten, daß die Distanz zwischen ihnen immer größer wurde. Die großangelegte Suche nach den eigenen Wurzeln begann erst ein Jahrhundert später, doch die Beschäftigung der Amerikaner mit ihrer Herkunft war bereits zu dieser Zeit so zwanghaft, daß Mark Twain in *Huckleberry Finn* satirisch darauf einging.[65]

Was die früheren Generationen »im Herzen« lebendig gehalten hatten, fand seinen konkreten Ausdruck jetzt in unzähligen Haushaltsgegenständen und im Haus selbst. Es gab eine lange

Tradition der aristokratischen Gebundenheit an bestimmte Häuser, die Mittelschicht jedoch hatte nie zuvor das Bedürfnis verspürt, sich selbst durch ihre Häuser darzustellen.[66] Jetzt fand auch sie Trost in Ziegeln und Mörtel. Das Haus wurde zu einem Statussymbol und – noch wichtiger – zu einem Ort der Erinnerung, an dem all das bewahrt wurde, was die Familien im Geist vereinte, auch wenn sie körperlich getrennt waren.

Möbel, Silber und andere Haushaltsgegenstände, die früher lediglich materiellen Wert gehabt hatten, verwandelten sich nun in kostbare Besitztümer. Erbgut, in früheren Jahrhunderten bei der Aristokratie unter der Bezeichnung »lucks« bekannt, war von dieser als Beweis für das gesetzliche Recht auf das Erbe eifersüchtig bewahrt worden. Deshalb tauchten Erbschaften in der Mittelschicht auch erst Mitte des neunzehnten Jahrhunderts auf.[67] Im letzten Jahrhundert war die Fähigkeit von Haushaltsgegenständen, die über Generationen vererbt worden waren, Vergangenheit und Gegenwart miteinander zu verbinden, gewaltig gestiegen, auch wenn sie mittlerweile ihren rechtlichen Status verloren hatten. In den achtziger Jahren des neunzehnten Jahrhunderts galten Antiquitäten als »narzißtische Äquivalente des Ich« für die obere Mittelschicht, und sogar ganz alltägliche Objekte nahmen nun einen großen Symbolgehalt an, weil die Sammel- und Bewahrleidenschaft sich in den folgenden Jahrzehnten rasch ausbreitete.[68] Und wenn das echte Objekt nicht existierte, erfand man es einfach. In Marcel Pagnols Geschichte *La gloire de mon père* wird ein altes, in einem Ramschladen gekauftes Gewehr für den Jungen zum Gewehr des Großvaters. So entstand eine Verbindung über die Generationen hinweg, die ansonsten nicht mehr allzuviel Kontakt miteinander hatten.[69]

Objekte dienten dazu, die Familie selbst dann ins Gedächtnis zu rufen, wenn sie nicht anwesend war. Am Ende des Jahrhunderts hatten Tiere eine ähnliche Funktion übernommen. Sie waren die »uneingeschränkten Herrscher über den häuslichen Raum« geworden und symbolisierten jene Eigenschaften, die die Familien selbst oft nicht hatten.[70] Der Hund war des Menschen bester Freund, und Katzen wurden wegen ihres angeblichen Familiensinns idealisiert. Die Angehörigen der Mittelschicht waren die ersten, die ihre Haustiere wirklich domestizierten und sie in die Äquivalente signifikanter anderer Menschen verwandelten. Das Bild des treuen Fido, der nicht vom Grab seines Herrn weichen wollte, war in Salons und Schlafzimmern auf beiden Seiten des Atlantiks zu finden. Die Familien trauerten um ihre Haustiere wie um ihre eigenen Verwandten, getröstet durch den Gedanken, daß der Familienhund oder die Familienkatze im Himmel auf sie warten würde. In den siebziger Jahren des neunzehnten Jahrhunderts gab es in Frankreich und anderswo bereits Tierfriedhöfe, die nur einen weiteren Raum darstellten, in dem die Symbole der Familie in Stein gemeißelt waren, auch wenn die Familie selbst ständigen Gefahren ausgesetzt zu sein schien.[71]

Jetzt stellte sich die Familie andauernd zur Schau. Die Spontaneität und Direktheit in Verhalten und Rede, die die früheren Generationen so sehr geschätzt hatten, wurden verbannt, und aus der Familie wurde so etwas wie eine Show, die genau die richtige Sprache, Kleidung und Etikette erforderte.[72] Die Mittelschicht entwickelte das Familienleben zu einer Kunstform, allerdings zu einer Kunstform, die in hohem Maße von der Geschlechtertrennung abhing: Die Männer waren die Produzenten, die Frauen die Regisseure des Familiendramas. In früheren Jahrhunderten hatte der Haushaltsvorstand als Zeremonienmeister fungiert, jetzt überließen die Männer diese Rolle bereitwillig ihren Frauen.

Die Arbeit der Frauen, die vorher untrennbar mit der der Männer verbunden gewesen war, erhielt nun neue Bezeichnungen wie »Hausarbeit« und eine neue Bedeutung. Sie wurde nicht mehr länger mit Plackerei in Verbindung gebracht und als »Emanation der weiblichen Natur« gesehen, als etwas, das die Frauen als erfrischend empfinden sollten.[73] In den Haushalten der Wohlhabenden wurde die eigentliche Hausarbeit von den Bediensteten erledigt. Wo allerdings die Frau selbst noch den größten Teil der Arbeit verrichtete, verlangte die Konvention, daß sie sie als »Liebesdienst« darstellte. Den Nutznießern der weiblichen Hausarbeit erschienen die gebügelten Hemden und üppigen Abendessen wie ein Wunder. »Wie ein Bühnentechniker in der Oper kontrolliert sie alles, was passiert, ohne daß sie jemand dabei beobachten würde«, charakterisierte ein Zeitgenosse das.[74]

Frauen wie Männern fiel es immer schwerer, die Realität hinter der Illusion zu erkennen. Ein Mann, der gut für die Familie sorgte, war automatisch ein »Familienmensch«, doch die Frauen mußten viel mehr tun, um die Forderungen zu erfüllen, die die Familie an sie stellte. Sie waren immer in Bereitschaft; man erwartete von ihnen, daß sie sich als selbstloses Geschlecht präsentierten, eine Vorstellung, die manche, unter ihnen Florence Nightingale, unerträglich fanden:

> Die Familie benutzt Menschen, *nicht* für das, was sie sind, und auch nicht für das, was sie eigentlich sein sollen, sondern für das, wofür sie sie braucht – für sich selbst. Sie betrachtet sie nicht so, wie Gott sie geschaffen hat, sondern als etwas, was sie sein sollen. Sie möchte, daß jemand im Wohnzimmer sitzt, und dieser Jemand wird von der Familie gestellt, auch wenn er vielleicht für die Wissenschaft oder für die Erziehung oder für die aktive Aufsicht durch Gott, d. h. durch die inneren Talente, bestimmt ist.[75]

Starke Frauen wie Florence Nightingale konnten ein gewisses Maß an Autonomie erlangen, allerdings nur außerhalb der Ehe und der Familie. In der zweiten Hälfte des neunzehnten Jahrhunderts entschieden sich viele von ihnen für diese Alternative, unterstützt durch eine ganze Anzahl von religiösen und weltlichen Institutionen – Frauencolleges, Klubs und Schwesternschaften –, die das weibliche Zölibat gesellschaftsfähig machten, welches bis zur Jahrhundertwende noch weit verbreitet war. Zu jener Zeit nahm die Bedeutung der traditionellen Hilfsmöglichkeiten für unverheiratete Frauen ab, und es wurde für Frauen immer schwieriger, außerhalb von Ehe und Familie einen Platz in der Gesellschaft zu finden.[76]

Mittlerweile diente ein Großteil der weiblichen Arbeit der Schaffung von Ritualen, Mythen und Bildern, von denen die verzauberte Welt der Familie so sehr abhing. Die Frauen ermöglichten die symbolische Kommunikation zwischen den Familienmitgliedern. Sie waren diejenigen, die die Familiengeschichten erzählten, sich an Geburts- und Jahrestage entfernter Verwandter erinnerten, Familienferien organisierten und sich am stärksten um Trauerarbeit und Erinnerung kümmerten.[77] Die Frauen wurden verantwortlich für die Führung des Familienkalenders. In den Tagebüchern der Männer fanden sich Aufzeichnungen ihrer eigenen persönlichen Leistungen, die Tagebücher der Frauen dagegen, die sich hauptsächlich mit Familienanlässen beschäftigten, boten so etwas wie eine Chronik von Hochzeiten, Geburten und Todesfällen. Deshalb hatten die Tagebücher der Frauen ähnlich wie ihre Briefe keinen Anspruch auf Geheimhaltung wie die der Männer. Vater oder Ehemann hatte freien Einblick und betrachtete sie praktisch als seine eigenen Tagebücher.[78]

Im achtzehnten Jahrhundert war der Ehemann für die Familienkorrespondenz zuständig, und persönliche Botschaften hatten sich mit politischen Nachrichten und geschäftlichen Angelegenheiten vermischt. Mitte des neunzehnten Jahrhunderts verselbständigte sich der Familienbrief und wurde immer mehr zur Domäne der Frau. Damals nahmen Familienbriefe jene neue symbolische Dimension an, die sie seitdem haben, weniger geschätzt »wegen der Dinge, die darin stehen, als wegen der Regelmäßigkeit des Austauschs«.[79] Das Ritual des Schreibens wurde viel wichtiger als der Inhalt der Briefe. Die Qualität des Papiers, die Mühe, die man auf das Verfassen verwandte, trugen zur symbolischen Bedeutung des Familienbriefs bei. Er war dazu gedacht, aufgehoben und immer wieder gelesen zu werden, und ersetzte die Präsenz eines geliebten Menschen oder Familienmitglieds.[80] Im Viktorianismus wurde die Familienkorrespondenz nicht nur immer regelmäßiger, sondern auch immer formaler. Die neu geschaffenen nationalen und internationalen Postsysteme erleichterten die Vertrautheit auf Distanz, die mittlerweile so charakteristisch für das moderne Familienleben geworden ist, daß wir uns gar nicht mehr darüber bewußt sind, wie sehr sich ihre Formen im Verlauf der Zeit verändert haben.

Die ersten Urlaubs- und Grußkarten, die unter Verwandten verschickt wurden, waren noch handgemacht. Am Ende des Jahrhunderts jedoch konnte man bereits Postkarten kaufen. Die Menschen griffen gern auf diese relativ billige Form der symbolischen Interaktion zurück, um ihre Familienwelt noch weiter auszudehnen. Anfang des zwanzigsten Jahrhunderts erweiterten sich die Möglichkeiten der symbolischen Kommunikation noch einmal. Das Ritual des Anrufs ersetzte bis zu einem gewissen Grad den Austausch von Briefen und Karten. Doch der Wunsch nach faßbaren Zeichen für die Verbindung mit anderen blieb bestehen, und das Gespräch erlangte nie wieder die Bedeutung, die es einmal im Leben der Familien gehabt hatte.[81]

Karten und Briefe wurden in die Alben gelegt, die die Grundlage für die Konversation im viktorianischen Salon bildeten. Babylocken, getrocknete Blumen aus Hochzeitssträußen, Souvenirs von Familienferien – sie alle wurden zu geheiligten Objekten, zu Reliquien, die zu kostbar waren, als daß man sich davon getrennt hätte.[82] Als die Fotografie begann, nach Mitte des neunzehnten Jahrhunderts für alle zugänglich zu werden, bekamen Familienbilder einen ähnlichen Zauber. Sie waren in der Lage, die Vergangenheit in die Gegenwart zu bringen. Familienfotos waren damals wie heute weniger eine Aussage darüber, was die Familie tatsächlich war, als darüber, wie sie sich selbst sehen wollte. Sie versicherten die Viktorianer wie auch uns der Familiensolidarität und Dauerhaftigkeit. Susan Sontag drückt es folgendermaßen aus:

Die Fotografie wird genau dann ein Ritus des Familienlebens, als die Institution der Familie im industrialisierten Europa und Amerika beginnt, sich radikal zu wandeln. Als jene klaustrophobische Einheit, die Kleinfamilie, sich aus einem wesentlich größeren Familienaggregat herausbildete, kam die Fotografie, die der gefährdeten Kontinuität und der immer weiter zurückweichenden Großfamilie ein Denkmal setzte und sie symbolisch neu darstellte. Fotos, jene geisterhaften Spuren, liefern die scheinbare Anwesenheit der weit verstreuten Verwandten. Das Fotoalbum einer Familie befaßt sich im allgemeinen mit der Großfamilie – oft ist es das einzige, was von ihr noch übrig ist.[83]

In der Mittelschicht, die den Individualismus so sehr schätzte, wurde es für die Familienmitglieder zur Pflicht, sich die wechselseitige Abhängigkeit zu verheimlichen. Erwachsene durften die materielle Hilfe anderer Familienmitglieder nicht anerkennen oder erwidern; deshalb entwickelte sich der Austausch von Karten, Fotos und kurzen, hoch ritualisierten Besuchen bald schon zum beliebtesten Medium der Familienkommunikation.[84] Die Arbeiterschicht, deren verwandtschaftliche Beziehungen auch weiterhin auf viel praktischerer Ebene funktionierten, hatte noch keine große Verwendung für den symbolischen Austausch, der um 1900 bereits so zentral für die Kultur der Mittelschicht geworden war. Ihre Familienanlässe blieben relativ bescheiden und informell.[85]

In der frühen Neuzeit haben die Familienmitglieder nur selten Geschenke ausgetauscht. Die Geschenkkultur fand eher zwischen als innerhalb der Haushalte, eher zwischen Nachbarn als zwischen Verwandten statt. Die Reichen hatten den Armen in regelmäßigen Zeitabständen, bestimmt durch den religiösen oder »community«-Kalender, Dinge zukommen lassen. Die Familienmitglieder halfen einander manchmal materiell aus, Geschenke jedoch waren hauptsächlich für Fremde bestimmt. Am Ende des neunzehnten Jahrhunderts jedoch war die alte Geschenkkultur fast verschwunden. Die Reichen unterstützten die Armen zwar noch immer, doch jetzt waren öffentliche Einrichtungen zwischengeschaltet. In der heutigen Zeit werden Geschenke hauptsächlich innerhalb der Familie ausgetauscht, wobei Zeitpunkt und Größe sich nach deren eigenem Kalender richten.

Der Austausch von Geschenken begann in der Mittelschicht, in bescheidenem Umfang und meist in Form selbstgemachter Dinge, an Geburts- und Jahrestagen, an Weihnachten, an Neujahr, Ostern und anderen Feiertagen. Seit Anfang dieses Jahrhunderts jedoch werden viel mehr Geschenke gekauft als selbst gemacht. Um ihre Herkunft und ihren Wert zu verbergen, wird der Preis entfernt; die Geschenke werden aufwendig verpackt und, von festen Riten begleitet, überreicht. Der Wert des Geschenks liegt nun ausschließlich in dem, was es symbolisiert. Je weniger nützlich, desto besser dient es diesem Zweck. Schon 1900 blickten die Menschen auf Zeiten zurück, in denen

> Weihnachten noch nicht die Last war, die es heute ist... Daß man das Fest mit bangen Gefühlen erwartet, ist kein Geheimnis. Das wird jedes Jahr deutlicher. Mit dem Winter kommt die nervenaufreibende Erkenntnis, daß alle guten »Christen« schon bald bereit sein müssen, »Dinge« zu kaufen, die sie sich eigentlich nicht leisten können und die die Empfänger auch nicht wollen.[86]

Trotz ihrer schwindenden Größe und ihrer physischen Isolation gelang es den Familien der Mittelschicht, ein Gefühl der Zusammengehörigkeit aufzubauen, das mehr Zeit und Raum umfaßte, als die früheren Generationen es sich je hätten träumen lassen. 1900 wurde das Familienjahr durch Feste wie Weihnachten und das amerikanische Thanksgiving markiert; an diesen Tagen war eine rituelle Bestätigung entfernter Verwandter obligatorisch. Die damals noch junge Sitte der Familienzusammenkünfte erfüllte einen ähnlichen symbolischen Zweck.[87] Obwohl die Verwandten im täglichen Leben zunehmend weniger miteinander zu tun hatten, wurde ihre Anwesenheit bei bestimmten Anlässen – Beerdigungen wie Hochzeiten – zunehmend wichtiger, weil die Isolation der Kleinfamilie immer intensiver empfunden wurde. Durch die besseren Kommunikations- und Verkehrswege sind solche höchst ritualisierten Zusammenkünfte im Lauf der Zeit größer und häufiger geworden. Heutzutage gehören sie so sehr zu unserem Gesellschaftsleben, daß wir sie für selbstverständlich halten.[88]

Als Alexander Shoumatoff die gegenwärtige europäisch-amerikanische Besessenheit von ihren Wurzeln untersuchte, entdeckte er, daß unsere Sehnsucht nach Verwandtschaft in dem Maße gewachsen ist, wie unser tagtäglicher Kontakt mit den Verwandten abnimmt. Seine Feststellungen bestätigen Octavio Paz' Bemerkung, daß »Amerikaner als Gegengewicht zu ihrem übermäßigen Kult um die Zukunft ständig nach ihren Wurzeln und Ursprüngen suchen«.[89] Familienzusammenkünfte, der Austausch von Geschenken sowie Karten, Hochzeiten und Beerdigungen dienen doch alle nur dazu, die ersehnte Gemeinschaft von Gefühl und Phantasie herzustellen, ohne unseren kostbaren Sinn für persönliche Autonomie zu gefährden. »Die meiste Zeit und an den meisten Orten ist die Großfamilie eine gedachte Familie, präsent in Fotos und Videos, erinnert oder erwartet, aber keineswegs weniger real in den Köpfen derer, die sie als Teil ihres symbolischen Guts herumtragen«, bemerkt die französische Anthropologin Martine Segalen. »Sie ermöglicht es dem einzelnen, der unzufrieden ist mit seinem Job oder dem Ort, an dem er lebt, sich selbst in Raum und Zeit zu situieren und eine Beziehung zur Familiengeschichte einzugehen, die ihm eine Identität und Identifikation gibt, welche Arbeit und Wohnort ihm nicht schenken können. Die erdachte Familienlandschaft bietet auch Trost und Bestätigung.«[90] Wir sollten nicht übersehen, daß diese Gemeinschaft von Phantasie und Gefühl nur selten vom *Mann* gemacht ist. Wie so viele Dinge, die den modernen Individualismus erst ermöglichen, ist auch unser symbolisches Gut meist das Werk von Frauen.

Zeit(en) für die Familie

*Das Zyklische hängt genausosehr vom Linearen ab wie das
Lineare vom Zyklischen.*

Michael Young, The Metronomic Society[1]

* * *

Seit der Mitte des neunzehnten Jahrhunderts leben westliche
Gesellschaften nicht nur mit einer, sondern mit zwei Arten
von Zeit: die eine quantitativ und linear, die andere qualitativ und
zyklisch. Ablesbar an Uhr und Kalender, wird die lineare Zeit in
Standardeinheiten unterteilt, jede davon mit einem deutlichen
Anfang und Ende. Auch die zyklische Zeit hat ihre deutlich
abgegrenzten Momente, aber diese lassen sich nicht standardisie-
ren. Während die lineare Zeit irreversibel ist und für immer
verloren, läßt sich die zyklische Zeit verlangsamen, aufhalten, ja
sogar umkehren.[2] Die lineare Zeit ist das Produkt der Zwänge, die
die moderne Wirtschaft und der Staat mit sich bringen; nach ihr
richten sich alle, auch die Familien. Diese jedoch haben gelernt,
mit der linearen Zeit zu leben, indem sie sich ihre eigene zyklische
Zeit schaffen, um die Flüchtigkeit und Fragmentierung zu kompensieren, die aus dem resultieren, was David Harvey die »Zeit-
Raum-Verdichtung« unserer Tage nennt: die Beschleunigung des
Lebensrhythmus, die alle wünschen läßt, sie hätten mehr Zeit für
die Familie.[3]

Die europäischen und amerikanischen Familien von heute
geben sich größte Mühe, lineare und zyklische Zeit in eine
vernünftige Relation zu bringen. Geburts- und Jahrestage strukturieren unsere Zeit und geben uns exakte Anfänge und Enden,
die uns dabei helfen, unseren engen Zeitplan zu bewältigen. Zwar
erinnern uns diese Anlässe an die Unausweichlichkeit des Alte-

rungsprozesses und die Endlichkeit unseres Lebens, aber sie sind gleichzeitig auch Rituale, die uns mit Familie und Freunden verbinden und uns das geben, was David Cheal so treffend Personenverbände genannt hat, mit denen wir unsere Lebenszeit teilen, sowohl die gute als auch die schlechte.[4] Diese speziellen Familienanlässe helfen uns nicht nur, die Endlichkeit der Zeit zu erkennen, sie schützen uns auch vor ihren Schrecken, indem sie uns – trotz Uhr und Kalender – davon überzeugen, daß alles Menschliche eine gewisse Dauerhaftigkeit und Kontinuität besitzt. Das gleiche gilt für andere Familienanlässe – Konfirmation, Bar-Mizwa, Schulabschluß, Ruhestandsparty –, die den Fortgang der linearen Zeit markieren, aber auch Vergangenheit, Gegenwart und Zukunft miteinander verbinden, die Zeit verlangsamen, aufhalten, ja sogar rückgängig machen – wenn auch nur für den Augenblick.

Die modernen Familien geben die lineare Vorstellung vom Alter sogar weiter, obwohl sie ihnen so viel Unbehagen bereitet. Andere moderne Institutionen werden mit dem Altern und dem Tod ihrer Mitglieder fertig, indem sie sie als ersetzbar behandeln, doch in Familien herrscht dieses Prinzip nicht.[5] Alter und Tod bedeuten für die Familie Verluste, für die sie kompensatorische Riten entwickelt haben – Geburts-, Jahres- und Erinnerungstage. Sie illustrieren T. S. Eliots Bemerkung in *Burnt Norton*, daß »die Zeit nur durch die Zeit besiegt wird«. Im neunzehnten und zwanzigsten Jahrhundert hat die Familie Religion und Gemeinschaft als Hauptschöpfer der Zeit außerhalb der Zeit in der westlichen Kultur ersetzt und uns verborgene Rhythmen geschenkt, nach denen wir leben können, auch wenn wir uns in einer Zeit befinden, die uns ständig bedroht. Wir haben uns so sehr an diese Zeit als natürlichen Teil unserer Kulturlandschaft gewöhnt, daß wir uns nicht einmal mehr ihrer Funktion oder ihres Ursprungs bewußt sind. Wir halten sie für alt, obwohl sie relativ neu ist. Um diesen Irrtum richtigzustellen und unser eigenes komplexes Verhältnis zur Zeit zu verstehen, müssen wir die

Familienzeit als Produkt der Geschichte, nicht als unveränderlichen Teil der Natur begreifen.

Die Viktorianer hatten als erste die Idee, daß es einen bestimmten Ort wie auch eine bestimmte Zeit für alles gibt; zwischen 1870 und 1970 machten die westlichen Gesellschaften einen Prozeß der zeitlichen Standardisierung durch, die Martin Kohli »Chronologisierung« nennt.[6] Die Einführung der numerisch standardisierten linearen Zeit war zum Teil die Folge der kapitalistischen Industrialisierung mit ihrer Betonung von Mechanisierung und Synchronisierung. Ein weiterer wichtiger Einfluß war die Herausbildung des modernen Nationalstaates, der seine Identität nach außen hin durch eine einheitliche Zeit und ein einheitliches Gebiet darstellte.[7] Seine Gesetze, die Mindest- und Höchstalter für alles – von der Arbeit bis zum Trinken – festsetzen, haben uns alle so altersbewußt gemacht, daß ein Mensch ohne Geburtsurkunde heutzutage im wörtlichen Sinne ein Mensch ohne Land ist. Einwanderer aus Teilen der Welt, in denen das Alter keine so wesentliche Rolle spielt, sehen sich oft mit großen Problemen konfrontiert, wenn sie keinen akzeptablen Beweis für ihr Alter erbringen können.[8]

Im neunzehnten Jahrhundert wurde das numerische Alter die Voraussetzung für Arbeit, Schule, ja sogar Freizeit. Frankreich führte als erstes Land ein Standardalter für das Recht, zu heiraten, zu erben und zu wählen ein und legte das Jahr fest, in dem die jungen Männer zum Militärdienst eingezogen wurden. Schon bald hatten auch die übrigen europäischen Länder ihre Mindestalter für die unterschiedlichsten Dinge.[9] Gesetze über die Kinderarbeit führten zu Altersgrenzen am Arbeitsplatz. Die Schulen, die im letzten Drittel des neunzehnten Jahrhunderts in den meisten Teilen Europas und Nordamerikas institutionalisiert wurden, legten Mindest- und Höchstalter fest und machten so aus Kindheit und Pubertät die standardisiertesten aller Lebensphasen.

Den Kindern wird, sobald sie sprechen können, beigebracht, ihr Alter zu sagen. Sein Alter zu kennen ist das erste Zeichen für Intelligenz, während Menschen, die es vergessen, in den Verdacht geraten, ihr Verstand lasse nach. Die jungen Menschen wurden die altersbewußteste Gruppe der modernen Gesellschaft, als gesellschaftliche und Bürgerrechte (und Pflichten), die sich vormals aufgrund der jeweiligen Kompetenz ergeben hatten, zum ersten Mal an ein numerisches Alter gebunden wurden. In diesem Zusammenhang sind besonders die Festsetzung eines bestimmten Alters für den Genuß von Alkohol und gewisse Vergnügungen um die Zeit des Ersten Weltkrieges sowie später das Mindestalter für den Erwerb des Führerscheins sowie die Volljährigkeit zu erwähnen.[10]

Altersbewußtsein entstand jedoch auch am anderen Ende der Skala, als nationale Normen für den Ruhestand eingeführt wurden. Deutschland machte dabei im späten neunzehnten Jahrhundert den Anfang, doch bis zur Mitte des zwanzigsten Jahrhunderts hatten alle Länder der westlichen Kultur nachgezogen. Anfangs betraf das Rentenalter nur eine Minderheit der Bevölkerung, nämlich Männer mit regelmäßiger Beschäftigung. Es gab keine Rentenregelung für Frauen, die zu Hause arbeiteten, und wenn es irgendwie ging, arbeiteten die meisten Angehörigen der Arbeiterschicht noch über das Standardalter hinaus, damit sie finanziell zurechtkamen. Erst nach dem Zweiten Weltkrieg konnten es sich praktisch alle leisten, in Ruhestand zu gehen; in den siebziger Jahren begannen die älteren Leute schon wieder, gegen die starren Altersregelungen zu protestieren.[11]

Es überrascht nicht weiter, daß die Menschen sich heute ihres numerischen Alters bewußter sind als jemals zuvor in der Geschichte. Ähnlich wie wir heutzutage alles nach Plan erledigen, versuchen wir auch, uns unserem numerischen Alter gemäß zu verhalten, was für frühere Generationen noch undenkbar gewesen wäre. Demographen haben nachgewiesen, daß Einschulungsalter, Arbeitsbeginn, Verehelichungs- und Familiengründungsalter in der Zeit von 1870 bis 1970 immer standardisierter wurden.[12] Auch das Rentenalter für Männer wird immer einheitlicher, weil die Menschen heute ein gewisses Alter für bestimmte Verhaltensweisen verinnerlichen.

Nicht nur das Alter, in dem die Leute sich mit größeren Lebensveränderungen befaßten, wurde standardisierter, sondern auch die Abfolge bestimmter Lebensabschnitte. In früherer Zeit fanden die Menschen nichts dabei, wenn sie zwischen Schule und Arbeit hin und her wechselten; ab 1900 ging die Bewegung nur noch in eine Richtung. Wer auf die Schule zurückkehrte, nachdem er eine Berufslaufbahn eingeschlagen hatte, verstieß nicht nur gegen gesellschaftliche Normen, sondern auch gegen das eigene Selbstwertgefühl. Folglich schienen ab 1970 alle Menschen zeitlich mehr oder minder koordiniert. Noch nie hatte es in der westlichen Kultur in dieser Hinsicht so wenige Variationen gegeben. Wissenschaft und Medizin hatten die westliche Gesellschaft dazu verleitet, das Altern als ein Naturgesetz zu verstehen. Und um nicht unnatürlich zu wirken, gaben sich alle größte Mühe, von der Geburt bis zum Tod altersgemäß zu handeln.[13]

Die Chronologisierung ging mit einer bisher nie dagewesenen Ausdehnung der Lebenszeit einher. In den letzten hundert Jahren ist die durchschnittliche Lebenserwartung in der westlichen Welt um fast dreißig Jahre gestiegen.[14] Der Rückgang der Sterblichkeitsrate in jedem Lebensalter hat das Leben auch vorhersehbarer gemacht. Heutzutage ist der Tod anders als früher eindeutig mit dem Alter verbunden. Nicht weniger bedeutungsvoll war die kulturelle Neudefinition des Lebens: Das protestantische Ideal, ein langes, produktives Leben zu führen, hörte auf, ein Vehikel für eine spirituelle Reise zu sein, und wurde zum Selbstzweck. In der zweiten Hälfte des zwanzigsten Jahrhunderts trat die Langlebigkeit als primäres Lebensziel an die Stelle der Ewigkeit, und sich altersgemäß zu verhalten wurde wichtiger als die spirituelle Suche. Früher war das Alter ein Zeichen der Annäherung an das Heilige gewesen; jetzt wurde die Langlebigkeit selbst geheiligt.[15]

Seit dem Beginn unseres Jahrhunderts richtet sich die westliche Zivilisation nicht mehr an Gottes Zeit aus, sondern an der des Menschen. Die Produktion fand nun nicht mehr unter der Aufsicht des Herrn oder der Herrin im Haushalt statt; die äußere Überwachung durch Uhr und Kalender trat an die Stelle der protestantischen Arbeitsethik, eines inneren Überwachungsmechanismus. Die Pünktlichkeit, über die sich frühere Generationen von Protestanten kaum Gedanken gemacht hatten, wurde auch für die Verehrung Gottes wesentlich.[16] Die strikte Einhaltung des Sabbat setzte sich erst in der viktorianischen Zeit durch, und bestimmte Daten des christlichen Kalenders wie zum Beispiel Weihnachten erhielten als Zeichen des Glaubens eine völlig neue Bedeutung: Von nun an verließ sich die bürgerliche Gesellschaft auf die Autorität der Wissenschaft, die behauptete, die natürlichen Gesetze der Zeit und des Alterns entdeckt zu haben. Besonders deutlich wird das durch das Bild, das Reverend William Paley 1802 beschrieb: Das Universum sei eine von Gott geschaffene Uhr, die bis ans Ende der Zeit selbsttätig weitertickte.[17] Das Alter wurde nun, genau wie die Zeit, nicht mehr als Geschenk Gottes gesehen, über das der einzelne keine Kontrolle hat. Zeit und Alter galten als eine Art privates Gut oder Kapital, das, vorausgesetzt man ging sorgsam damit um, zu mehr Zeit und einem besseren Alterungsprozeß führen würde. Wenn man jedoch Raubbau damit betrieb, waren Versagen und Demütigung die Folge. In der zweiten Hälfte des zwanzigsten Jahrhunderts veränderte sich die Bedeutung des Alters abrupt. Ein langes Leben war nun nicht mehr ein Zeichen für die Gnade Gottes, sondern eine Leistung, die der einzelne erbrachte. Jetzt waren harte Arbeit und maßvoller Genuß die Grundlage der Langlebigkeit; Krankheit und Tod hingegen deuteten auf moralisches Versagen hin.[18] Ab 1900 standen Wissenschaft und Medizin dem einzeln bei dieser neuen Suche nach Langlebigkeit bei. Obwohl sich nachweisen läßt, daß die hohen Sterblichkeitsraten durch bessere Ernährung und Hygiene sowie medizinische Fortschritte, von denen nun die ganze Bevölkerung profitierte, gesenkt wurden, glaubten manche Amerikaner und Europäer nach wie vor, daß richtiges Altern, das zu Langlebigkeit führte, eine moralische Entscheidung sei.[19]

Nicht nur Individuen, sondern ganze Nationen beschäftigten sich nun schon fast zwanghaft mit der Frage des Alterns. Die Amerikaner, entschlossen, ihre Republik jung und kräftig zu halten, wählten einen rüstigen alten Mann, Uncle Sam, als Symbol für die Langlebigkeit ihrer Nation.[20] Andere Nationen, so zum Beispiel Frankreich, in denen die Geburtsraten niedrig waren, begannen, ihre »jüngeren« Rivalen zu fürchten. Ende des neunzehnten Jahrhunderts galt das Alter als degeneriert und wurde als Krankheit klassifiziert. Die Welt schien den Jungen zu gehören, die nach allgemeiner Meinung der fortschrittlichste und gesündeste Teil der Bevölkerung waren, auch wenn es Belege dafür gab, daß Fortschritt und Gesundheit damals noch nicht an eine bestimmte Generation gebunden waren.[21] Die protestantische Suche nach der Erlösung jenseits der Zeit war zu einer Suche nach der Erlösung durch die Zeit geworden, und weil die Jungen noch mehr davon zu haben schienen, wurden sie als Symbol der Regenerierung dargestellt.[22] Von der Mitte des neunzehnten Jahrhunderts an wurden alte und besonders schwache Männer als fremd, ja sogar gefährlich angesehen. Sie taugten weder zur Arbeit noch zu öffentlichen Aufgaben und wurden immer mehr zum Rückzug, besonders in den häuslichen Bereich, gezwungen, wo sie nach allgemeiner Ansicht nur noch in der Lage waren, eine einzige Rolle auszufüllen: Wie die Frauen und Kinder war ihr Wirkungskreis auf den Haushalt beschränkt, wo sie ein stilles Vorbild für gutes Benehmen abgeben durften.[23]

Zum ersten Mal war das Alter eine deutlich abgegrenzte Lebensphase mit eigenen Zeiten und Orten. Das Armenhaus, in dem früher alle Lebensalter untergekommen waren, wurde durch das Altersheim ersetzt, wie man es nun nannte. Und auch innerhalb der Haushalte, wo im neunzehnten und zwanzigsten Jahrhundert noch immer die meisten alten Menschen lebten, war

die Trennung nach Alter die Regel. Der Alte in seinem Lieblings-
sessel und die Witwe, die die Nase in ihr Nähzeug und nicht in
anderer Leute Angelegenheiten steckte, wurden zu Stereotypen
des Alters zu Hause.[24] Ann Douglas beschreibt es folgendermaßen: Aus dem Großvater wurde »der Vorfahr, der auf seinen
Schaukelstuhl gepackt wurde, ein Mann, den die freundliche
Berührung der Zeit weicher gemacht hat«.[25] Großmütter brauchten nicht weicher zu werden, weil Frauen ihr ganzes Leben lang
als passiv galten. Wenn alte Frauen allerdings aus ihrer häuslichen
Rolle heraustraten, wurden sie im allgemeinen als noch gefährlicher und von der Norm abweichender empfunden als ältere
Männer, die sich weigerten, in den Ruhestand zu gehen. In der
Ikonographie des neunzehnten Jahrhunderts entstanden die böse
»alte Hexe« und der »schmutzige alte Mann« als Bilder vom
fehlgeschlagenen Altern.[26]

Das Alter ist, genau wie Geschlecht und Rasse, ein gesellschaftliches Konstrukt, eine Kategorisierung der Menschen ohne Rück-
sicht auf ihren wirklichen Charakter und ihre wahren Fähigkeiten. Wesentlich ist deshalb, daß alte Menschen vom ausgehenden
neunzehnten Jahrhundert bis vor noch nicht allzulanger Zeit
genauso gesehen wurden wie Frauen und rassische Minderheiten.
Angeblich konnten sie genau wie diese »gut mit Kindern umgehen
und begeisterten sich für untergeordnete Tätigkeiten und die
Religion«, auch wenn es auf der Hand lag, daß das nicht für alle
alten Menschen gelten konnte.[27]

Das Bild einer linearen Abfolge präzise abgegrenzter Lebensalter ergänzte die politische, wirtschaftliche und gesellschaftliche
Ordnung, die die Macht in den Händen von Mittelschichtmän-
nern mittleren Alters konzentrierte. Deren Leben entsprach
jenem neuen Zeitvektor, den man jetzt »Karriere« nannte. In
Wissenschaft und Literatur wurde das männliche Leben, sozusagen als Projektion der Alterserfahrung des Mittelschichtmannes,
als unveränderlich progressiv und linear dargestellt. Das Leben
der Frau präsentierte sich jedoch als genau gegenteilig: Es war

statisch und wurde von natürlichen Zyklen beherrscht, die sie, genau wie Kinder und alte Leute, daran hinderten, den Männern mittleren Alters die Macht streitig zu machen.[28]

Natürlich verhielten sich die Menschen nicht immer gemäß den neuen Altersstereotypen. Die jungen Leute, deren Leben durch strikte Schulzeiten und gesetzlich festgelegte Mindestalter reglementiert wurde, wehrten sich, indem sie die Schule schwänzten oder andere Jugenddelikte begingen, die Ende des neunzehnten Jahrhunderts zum ersten Mal auftraten und sich seitdem gehalten haben.[29] Menschen der Arbeiterschicht fiel es viel schwerer, zeitgerecht zu heiraten und Kinder zu bekommen als den Angehörigen der Mittelschicht, was sich zum Teil im höheren Anteil der unehelichen Kinder niederschlägt. In solchen Statistiken sind jedoch nie die zahlreichen Paare erfaßt, die es nicht mehr vor der Geburt schafften, vor den Altar zu treten, aber später heirateten.[30] Für die meisten Arbeiter gab es vor der Einführung der allgemeinen Rente Mitte des zwanzigsten Jahrhunderts kein festes Rentenalter. Auch die meisten Frauen konnten es sich nicht leisten, in die großmütterliche Rolle zu schlüpfen, die ihnen die Gesellschaft so gern zugewiesen hätte. Das ruhige Leben der Großeltern, das sich die Viktorianer vorstellten, wurde erst heute Wirklichkeit, in einer Zeit, in der die meisten alten Leute endlich die nötigen Mittel haben und auch alt genug werden, ihren Lebensabend zu genießen.[31]

Der Mittelschichtmann mittleren Alters hatte die größten Aussichten, die neuen Altersnormen zu erfüllen, die im Regelfalle von Männern mit ähnlichem Hintergrund festgelegt worden waren. Allen anderen blieb nichts anderes übrig, als so gut wie möglich alt zu werden. Doch ob sie das Alter nach den immer strenger werdenden Verhaltensmaßregeln, die die noch junge Gerontologie aufstellte, gut oder schlecht in den Griff bekamen, hatte weniger mit der Tugend als mit der Wirtschaft zu tun. Selbst wenn die Menschen nicht jeden Tag ihrem Alter gemäß leben konnten, lernten sie doch, es an Festtagen und bei Familienanlässen zu tun, an denen jung und alt aufgefordert waren, einander die idealen Bilder der verschiedenen Lebensalter zu präsentieren.[32]

In früheren Zeiten war die Vorstellung, daß jeder eine Kindheit, eine Pubertät, eine Blütezeit des Lebens und ein Alter hatte, undenkbar. Das Alter des Menschen wurde in hohem Maße von seiner Stellung innerhalb der gesellschaftlichen Hierarchie bestimmt. Nach der Mitte des neunzehnten Jahrhunderts jedoch entwickelte sich das Alter selbst zu einer gesellschaftlichen Kraft, und das Altern wurde zu dem universellen Problem, das es noch heute ist.

Die abstrakte Vorstellung von der Zeit setzte sich zuallererst in der öffentlichen Sphäre durch und wurde unterstützt von der Fabrikuhr und den Kalendern, die das Schuljahr vorgab. Von der Mitte des neunzehnten Jahrhunderts an wurde auch das Familienleben mit Uhr und Kalender gemessen. »Das Haus wird nur gut geführt, wenn auf Ordnung und Regelmäßigkeit geachtet wird«, sagte die Engländerin Mrs. Ann Martin Taylor und fügte hinzu: »Alles zu seiner richtigen Zeit zu erledigen, alles an seinem Ort aufzubewahren und alles zu seinem Zweck zu verwenden ist das Wesen der guten Haushaltsführung.«[33] In den dreißiger Jahren des neunzehnten Jahrhunderts riet Dr. Kitchener den Amerikanern, in allen Räumen des Hauses Uhren aufzuhängen oder aufzustellen. »In einer ordentlichen Familie stimmen alle Uhren überein.«[34]

Doch die neue mechanische Zeit trennte eher, als daß sie vereinte. Schon 1838 machte Mrs. Sarah Ellis sich Sorgen darüber, daß der strikte Arbeitsplan der Männer dazu führte, sie von ihren eigenen Familien zu entfremden. Die Väter arbeiteten so lange, daß sie ihre Kinder nur am Sonntag und ihre Frauen jeden Tag nur fünf Minuten sahen, »bis wir den Mann fast nicht mehr in der Maschine erkennen«.[35] Im neunzehnten Jahrhundert sorgte die Schule dafür, daß auch die Kinder den größten Teil des Tages nicht zu Hause verbrachten. Die Zeit der Frauen war weniger durch die lineare Zeit reglementiert; sie wurden zu den einzigen Familienmitgliedern, die nach allgemeiner Ansicht Zeit für die Familie hatten. Folglich wurden die Frauen nicht nur die Verwalter der Familienzeit, sondern auch ihr Hauptsymbol. Ausgehend von der protestantischen Mittelschicht, begannen die Menschen, Familienzeit(en) fast ausschließlich mit Frauen, insbesondere mit Müttern, in Verbindung zu bringen.

Je weniger Zeit die Familie füreinander hatte, desto wichtiger wurden bestimmte Zeiten für sie – das heißt, in dem Maße, wie die tatsächliche Zeit knapp wurde, nahm die Bedeutung der symbolischen Zeit zu. Die viktorianischen Familien empfanden als erste das Bedürfnis nach qualitativ hochwertiger gemeinsamer Zeit. Die täglichen, wöchentlichen und jährlichen Anlässe, die sie uns hinterließen, bieten nach Ansicht von David Harvey »ein Gefühl der Sicherheit in einer Welt, in der der Fortschritt beständig vorantreibt, bis zu den Grenzen des Unbekannten«.[36] In den fünfziger und sechziger Jahren des neunzehnten Jahrhunderts, also genau in der Periode, in der Arbeits- und Schulzeiten das Leben der Mittelschichtfamilien zum ersten Mal unerbittlich reglementierten, begannen die Familien den Tag in einen endlosen Kreislauf aus Mahlzeiten und Bettgehzeiten zu strukturieren, der sich seitdem kaum verändert hat.

Zuvor hatte niemand daran gedacht, eine Zeit festzulegen, zu der die Familie tagtäglich miteinander aß. Mit dem Essen waren zu jeder Zeit Rituale verbunden gewesen, aber sie hatten eher mit religiösen und offiziellen Anlässen zu tun. Abgesehen von den Reichen hatte kaum jemand die Essenszeiten formalisiert. Die Armen aßen an der Feuerstelle zusammen aus einem Topf, kannten aber kein gemeinsames Abendessen als solches. Noch in den dreißiger Jahren des neunzehnten Jahrhunderts gab es – selbst in den Häusern der Mittelschicht – nur wenige Eßzimmer. Der »eating room«, wie die Leute damals dazu sagten, war fast ausschließlich den Männern vorbehalten; die Frauen blieben praktisch von offiziellen Essenseinladungen, die im Haus stattfanden, ausgeschlossen. Es gab damals noch nicht viele Stühle, und die wenigen, die es gab, fungierten eher als Symbole der Autorität denn als ganz normale Möbelstücke und waren als solche für den Haushaltsvorstand reserviert. Wenn Frauen und Kinder nicht gerade servierten, aßen sie meist im Stehen.[37]

Offenbar waren die britischen Frauen es eher gewöhnt, zusammen mit ihren Männern zu essen, denn die englische Reisende Mrs. Trollope war bestürzt über den Mangel an ehelicher Gesellschaft, den sie in den zwanziger Jahren des neunzehnten Jahrhunderts bei Amerikanern feststellte: »Die Frauen gelten in diesem Land lediglich als Haushälterinnen, und als solche dürfen sie am Kopfende ihres eigenen Tisches sitzen, damit sie dafür sorgen können, daß alles seine Richtigkeit hat.«[38] Doch Frauen hatten in den meisten Ländern immer schon eine Außenseiterrolle beim Essen mit seinen männlichen Ritualen des Trinkens und der profanen Trinksprüche. Auch wenn die europäischen Frauen manchmal an offiziellen Essen teilnehmen durften, zogen sie sich doch normalerweise am Ende in den sogenannten »withdrawing room« zurück, damit die Männer sich ungestört ihren alten Sitten hingeben konnten. Die Amerikaner fanden diesen Brauch ziemlich merkwürdig, nachdem sie im neunzehnten Jahrhundert alle Familienmitglieder am Tisch versammelt hatten.[39]

Das formelle Essen wurde im Gegensatz zum normalen Essen erst spät domestiziert. Bis zum frühen neunzehnten Jahrhundert wußten Benimmbücher nur wenig zu häuslichem Verhalten zu sagen.[40] Erst Mitte des neunzehnten Jahrhunderts wurde das häusliche Essen formalisiert und – auch in Haushalten der Mittelschicht – zu festen Zeiten abgehalten. Ein Beobachter des frühen neunzehnten Jahrhunderts stellte bezüglich des amerikanischen Mannes fest, daß das Essen für ihn »nur eine unangenehme Unterbrechung des Geschäfts ist, eine Unterbrechung, die er hinnimmt, weil sie nicht zu verhindern ist, die er aber so kurz wie möglich hält«.[41] Auf einer seiner Amerikareisen bemerkte Charles

Dickens, daß »die Menschen beim Essen überhaupt nicht mitein-ander sprechen«.[42] Über die Essensgewohnheiten der Frauen und Kinder, die, britischen und amerikanischen Quellen aus dem frühen neunzehnten Jahrhundert zufolge, keine bestimmte Zeit und keinen bestimmten Ort – weder innerhalb des Hauses noch außerhalb – für das Essen hatten, schweigt Dickens sich aus. Mehr noch als die Männer waren Frauen und Kinder es gewöhnt, im Stehen oder Gehen zu essen, die Nahrung schweigend herunter-zuschlingen, bevor sie wieder an die Arbeit oder zum Spielen zurückhasteten.

Die Armen aßen, was immer und wann immer sie konnten; nicht einmal die Mittelschicht, die sich eine angemessene Ernäh-rung leisten konnte, kannte das »Essen«, so wie wir es heute verstehen. Sie aß oft und unregelmäßig, vergleichbar mit den heutigen Snacks. Johnsons großes Wörterbuch aus dem achtzehn-ten Jahrhundert definiert den Lunch mit folgenden Worten: »So viel Essen, wie in einer Hand Platz hat.«[43] Erwachsene wie Kinder aßen bis zum Beginn des neunzehnten Jahrhunderts tatsächlich oft mit den Händen, weil sie nicht einmal billiges Besteck oder Teller hatten.

Wenn es überhaupt so etwas ähnliches wie eine Familienmahl-zeit im ausgehenden achtzehnten und frühen neunzehnten Jahr-hundert gab, war es der sogenannte »Tee«, den man am Abend einnahm. Doch das Getränk, nach dem die Mahlzeit benannt worden war, war teuer, und nur die Wohlhabenden hatten die Gedecke, die später unter den Bezeichnungen »Familiensilber« oder »Familienporzellan« bekannt wurden.[44] Als der Architekt Calvert Vaux 1857 Pläne für Stadthäuser vorstellte, mußte er gestehen, daß viele Amerikaner noch keinen richtigen Essensstil entwickelt hatten: »Bei manchen Farmern ist es Sitte, alle Mahl-zeiten in der Küche einzunehmen; diese Gewohnheit weist auf wenig Kultur hin.«[45]

Doch dasselbe Jahrzehnt markierte eine epochale Wende in der Ritualisierung von Familienmahlzeiten. Das Eßzimmer, eine

Bezeichnung, die sich erst im achtzehnten Jahrhundert einbürgerte, wurde von der Küche getrennt. So verlor es seine männliche Konnotation und wurde zum allerersten Mal der archetypische Raum der Familie. In den Grundrissen der Mittelschichtshäuser zu beiden Seiten des Atlantiks wurde es nun als separater Raum ausgewiesen, in dem die Familie aß, während die Bediensteten ihre Mahlzeiten in der Küche einnahmen, die durch eine Tür abgetrennt wurde, damit die Gerüche und Geräusche der Essenszubereitung nicht herausdrangen. Bis dahin waren die Eßmöbel aufgebockte Platten gewesen, die man je nach Bedarf wegräumen konnte. Stühle holte man sich aus anderen Räumen, denn bis zur Mitte des neunzehnten Jahrhunderts wurde kein Unterschied gemacht zwischen der Möblierung der verschiedenen Räume. Jetzt jedoch hob sich das Mittelschichthaus von den anderen durch seinen festen Eßtisch ab, der immer noch »wie kein anderes Möbelstück die Familie als Ganzes repräsentiert«.[46] Dazu gehörten passende Eßstühle, einer für jedes Familienmitglied, der nur von diesem benutzt wurde und leer blieb, wenn es nicht da war, auch nach seinem Tod.[47]

Die repräsentativen Funktionen des Eßzimmers unterstrichen nicht nur die Geschlechter- und Altershierarchien der Familie – der Vater saß am Kopfende des Tisches, die Mutter am unteren, und die Kinder je nach Alter und Geschlecht zu beiden Seiten –, sondern baute durch Rituale auch ein Gefühl der Zusammengehörigkeit auf. Früher war es üblich gewesen, auf nur einer Seite des Tisches zu sitzen; alle hatten in dieselbe Richtung geschaut. Der neue Eßtisch war kleiner, rechteckig oder rund, und erlaubte es den Familien, aufeinander einzugehen. Sein schweres, dunkles Holz deutete mehr als jedes andere Möbelstück auf Stabilität und Kontinuität hin. Diese Qualität spiegelte sich auch in der Vorliebe für antike Tische, die sich bereits in den siebziger Jahren des neunzehnten Jahrhunderts herausbildete.

Die nüchterne Ausstattung des Eßzimmers und die üppig verzierten Anrichten, »deren neo-gotischer Stil dem Eßritual fast so etwas wie eine religiöse Atmosphäre einhauchte«, gaben ihm eine Aura, die sich deutlich von den anderen Teilen des Hauses unterschied.[48] Das helle Gaslicht hatte den Weg ins Haus über die Küche gefunden, die Speiseräume jedoch wurden immer noch von Kerzen oder Paraffinlampen erhellt, denn die Flamme, die so vom Herdfeuer zum Tisch gewandert war, verbreitete nicht nur ein wärmeres, intimeres Licht, sondern war das Symbol des Lebens selbst. Bei häuslichen Anlässen, besonders an Geburtstagen und Weihnachten, wurde diese Beleuchtung unerläßlich.[49] Die Flamme deutete auf Dauerhaftigkeit hin; wie der Rest der Einrichtung schien sie die knappen zeitlichen Ressourcen aufzufüllen und alle Uhren – im wörtlichen wie im übertragenen Sinne – in den Schatten zu stellen.

Besondere Orte evozieren besondere Zeiten und umgekehrt. Obwohl die widersprüchlichen Schul- und Arbeitszeiten es den Familienmitgliedern schwer machten, Zeit miteinander zu verbringen, nahm die Familienmahlzeit nun ihre moderne Form und Prägung an. Mitte des neunzehnten Jahrhunderts war das Essen eine sorgfältig arrangierte Abfolge von Frühstück, Mittag- und Abendessen geworden. Die wichtigste Mahlzeit war dabei das Abendessen, das die Mittelschicht deutlich von den unteren Schichten abgrenzte, welche ihre Hauptmahlzeit mittags einnahmen. Die betuchteren Damen ließen oft einen großen Teil ihres Mittagessens zurückgehen, um ihre Ehrbarkeit unter Beweis zu stellen, doch letztlich war es nicht so sehr der Umfang des Lunches als seine Dauer und sein Zeitpunkt, die den gesellschaftlichen Status absteckten und den Familien ein Gefühl der Zusammengehörigkeit vermittelten[50]. Das Frühstück war die am wenigsten ritualisierte Mahlzeit. Die Familien nahmen das Mittagessen nur selten gemeinsam ein, weil sich die mittäglichen Essenszeiten von Männern, Frauen und Kindern häufig unterschieden. Das Essen am frühen Abend entwickelte sich bald schon zu einem Familienessen im heutigen Sinn. Im zwanzigsten Jahrhundert wuchs seine Bedeutung noch, weil immer weniger Zeit für ein gemeinsames Frühstück oder Mittagessen blieb.[51]

Im achtzehnten Jahrhundert hatte das Abendessen bereits um drei Uhr nachmittags stattgefunden. Später wurde es entsprechend der längeren, ununterbrochenen Arbeits- und Schultage immer weiter in den frühen Abend verschoben, wo es seit den sechziger Jahren des neunzehnten Jahrhunderts noch immer eingenommen wird und sich zur beliebtesten Essenszeit in den meisten westlichen Kulturen entwickelt hat.[52] Von Titus Salt, einem englischen Geschäftsmann und Philanthrophen des Viktorianismus, heißt es, daß er jeden Abend mit der Uhr in der Hand dastand, um die anderen Familienmitglieder mit derselben Pünktlichkeit, mit der er die Arbeiter in seinen Fabriken zur Arbeit rief, an den Essenstisch zu holen.[53] Bis zu den sechziger Jahren des neunzehnten Jahrhunderts war in amerikanischen Kochbüchern nicht die Rede von bestimmten Essenszeiten. Statt dessen hieß es, sie »sollen den Bedürfnissen der Familie angepaßt werden und sich nicht nach den Launen der Mode richten«.[54] Später jedoch bürgerte sich die feste Essenszeit ein: Niemand brauchte jetzt in den typischen Vororten der Mittelschicht mehr eine Uhr, wenn er wissen wollte, wie spät es war. Zur Essenszeit waren die Straßen wie leergefegt. Im neunzehnten Jahrhundert ließ sich die Schichtzugehörigkeit der Menschen nicht nur dadurch feststellen, wo sie aßen, sondern auch, wann sie es taten.

Im protestantischen Europa und Amerika gestaltete man Familienmahlzeiten bewußt einfach und hielt sie getrennt von festlichen Essenseinladungen. Der »durchschnittliche« Engländer der Mittelschicht erklärte um 1880: »Ich lebe einfach, immer Toast oder Gekochtes‹ – Worte, die nur zu klar auf düstere Monotonie, um nicht zu sagen Ungesundheit seines täglichen Essens verweisen und gleichzeitig seine Befriedigung darüber ausdrücken, daß er kein Genießer ist.«[55] Der »durchschnittliche« Amerikaner hing genauso von der Ordnung und Regelmäßigkeit der Familienmahlzeiten ab, denn genau diese Eigenschaften verliehen ihnen ihre

Bedeutung und schufen ein Gefühl der Familienzusammengehörigkeit. Wie Margaret Visser völlig richtig sagt, ist eine Mahlzeit, weil sie »ganz normal« ist, nicht weniger wichtig, denn diese Normalität hat etwas mit »Ordnung« zu tun, und diese war das wichtigste Element, das der neue Gedanke der Familienmahlzeit lieferte. In früheren Jahrhunderten hießen Schenken oder Gasthäuser, in denen man eine bestimmte Menge Essen zu einem festen Preis haben konnte, »ordinary« (gewöhnlich, normal)[56]. Damals konnte man ein ganz normales Essen nur außerhalb des eigenen Hauses bekommen. Die Viktorianer domestizierten die Idee der »Normalität« so gründlich, daß amerikanische Restaurants wie Schraft's schon in den zwanziger Jahren unseres Jahrhunderts Worte wie »Hausmannskost« verwendeten, um Gäste anzulocken. Damit nahmen sie die Werbestrategien der selbsternannten Familienrestaurants vorweg, die sich seit ein paar Jahrzehnten so großer Beliebtheit erfreuen.[57]

Die Viktorianer waren die ersten, die Zeit für das Abendessen schufen, doch das Abendessen schuf auch Zeit für die Familie. Die neue Zeit des Familienessens war durch die Uhr vorgegeben, wurde aber nicht von ihr beherrscht. Die Familienmahlzeit war das einzige Essen des Tages, bei dem keine Hektik aufkam. Es wurde durch seine ritualisierte Dauer gekennzeichnet, eine Zeit außerhalb der Zeit, die es zu einem Objekt der Vorfreude und auch der lebhaften Erinnerung machte. Es war das einzige Essen des Tages mit einem rituellen Anfang und einem rituellen Ende – dem Dankgebet. Bis dahin hatten Gebete nur die Zeit in der Kirche und in der Schule strukturiert, jetzt taten sie es auch bei der Familienzeit. Tischgebete waren nichts Neues, daß allerdings Kinder die Dankgebete sprachen, war eine viktorianische Innovation. Dankgebete wurden nicht gesprochen, wenn Fremde anwesend waren; beim Besuch von Verwandten allerdings waren sie unerläßlich.[58] So erhielten diese Zeiten ihren ganz speziellen Charakter. Familienmitglieder hatten das Gefühl, zusammenzugehören und sich von Fremden zu unterscheiden. Das Dankgebet verlieh der Essenszeit etwas Heiliges. Obwohl diese Sitte in diesem Jahrhundert an Bedeutung verlor, behielt das Familienessen nach wie vor ein ritualisiertes Muster bei. Wie jedes sich ständig wiederholende Verhalten haben auch Essensrituale eine kommunikative und didaktische Funktion. Sie verleihen der Familie eine Identität, die die Zeit ihnen zu rauben droht.[59]

Am Tisch lernten die Kinder nicht nur Manieren, sondern auch, wie die Welt beschaffen war, die sie erben sollten. Essen und Lernen gehörten in der Öffentlichkeit schon lange zusammen. Die Viktorianer allerdings waren die ersten, die diesen Prozeß domestizierten. Sie verwendeten das Essen als Anreiz oder Strafe und schrieben bestimmten Nahrungsmitteln gute oder schlechte Eigenschaften, Vertrautheit oder Fremdheit zu. Das Familienessen wurde fast so etwas wie eine Schule.[60] In ihr lernten die Kinder nicht nur Pünktlichkeit, sondern auch, daß das Essen, genau wie das Leben, einer gewissen zeitlichen Abfolge unterlag. Im achtzehnten Jahrhundert wurde alles gleichzeitig auf den Tisch gebracht, und was man zu essen bekam, hing von der jeweiligen Stellung innerhalb des Haushalts ab. Zwar durften die Kinder damals auch Dinge essen oder trinken, die heute ausschließlich Erwachsenen vorbehalten sind, aber besagte Erwachsene hatten immer Vorrang. Die Erwachsenen männlichen Geschlechts hatten als erste Anrecht auf Fleisch – eine Sitte, die sich in der britischen Arbeiterschicht bis ins zwanzigste Jahrhundert hielt.[61] Der Bruch kam erst, als die viktorianische Mittelschicht bestimmte, daß alle mehr oder minder das gleiche zu sich nahmen, nur eben in kleineren oder größeren Portionen. Die Männer bekamen noch immer den größeren Teil des Fleischs, aber Frauen und Kinder erhielten nun ebenfalls etwas davon. Den Kindern untersagte man den Genuß von Wein und Bier, Schnupftabak und Tabak. Außerdem lehrte man sie, ihren Appetit zu zügeln. Doch sie wußten genau, daß auch sie irgendwann die Dinge bekommen würden, die jetzt noch den Erwachsenen vorbehalten waren. Das Familienessen richtete sich nun, genau wie das Familienleben als

Ganzes, an einer festgelegten Abfolge von der Suppe bis zum Dessert aus. Wieder einmal lernten die Kinder etwas über das geregelte Nacheinander der Dinge.[62]

Die Kinder, die noch zu jung zum Lernen waren, durften nicht an den Tisch, weil das Familienessen für die Erwachsenen eine Möglichkeit zum Sprechen und für die Kinder zum Zuhören war. Außerdem war dies die einzige Zeit des Tages, zu der sich der Mittelschichtvater tatsächlich zu Hause aufhielt. »Wir können uns kaum etwas Beneidenswerteres vorstellen als einen angesehenen, beleibten Paterfamilias, der das Fleisch tranchiert ... seinen eigenen fetten Truthahn«, schreibt Mrs. Beeton.[63] Das Tranchieren des Fleisches war eine der wenigen Gelegenheiten, bei denen die Väter ihre Autorität demonstrieren und die Aura des Fremden ablegen konnten, die ihnen für gewöhnlich anhaftete. In jenem ritualisierten Augenblick verschmolz die Zeit des Mannes mit der der Frau und Kinder zur einzig wirklichen Familienzeit des Tages.

Der Protestantismus war ursprünglich eine Religion des Wortes und des Hörens gewesen, entdeckte nun aber auch Geschmack, Geruch und Sehen für sich. Diese Veränderung spiegelte sich in der Beliebtheit von Ritualen in der amerikanischen und europäischen Kirche ab den sechziger Jahren des neunzehnten Jahrhunderts – und im Essen, das mittlerweile zu einer Ikone geworden war, wie die früheren Generationen sie nie toleriert hätten.[64] Die Kinder lernten, bestimmte Arten von Essen mit der Familie in Verbindung zu bringen. »Geschmack und Geruch allein, flüchtiger und doch dauerhafter, ephemerer, beharrlicher, treuer, hingen lange Zeit in der Luft, wie Seelen, die sich erinnerten, warteten, hofften, inmitten der Ruinen von allem anderen«, sollte Marcel Proust schreiben.[65] Das Essen verband nicht nur einen Familienangehörigen mit dem anderen, sondern wiederum jeden von ihnen mit seiner eigenen Vergangenheit. In praktisch jedem viktorianischen Erinnerungsbericht wird die Familienvergangenheit durch einen bestimmten Geschmack oder Geruch heraufbeschworen. Anfang des zwanzigsten Jahrhunderts empfanden nicht nur die Katholiken, sondern auch die Juden das Essen als etwas Geheiligtes. Bei letzteren bürgerte es sich ein, daß sie die Küche immer koscher hielten, was vorher nur an ganz bestimmten Feiertagen der Fall gewesen war.[66]

In den letzten hundertfünfzig Jahren ist der Essensgeschmack der Familie fast so konstant geblieben wie die Essenszeit. Die Menschen lieben Nahrungsmittel, die sie als Kinder gegessen haben, doch wenn Kontinuität lediglich ein natürlicher Prozeß wäre, würde sich das Essen nie ändern. Die fast schon fetischistische Vorliebe für Hausmannskost begann erst in der zweiten Hälfte des neunzehnten Jahrhunderts.[67] Nostalgische Gefühle gegenüber gewissen Nahrungsmitteln sind das Produkt der Kultur, nicht der Natur, und scheinen besonders stark ausgeprägt bei Männern, die sich Mitte des neunzehnten Jahrhunderts von der Zubereitung des Essens distanzierten und von da an ein anderes, symbolischeres Verhältnis dazu hatten als die Frauen, die praktisch immer kochten. Auch in unserem Jahrhundert müssen sich die Frauen mit der Vorliebe der Männer für bestimmte Nahrungsmittel abfinden, die sie sich selbst nicht kochen können oder wollen. »Ein Cousin von mir ißt die ganze Zeit bloß Pommes«, sagte eine Waliserin. »Seine Schwiegermutter hat ihm sogar an Weihnachten Pommes machen müssen und ist fast wahnsinnig geworden.«[68]

Es sind immer noch die Frauen, die ihre immer knapper werdende Zeit darauf verwenden, die Dinge zu kochen, die angeblich zu einem ordentlichen Familienessen gehören. Patty Winters, die ganztags arbeitet, aber nach Hause hastet, um ihre Familie abzufüttern, ist typisch für all die Frauen, die einer ähnlichen Doppelbelastung unterliegen. »An manchen Abenden ist es gar nicht so leicht«, sagt sie. »Aber ich komme trotzdem heim und koche das Essen, weil alles heute so hektisch ist.«[69] In den letzten beiden Jahrzehnten ist die Freizeit für alle weniger geworden. Für Frauen gilt das jedoch noch mehr als für Männer.[70]

Ironischerweise liegt das daran, daß die Frauen das Gefühl haben, sie müßten eine gewisse Zeit in den Haushalt, besonders in das Kochen, investieren. Die Frauen verbrauchen die meiste Zeit, um die Familienzeit zu schaffen, die die anderen Familienmitglieder für selbstverständlich halten.

Die Essenszeiten ermöglichen es den Menschen, die am Tisch sitzen, sich vorzustellen, daß sie mehr teilen als nur das Essen. Die rituelle Qualität der Mahlzeit führt dazu, daß sie meinen, mit der Gruppe der Anwesenden mehr gemein zu haben als mit jeder anderen. Wie alle Rituale, konzentriert auch das Essen die Zeit im Raum, und die Gegenwart der Familie verbindet sich mit ihrer Vergangenheit. »Rituale tragen immer auch die grundlegende Botschaft der Ordnung, Kontinuität und Vorhersagbarkeit in sich«, schreibt Barbara Myerhoff.

> Neue Ereignisse werden mit vorhergehenden in Verbindung gebracht und in einen Strom vergangener Ereignisse eingebunden, so daß man den Eindruck hat, daß sie aus Tradition und Erfahrung erwachsen. Indem das Ritual dauerhafte, grundlegende Muster aufzeigt, verbindet es Vergangenheit, Gegenwart und Zukunft und setzt Geschichte und Zeit außer Kraft. Das Ritual verbindet immer die daran Teilhabenden und auch Abwesende zu größeren Kollektiven, die möglicherweise gar nicht anwesend sind, wie zum Beispiel Vorfahren und noch gar nicht Geborene.[71]

Gerade die Alltäglichkeit des Familienessens dient als Verbindung zur Vergangenheit. Das große Sonntagsessen zum Beispiel galt bereits zum Zeitpunkt seiner Entstehung in der Mitte des neunzehnten Jahrhunderts als »traditionell«. Dadurch verschleierte sich sein Ursprung, und Zeit und Ort fielen auf eine Art und Weise zusammen, daß die Viktorianer die Familienmahlzeit als Dreh- und Angelpunkt ihres hektischen Lebens sehen konnten, als Fixpunkt, dem die Zeit nichts anhaben konnte. Ähnlich wie die Alltäglichkeit der Familienmahlzeiten das Zusammengehörigkeitsgefühl der Familie symbolisiert, hat die Ähnlichkeit von Weihnachts- und Thanksgiving-Essen im ganzen Land dazu beigetragen, eine bestimmte Vorstellung von »der britischen«

oder »der amerikanischen« Familie aufzubauen. Der Gedanke, daß alle Familien sich am selben Tag, ja zur selben Stunde, an den Tisch setzten, um das gleiche Essen zu sich zu nehmen, ermöglichte es Menschen verschiedener Rassen, Lebensalter und Geschlechter zu glauben, daß sie alle eine gemeinsame nationale Identität hatten.[72] Heute überschätzen wir gern die Häufigkeit, mit der die Familien der Vergangenheit gemeinsam aßen, und wir unterschätzen unsere eigene Bindung an die Familienmahlzeit.[73] Die Essenszeit ist zu einem Symbol für die Zusammengehörigkeit der Familie geworden, obwohl bekannt ist, daß es dabei auch zu den meisten Streitigkeiten kommt. Michael Lewis erklärt das Phänomen folgendermaßen: »Der Essenstisch hat einen großen Teil der Last zu tragen, die das Zusammengehörigkeitsgefühl der Familie mit sich bringt. Dieser Ort steckt häufiger voller Spannungen, als man meinen möchte.« Das ist kein Widerspruch in sich, denn es ist nur natürlich, daß die Gegensätze, die die moderne Häuslichkeit mit sich bringt, genau dann aufbrechen, wenn die Beteiligten sich wie die Mitglieder einer Familie verhalten sollen.[74] Dies ist die einzige Zeit des Tages, zu der wir uns mit dem konfrontiert sehen, woran wir Anteil haben sollen – mit der Familie. Zu diesem Zeitpunkt sehen wir uns auch unseren Problemen gegenüber.

Im neunzehnten Jahrhundert dehnte sich das Familienleben stärker auf die Nacht aus. Was es durch die zentrifugalen Kräfte des Tages verlor, machte es durch die zentripetalen Augenblicke des abendlichen Nachhausekommens, des Abendessens und des Bettgehens wett. Viktorianische Darstellungen der Familie sind immer nach innen gerichtet, normalerweise erhellt durch das sanfte Glühen des Kamins oder den warmen Schein einer Tischlampe. Später gesellten sich noch das Radio und der Bildschirm hinzu, weil wir uns nach wie vor gern in sanftem Licht sehen. Auch als Gas und Elektrizität schon viel helleres Licht boten, hatten die Lampen im Wohn- und Eßzimmer noch Schirme, und die Vorhänge waren vorgezogen, damit das harte Licht des Tages nicht hereindrang.[75] Selbst heute ist das Zusammengehörigkeitsgefühl der Familien größer, wenn sie sich um das offene Feuer eines Kamins oder einer Kerze versammeln. Sie sind Symbole des Lebens, deren Bedeutung sich noch durch die umgebende Dunkelheit erhöht. Das Tageslicht zerstreut die Familie in alle Winde; die Nacht bringt sie wieder zusammen. Außer am Samstag darf am Abend keiner mehr aus dem Haus gehen. Natürlich waren die Viktorianer, besonders die Männer, ausgesprochen nachtaktiv. Sie erfanden das »Nachtleben«, wie wir es kennen. Aber Frauen und Kinder – beziehungsweise die Familie als Gruppe – mußten abends zu Hause bleiben.

Der Abend wurde zur Zeit des Nachhausekommens, und die bürgerliche Schwelle wurde zum Ort dieses neuen Rituals. In der Ikonographie der viktorianischen Genremalerei scheint die Figur, die nach Hause kommt oder weggeht, immer ein Vater oder ein Sohn zu sein. Wenn eine Frau die symbolische Schwelle überschreitet, handelt es sich dabei ausnahmslos um eine gefallene Frau, die aus Heim und Familie vertrieben werden soll.[76] Diese Bilder reproduzierten wirklichkeitsgetreu die Art und Weise, wie die Viktorianer sich selbst sahen. Wenn Frauen und Kinder ins Haus kamen oder aus dem Haus gingen, blieb das unbemerkt, zum Teil deswegen, weil die Kultur ihnen den Zugang zu der Welt außerhalb des Hauses verweigerte und ihre Bewegungen unsichtbar machte, aber auch, weil keine Notwendigkeit bestand, sie als ausschließlich häusliche Wesen wie Fremde zu behandeln. Die Männer hingegen gehörten der äußeren Welt an und mußten durch ein Ritual am Ende des Tages wieder in die Familie aufgenommen werden.

Die Vorfreude auf diesen Zeitpunkt strukturierte die Zeit der viktorianischen Frauen und Kinder auf beiden Seiten des Atlantiks und verwurzelte sie noch stärker zu Hause. Von den Männern wurde erwartet, daß sie ihre Sorgen und ihre Arbeit an der Schwelle ablegten; in vielen viktorianischen Familien war der

Abend die Zeit, in der die Väter den Kindern ein völlig anderes Gesicht zeigten und sich voller Freude an ihren Spielen und Scherzen beteiligten, auch wenn sie dabei das Risiko eingingen, die häusliche Ordnung durcheinanderzubringen, die ihre Frauen so sorgfältig aufgebaut hatten. Im Schoß der Familie neigten Väter eher dazu, verspielt, ja sogar kindisch zu sein, als seien sie nicht nur zu ihren Kindern, sondern auch zu ihrer Kindheit zurückgekehrt.[77] Die Tatsache, daß die Frauen die Kinder aufzogen, kochten und saubermachten, machte diese Verspieltheit erst möglich, doch den Frauen wurde es verwehrt, sich daran zu beteiligen. Ein großer Teil der Zeit, die den Frauen zur Verfügung stand, verwendeten sie darauf, den Männern »qualitativ hochwertige Zeit« mit ihren Kindern zu verschaffen.[78]

Auch das Schlafengehen nahm eine besondere Bedeutung an, die es bisher nicht gehabt hatte. Früher standen alle Angehörigen des Haushalts zur gleichen Zeit auf und gingen auch zur gleichen Zeit ins Bett. Doch je mehr sich der Tagesablauf von Erwachsenen und Kindern unterschied, desto wichtiger wurde auch das Schlafengehen, besonders für die Beziehung der Väter zu ihrem Nachwuchs. Mütter (oder weibliche Bedienstete) badeten die Kinder und machten sie fürs Bett fertig, aber der Gutenachtkuß des Vaters ließ sie einschlafen. Zwei Soziologen, die die amerikanischen Familienrituale unmittelbar nach dem Zweiten Weltkrieg untersuchten, meinten, ein Vater, der »viel Zeit damit verbringt, väterlich zu sein, muß seine Kinder fast notwendigerweise aus ihrem eigenen Rhythmus bringen und einen Termin mit ihnen vereinbaren. Deshalb haben sich vom Kleinkindalter bis zur Pubertät bestimmte Vater-Kind-Rituale herausgebildet.«[79] Heutzutage hat das Schlafengehen nicht nur für den Vater, sondern auch für die Mutter eine besondere Bedeutung, auch wenn es inzwischen deutlich später stattfindet, besonders in Familien, in denen beide Elternteile arbeiten und erst am frühen Abend nach Hause kommen. Erwachsene, die sich daran erinnern, daß sie selbst früher ins Bett mußten, interpretieren diese Veränderung möglicherweise als Hinweis auf Unordnung, doch in Wahrheit hat das Schlafengehen in dem Maße, wie Erwachsenen- und Kinderzeit auseinanderdriften, an Bedeutung gewonnen, nicht nur für Väter, sondern auch für berufstätige Mütter.[80]

Die Zeit, die der Vater im Haus verbringt, ist ritualisierter als die der Mutter. »Der Ehemann und Vater in den Vororten ist fast so etwas wie eine ausschließliche Sonntagsinstitution«, schrieb ein amerikanischer Kommentator 1900.[81] Die Mutterrolle hingegen hat nach allgemeiner Ansicht etwas Zeitloses ohne Tages- oder Wochenplan. Sie wird rituell praktisch nur in Form des Muttertages anerkannt, der 1911 in Amerika entstand und bald auch in Europa Fuß faßte. Die Tatsache, daß man der Mutter einen bestimmten Tag im Jahr widmet, unterstreicht nur die Identität der Frauenzeit mit der Familienzeit. An jenem einen Tag verkehrt sich rituell die normale Verteilung der häuslichen Aufgaben, die Mutter darf sich darauf freuen, ihr Frühstück ans Bett zu bekommen und am Abend zum Essen eingeladen zu werden; wie alle solche Anlässe dient dieser Tag dazu, die gesellschaftliche Ordnung zu bestätigen, die verkehrt wird. Es ist kein Zufall, daß die Popularität des Muttertages direkt proportional zu den Belastungen der Mutterrolle gewachsen ist.[82]

Ähnlich wie die Abende symbolisch die Zeit wettmachten, die man wegen Arbeit und Schule verlor; schufen der viktorianische Sonntag und das Wochenende einen Ausgleich für das, was die immer hektischer werdende Arbeitswoche weggenommen hatte. »Schon das Wort ›Sonntag‹ reicht, um Menschen mit einem guten Gedächtnis zu einem inneren Schauder zu verhelfen. Die Außenwelt wurde an diesem Tag ausgeschlossen«, schrieb Vivien Hughes, die in den siebziger Jahren des neunzehnten Jahrhunderts in London aufwuchs.[83] Das Verbot, am Sabbat zu arbeiten, reicht bis ins zwölfte Jahrhundert zurück, doch erst den Viktorianern gelang das, was nicht einmal die Puritaner geschafft hatten, nämlich das Verbot jeglichen öffentlichen Handels und aller

Freizeitaktivitäten. Selbst Museen und Galerien blieben geschlossen.[84]

Allerdings entbehrt der Ruf des protestantischen Sabbat, düster und langweilig zu sein, in einer Hinsicht jeglicher Grundlage. Die Atmosphäre in der inneren Welt entsprach keineswegs der in der äußeren; im Gegenteil, sie widersprach ihr. Das häusliche Leben wurde immer lebhafter. Vivien Hughes' Vater zum Beispiel war am Sonntag immer besonders entspannt, ein Tag, der mit dem einzigen großen Frühstück der Woche begann, mit einem Besuch des Gottesdienstes in der St.-Paul's-Kathedrale fortgesetzt und mit der Familienmahlzeit mitten am Tag abgeschlossen wurde, einem Ereignis, das noch Jahre später in der Erinnerung lebte. Das lag vor allen Dingen an Mrs. Hughes, die »alle Fröhlichkeit, derer sie mächtig war, in das Essen legte, wogegen es kein biblisches Tabu zu geben schien«.[85]

Auch in Amerika erlangte der Sonntag nach den fünfziger Jahren des neunzehnten Jahrhunderts neue Bedeutung. Bis dahin war er ein öffentlicher Tag gewesen und hatte als solcher eher dem Mann als der Familie gehört. Von den Kindern hatte man erwartet, daß sie Gott zusammen mit den Eltern verehrten, und den Frauen standen praktisch keine Führungsrollen in der öffentlichen Verehrung Gottes offen. Als aus dem Protestantismus, »der früheren Religion des bekehrten Erwachsenen, eine Form des Glaubens wurde, die unschuldige Kinder erzog«, wurden Sonntagsschulen für die Kinder eingerichtet, und die Mütter übernahmen immer mehr Verantwortung für die religiöse Erziehung, die nun nicht mehr auf der Kirchenbank, sondern am Essenstisch stattfand.[86] Am Ende des neunzehnten Jahrhunderts galten öffentliche Aktivitäten wieder als achtbar, doch der Sonntag blieb dennoch ein Tag, an dem die Familie zusammen aß und hinterher lange Spaziergänge machte. In Amerika wurden diese Spaziergänge im zwanzigsten Jahrhundert durch eine gemütliche Fahrt mit dem Familienwagen ersetzt, woher unser Ausdruck »Sonntagsfahrer« stammt.

Ganz allmählich brachen auch die Zeitungen, dann das Radio und schließlich noch das Fernsehen den privaten Charakter des Familiensonntags auf, was diesem nicht unbedingt schadete. In Vivien Hughes' Kindheit war das Lesen von Zeitungen am Sonntag verboten; schon eine Generation später war es zum Mittelpunkt der Familienaktivitäten geworden. Ganz ähnlich wurden auch Radio und Film anfangs verteufelt und dann in das Familienleben integriert. Als das Fernsehen in den fünfziger Jahren eingeführt wurde, sahen die Menschen es als Medium, das die Familien dazu bringen würde, nicht mehr ins Kino zu gehen. In den Anfangsjahren war der größte Teil des Programms auf Familien abgestellt, und entsprechende Quizsendungen oder Ratespiele bildeten den krönenden Abschluß des Familientages.[87]

Der Sonntag war der einzige Tag, den die Familie für sich selbst hatte. Nicht nur die Tatsache, daß an diesem Tag nicht gearbeitet und in die Schule gegangen wurde, machte ihn zu etwas Besonderem. An den Sonntagen war nicht nur mehr Zeit für die Familie, nein, die Zeit hatte auch einen anderen Charakter: Es war eine langsame Zeit, eine Zeit ohne Uhr, eine Zeit, die zappeligen Kindern endlos lang erschien, aber für die Erwachsenen, besonders für die Männer, eine Zeit außerhalb der Zeit war. Am Sonntag fand die große Familienmahlzeit in der Mitte des Tages statt, so daß die Zeit an diesem Tag gleichzeitig vorwärts und rückwärts gerichtet war, nicht wie an Werktagen, an denen alles auf die große Abendmahlzeit verwies. Lange Familienspaziergänge, gemeinsame Lieder im Salon und Spiele verliehen dem Tag eine Ganzheit, die all die anderen nicht hatten.

Doch vor allen Dingen erhielt der Sonntag eine besondere Qualität, weil er sich vorhersehbar strukturierte. An diesem einen Tag konnten Familien das Gefühl haben, Gegenwart, Vergangenheit und Zukunft zusammenzubringen. Nicht nur die Uhren schienen langsamer zu gehen, auch die Geschichte schien Pause zu machen. Der Sonntag war der einzige Tag der Woche, an dem die Menschen keine Nachrichten in der Zeitung lasen.[88] Man gab sich dem Glauben hin, daß die Welt am Sonntag aufhöre, sich zu drehen. Doch damit er gelang, mußten die Frauen noch mehr tun als sonst; für alle anderen war der Sonntag ein Tag der Ruhe, die Frauen konnten sich jedoch nicht erholen. Die Familien taten so, als seien sie von allen Sorgen der Welt befreit, und ignorierten dabei völlig die Bemühungen von Ehefrauen und weiblichen Bediensteten, die dieses wöchentliche Ritual erst ermöglichten. Ihre Zeit war auf eine Art und Weise Familienzeit, wie es die der Männer nie war.

Das Sonntagsessen wurde zum Dreh- und Angelpunkt der Familie. Der Braten wurde am Montag kalt serviert und am Dienstag als Haschee. So ergab sich eine absteigende Ordnung der Mahlzeiten, die am nächsten Sonntag wieder von vorne begann.[89]

Der einzige andere Tag, auf den die Familie manchmal Anspruch erhob, war der Montag, den die Arbeiterschicht den »Heiligen Montag« nannte und sich noch im frühen neunzehnten Jahrhundert freinahm.[90] Doch die zeitlichen Anforderungen des neuen Fabriksystems verwandelten den Montag in einen Arbeitstag wie jeden anderen, und die Arbeiterschicht tauschte den Heiligen Montag für einen halben Ruhetag am Samstag.

Dieser Wandel führte auch zu Veränderungen bei Sport und anderen Freizeitaktivitäten, die sich nun vom Anfang der Woche auf das Ende verschoben und in den siebziger Jahren den Ausdruck »Wochenende« entstehen ließen. Erst in den dreißiger Jahren des zwanzigsten Jahrhunderts allerdings hatten fast alle (außer den Verkäufern und im Dienstleistungsgewerbe Beschäftigten) den Samstag frei. Nun ersetzte der Freitag den Samstag als traditionellen Putztag, und das Bad am Samstagabend wurde zu einem allgemein anerkannten Ritual.[91] In unserer Zeit hat sich das Wochenende noch weiter ausgedehnt; es beginnt am Freitag, wenn nicht gar am Donnerstag, und endet am Sonntag. Obwohl der Sonntag seinen besonderen Status verloren hat und mit dem langen Wochenende verschmolzen ist, ist er *der* Familientag geblieben, wenn schon nicht in der Realität, so doch zumindest in der Vorstellung der Menschen.

Die Geschwindigkeit der Veränderungen, die die Industrialisierung in den Städten mit sich brachte, beraubte nicht nur den Tag und die Woche, sondern auch das Jahr seiner früheren Bedeutung. Die Jahreszeiten, die so wichtig für die Leute auf dem Land gewesen waren, strukturierten das Leben der Leute in der Stadt nicht mehr. Die mittsommerlichen Feiern und Erntefeste gehörten nun der Erinnerung an, wurden zu Objekten der Nostalgie, trieben irgendwo in einer zeitlosen Zeit dahin, die gemeinhin als »gute alte Zeit« bekannt war, bildeten aber keine Fixpunkte mehr im bürgerlichen Kalender. Die Mittelschicht ersann dafür einen eigenen Kalender mit eigenen Jahreszeiten, der sich von allem unterschied, was es bis dahin gegeben hatte. Das viktorianische Jahr war eher häuslich als zur »community« hin orientiert und drehte sich anfänglich hauptsächlich um die Familienzusammenkünfte an Weihnachten. Später wurde noch eine Reihe von Sommerfesttagen hinzugefügt. 1900 war das Familienjahr fest in jenen beiden magischen Zeiten verwurzelt. Jede von ihnen wurde mit Freude erwartet und genauso freudig erinnert. Man gab die natürlichen Jahreszeiten auf und ersetzte sie durch neue Jahreszeiten, die letztlich auch auf natürliche Symbole zurückzuführen waren.

Die Viktorianer erfanden das moderne Weihnachtsfest und verliehen ihm einen besonderen Bezug zur Familie, den es noch nicht gehabt hatte, als es mehr auf die Gemeinschaft bezogen gewesen war. Dazu kam eine ganze Reihe von vorweihnachtlichen Bräuchen, die die Haushalte dazu brachten, sich förmlich zu verrenken, um es denen, die an der Tür anklopften, recht zu machen. W. Carew Hazlitt beschreibt die Vermummung in England als »weihnachtlichen Sport, der darin besteht, daß Männer und Frauen die Kleider tauschen. Dann gehen sie von Haus zu Haus, beteiligen sich an den fröhlichen Sitten der Weihnachtszeit und amüsieren sich verkleidet«.[92] Die Verkleideten verhielten sich so wie heute die Besucher an Halloween und drohten schreckliche Folgen an, wenn sie nichts zu essen und zu trinken bekamen. Dies war die Jahreszeit, in der die Reichen den Armen Geschenke machten, entweder in Form von »boxes« – »Schachteln« –, die die Herren und Händler verschenkten, oder von Essen und Getränken, die der endlose Strom der alten und jungen, männlichen und weiblichen Besucher bekam, welcher sich von Anfang Dezember, also dem Sankt-Thomas-Tag, bis zum Abend vor Dreikönig, also am fünften Januar, ins Haus ergoß.[93] Weihnachten war kein Tag, sondern eine richtige Jahreszeit, die sich auf die Beziehungen der verschiedenen Haushalte zueinander und nicht so sehr auf die der Familienmitglieder untereinander konzentrierte, auf die Erwachsenen mehr als auf die Kinder. Es handelte sich um eine Zeit der gemeinschaftlich begangenen Erneuerung, eine der Zeiten im Jahr, in denen die Nachbarn, die ansonsten durch Reichtum, Alter oder Geschlecht voneinander getrennt waren, die obligatorischen Formen des Geschenkeaustauschs nutzten, um ihre Solidarität zu symbolisieren.[94]

Auch in den amerikanischen Kolonien waren Verkleidungsspiele in der Weihnachtszeit weit verbreitet. Der Brauch hat in den Neujahrsfeiern in Philadelphia überlebt. Doch schon in den dreißiger Jahren des neunzehnten Jahrhunderts wurde Männern und Frauen in wilder Kleidung, die derbe Lieder sangen und obszöne Gesten machten, der Zutritt zu den Häusern ehrenwerter Familien verwehrt.[95] Dissenter und evangelische Protestanten waren dem alten Weihnachtsfest gegenüber nie sonderlich aufgeschlossen gewesen, das sie als heidnisch und papistisch erachteten. Wenn Weihnachten nicht gerade auf einen Sonntag fiel, besuchten sie nicht einmal die Kirche, sondern arbeiteten den ganzen Tag und bestanden darauf, daß ihre Angestellten das gleiche taten.

Im frühen neunzehnten Jahrhundert drohte der Brauch im protestantischen Europa und in Nordamerika auszusterben, nicht nur in Schottland, wo die presbyterianische Gegenbewegung besonders stark war, sondern überall, wo die evangelikale Erneuerung auf dem Vormarsch war.[96] In Devon und Cornwall organisierten die Landbesitzer ihre Wohltätigkeit auf anderer Basis: »Schulfeste, Pflügwettbewerbe, Gartenschauen haben Maibäume und Weihnachtsmummenschanz vertrieben.«[97] Auch in den neu entstandenen Industriestädten wie Manchester formten die Arbeitgeber die Weihnachtsfeiern zu einem Beweis der Aussöhnung zwischen den Schichten um. Dort organisierte die Mechanikervereinigung eine jährliche Weihnachtsparty, zu der sowohl Fabrikbesitzer als auch Arbeiter eingeladen wurden. Der Raum, in dem sich alle trafen, war dabei geschmückt wie der Saal eines Fürsten; ein junger Mann verkleidete sich wie ein Weihnachtsprinz, und ein Mädchen übernahm die Rolle der Maid Marion. Die beiden unterhielten die Anwesenden, indem sie um einen Maibaum tanzten, um »größere Sympathien und ein besseres Verständnis unter den verschiedenen Schichten der Gemeinschaft zu fördern«.[98] Manche Arbeiter verweigerten sich jedoch der selbstsüchtigen Wohltätigkeit ihrer Chefs und schufen ihre eigenen Feste, die eher für die Solidarität der Schicht als der Gemeinschaft als Ganzer standen. Dies war auch der Zweck der Weihnachtsriten, die die Oweniten in den dreißiger Jahren des neunzehnten Jahrhunderts und die Chartisten etwa ein Jahrzehnt später ersannen. Es handelte sich dabei um Manifestationen der Klassenunterschiede, die die Mittelschicht als höchst bedrohlich empfand.[99]

»Es scheint ein Zauber allein schon in dem Wort Weihnachten zu liegen. Kleinliche Eifersüchteleien und Zwistigkeiten sind vergessen… Wenn doch Weihnachten das ganze Jahr dauern würde (wie es sollte)«, schrieb Charles Dickens.[100] Doch Weihnachten richtete sich nun nach innen. Das war das Ergebnis der mißglückten religiösen und gesellschaftlichen Bewegungen, die in den dreißiger und vierziger Jahren des neunzehnten Jahrhunderts versucht hatten, Kooperation und Harmonie zu ganzjährigen Bemühungen zu machen, die sich aber bereits in den fünfziger

Jahren wieder im Rückzug befanden. Idealisten wie Dickens wandten sich, frustriert darüber, daß sie die Gesellschaft nicht umwandeln konnten, Familienmythen und -ritualen zu, um das zu schaffen, was anders nicht gelang.[101] Dickens stellte seine eigenen verschwommen christlich-sozialistischen Überzeugungen völlig in den Dienst eines häuslichen Weihnachten. Er tat mehr als jeder andere, um dieses Fest zu privatisieren, stand in seinen Bemühungen jedoch nicht allein da. Vieles von dem Idealismus, der in der ersten Hälfte des Jahrhunderts in das öffentliche Leben geflossen war, wurde später in den Privatbereich umgelenkt.

Die erste gedruckte Weihnachtskarte, auf der drei Generationen (darunter auch die Kinder) zu sehen sind, die ganz deutlich Weingläser heben, um auf die abwesenden Mitglieder der Familie anzustoßen, wurde 1843 in England hergestellt. Die frühen Karten waren erstaunlich weltlich. Die Motive reichten von Vögeln und anderen Tieren bis zu Kindern und nur spärlich bekleideten Mädchen. Die Themen waren anfangs noch ziemlich aktuell und alles andere als weihnachtlich: Erst am Ende des Jahrhunderts machten Bilder vom Meer und von Sommerblumen alten ländlichen Siedlerhäusern voller Schnee mit Kindern in altmodischer Kleidung Platz. Ironischerweise begannen die Karten auch erst gegen Ende des Jahrhunderts, als die Mittelschicht im allgemeinen nicht mehr regelmäßig in die Kirche ging, religiösere Botschaften zu tragen.[102]

Allmählich steckten die Leute immer mehr Zeit und Mühe in das Weihnachtsfest. Vivien Hughes erinnert sich an ihre Kindheit in den siebziger Jahren des neunzehnten Jahrhunderts: »Heute kann man sich kaum vorstellen, daß früher erst ungefähr eine Woche vor dem Fest mit den Vorbereitungen auf Weihnachten begonnen wurde.« Damals war das Fest noch etwas, was man selbst gestaltete, denn die Kommerzialisierung von Weihnachten steckte noch in den Kinderschuhen. Die Kinder malten ihre eigenen Karten, und am Weihnachtsabend führten sie ein kleines

Stück auf und öffneten die Geschenke, wenn der Vater nach Hause kam. »Wir haben uns nie die Mühe gemacht, einen Weihnachtsbaum aufzustellen, Strümpfe aufzuhängen oder vom Weihnachtsmann zu erzählen«, erinnert sich Vivien Hughes. Der Weihnachtstag war ganz ähnlich wie ein Sonntag. Dazu kamen allerdings noch die Aufregung über die Weihnachtspost – besondere Karten von Freunden und Verwandten – und das große Weihnachtsessen, das bereits »traditionell« geworden war, was bedeutete, daß es bei den Hughes' Truthahn und Plumpudding gab.[103]

Die Figur des Weihnachtsmannes, die in der ersten Hälfte des Jahrhunderts in Amerika entstand, kam in den sechziger Jahren des neunzehnten Jahrhunderts auch nach England.[104] Er war der weltliche Ersatz für die religiöse Figur des Heiligen Sankt Nikolaus. Anfangs störte diese Tatsache noch ein paar Leute, doch schon bald erhielt der Weihnachtsmann selbst so etwas wie einen Heiligenstatus. Der christliche Kalender lieferte den Anlaß, wenn auch nicht die Bedeutung des modernen Weihnachten. Es waren nicht die christlichen Kirchen, die das moderne Weihnachten ins Leben riefen, denn die Protestanten hatten hinsichtlich dieses Festes immer ein unsicheres Gefühl gehabt, und die Katholiken verhielten sich ihm gegenüber offen feindselig. Nach 1951 verbrannte der katholische Klerus von Dijon in Frankreich eine Puppe des Weihnachtsmannes als Symbol des Heidentums vor den Augen von mehreren hundert Kindern. Der Protestantismus war ein bißchen empfänglicher, doch auch er stellte sich erst in diesem Jahrhundert auf die mittlerweile entstandenen Bräuche ein und organisierte die Zeiten für die Weihnachtsgottesdienste neu, damit sie nicht mit den Familienfeiern in Konflikt kamen.[105]

Das Weihnachten, wie wir es kennen, wurde von den Familien der Mittelschicht, nicht von der Kirche, eingeführt. In den fünfziger Jahren des neunzehnten Jahrhunderts war Weihnachten eine höchst private Angelegenheit, und in London hieß es, daß »sich weihnachtliche Treffen der Mittelschicht in der Metropole nun hauptsächlich auf die Familie beschränken, die man als *fröhlich,* wenn auch nicht als *herzlich* wie früher charakterisieren könnte; auf dem *Land* jedoch und in der Arbeiterschicht von *Stadt und Land* ist viel mehr von der alten Fröhlichkeit und Herzlichkeit zu erkennen.«[106] Wohlwollen gegenüber allen Menschen blieb eines der Hauptthemen in der Weihnachtszeit, aber das Bürgertum verschloß die Türen gegenüber allen, die nicht zur engeren oder weiteren Familie zählten. »Das wahrscheinlich deutlichste Kennzeichen des Weihnachtstages ist gegenwärtig der allgemeine Brauch, ihn als Festtag der Familie zu betrachten«, schrieb William Rusk Ende der sechziger Jahre des neunzehnten Jahrhunderts. »Die Gedanken der Männer scheinen sich an jenem Tag auf Heim und Verwandtschaft zu richten, und Familienangehörige, die sich den Rest des Jahres kaum sehen, versammeln sich zusammen mit dem Familienoberhaupt am Tisch.«[107]

Die Leute, die wie früher verkleidet an die Tür kamen, wurden abgewiesen. Das Singen von Weihnachtsliedern erlebte in den siebziger Jahren des neunzehnten Jahrhunderts eine Renaissance. Allerdings verlangten die Leute nun keine Gaben mehr dafür, und die Lieder wurden meist von Schulkindern gesungen, deren fromme Versionen alter Texte als unverfänglich genug galten, um wieder in den Gottesdienst in der Kirche aufgenommen zu werden, aus dem man sie im siebzehnten Jahrhundert verbannt hatte.[108] Mistelzweige jedoch, mit denen man früher die Kirchen zum Ausdruck der allgemeinen gegenseitigen Zuneigung geschmückt hatte, »beschränkten sich jetzt auf die eigenen gesellschaftlichen Kreise, dem vernünftigen Prinzip folgend, daß *es einen richtigen Platz für alles gibt«.*[109] Der Weihnachtsbaum, der von der britischen Königsfamilie in jenem Jahrhundert aus Deutschland eingeführt worden war, gehörte in den achtziger Jahren des neunzehnten Jahrhunderts praktisch in alle Haushalte der Mittelschicht. Solche Symbole der Natur, die die Protestanten früher als heidnisch erachtet hatten, wurden nun so sehr domestiziert, daß die Familie nicht einmal vor die Haustür gehen oder aufs

Land fahren mußte. Die Natur wurde jetzt sozusagen frei Haus geliefert und verstärkte das Bild der Familie als der natürlichsten und dauerhaftesten Institution des hektischen Stadtlebens. So ließ Weihnachten den Raum schrumpfen; es schloß symbolisch die Kluft zwischen Stadt und Land und dehnte gleichzeitig die Zeit aus, indem es die Vergangenheit in die Gegenwart brachte, wie es kein anderes modernes Fest konnte.

Das moderne Weihnachtsfest ist nicht nur eine Zeit des Nachhausekommens, sondern auch des Rückblicks. Das ritualisierte Wesen des Tages mit seiner Betonung darauf, daß man die Dinge so tut, wie man sie immer getan hat, verleiht ihm die einzigartige Atmosphäre der Zeit außerhalb der Zeit. Diese ist das genaue Gegenteil der linearen Zeit, insofern, als man sie wiedergewinnen kann. Mircea Eliade nannte das »eine Abfolge von Ewigkeiten«.[110] Die Weihnachtsfeste der Vergangenheit gelten immer als größer und besser, egal, wie offensichtlich es ist, daß das nicht stimmt.[111] Die Nostalgie spielte von Anfang an eine wichtige Rolle. Charles Dickens trauerte um die besseren Tage, die das Fest gesehen hatte: »Die Leute werden immer sagen, daß Weihnachten für sie nicht mehr so ist wie früher.«[112] Doch kein Viktorianer hatte jemals ernsthaft vor, sich wieder dem alten Weihnachten zuzuwenden, denn dann wäre dem Mummenschanz Tür und Tor geöffnet gewesen. Ironischerweise brachen beide Seiten des Atlantiks im Namen der Tradition mit der Vergangenheit. Heutzutage gehören die Klagen über den Verfall des Weihnachtsfestes genausosehr zu den Festtagen wie der Baum und der Plumpudding.

Die Eisenbahn ermöglichte es den Familien zusammenzukommen, doch in der Ikonographie des viktorianischen Weihnachten war es die altmodische Pferdekutsche, die die Schuljungen nach Hause an den warmen Herd brachte, wo die Mütter und Schwestern die archetypische Heimkehr inszeniert hatten. Das moderne Weihnachten dient seit seinen Anfängen als Zuflucht vor genau den Dingen, die es ermöglicht haben. Sogar noch im Verlauf seiner Etablierung gab es Leute, die es für unvereinbar mit dem modernen Leben hielten: »Froh fliehen wir in der gegenwärtigen Zeit – vor der traurigen Realität der Eisenbahnen, den britischen Banken etc., den Unruhen in Indien, der Geldpanik und dem unmöglichen Leviathan (unserem modernen Babel) zum Weihnachten der Guten Alten Zeit.«[113] In der Beschreibung des *Morning Chronicle* aus dem Jahre 1860 schwingt ein ähnliches Gefühl des Verlusts mit:

> Am Weihnachtstag versammelt England die Familie um den Herd. Der Sohn, der durch die Schlachten des Lebens von Vater, Mutter und Schwestern getrennt war, wird wieder mit ihnen vereint. Doch diese großartige Möglichkeit zur liebevollen Vereinigung der Familien läuft Gefahr, uns verlorenzugehen. Unser intensives kommerzielles Leben hat ein ziemlich rastloses Dasein mit sich gebracht.[114]

Wie die Viktorianer können wir uns kein Weihnachten der Zukunft vorstellen, das sich von denen der Vergangenheit unterscheiden würde. Wie bei einem Erbstück erhöht sich der Wert im Lauf der Zeit. Kurz vor dem Ersten Weltkrieg beklagte sich Clement A. Miles: »Im modernen England haben wir fast den Brauch des Feierns verloren, doch wenn es überhaupt ein Fest gibt, das als universelle Tradition überlebt, ist es Weihnachten.« Für Miles lag der Wert des Weihnachtsfestes darin, daß es uns einen Zugang zur Vergangenheit und somit zu unserem wahren Ich verschafft, individuell wie kollektiv. Seine Rituale werden »in dem bewußten Versuch, uns selbst in die Vergangenheit zurückzuversetzen oder uns für einen Augenblick in die mentale Kindheit der Rasse zu begeben«, durchgeführt. Er bemerkte ganz richtig, daß das moderne Weihnachten

> vor allen Dingen ein Kinderfest ist und die Älteren, die daran teilhaben, sich auf die Ebene der Kinder begeben... Zu keiner Zeit der Geschichte haben Kinder eine so große Bedeutung gehabt wie heute, und weil Weihnachten ihr Fest ist, strahlt sein Glanz ungemindert in einer Zeit, auf die das dogmatische Christentum fast jeglichen Einfluß verloren hat und das über den heidnischen Aberglauben seiner Vorfahren lacht.

Weihnachten ist das Fest der Anfänge, das Fest der instinktiven, glücklichen Kindheit.[115]

Miles hatte völlig recht. Das alte Weihnachten hatte nichts für
oder über die Kinder an sich. In der früheren Vorstellung von der
Weihnachtszeit ging es eher um Altern und Tod. Das Hauptsymbol war »Father Christmas«, eine Figur, die große Ähnlichkeit
mit dem grimmigen »Father Time« – »Väterchen Zeit« – hatte.
Die Kinder hatten ihren eigenen Heiligen – Nikolaus – und ihren
eigenen Tag, doch der war bereits Anfang Dezember. Weihnachten wurde erst dann ein ganz besonderer Tag für sie, als der
Heilige Nikolaus in Clement Clarke Moores *The Night Before
Christmas* (ein Werk, das 1822 in Amerika geschrieben wurde,
aber erst 1891 in Großbritannien erschien) in den sechziger Jahren
des neunzehnten Jahrhunderts seine gegenwärtige Kleidung und
sein Image als Santa Claus von Thomas Nast, einem amerikanischen Illustrator, erhielt.[116]

Sobald aus dem »Father Christmas« ein »Santa Claus« geworden war, wurde er nicht mehr mit dem Tod assoziiert und
entwickelte sich zur ewigen Großvaterfigur, die nicht mehr so
streng war wie die alte Figur des Nikolaus – dieser hatte den
Kindern nicht nur Geschenke, sondern auch Warnungen
gebracht. Santa Claus war jetzt fröhlich und spendabel, das
Symbol einer Ernährerfigur, wie jeder Mittelschichtvater sie in
den Augen seiner Kinder sein wollte. Schon bald setzten erwachsene Männer Moores Fiktion in die Tat um und verkleideten sich
sehr zur Freude ihrer Kinder als Santas. Weihnachten war ein Tag,
an dem sie voll und ganz in die Welt ihrer Kinder eintauchen
konnten. David Roberts bemerkt dazu, daß viktorianische Väter
»es liebten, wenn alle sich daran erinnerten, daß sie bei festlichen
Anlässen das Zepter in der Hand hielten«.[117] Was an der Oberfläche aussah wie ein Kinderfest, war deshalb eigentlich ein Ritual
für die Erwachsenen, insbesondere die Männer, eine »Abfolge
von Ewigkeiten«, die in der Lage war, ihnen das wiederzugeben,
was ihnen durch das Vergehen der linearen Zeit verlorengegangen

zu sein schien. Vor dem neunzehnten Jahrhundert suchten sie die Ewigkeit am Ende der Zeit, doch nachdem sie den Glauben an die erlösende Kraft des Todes verloren hatten, wandten sie sich wieder der Zeit zu – der ritualisierten Familienzeit –, um das wiederzugewinnen, was verloren war. »Sogar bei genau den Dingen, nach denen wir im Leben am eifrigsten suchen, müssen wir nach Hause zurückkehren, wo wir die gesündesten Muster davon finden...«, schrieb James Anthony Froude 1850. »Die wunderbarsten Freuden des jenseitigen Lebens sind nichts im Vergleich zu dem alten Spiel, dem alten Tanz, dem alten Weihnachten«.[118]

Die Frauen nahmen, im übertragenen Sinne, seltener an den Ritualen des neuen Weihnachten teil, obwohl ohne sie dieses neue Weihnachten unmöglich gewesen wäre. Sie kauften Geschenke, schmückten das Haus und bereiteten natürlich das große Festessen zu. Weihnachten wurde eher von ihnen als für sie gemacht. Die Mütter symbolisierten die Ursprünge, zu denen die Männer zurückkehren wollten; die Frauen waren dazu da, die Vorstellungen der anderen zu befriedigen, und sie mußten am Weihnachtstag noch mehr Ehefrau und Mutter sein als an jedem anderen.[119] Für die Männer jedoch war Weihnachten eine Zeit der Narrenfreiheit. Sie durften sich als Santa verkleiden, zusammen mit den Kindern spielen, ja, sich sogar wie Frauen anziehen.[120] Weihnachten war immer schon eine Zeit gewesen, in der die Welt auf den Kopf gestellt wurde, eine Zeit der Masken und Verkleidungen. Doch in ihrer domestizierten Form bedienten die weihnachtlichen Rituale nun hauptsächlich die Bedürfnisse der Männer. Den Frauen kam lediglich eine Rolle zu – die der Ehefrau und Mutter.

Weihnachten etablierte ein erfolgreiches Beispiel für die Schaffung einer neuen Art von Familienzeit. Man brauchte nicht einmal Christ zu sein, um sie praktizieren zu können: Eine Umfrage aus den fünfziger Jahren ergab, daß von den interviewten amerikanischen Juden vierzig Prozent einen Weihnachtsbaum hatten. Zu dieser Zeit erlebte auch das Hanukkah-Fest, das erheblich an Bedeutung eingebüßt hatte, einen Wiederaufschwung. »Das beweist nur«, bemerkte ein Rabbi, »daß sich ein Fest wiederbeleben läßt, wenn man sich nur Mühe gibt.«[121] Thanksgiving machte eine ähnliche Entwicklung durch. Als gemeinschaftliches Fest war es vor dem neunzehnten Jahrhundert nur periodisch gefeiert worden und hatte in Amerika bis zum Bürgerkrieg auch kein festes Datum. Erst Präsident Lincoln erklärte es im Rahmen der Kriegsanstrengungen zum nationalen Feiertag. Ebenfalls in den sechziger Jahren des neunzehnten Jahrhunderts wurde Thanksgiving zum ersten Mal eine Zeit der Familienzusammenkünfte.[122]

In den folgenden Jahrzehnten füllte sich der Familienkalender mit weiteren Familienanlässen. Die Oberschicht hatte immer schon Landhäuser gehabt. Erst Ende des neunzehnten Jahrhunderts begannen auch die Angehörigen der Mittelschicht, Häuser auf dem Land aufzukaufen und die Berge und Küsten von Europa und Nordamerika zu bevölkern. Anfangs machten Männer und Frauen im Sommer noch getrennt Urlaub, gegen Ende des Jahrhunderts jedoch wurden ganze Familien in die Urlaubsgebiete verpflanzt, so daß sich noch mehr Arbeit für die Frauen ergab. Die Freude am Wegfahren »besteht im wesentlichen darin, daß man sich vorher darüber unterhält«, schrieb Phyllis Bourne in den siebziger Jahren des neunzehnten Jahrhunderts und faßte damit die ambivalenten Gefühle zusammen, die die Frauen auch heute noch gegenüber dem Familienurlaub empfinden.[123]

1900 war aus dem Familienurlaub so etwas wie eine Pilgerreise geworden. Im Unterschied zu den alten Pilgerfahrten jedoch versuchten sich die Reisenden nun nicht mehr von Zuhause und Familie zu distanzieren, sondern sie wollten die mythische Familie finden, die sie zu Hause vermißten. Die Neigung der Urlauber, jedes Jahr an denselben Ort zu fahren, spiegelte nicht nur den Wunsch, Zeit für die Familie zu finden, sondern auch den, die Gegenwart mit der Vergangenheit und der Zukunft in Bezug zu setzen. Der ideale Familienurlaub verlangsamte die Zeit; er brachte keinerlei Überraschungen, nur ganz normales Essen und Tage, an denen sich nicht viel ereignete. Meer und Berge boten dafür die beste Gelegenheit; in den siebziger Jahren des neunzehnten Jahrhunderts schätzten die Briten das Häuschen auf dem Lande als den Ort, an dem die Zeit stillstand, und im selben Jahrzehnt begannen die Amerikaner, ihre Chautauquas zu bauen – Sommerkommunen, die sich Anfang des zwanzigsten Jahrhunderts Hunderttausenden von Mittelschichtfamilien als Orte der ewigen Wiederkehr anboten.[124]

Familienurlaube wurden wie das Familienwochenende von der Arbeiterschicht sehr viel zögernder angenommen. Nur sehr wenige Arbeiter im neunzehnten Jahrhundert konnten sich eine Woche ohne Lohn freinehmen, auch wenn die finanziell besser gestellten Fabrikarbeiter in den Textilstädten von Lancashire bereits in den sechziger Jahren des neunzehnten Jahrhunderts begonnen hatten, sich hin und wieder ein paar Tage Urlaub zu nehmen, die sie in Blackpool am Meer verbrachten. In den achtziger Jahren desselben Jahrhunderts hatte sich daraus eine regelrechte Völkerwanderung entwickelt, weil manche Fabriken im Sommer die Tore ganz schlossen. Erst nach dem Ersten Weltkrieg bekamen die meisten Arbeiter im Sommer eine Woche frei. Die Einführung des sogenannten August Bank Holiday – eines gesetzlichen Feiertages im August – in den achtziger Jahren des neunzehnten Jahrhunderts schenkte den Familien zusätzlich zu Weihnachten noch einen Tag, an dem sie allem entfliehen konnten.[125] In Amerika strukturierte der Sommerurlaub das Familienjahr in zwei Jahreszeiten. In früheren Zeiten hatte das gemeine Volk lediglich für ein Ereignis gespart, das sicher war: für den Tod. Doch am Ende des neunzehnten Jahrhunderts stritten sich schon die Urlaubs- und Weihnachtsklubs mit den Begräbnisgesellschaften um die kargen Mittel der Arbeiter. Sobald Weihnachten vorbei war, begannen die Familien, für den Sommerurlaub zu sparen; sobald auch dieser vorüber war, war es schon wieder Zeit, sich auf Weihnachten vorzubereiten.[126]

Die erste Studie über britische Urlauber der Arbeiterschicht, die in den dreißiger Jahren unseres Jahrhunderts in Blackpool durchgeführt wurde, ergab, daß das Sparen für und Planen dieses Familienanlasses jedes Mitglied der Familie betraf, wenn auch aus unterschiedlichen Gründen. Die Männer freuten sich darauf, weil der Urlaub ihnen eine Ruhepause von der Arbeit bot: »Ich will die Uhr, die Zeitung und die Öffentlichkeit vergessen.« Sie freuten sich darauf, zusammen mit den Kindern am Strand oder an der Uferpromenade zu spielen. Für die Frauen bedeutete ein Urlaub in Blackpool »Ruhe vor den Pflichten«, besonders den Pflichten des Kochens, Saubermachens und der Kindererziehung. Sie sahen einen solchen Urlaub auch als Urlaub von der Familie. Blackpool bot die Phantasie eines Familienlebens, allerdings eher für die Männer als für die Frauen. Dort »hat der Vater die spezielle Funktion des Vorbildes und Freundes für das Ferienkind, während die Mutter – die diese Aufgabe an allen Werktagen des Jahres hat – sich ein bißchen Ruhe gönnt und das Spielen fast ausschließlich dem Vater überläßt«.[127]

Als eine Generation nach der anderen nach Blackpool reiste, wurde seine symbolische Bedeutung noch größer. Ein Vater sagte, er wolle »nur mit den Kindern im Sand spielen und für die Dauer des Urlaubs selber wieder ein Kind werden«. Mitte der dreißiger Jahre unseres Jahrhunderts spielte die Werbung des Urlaubsortes bereits explizit auf diesen Zauber an: »Und nicht nur die Kinder freuen sich, nein, auch die Erwachsenen erleben eine zweite Kindheit und spielen und tollen herum, ohne auch nur einen Gedanken an die Sorgen daheim zu verschwenden.« Die Frauen jedoch konnten solche Sorgen nie ganz vergessen. »Nach einer Woche bin ich immer froh, wieder daheim zu sein«, sagte eine Mutter. »Schließlich ist es immer noch mein Zuhause, und ich bin dankbar, wieder dort zu sein und von neuem mit dem Sparen anzufangen.«[128]

Urlaubsorte und Sommerresidenzen sind zu den Pilgerstätten der modernen Familie geworden. Jedes Jahr an denselben Ort zu fahren, übt einen gewissen Reiz aus, denn, so eine Frau aus

Lancashire, »das belebt Erinnerungen an die Vergangenheit und alte Liebesgeschichten neu«.[129] Nach dem Zweiten Weltkrieg, als sich mehr Leute ein Auto leisten konnten, verloren die Chautauquas und Blackpools dieser Welt ein wenig von ihrem Glanz. Nun waren mehr Menschen in der Lage, sich ein eigenes Ferienhaus zu kaufen, doch das hatte seinen Preis – auf die Familie kam nicht nur eine zweite Hypothek zu, sondern auch zusätzliche Koch- und Putzarbeiten, die ausschließlich die Frauen zu übernehmen hatten.[130]

Dennoch ist das Bedürfnis nach dem Familienurlaub ungebrochen. Auch wenn kleine Kinder und Teenager ihn meist hassen, dient dieses Ritual den Erwachsenen, besonders den Männern, aber heutzutage auch den berufstätigen Frauen, für die es zu einem Fixpunkt in ihrem ansonsten hektischen Leben geworden ist. Manche amerikanischen Sommerhäuser sind nun schon seit drei oder vier Generationen im Besitz derselben Familie. Egal, wie häufig sie sonst ihren Wohnsitz wechseln – das Sommerhaus ist immer ein fester Punkt, an den man zurückkehren kann, ein gemeinsamer Dreh- und Angelpunkt für alle. »Das hier wurde ein Ort mit Wurzeln für unsere Kinder«, sagt ein Geistlicher mittleren Alters aus New Jersey, der seit den dreißiger Jahren immer wieder nach Lake Placid fährt. »Das hier war ihr Zuhause.« Er freut sich darüber, daß seine Enkel genau dieselben Dinge tun wie früher er und seine Kinder, und sagt, der See sei »eine Art geteilter Kindheit geworden«. Sein Haus mit dem Namen Camp Tapawingo, was soviel wie »Haus der Freude« im Dialekt der dort ansässigen Indianer heißt, liegt nur ein paar hundert Meter von Red Wing, dem Haus seines Vaters, entfernt. Alles ist seit dem Kauf von Tapawingo im Jahre 1957 unverändert geblieben, denn »dies ist der einzige Ort der Welt, an dem ich den Leuten nicht sagen muß: ›So ist es früher gewesen.‹ Hier ist tatsächlich noch alles wie früher.«[131]

Der Familienurlaub erscheint im nachhinein immer besser. »Manchmal werden Familienurlaube besser, je mehr Distanz man dazu hat«, meint ein amerikanischer Psychologe, der sich nicht nur beruflich, sondern auch privat damit auseinandergesetzt hat.[132] Nur wenige Familien können es sich leisten, die Familienvergangenheit so nahtlos in ihre Gegenwart einmünden zu lassen wie der Geistliche aus New Jersey, und selbst wenn sie es tun, finden sie es meist alles andere als befriedigend. Egal, wie angespannt und enttäuschend die gemeinsam mit der Familie verbrachte Zeit auch sein mag – sie ist eine reiche Quelle von Mythen und Ritualen für die gedachte ideale Familie. Urlaube werden immer in positivem Licht dargestellt, alle erinnern sich voller Freude daran. Die Urlaubskarten, die seit dem ausgehenden neunzehnten Jahrhundert verschickt werden, haben sich im Tonfall kaum geändert. »Wir haben einen Riesenspaß.« Wenn wir einen Blick auf frühe Urlaubsfotos werfen, wirken sie seltsam vertraut: Alle sehen darauf entspannt aus, alle lächeln.[133] Susan Sontag schreibt, die Fotografie sei die Methode, wie wir gegen »gefährdete Kontinuität und die schwindende Weite des Familienlebens« ankämpfen.[134] Unser heutiges Alltagsleben ist so sehr belastet vom Druck der Arbeit und der Schule, daß das Wochenende oder das Sommerhaus zu unserer Lieblingspilgerstätte geworden ist – oder, wenn wir nicht dort sein können, der mentale Ort, an den unsere Gedanken dann schweifen. »Einmal dort, schlüpft die ganze Familie in ihre Vergangenheit und deren Muster«, schreibt Amy Cross. »Diese Muster sind in mancherlei Weise beruhigend; vielleicht ist die Familie nicht mit dabei, aber ähnlich wie bei Phantomschmerzen erinnert man sich an das Gefühl.« Das angestammte Urlaubsdomizil wird immer häufiger der Ort, an dem Familienhochzeiten oder -beerdigungen stattfinden; er wird weit öfter fotografiert und mit der Videokamera aufgenommen als der eigentliche Wohnsitz der Familie.[135]

Wie wir gesehen haben, begann der Prozeß des Zeitschaffens für die Familie, als diese sich mit der unerbittlichen linearen Zeit auseinandersetzen mußte, die die Generationen voneinander trennte und die Kleinfamilie auseinanderriß. Ironischerweise bemühen sich die Eltern sehr, den Kindern die numerischen Normen des Alterns einzuimpfen, die sie irgendwann von ihren Kindern trennen werden. Die Viktorianer der Mittelschicht waren die ersten, die Kindergeburtstage ausrichteten und das Alter eines jeden Familienmitglieds mit einer Zahl versahen. Doch durch die Chronologisierung des Familienlebens sorgten sie dafür, daß man Kindheit, Pubertät und schließlich auch die Familie hinter sich ließ und sogar »verlor«, so daß aus ihnen Objekte der Nostalgie wurden.

Im achtzehnten Jahrhundert lebten die Häuser auch dann noch weiter, wenn die Bewohner alt wurden und starben. Bevor die viktorianische Mittelschicht mit dieser Sitte brach, ergänzten die Familien ihre eigene leibliche Nachkommenschaft durch Angehörige derselben Schicht. Familien wurden gemacht, nicht geboren, und weil sie durch den Ort, nicht durch die Zeit definiert wurden, verspürten sie nicht das Bedürfnis, Geburts- oder Jahrestage zu feiern. Heute sehen wir die Familie als temporal; sie beginnt, wenn das erste Kind geboren wird, und endet, wenn das letzte das Haus verläßt.[136] Da wir uns nun von einer lateralen auf eine lineare Fortpflanzung verlegt haben, sind wir uns des Vergehens der Zeit und der Bedrohung, die diese darstellt, nur zu bewußt.

Die ritualisierten Familienanlässe, die unsere Tage, Wochen und Jahre ausfüllen, stellen einen Versuch dar, das wiederzugewinnen, was das Familienleben verloren hat. Wenn wir jeden Geburts- und Jahrestag genauestens markieren, verwandeln wir sie in Vorahnungen und Erinnerungen, die es uns erlauben, das wiederzuerlangen, was uns zu entgleiten droht. Frühere Generationen fanden beruhigende Bilder des guten Familienlebens jenseits der Zeit in der Ewigkeit oder in den zeitlosen Archetypen, die die Gemeinschaft bereitstellte. Doch weil wir uns unbedingt als temporale Wesen mit jeweils eigener Biographie und eigener Familiengeschichte sehen müssen, können wir unserer Endlichkeit nicht entgehen und sind versucht, alle Ereignisse in Rituale und Bilder zu verwandeln, sowie alle Geschichte in Mythen, um etwas von der Dauerhaftigkeit und dem Gemeinschaftssinn zu spüren, die die moderne Zeit uns verweigert.

Die Familienzeit ist jedoch nicht ohne Widersprüche. Ironischerweise flammen gerade bei solchen Gelegenheiten und an solchen Familienorten häufig Spannungen auf. Das Phänomen des »Urlaubstraumas« wird mittlerweile sowohl in Europa als auch in Nordamerika wahrgenommen. Wenn Weihnachten herannaht, lassen sich immer mehr Leute freiwillig ins Krankenhaus einweisen, und es werden eigens Nottelefone eingerichtet, die bei der Bewältigung weihnachtlicher Depressionen helfen sollen.[137] Es stellt sich heraus, daß die Familienzeit in der Erwartung und in der Erinnerung positiver wahrgenommen wird als in den tatsächlichen Augenblicken des Zusammenseins.

Weil es sich dabei um nicht verhandelbare Zeiten handelt, findet unter den Familienmitgliedern kaum echte Kommunikation statt. Sie sind zutiefst artifizielle Auftritte, bei denen die Akteure so damit beschäftigt sind, ihre vorgegebenen Rollen zu spielen, daß sie im Hier und Jetzt nur wenig Gelegenheit haben, aufeinander einzugehen. Zu solchen Zeiten ist die Mutter die MUTTER, der Vater ist der VATER, und die Kinder sind alle KINDER, unabhängig von ihrem Alter und davon, ob sie verheiratet sind oder nicht. In Wahrheit haben die Familienmitglieder bei solchen Gelegenheiten weniger Zeit als bei allen anderen. Weil Familienanlässe oft enttäuschend und frustrierend sind, sind die Familien gezwungen, es am nächsten Tag, in der nächsten Woche, im nächsten Jahr noch einmal zu versuchen. So dreht sich die Familienzeit im Kreis; sie wiederholt sich ständig und produziert doch nur das Bedürfnis nach immer mehr Familienzeit. Wir scheinen nie genug davon zu haben. Ihre Rituale verschlingen Zeit, besonders die Zeit der Frauen, und tragen weiter zu dem Gefühl des zeitlichen Ausgehungertseins bei, das die zyklische Zeit ohne eine deutliche Neuorganisation der linearen Zeit nie völlig ausgleichen kann.

UNVERGLEICHLICHES ZUHAUSE

Es ist schwer zu glauben, daß die Menschen die beiden
wichtigsten Dinge im Zusammenhang mit dem kleinen
Wörtchen Zuhause einfach nicht begreifen. Das erste ist, wie ich
schmerzlich selbst erfahren mußte: Man kann nicht mehr nach
Hause – Menschen verändern sich, Orte verändern sich, und die
Erinnerungen sind oft nur eine Fata Morgana. Zweitens ist das
Zuhause weniger ein physischer Raum als ein gedankliches
Konzept und vielleicht eine Gemeinschaft, in der man sich
wohlfühlt, ein Gedankengebäude oder eine Gemeinschaft, die
wir uns selbst formen müssen – niemand sonst kann sie für uns
schaffen.

Susan Groag Bell, Between Worlds[1]

* * *

Die Viktorianer waren nicht die ersten, die erkannten, daß
man nicht mehr nach Hause zurück kann, aber sie entwik-
kelten den modernen Gedanken, daß das Zuhause etwas ist, was
man sich selbst schaffen muß. Jahrhundertelang hatten die Europäer das Zuhause als Bestimmungsort betrachtet, aber sie hatten es
nie gewagt, es sich als etwas vorzustellen, das man sich auf Erden
aufbauen könnte. Für sie war der Himmel die Heimat, der einzige
Ort, der einen Seelenfrieden versprach, welcher in ihren überfüllten Häusern normalerweise nicht zu finden war. Und sie wandten
sich an Kirche und Gemeinschaft, die ihnen eine Heimat fern ihres
eigenen Zuhauses geben sollten. Erst Mitte des neunzehnten
Jahrhunderts begannen die Menschen das Zuhause als etwas zu
sehen, das Familien sich selbst schaffen konnten. Das war auch die
Zeit, als das Zuhause mit dem Wohnort identisch wurde und die
moderne Suche nach einer festen Heimat anfing. Doch ein

179

Haus zu finden, das sich auch als Zuhause eignete, erwies sich als wesentlich schwierigere Aufgabe, als es jemals jemand vermutet hätte. In den letzten einenhalb Jahrhunderten hat diese Suche Europäer und Amerikaner gleichermaßen dazu veranlaßt, ihre Häuser immer wieder auf- und umzubauen oder umzuziehen, wenn sie nicht ihrem Ideal entsprachen.

Henry Glassie ist der Meinung, daß wir uns noch immer inmitten der zweitwichtigsten Revolution der Menschheitsgeschichte nach dem Übergang vom Nomadenleben der Jäger und Sammler zur seßhaften Daseinsform der ersten Pflanzer befinden, die vor ungefähr zehntausend Jahren stattfand. Die erste dieser großen Umwälzungen veränderte das Verhältnis des Menschen zur Natur; die zweite veränderte sein Verhältnis zu sich selbst.[2] Diese zweite Revolution begann um die Wende vom achtzehnten zum neunzehnten Jahrhundert und dauert heute noch an. Sie hat die Bedeutung von Zeit und Raum verändert und ein völlig neues Verständnis von Haus und Heim herbeigeführt. Sie hat neue Landkarten wie auch neue Mythen ersonnen, die die Rhythmen und Bewegungen der Familien im späten zwanzigsten Jahrhundert noch immer bestimmen.

Die moderne Revolution begann in den neunziger Jahren des achtzehnten Jahrhunderts ganz unauffällig ein wenig außerhalb von London auf dem Clapham Common. Dort baute eine Gruppe aufrichtiger englischer Evangelikaler den ersten modernen Vorort auf. Sie wollten, daß ihre Familien aus der Stadt herauszogen, in eine bessere spirituelle Umgebung. Doch die Welt, die sie dort für sich selbst schufen, hatte nur noch wenig Ähnlichkeit mit der stark privatisierten Lebensform, die sich später in den Vororten entwickeln sollte. Die Bewohner von Clapham Common waren von einem viel älteren Verständnis der christlichen Gemeinschaft beseelt. Marianne Thornton erinnerte sich, daß in ihrer Kindheit »unsere Häuser und Grundstücke fast Gemeineigentum waren«.[3] Die Türen standen Erwachsenen wie

Kindern gleichermaßen offen, und sobald der Common – der Gemeindeanger – in einen entsprechenden Zustand versetzt war, diente er dazu, die Haushalte miteinander zu verbinden, die in ihrer Kollektivität ein Heim für alle darstellten. Diese Häuser sprühten nur so vor Leben. Bibellesungen und Gebete wie auch Freizeitaktivitäten verbanden jung und alt, Frauen und Männer, Familie und Bedienstete, die alle ohne großes Aufhebens kamen und gingen. Es waren eher das Licht und die Wärme des Geistes als das Herdfeuer, die die Bewegungen in einem Haushalt in Clapham Common lenkten. »Diese Familien«, schreibt Robert Fishman, »kannten noch nicht jene Trennung nach Geschlecht und Alter, die das viktorianische Zeitalter später im neunzehnten Jahrhundert kennzeichnen sollte. Es ist erstaunlich, wieviel Zeit die Familien in Clapham miteinander verbrachten; nicht nur die Frauen und Männer waren ständig beisammen, nein, auch die Kinder waren Teil der Erwachsenenwelt.«[4]

Die Männer von Clapham Common fuhren jeden Tag zur Arbeit in die Metropole, doch die Tatsache, daß sie kamen oder gingen, erregte genauso wenig Aufsehen wie bei Frauen und Kindern. Besucher traten direkt in den Hauptraum des Hauses – den man damals »Bibliothek« nannte –, der zum Arbeiten und Spielen, Essen und Beten genutzt wurde.[5] Die Küche mit dem großen Herd war nun nicht mehr der Mittelpunkt des Haushalts; allerdings gab es auch noch kein offizielles Wohnzimmer und auch kein offizielles Eßzimmer. In allen Räumen vermischten sich Generationen und Geschlechter. Die Betten waren aus den Gemeinschaftsräumen im unteren Stockwerk nach oben verlegt worden, und die Schlafzimmer oben waren kalte, schmucklose, unpersönliche Räume, die letztlich keinen Privatbereich boten, denn die Betten wurden nicht nur mit Familienmitgliedern geteilt, sondern auch mit Besuchern und Bediensteten.

An den Häusern von Clapham Common oder ähnlichen evangelikalischen Enklaven auf der amerikanischen Seite des Atlantiks war nichts Behagliches. Ihre Besitzer stuften das Spirituelle höher ein als das Materielle und bemühten sich lieber um ihr Leben als um ihre Häuser. Zwar spiritualisierten sie den Haushalt, aber das taten sie, indem sie ihn, genau wie sie es vorher schon mit den Kirchen getan hatten, seiner symbolischen Funktion beraubten. Nichts durfte den Gläubigen von seinem Gott ablenken. In dieser Hinsicht waren die Evangelikalen wie ihre puritanischen Vorfahren des sechzehnten und siebzehnten Jahrhunderts, die die Bindung an das Zuhause genausowenig geduldet hatten wie die Gottesverehrung an Schreinen am Straßenrand oder heiligen Brunnen. Ihre innerweltliche Askese reduzierte den Raum und die Zeit auf eine einzelne Dimension – auf den Pfad der lebenslangen Pilgerreise, deren einziges Ziel die Vereinigung mit dem Allmächtigen war.[6]

In der großen Zeit der religiösen Erneuerung im neunzehnten Jahrhundert verließen die Protestanten bereitwillig ihre Häuser und Kirchen, um auf den Feldern und Straßen zu predigen. In den dreißiger und vierziger Jahren des neunzehnten Jahrhunderts evangelisierten sie jeden erreichbaren Ort. Sie schickten sogar die Frauen hinaus in die Welt, damit sie das taten, was sie als Gottes Auftrag empfanden. Diese Welle der christlichen Erneuerung, die fast schon perfektionistische Züge annahm, führte zu unzähligen reformatorischen und kommunalen Bewegungen, die der Trennung zwischen Öffentlich und Privat, zwischen Familien, Generation und Geschlechtern, keinerlei Beachtung schenkten. Kurze Zeit schien es fast so, als ließe sich die protestantische Vision »einer ineinandergreifenden Föderation gottesfürchtiger Haushalte« tatsächlich realisieren.[7]

Doch schon in den vierziger Jahren des neunzehnten Jahrhunderts fühlte sich die protestantische Mittelschicht in der Welt weit weniger zu Hause. Ihre Unsicherheit rührte zum Teil von der kapitalistischen Transformation her, die die Welt ziemlich verändert hatte. Dazu kam, daß die Lebensreise nun nicht mehr innerhalb einer Gemeinschaft von Gläubigen stattfand. Sie war jetzt ein höchst individuelles, einsames Streben nach Erfolg und hatte ihre ursprüngliche Bedeutung verloren. In dem Maße, wie das Bild von Gott verblaßte, der am Ende der Reise in seinem himmlischen Haus wartete, änderte sich auch die Richtung der Reise. Gwen Nerville beschreibt diese Veränderung folgendermaßen:

> Die protestantische Pilgerreise wird nun eine Angelegenheit, bei der sich individualisierte neue Stadtbewohner periodisch von ihrem industriellen städtischen Universum wegbewegen und wieder in das Universum eintauchen, das mit eng miteinander verbundenen Verwandtschaftsgruppen aus der semifeudalen, ländlichen Vergangenheit assoziiert wird. Die wiederholte Reise, die der protestantische Pilger absolviert, führt nicht *hinaus*, sondern periodisch *zurück*. Sie ist eine Möglichkeit, der Individuation und Depersonalisierung zu entkommen, die man als Mitglied einer zersplitterten, mobilen und oft anonymen städtischen Industriegesellschaft erlebt.[8]

Das Haus, das früher nur eine Zwischenstation gewesen war, nahm nun Eigenschaften an, die ehemals dem himmlischen Zielort vorbehalten gewesen waren. In den fünfziger Jahren des neunzehnten Jahrhunderts begannen die Menschen auf eine Art und Weise über die tägliche, wöchentliche oder jährliche Rückkehr ihrer Bewohner zu sprechen, die früheren Protestanten wohl wie Götzenverehrung erschienen wäre. Das Haus wurde als Schrein oder Altar beschrieben und erhielt die Attribute eines Mekka, eines Aufbewahrungsortes für Reliquien und Erinnerungsstücke, die die Vergangenheit auf wunderbare Weise in die Gegenwart brachten. Und in dem Maße, wie die Mittelschicht ihr Zuhause als himmlischen Ort zu beschreiben begann, wurde der Himmel selbst zu einem himmlischen Vorort.[9]

Die protestantische Vision des frühen neunzehnten Jahrhunderts von einer Welt, die sich durch Massenbekehrungen verändern ließ, machte der Vorstellung der christlichen Erziehung Platz, was bedeutete, daß die Familie nun die Hauptverantwortung für die zukünftigen Generationen erhielt. Die Vision von einem Zuhause jenseits von Geschichte und Natur, die früher eine lebenslange Pilgerreise durch die Welt motiviert hatte, wurde jetzt der Grund, warum man sich aus ihr zurückzog.[10] »Zuhause«, schrieb Mrs. C. A. Riley 1851, »es liegt etwas Magisches in diesem Wort... Es bringt glückliche Erinnerungen an schöne Stunden mit geliebten Menschen... Stunden der wunderbaren, heiligen Zwiesprache an diesem gesegneten Rückzugsort von einer kalten, berechnenden Welt.«[11] Das Zuhause wurde nun nicht mehr mit einem Zielort assoziiert, sondern hatte seine moderne Bedeutung als Rückzugsort erhalten. Nicht zufällig passierte das genau zu dem Zeitpunkt, an dem die kapitalistische Gesellschaft den Mythos des kompetitiven Individualismus zu billigen und dem mobilen Mann den Status eines Helden zu geben begann, während Frauen und Kinder zu einer seßhaften Existenz zu Hause verdammt wurden.[12]

Der Haushalt war die umfassendste Metapher für alle Lebensarrangements vor der Mitte des neunzehnten Jahrhunderts gewesen.[13] Die politische wie auch die gesellschaftliche Ordnung hing davon ab, denn die Angehörigen eines Haushalts unterstanden dem Herrscher des Ortes, an dem sie wohnten, auf ähnliche Weise, wie jeder von ihnen Untertan des Königshauses war, unter dessen Herrschaft er lebte. Rechte und Pflichten variierten nach dem jeweiligen Ort in der gesellschaftlichen und politischen Landschaft, die für ihre Unregelmäßigkeiten bekannt war. Große und kleine Haushalte koexistierten in einem Terrain, in dem Macht und Status ziemlich ungleichmäßig verteilt waren: Die Mehrheit der Menschen – Männer wie Frauen gleichermaßen – besaß weder ein eigenes Haus noch Autorität.

Die Revolutionen des ausgehenden achtzehnten und beginnenden neunzehnten Jahrhunderts führten zu einem völlig neuen Verständnis von gesellschaftlicher und politischer Ordnung. Sie stürzten nicht nur Königshäuser, sondern eliminierten auch die Metapher des Hauses als solche und ersetzten sie durch die des Zuhauses. Auf politischer Ebene wurde die Ordnung in Form von »Heimaten« wiederhergestellt, von Staaten also, die in nationalen

Territorien mit klaren temporalen und räumlichen Grenzen wurzelten, nicht in Oberherrschaften, die Zeit und Raum transzendierten. Die Rechte des Menschen hingen nicht mehr davon ab, welchen spezifischen Platz er in einer vertikalen hierarchischen Ordnung einnahm, sondern davon, daß er Bürger einer Nation war, die als in einem bestimmten Territorium verwurzelt galt.[14]

Parallel dazu wurde die metaphorische Landschaft eingeebnet: Das Staatswesen wurde nicht mehr als Hierarchie von Haushalten verstanden, sondern als mythische Demokratie von Zuhausen, die Gemeinsamkeiten hatten, weil sie im selben Territorium verwurzelt waren. Von der Mitte des neunzehnten Jahrhunderts an sprach man vom englischen »home«, von der deutschen »Heimat« oder dem schwedischen »holm«, als hätten alle Zuhause innerhalb eines nationalen Territoriums, egal, ob groß oder klein, reich oder arm, mehr gemein als die Zuhause anderswo.[15] *Home* – Zuhause – und *homeland* – Heimatland, Vaterland – waren nun in der räumlichen Vorstellung so eng miteinander verbunden, daß das eine ohne das andere nicht vorstellbar war. Das Zuhause förderte als Symbol die Einheit der Familie auf gleiche Weise, wie die Heimat die Einheit der Nation förderte. Alle Nationen sahen sich nun als heimatbezogener als alle anderen. Es reichte jetzt nicht mehr, daß die Menschen eine Unterkunft hatten; nun mußten sie zum Wohle der Heimat auch ein eigenes Zuhause haben. Diese Vorstellung veranlaßte 1851 den britischen obersten Standesbeamten zu folgender Aussage: »Jeder Engländer wünscht sich nichts sehnlicher als ein eigenes Haus, denn es begrenzt seine Familie und seinen Herd klar und deutlich – es ist der Schrein seiner Sorgen, Freuden und Meditationen.«[16]

Die Amerikaner schrieben öffentliche und private Tugend dem männlichen Besitzer eines Zuhauses zu: »So ein Mann ist notwendigerweise – wir könnten fast sagen, aus selbstsüchtigen Gründen, ein guter Bürger; denn er hat Anteil an der Gesellschaft.«[17] Der Argwohn gegenüber Mietern oder Untermietern, der zu dieser Zeit entstand, wuchs im Lauf der Zeit nur noch. In einer Debatte über den Wohnungsbau, die in den späten dreißiger Jahren unseres Jahrhunderts geführt wurde, fühlte sich ein britischer Parlamentsabgeordneter bemüßigt, Wohnungen als »verabscheuungswürdig« zu bezeichnen. »Sie waren nie für menschliche Wesen gedacht… Wohnungen erzeugen Kommunisten; Häuschen Individualisten und auch gute Konservative… Jeder vernünftige Brite würde eher in seiner eigenen kleinen Holzhütte mit einem Viertelmorgen Land leben als in der schönsten Wohnung oder im besten Hotel.«[18] Eine ganz ähnliche Meinung vertrat der amerikanische Makler Bill Levitt, der 1949 erklärte: »Kein Mann, der ein eigenes Haus und eigenen Grund besitzt, kann Kommunist sein. Er hat zuviel zu tun.«[19]

Das Zuhause war auf gleiche Weise eine gedachte Gemeinschaft wie die Heimat. Als Symbole wurden sie räumliche Orientierungspunkte der Moderne; sie waren wesentlich für die individuelle und kollektive Identität. Die Dehnbarkeit des Begriffs »Zuhause« in den germanischen Sprachen führt dazu, daß er für unterschiedliche Menschen Unterschiedliches bedeuten kann und gleichzeitig als starkes Integrationsmittel funktioniert.[20] Weil das Zuhause ein vielwertiges Symbol ist, welches die Fähigkeit hat, Schicht-, Geschlechts- und Altersunterschiede zu versöhnen, ist es die wohl stärkste Quelle der Identität in der modernen Zeit geworden.[21] »Das wahre Zuhause ist der eine Fleck auf der Erde, an dem Mann und Frau sich treffen und die jeweiligen Rechte frei und uneingeschränkt ausüben können. Indem sie so das Gesetz ihres eigenen Daseins erfüllen, erfüllen sie auch den Willen und das Gesetz ihres Gottes«, erklärte Reverend J. Max Hark, ein amerikanischer Geistlicher, 1888.[22]

Gedachte Zuhause und Heimaten haben Unterschiede erfolgreich eingeebnet und zu Ähnlichkeiten gemacht. In unserer Zeit knüpfen Erinnerungen und Träume vom Zuhause ein Band zwischen Frauen und Männern, Alten und Jungen, Reichen und Armen, Bedürfnisse, die der tatsächliche Bestand an Wohnungen und Häusern nie befriedigen kann. Wir tun so, als befände sich das

Ideal für alle in Reichweite. Die Viktorianer, die in solchen Dingen realistischer waren, waren sich völlig im klaren darüber, daß die Bedeutung des Zuhauses symbolischer Natur war. Mrs. E. B. Duffey machte sich keinerlei Illusionen darüber, daß jeder ein eigenes Haus besitzen könnte, als sie 1873 für die Amerikaner schrieb: »Das wahre Zuhause ist eine Welt in der Welt. Es ist der Mittelpunkt des Universums, um das die Dinge sich drehen. Es ist das Schatzhaus unserer Zuneigungen, der einzige ruhige, helle Ort der Welt, auf den seine abwesenden Mitglieder immer voller Hoffnung und Vorfreude schauen.«[23]

Angesichts der starken Bindung, die die viktorianische Mittelschicht an das Zuhause hatte, überrascht es, daß sie den größten Teil des neunzehnten Jahrhunderts die Häuser eher mietete, als sie zu besitzen. Wir stellen uns die Angehörigen dieser Mittelschicht gern als Inbegriff des Grundbesitzers vor, aber daß sie glaubten, das Haus eines jeden Menschen sei sein Schloß, bedeutete nicht, daß sie lange an einem Ort blieben. Das war in sich ein Grund, warum für sie »›Zuhause‹ nicht nur eine Realität aus Ziegeln und Mörtel, sondern auch ein gesellschaftliches Konstrukt und eine geistliche Befindlichkeit war«.[24] Den größten Teil des neunzehnten Jahrhunderts fühlten sich beide Geschlechter halbwegs in den ständig wachsenden Städten zu Hause, in denen Klubs, Herbergen und das neu erfundene Warenhaus genügend achtbare Zuhause fern des eigenen Zuhauses, boten. Den Frauen gefiel besonders die Nähe der Läden und des Dienstleistungsangebotes.[25]

Die Tatsache, daß die Mittelschicht erst in den letzten Jahrzehnten des neunzehnten Jahrhunderts begann, die Häuser, in denen sie wohnte, selbst zu besitzen, läßt sich nicht ausschließlich wirtschaftlich erklären, denn ob sie sie sich leisten konnte, war nicht die Frage gewesen.[26] Daß die Familien in Einfamilienhäuser in den Vororten zogen, lag eher an den Männern als an den Frauen. Für letztere war die Haushaltsführung am leichtesten in der Stadt zu bewerkstelligen, wo es alle Annehmlichkeiten gab.[27] Doch für die Männer, für die das Zuhause einen Zufluchtsort darstellte, waren solche praktischen Fragen sekundär. Auch die lange Fahrt ins Büro verstärkte den mythischen Status nur noch, den das Zuhause in ihrem Bewußtsein mittlerweile hatte. Die Vororte boten das angemessene Umfeld für die Naturalisierung des Zuhauses und die Arbeit, die dort verrichtet wurde. Für die Männer blieb die Haushaltsführung weiterhin ein großes Rätsel. Mahlzeiten und saubere Hemden tauchten auf wie von Zauberhand.

> Voller Sehnsucht wendet er sich dem hellen Paradies, seinem Zuhause, zu... Mit welcher erfrischenden Freude kehrt er vom Lärm und der Hektik und der Selbstsucht des Gerichts in dieses *sanctum sanctorum* des Welttempels zurück. Wenn er es sich in seinem Sessel bequem macht und süße Stimmen ›Vater‹ rufen hört, ...und wenn sein Herz die liebevollen Zärtlichkeiten von der Frau empfängt, die ihn Ehemann nennt, welch köstliche, heilige Freude erfüllt dann seine Seele![28]

Von der Mitte des neunzehnten Jahrhunderts an wichen die Offenheit und Schlichtheit, die die Häuser in Clapham Common charakterisiert hatten, den geschlossenen, mit vielen Möbeln gefüllten inneren Räumen, die wir im allgemeinen mit dem Viktorianismus verbinden. Als die Mittelschicht von den Innenstädten hinaus in die Vororte zog, wurde die bevorzugte Form des Wohnens das freistehende Haus oder die Doppelhaushälfte. Die wachsende Bürgerschicht konnte sich nicht mehr die großzügigen Grundstücke leisten, die die Pioniere von Clapham damals in den Vororten bebaut hatten, und die nach den vierziger Jahren des neunzehnten Jahrhunderts errichteten Häuser standen meist direkt nebeneinander, einheitlich zur Straße hin orientiert, jedes davon mit einem kleinen Garten vorne und hinten – sie waren das Vorbild für alle späteren Besiedelungsformen in den Vororten. Im Amerika des neunzehnten Jahrhunderts diente die Gartengestaltung dazu, den Eindruck von freistehenden Häusern zu vermitteln, weil dies zu einem Symbol der individuellen Unabhängigkeit wurde, die die Wohnung oder ein Reihenhaus nicht bieten konnten.[29]

Diese Veränderung vollzog sich gleichzeitig mit der Umgestaltung der traditionellen Verbindungsorte – Felder, Straßen und Marktplätze – in »Frei«räume, reine Beförderungsorte für Personen und Dinge.[30] Die Straße war nun kein Ort mehr, an dem man sich aufhielt, man überquerte ihn. Auch die Felder und Marktplätze wurden agoraphobisch; sie galten nun als besonders gefährlich für Frauen und Kinder, doch nicht einmal die Männer der Mittelschicht fühlten sich wohl, wenn sie sie auf dem Weg zur und von der Arbeit überqueren mußten.[31] In den Städten blieben ein paar von den »tollen großen Plätzen« übrig, die Frauen wie Männern gleichermaßen ein Zuhause fern des eigenen Zuhauses geboten hatten, aber in den neu entstandenen Vororten wurde der Weg zwischen Arbeit und Zuhause meist nicht unterbrochen.[32] Die Männer der viktorianischen Mittelschicht waren die ersten Pendler der Welt. Anfang des neunzehnten Jahrhunderts hatten viele von ihnen aus Bequemlichkeit noch in der Nähe ihres Arbeitsplatzes zur Untermiete gewohnt, doch um 1900 tat das fast niemand mehr. Zwar waren sie sich darüber bewußt, daß das Pendeln den Verlust von »Verbindungen und Freundschaften und etlichen Privilegien« mit sich brachte, aber sie waren nichtsdestotrotz überzeugt, dafür »ein *Zuhause*« gewonnen zu haben – »und das hat man in der Stadt zur Untermiete mit Sicherheit nicht«.[33]

Mit dem Zuhause verbanden sich nun sämtliche Vorstellungen von Behaglichkeit und Ruhe, die früher ausschließlich mit dem Himmel assoziiert worden waren. In den Worten von John Ruskin:

Dies ist die wahre Natur des Zuhauses – es ist ein Ort des Friedens; ein Schutz, nicht nur vor allen Verletzungen, sondern auch vor allem Schrecken, Zweifel und Zwist. Wenn es das nicht ist, ist es kein Zuhause; wenn die Sorgen des Außenlebens dort eindringen, wenn Ehemann oder -frau es der wankelmütigen, unbekannten, ungeliebten oder feindseligen Gesellschaft der äußeren Welt erlauben, die Schwelle zu überschreiten, hört es auf, ein Zuhause zu sein; dann ist es nur noch ein Teil der äußeren Welt, den man überdacht und mit einem Herdfeuer versehen hat.[34]

Das Zuhause war zu einem sakramentalen Ort geworden; ihm hafteten nun auch die erlösenden Eigenschaften an, die man früher mit heiligen Orten assoziiert hatte: »helle, gelassene, ruhige, freudvolle Nische des Himmels in einer unhimmlischen Welt«.[35] Eine amerikanische Publikation drückte es folgendermaßen aus: »Einer der heiligsten Zufluchtsorte der Erde ist das Zuhause. Der Familienaltar ist verehrungswürdiger als jeder Altar einer Kathedrale. Die Bildung der Seele für die Ewigkeit beginnt am Kamin. Das Prinzip der Liebe, das das ganze Universum durchströmen soll, entfaltet sich zuerst in der Familie.«[36] Aus dem Salon war »der Familientempel« geworden, »...ein Schrein, in dem alles seinen Platz hat, was am kostbarsten ist«, nicht nur ein Ort der Zeremonien, sondern ein Museum.[37]

Mit Henry Glassies Worten repräsentierte die Verwandlung des Hauses in ein Zuhause den Triumph »der Behaglichkeit über die Großzügigkeit, der persönlichen Ziele über die gemeinschaftliche Betätigung«; in diesen neuen Innenräumen »wurden vom Menschen geschaffene Objekte so angeordnet, daß sich die Menschen nach ihnen in Klassen einteilen ließen«.[38] Die Architektur war von nun an ein Mittel, um Grenzen zwischen Schichten, Geschlechtern und Generationen aufzubauen. Anfangs fand die Trennung der Schichten innerhalb des Hauses statt. In den meisten westlichen Ländern verschwanden die Bediensteten erst in den dreißiger Jahren des zwanzigsten Jahrhunderts aus den Haushalten der Mittelschicht. Doch die Menschen, die der Unterschicht angehörten, wurden bereits seit der Mitte des neunzehnten Jahrhunderts höchst wirkungsvoll mit Hilfe der Architektur von der Mittelschicht getrennt. Sie gehörten in einen Teil des Gebäudes, das noch immer als Haus definiert wurde, während die Familie in einem anderen untergebracht war, das jetzt das »Zuhause« war. Die Bewohner von Haus und Zuhause hatten ihre getrennten Zeiten und Orte, als lebten sie in völlig verschiedenen Welten.[39] Diese Veränderung klassifizierte verwandte und nicht verwandte Personen neu. Jetzt wurde deutlich zwischen der Kleinfamilie (sie wohnte zu Hause) und den Verwandten (sie waren nur zu Besuch da), zwischen Kindern und Frauen (sie waren immer zu Hause) und Jugendlichen und Männern (Fremde in ihrem eigenen Zuhause) unterschieden. Dazu kam noch die Trennung zwischen Mietern und Hauseigentümern – all das war in früheren Zeiten unbekannt gewesen.

Das Zuhause war nun tatsächlich der mythische Ort, an dem das Leben begann und endete. Zu Hause zur Welt zu kommen und zu sterben wurde in der Mittelschicht die Norm; nur die Armen wurden in Krankenhäusern geboren und starben auch dort. In früheren Zeiten hatten Geburt und Tod den Haushalt durcheinandergebracht; jetzt weihten sie ihn. Die Viktorianer entwickelten eine enge Bindung an den Ort, an dem ihre Kinder geboren worden und ihre Vorfahren gestorben waren; gegen Ende des Jahrhunderts investierten sie in Häuser, die sie kauften, um »darin zu leben und zu sterben«.[40]

Natürlich gelang es vielen nicht, diesen Traum zu verwirklichen. Auch Angehörige der Mittelschicht landeten manchmal im Armenhaus, doch sie wehrten die schlimmsten Ängste ab, indem sie das Alter in einem häuslichen Sinn neu dachten. Wie Stephen Fosters beliebtes Lied »Old Folks at Home« – »Alte Leute zu Hause« – von 1851 beweist, hatten die Viktorianer Schwierigkeiten, sich die Alten an einem anderen Ort als zu Hause vorzustellen. Im neunzehnten Jahrhundert wurde aus dem Armenhaus das »Altenheim«, das den Mythos des guten Alters verstärkte, zu dem nur eine Minderheit der Gesamtbevölkerung Zugang hatte.[41]

Das, was das Leben nicht notwendigerweise bieten konnte, garantierte nun der Tod. In den wieder aufgebauten Friedhöfen von Europa und Nordamerika gestaltete die Mittelschicht ihr Zuhause im wörtlichen wie im symbolischen Sinne nach. Gräber wurden nun als »das Zuhause der Toten« bezeichnet, und in den

Friedhöfen sah es aus wie in den Vororten.[42] Als wäre das noch nicht beruhigend genug, stellten sich die Menschen den Himmel jetzt als einen Ort mit Einfamilienhäusern vor, Traumhäusern, die nur auf die abwesenden Familienmitglieder warteten.[43]

Die Viktorianer zogen nicht nur als erste immer wieder um, um ein Zuhause zu finden, sie schufen auch innerhalb ihrer Häuser eine Reihe deutlich voneinander abgegrenzter Zuhause, die in der Lage waren, die Unterscheidung zwischen Schicht, Alter und Geschlecht zu wahren, die ihnen so wesentlich für Ordnung und Fortschritt der Gesellschaft erschienen. Früher hatte das Haus dazu gedient, das Bedürfnis des Menschen nach der Beherrschung der Elemente zu befriedigen, jetzt betrachtete man das Zuhause als einen Ort, der die menschliche Natur beherrschte. Im Viktorianismus wurde das Haus zum ersten Mal selbst als Naturgewalt mit eigenen Charakteristika gesehen. Es war anthropomorph und wurde als Geist verstanden, der in der Lage war, die Welt zu beleben, wie es kein anderer Ort konnte. In früheren Jahrhunderten galt die Natur als belebt; sie sprach durch Felsen, Bäume und Tiere zum Menschen. Jetzt war die Natur völlig dem Menschen unterworfen und verstummte. Die Geister, die einmal die Außenwelt bevölkert hatten, zogen nun nach innen, wo sie ein völlig neues Leben annahmen. Die Viktorianer hatten außerdem den Animismus der Bauern als Aberglauben verdammt und behandelten ihre Haustiere und Pflanzen, als hätten sie eigene Persönlichkeiten.[44] Das Innere des Haushalts, das früher ein rein funktionaler Raum gewesen war, wurde nun lebendig; jedes Objekt war in der Lage, zu den Bewohnern zu sprechen. Für Winifred Foley waren sie »keine unbelebten Gegenstände mehr, sondern *Freunde*«.[45]

Solchermaßen anthropomorph gesehen, mußte jedes Haus eine präsentable Fassade und weniger präsentable untere und hintere Bereiche haben.[46] Da es jetzt zur Straße hin ausgerichtet war, war die Vorderseite gleichzeitig Fenster zur Welt für die bürgerliche

Familie und die Fassade, die sie dieser Welt präsentieren wollte. Die Häuser der wohlhabenden Elite hatten immer schon repräsentative Funktionen gehabt, das ganz normale Reihenhaus der Mittelschicht im achtzehnten Jahrhundert jedoch war symmetrisch und unergründlich gewesen; es hatte weder Namen noch Nummer getragen. Mitte des neunzehnten Jahrhunderts waren an die Stelle der einförmigen klassizistischen Fassaden die unterschiedlichsten Stile – unter ihnen der neogotische und italienisierende – getreten, so daß jedes Haus seine eigene Identität bekam, die es eindeutig mit der Vergangenheit verband.[47]

In Großbritannien personalisierte das Bürgertum seine Vorortvillen. Es gab ihnen Namen und damit einen eigenen Charakter. Gervase Wheeler, einer der großen viktorianischen Architekten, drückte es folgendermaßen aus: »Der echte Engländer liebt sein Zuhause und seine Besitztümer so sehr, daß er sogar den derbsten Arrangements einen gewissen Charme verleiht, indem er ihnen Individualität und unzählige namenlose Beweise für ihre Bewohnbarkeit gibt, so daß unsere Häuser, die schon lange von ein und derselben Familie bewohnt werden, dem Besucher angenehm erscheinen.«[48] Amerikanische und britische Fassaden waren bekannt für ihre akribisch gestalteten, idiosynkratischen Fassaden, die die späteren Generationen oft häßlich und prätentiös fanden, die aber, so der Architekt Calvert Vaux, auch noch das gewöhnlichste Haus zu einem echten Zuhause machten.[49]

Die Rückseite der viktorianischen Häuser hatte bedeutend weniger Persönlichkeit, weil es sich dabei um die funktionale Seite handelte. Hier befand sich der Lieferanten- und Dienstboteneingang, hier ging es routinemäßig und unförmlich zu. Die Vordertür war Familienmitgliedern und wichtigen Besuchern vorbehalten. Sie wirkte förmlich und war mit einem Türklopfer oder einer Klingel ausgestattet, der Ort des ritualisierten Kommens und Gehens. Sie führte nicht mehr in die Küche, wie das noch bei den kleinen Landhäusern und den Unterkünften der Arbeiterschicht gewesen war, sondern in das, was die Viktorianer nun »Hall« –

»Eingangsbereich« – nannten, einen genau begrenzten Über-gangsbereich, in dem Besucher begrüßt wurden, darauf warteten, angemeldet zu werden, und wo sie, wenn die Bewohner nicht zu Hause waren oder sie nicht empfangen wollten, ihre Visitenkarte hinterließen. Im Eingangsbereich sollte es warm und freundlich sein; er war mehr als nur ein Weg ins Innere und sollte »auf Bewohntheit und häusliche Nutzung schließen lassen«.[50] Er stellte eine echte Schwelle dar, die nicht nur die physischen Grenzen des Hauses absteckte, sondern durch neue Schwellen-rituale auch die Unterschiede zwischen den verschiedenen Men-schen betonte, die sich dort einfanden. »Kein Mitglied der Familie kommt an die Tür, um einen zu empfangen«, hieß es. »Die Bediensteten führen den Besucher in den Salon.«[51]

Die Hintertür bot einen direkteren, informelleren Zugang zum Inneren, allerdings nur zur Küche und in die Arbeitsbereiche des Hauses, nicht in die, die nun als »Zuhause« definiert wurden. Die Hintertür verdiente keinen Eingangsbereich und auch keine spezielle Einrichtung. Die Küche blieb der einzige Bereich des Mittelschichthauses, der noch immer mit der Außenwelt verbun-den war, aber sie war nun kein Ort mehr, durch den das Leben floß und der die Häuser miteinander verband. Vielleicht fühlten sich Bedienstete und Händler in der Küche anderer Leute daheim, die Hausfrauen der Mittelschicht taten es nicht.[52] In großen Häusern blieben die Küchen »unten« und waren Orte für die Bediensteten, nicht für die Familie. Doch sogar in Häusern, in denen die Frauen sich noch mehr ums Kochen kümmerten, verloren die Küchen ihren warmen, freundlichen Charakter, als das Herdfeuer durch den Küchenherd ersetzt wurde und das offene Feuer in andere Teile des Hauses wanderte. Der gerade erst erfundene offene Kamin wurde so zum Mittelpunkt des Zuhauses und schied Familie von Nichtfamilie.

Nur in den Häusern der Arbeiterschicht blieb die Küche das Zentrum des Familienlebens. In ihren Unterkünften war es so eng, daß es keinen Platz für ein eigenes Eß- oder Wohnzimmer gab. Kochen, Essen, Arbeiten, Spielen, ja sogar Schlafen fanden dort statt. Am Ende des neunzehnten Jahrhunderts war es dann manchen Arbeitern gelungen, einen Raum als Wohnzimmer zu gestalten, aber seine Funktion unterschied sich deutlich von dem der Mittelschicht. Dieses Zimmer war reserviert für besondere Gelegenheiten – zum Beispiel Krankheit oder Tod – oder für gelegentliche Besucher, aber es wurde nicht zum Mittelpunkt des häuslichen Lebens. Hier strahlte die Küche weiterhin mehr Helligkeit und Wärme aus, und das, was die Arbeiter dort nicht fanden, suchten sie noch immer in den verschiedenen Formen des Zuhauses fern ihrem eigenen Zuhause, in der Kneipe, in der Schenke und im Café.

Der Gedanke des »comfort« war der größte Beitrag der Viktorianer zum modernen Leben. Früher hatte »comfort« etwas mit dem Spirituellen (Trost) und dem Gesellschaftlichen (gegenseitige Hilfe oder Unterstützung) zu tun gehabt und wurde traditionell von Institutionen gewährt. Die Viktorianer waren die ersten, die »comfort« domestizierten und den Begriff mit körperlicher Behaglichkeit in Verbindung brachten. Witold Rybczynski schreibt dazu: »Im viktorianischen England bezeichnete das Wort ›comforter‹ – ›Tröster‹ – nicht mehr den Erlöser, sondern einen langen Wollschal.«[53] Doch die körperliche Behaglichkeit und der symbolische Trost des Zuhauses ließen sich nicht immer vereinbaren. Auf beiden Seiten des Atlantiks wurde der Kamin im Wohnzimmer als Erfordernis von letzterem betrachtet, ohne unbedingt ersterem förderlich zu sein. Kamine waren eine hübsche, aber verschwenderische und schmutzige Angelegenheit, die die Heiz- und Putzkosten erhöhten. Gervase Wheeler baute sie in seine Häuser, mußte aber zugeben, daß sie die großen Wohnzimmer ungemütlich machten; um diesen Nachteil zu kompensieren, fügte er »behagliche Nischen und Erker hinzu, in denen es nicht zog, nicht weit vom Kamin entfernt, nicht gleich bei der Tür, in denen die Familienmitglieder sich ohne Förmlichkeit aufhalten können«.[54] Die Briten opferten bis in unser Jahrhundert hinein die körperliche der spirituellen Wärme, und sogar die Amerikaner, die früher die Zentralheizung einführten, wollten trotzdem nicht auf den offenen Kamin verzichten. Henry Hudson Holly nannte die Heißluftheizung »ein Greuel, das diejenigen, die sich noch gern an das alte Symbol häuslicher Einheit und Gastfreundschaft erinnern, nur schwer ertragen können«.[55] Die funktionierenden Kamine wurden bald schon durch symbolische Herdfeuer ersetzt. Überall »setzte sich das Bild vom Kamin durch, obwohl der eigentliche Kamin aus dem Zuhause verschwand«.[56]

Salon und Eßzimmer wurden zu den halböffentlichen Orten, an denen die Familie geladene Gäste empfing; die einzig privaten Räume befanden sich im Obergeschoß, in das keine Fremden durften. Die Treppe wurde jetzt so gebaut, daß »die direkte Verbindung mit dem Obergeschoß nicht zu sehen war«.[57] Doch den größten Teil des neunzehnten Jahrhunderts blieben die Schlafräume kalte, schmucklose Orte, in denen man schlief, sich anzog und auf die ausgefeilten rituellen Präsentationen vorbereitete, die im Salon und Eßzimmer stattfanden.[58] Die Personalisierung des Schlafzimmers sowie unsere zeitgenössische Vorstellung vom Bett als allerintimstem Zufluchtsort war für die Viktorianer vor den achtziger Jahren des neunzehnten Jahrhunderts undenkbar. Für sie gehörte das Schlafzimmer eher zum Haus als zum Zuhause, und es wurde nicht mit kostbaren Familienbildern geschmückt, sondern mit billigen religiösen Drucken.[59]

Haus und Zuhause kämpften fast das ganze neunzehnte Jahrhundert um die Vormachtstellung; in den siebziger und achtziger Jahren dieses Jahrhunderts erst wurde allmählich klar, daß sich das Zuhause durchsetzen würde. Anfangs erstreckte sich die Vorstellung von Behaglichkeit kaum über das Wohnzimmer hinaus. Dennis Chapman schreibt, daß Familien mit Bediensteten »zwei oder mehr Zuhause innerhalb eines einzigen Hauses schufen und deutliche Spuren in unserer häuslichen Architektur hinterließen ... zum Beispiel den Kontrast zwischen Küche und

Wohnzimmer.« Das Wohnzimmer war der erste Raum, der eingerichtet wurde, die Küche der letzte, und erst ganz allmählich wurden auch Eß- und Schlafzimmer behaglich.[60] Vor 1850 hatten nur Erwachsene eigene Betten; die Kinder mußten bei den Bediensteten schlafen. In den achtziger Jahren des neunzehnten Jahrhunderts galt es allerdings schon als wesentlich, den Kindern ein eigenes Zimmer zu geben, weil »es ohne eigenes Zimmer nur das Haus ihres Vaters wäre und nicht auch das ihre… Wenn sie jedoch ihr eigenes Zimmer erhalten, identifizieren sie sich damit.«[61] Um Familienräume zu schaffen, erhielt das viktorianische Haus Türen und Durchgänge, die vorne von hinten, oben von unten trennten. Mrs. Hall, die repräsentative viktorianische Ehefrau, erhielt den Auftrag,

> einen behaglichen Kamin [zu schaffen], dazu gut zubereitete Mahlzeiten, Ordnung … keine Wasch- oder Bügelgerüche dürfen das Zuhause durchziehen; keine Rede darf sein von den Fehlern Susans [der Bediensteten] und auch nicht von den Beschwerden des Babys – das Baby soll im Bett sein, wenn Mr. Hall heimkommt, und sein Blick darf nicht auf einen Korb mit gestopften Strümpfen oder Näharbeit fallen, auf daß er sehen könnte, wie fleißig Sie sind.[62]

Die Trennung von Küche und Eßzimmer verbarg »die häusliche Geschäftigkeit vor den Gästen«, aber auch vor der Familie selbst.[63]

Als Folge davon war die Küche der einzige Raum des Hauses, der nicht in das Zuhause integriert wurde. Die Familien der Mittelschicht zogen sich aus der Küche zurück, um der Unordnung zu entgehen, die gemeinhin mit Bediensteten, Händlern und den Handlungen, die dort vollzogen wurden, einherging. Nach der Erfindung des Kohleofens in den achtziger Jahren des achtzehnten Jahrhunderts gab es bis zum zwanzigsten Jahrhundert nur noch wenige Verbesserungen in der Küchentechnologie, und die meisten dieser Verbesserungen wurden von Leuten wie den Shakern eingeführt, die keine Bediensteten beschäftigen wollten.[64] Die Amerikaner, die sich früher als die Europäer mit einem

Mangel an Bediensteten auseinandersetzen mußten, experimentierten als erste mit neuen Technologien, doch ihre Häuser waren nicht nur von der Klassen-, sondern auch von der Geschlechtertrennung gekennzeichnet.

Der enge Horizont, der den früheren Generationen ein so klares, wenn auch fixiertes Ortsverständnis gegeben hatte, verschwand in den fünfziger Jahren des neunzehnten Jahrhunderts. Die Männer der Mittelschicht wurden durch industrielle und politische Umwälzungen gezwungen, riesige neue Territorien zu erobern; deshalb betrachteten sie ihr Zuhause als Orientierungspunkt, als Quelle psychischer wie auch gesellschaftlicher Ordnung.[65] Viele waren davon überzeugt, daß die Zivilisation selbst von einer Schaffung einer Nation aus häuslichen Menschen abhing. Andrew Jackson Downing schrieb, »wenn hübsche Rasen und geschmackvolle Häuschen unser Land zu schmücken beginnen, wissen wir, daß Ordnung und Kultur etabliert sind«.[66]

Das Zuhause galt als Heilmittel gegen das neu entdeckte Leiden der Agoraphobie; andere hingegen hielten das Zuhause für verantwortlich für das Gefühl der Klaustrophobie, das typisch für das ausgehende neunzehnte Jahrhundert war.[67] Viele Amerikaner und Europäer hatten gegenüber dieser neuesten Inkarnation des Zuhauses höchst zwiespältige Gefühle. Henry David Thoreau baute seine Walden-Hütte, »ein Haus, das man betritt, sobald man die äußere Tür geöffnet hat, und schon ist die Zeremonie vorbei«, als Herausforderung gegen all jene Zuhause, die rund um ihn herum aus dem Boden schossen. In seinen transzendentalen Meditationen über die Tugend der Obdachlosigkeit beschwor er eine frühere christliche Tradition herauf. »Wir lassen uns nicht mehr nur wie für eine Nacht nieder, sondern haben Wurzeln geschlagen in der Erde und den Himmel vergessen... Wir haben für diese Welt ein Herrenhaus für die Familie gebaut, und für die nächste ein Familiengrab.«[68]

Doch in dem Maße, wie der säkulare Transzendentalismus seinen Reiz verlor, wurde diese Art des Zwiespalts schwächer, auch wenn er nie ganz verschwand. Die Mobilität wuchs, doch die Abwesenheit schien die Sehnsucht nach dem Zuhause nur noch zu schüren. Die erwachsenen Männer verließen ihre Häuser auf der Suche nach weltlichem Erfolg, und dabei wurde ihnen das mentale Bild vom Zuhause immer wichtiger. In einer Zeit, in der einer von fünf Amerikanern jedes Jahr umzog, wurden die meisten Musterbücher, die die Vorstellung des »Home, Sweet Home« propagierten, verkauft.[69] Jetzt, da die Familie durch die Anforderungen der kapitalistischen Wirtschaft und des nationalen Staatswesens, das schnelle Veränderungen und Massenmobilität forderte, immer öfter getrennt wurde, reichte es nicht mehr, das gleiche Haus zu bewohnen, um ein Gefühl der Identität zu erzeugen. Arbeit und Lernen wurden vom Haus losgelöst, das Leben von Männern und Frauen, Erwachsenen und Kindern verlief in unterschiedlichen Bahnen, und der Symbolismus des Zuhauses wurde immer mächtiger. Das, was früher das Haus des Vaters gewesen war, wurde jetzt das Zuhause aller, wie Mrs. Duffey es ausdrückt, gedacht, als »der Punkt im Universum, um den sich alle Dinge drehen«. Genauso, wie die neuen Familienzeiten die unterschiedlichen Zeitpläne koordinierten und die Familienmitglieder mit einem gemeinsamen Gefühl der Vorfreude sowie kollektiven Erinnerungen versorgten, stellten die Symbole des Zuhauses ein häusliches Mekka dar, das die Familienmitglieder, egal, wo sie sich tatsächlich aufhielten, auf einem gemeinsamen mentalen Terrain zusammenbrachte.

Die Viktorianer entwickelten eine ganz neue Ausdrucksweise für das Häusliche. Das Wort »homemaking« – etwa »Bereitung eines Zuhauses« – wurde erst in der Mitte des neunzehnten Jahrhunderts gebräuchlich.[70] Die Bezeichnung »homelike« – »heimelig« – tauchte 1817 zum ersten Mal im Englischen auf und ersetzte das ältere Wort »homely«, das hausbacken, unscheinbar bedeutet. Heutzutage wird es kaum noch auf das Haus, sondern fast ausschließlich auf Personen angewandt. Das Wort »homey« – »gemütlich« – wurde zum ersten Mal 1856 verwendet, und es bezog sich auf jene höchst personalisierten Räume, die die Viktorianer auch als »cozy« bezeichneten, ein Wort des achtzehnten Jahrhunderts, das im neunzehnten Jahrhundert praktisch zum Synonym für »Zuhause« wurde.[71] »Homemaking« bedeutete nun etwas völlig anderes als »housekeeping« – »den Haushalt führen«. Jemand, der den Haushalt führte, konnte angestellt werden; bei jemandem, der ein Zuhause bereitete, ging das nicht. Ein Haus konnte mit Hilfe von Geld in einem ordentlichen Zustand gehalten werden, aber ein Zuhause zu bereiten war gleichbedeutend mit einem Liebesdienst; es hatte damit zu tun, daß man Symbole, Mythen und Rituale schuf, die aus einem Haus ein Zuhause machten. Der Begriff »homemaking« war von Anfang an geschlechtsbezogen und basierte auf der Annahme, daß ein Mann ein Haus bauen und in Stand halten, aber nur eine Frau ein Zuhause aufbauen konnte. Dazu war nicht nur die Arbeit, sondern auch die Anwesenheit der Frau nötig. Josiah Condor drückte es in einem Brief an seine Verlobte folgendermaßen aus: »Wo du bist, da ist mein Heim/Ein Heim ganz ohne dich, das kann nicht sein.«[72]

Im achtzehnten Jahrhundert wurde durch die Anwesenheit des männlichen Haushaltsvorstands, des »Hausvaters«, aus einer reinen Behausung ein richtiges Haus. Eine Frau konnte ihn vertreten, aber in den Augen des Gesetzes wie auch des Volkes war das Haus eine männliche Domäne. Die meisten Männer hatten großen Anteil an der täglichen Haushaltsführung einschließlich der Kindererziehung – Aktivitäten, die sich durchaus mit der herrschenden Definition von Männlichkeit vereinbaren ließen.[73] Am Ende des neunzehnten Jahrhunderts jedoch hatten sich die Vorstellungen um hundertachtzig Grad gedreht. Die Bereitung eines Zuhauses, erklärte Frances Power Cobbe, eine führende britische Feministin, sei »ein Recht, das uns kein Mann nehmen kann; denn ein Mann kann genausowenig ein Zuhause schaffen, wie eine Drohne einen Bienenstock aufbauen kann... Nur eine Frau – eine Frau ganz allein; wenn sie das möchte, ohne die Hilfe eines Mannes – kann aus einem Haus ein Zuhause machen.«[74] Ganz ähnliche Ansichten waren in Amerika zu hören. »Das Zuhause ist das Reich der Frau«, hieß es da. »Es ist ihr natürliches Betätigungsfeld. Es ist ihr Recht, seine Verwaltung zu regeln.«[75]

Der Besitz eines Hauses reichte nun für den Mann nicht mehr, daß er sich zu Hause fühlte. Dazu war die Anwesenheit einer Frau nötig – wenn schon nicht einer Ehefrau, dann zumindest die einer pflichtbewußten Schwester, Tochter, oder wie bei Charles Dickens, einer hingebungsvollen Schwägerin.[76] Status und Ruf der Frauen hingen von ihrer Verbindung mit einem Zuhause ab, das ihnen nach dem Gesetz nicht gehören konnte, während das Ansehen des Mannes sich immer stärker mit dem Besitz verband und sich von der täglichen Aufgabe, ein Zuhause zu bereiten, ablöste. Männer, die sich zu sehr um die häuslichen Angelegenheiten kümmerten, wurden als »Heimchen am Herd« verschrien und liefen Gefahr, ihre Männlichkeit aufs Spiel zu setzen. Ein richtiger Mann war ein Brötchenverdiener, der in die Welt hinauszog, nicht in der *communitas* der Pilgerreise, sondern als Individuum, das in den Wettbewerb um Reichtum und Macht tritt. Für die Männer verlieh das Reisen dem Zuhause eine völlig neue Bedeutung. Dieses Zuhause war nun der Ort, an dem sie sich nicht aufhielten, der Ort, von dem sie immer kamen oder an den sie immer zurückkehrten. Viele Männer verbrachten nach wie vor viel Zeit zu Hause – manche beteiligten sich sogar an der Haushaltsführung und an der Kindererziehung –, aber weil von ihnen erwartet wurde, daß sie sich mehr draußen in der Welt aufhielten als zu Hause, wurde ihr Kommen und Gehen immer wie das von Fremden wahrgenommen. Rituell wurde die symbolische Distanz eingehalten, die für einen richtigen Mann nötig war.[77]

In früheren Jahrhunderten hatten sich alle draußen in der Welt mehr daheim gefühlt, auch wenn diese Welt nicht viel weiter reichte als bis zur Gemeindegrenze. Nun war niemand mehr in der Welt zu Hause, nicht einmal die Männer, deren »Natur« dazu bestimmt schien, sie für weltliche Unterfangen zu befähigen. Als Folge erlangte das Zuhause eine ganz besondere, zwingende Bedeutung für Männer, die es für die Frauen derselben Schicht nicht hatte. Die Viktorianer waren sich völlig darüber im klaren, daß »das Zuhause für die Frauen ein Geschäft ist und für die Männer eine Zuflucht«.[78] Es wurde zum weltlichen Mekka des Mittelschichtmannes, zu einem mythischen Ort, der ihn auf ähnliche Weise aufrechterhielt wie das Heilige Land den Pilger.

Die Frauen gingen mit dem Zuhause nüchterner um, denn für die meisten von ihnen blieb es ein Ort, an dem sie lange und hart arbeiten mußten. Während das Kommen und Gehen der Männer jeden Tag aufs neue rituell markiert wurde, reichte für die Frauen eine einzige Zeremonie an der Schwelle. Die Braut über besagte Schwelle zu tragen war eine völlig neue Tradition, die jedoch bereits 1900 fest zu den Hochzeitsgepflogenheiten der Mittelschicht gehörte.[79] Frauen und Töchter waren allerdings weniger körperliche als symbolische Gefangene ihres Zuhauses. Sie wurden längst nicht so streng bewacht oder behütet, wie es immer heißt, aber trotzdem war das Zuhause etwas, das eine achtbare Frau symbolisch nie hinter sich lassen konnte. Egal, wohin die viktorianische Frau sich bei ihren wohltätigen und gesellschaftlichen Besuchen bewegte, sie trug das Zuhause und die Familie mit sich. Ihre Visitenkarte stand für ihr Zuhause und ihre Familie, genau wie die des Mannes seine Firma oder seinen Beruf repräsentierte.[80]

Das Zuhause war für die Männer ein mythischer Ort geworden, und mythische Orte brauchen Hüter. Die viktorianischen Töchter blieben länger zu Hause als die Söhne. Sie heirateten eher »von den Eltern weg«, und eine respektable Ehe einzugehen bedeutete, ein eigenes Zuhause zu bekommen. Die Vorstellung vom Zuhause als Bestimmung verführte die Frauen zu unüberlegten Heiraten, die oft in einem – wie es die Viktorianer nannten – »Ehetrauma« endeten.[81] Die Männer hingegen wurden schon früh in die Welt hinausgestoßen. Auch sie träumten von einem Zuhause, nicht wie die Frauen von einer Bestimmung, sondern mit nostalgischen Gefühlen von einem Ort der Rückkehr und Zuflucht. James Anthony Froude drückte es folgendermaßen aus: »Bei genau den Dingen, nach denen wir im Leben am eifrigsten suchen, müssen wir nach Hause zurückkehren, wo sich die gesündesten Muster davon finden.«[82]

Im Lauf des Jahrhunderts wurden die Männer der Mittelschicht immer unfähiger, sich selbst ein Zuhause zu schaffen. Unhäuslich wie die Kinder, neigten sie dazu, ihre Frauen in Mutterfiguren und ihre Kinder in Spielkameraden zu verwandeln, mit der Folge, daß die viktorianische Vaterfigur zu einer seltsamen Mischung aus widersprüchlichen Bildern wurde: der Fremde, der Eindringling, der Clown und das größte Kind der Familie.[83] Dora Montefiore erinnerte sich, daß sie in ihrer Kindheit in den fünfziger Jahren des neunzehnten Jahrhunderts »jeden Abend zur Kinderstunde unten im Wohnzimmer angezogen wurden, das war zwischen sechs und sieben, als mein lieber Vater nach Hause kam. Wir kleinen Kinder erfreuten uns an seinem sonnigen Lächeln und daran, daß er bei unseren Spielen und Späßen mitmachte und sich wunderbare Überraschungen für uns ausdachte.«[84]

Im gleichen Maße, wie die alte patriarchalische Hausvater-Figur verblaßte, trat die Mutterfigur deutlicher in den Vordergrund. Im achtzehnten Jahrhundert kam ein Haus ohne einen Vater zurecht; am Ende des neunzehnten Jahrhunderts war ein Zuhause ohne eine Mutter ein »zerrüttetes« Zuhause; es fehlte ihm die entscheidende Eigenschaft der Gemütlichkeit.[85] Wohin die Mutter auch ging, das Zuhause begleitete sie; dort wo sie wohnte, war automatisch das Zuhause, für alle Pilger der Ort der täglichen, wöchentlichen und jährlichen Familienzusammen-künfte. Sogar im Tod war die Mutter der »Mittelpunkt des Universums, um den sich alle Dinge drehten«. Ihr Grab wurde immer das der Familie; es war das gepflegteste und das meist-besuchte.[86]

Auf beiden Seiten des Atlantik wurde das matrilokale Zuhause als »Schrein« beschrieben, »heiliger als der von Mekka oder Jerusalem«.[87] Es könnte fast wie ein Paradox erscheinen, daß Söhne und Töchter sich gezwungen fühlten, das eigene Haus zu verlassen, um sich wirklich zu Hause zu fühlen, aber rituelle Reisen zum Haus der Großmutter oder der alten Heimstätte führten dazu, daß sich die Wege der Familienmitglieder auf eine Art und Weise kreuzten, wie sie es im täglichen Leben nicht mehr taten. Die Vorfreude auf eine Rückkehr nach Hause oder eine Familienzusammenkunft bot zusammen mit den Erinnerungen, die eine solche Erfahrung heraufbeschwor, eine symbolische Einheit, die die körperliche Nähe nicht mehr liefern konnte.[88]

Gegen Ende des neunzehnten Jahrhunderts war das Zuhause eher eine Erinnerung als ein tatsächlicher Ort. Die Geschwindigkeit, mit der die Welt sich veränderte, fegte auch die alten Zuhause weg, so daß es buchstäblich unmöglich wurde, jemals wieder nach Hause zurückzukehren. Statt dessen tauchten nun Bilder und Symbole der »alten Heimstätte« in den Salons der gesamten westlichen Welt auf, denn diese wurden die Archive für die schwindende Vergangenheit der Familie. Im zwanzigsten Jahrhundert dann hatte das Zuhause, auch wenn davon nur noch eine leere Hülle übrigblieb, immer noch seinen Reiz und ließ die Menschen nicht los. »Ich bin vor ein oder zwei Jahren hingefahren«, erinnert sich eine Frau aus North Carolina. »Tja, ich bin also rausgefahren; und da sind die Erinnerungen über mich hereingebrochen. Du lieber Himmel. Wie wenn die auf mich gewartet hätten.«[89]

Die Frauen wurden zu Hüterinnen der Familienerinnerungen, mangels tatsächlicher Zuhause wurden sie selbst jedoch zu Objekten der Erinnerung.[90] Die Erinnerungen an die Kindheit, die sich nicht mehr an einem bestimmten Ort orientieren konnten, konzentrierten sich immer stärker auf die Mütter, die, egal, wo sie sich aufhielten, als Zuhause betrachtet wurden. »Das Zuhause ist die ganz eigene Sphäre der Frau«, schrieb Reverend John Ware. »Mit der Welt im großen und ganzen hat sie wenig zu tun. Ihr Einfluß beginnt und endet zu Hause.«[91] Das Zuhause wurde als »Werkstatt der Mutter« beschrieben. »Dort soll sie nicht nur leben, lieben, sondern auch sich sorgen und arbeiten. Ihre Stunden, Tage, Wochen, Monate und Jahre werden innerhalb dieser Grenzen verbracht, bis sie zur festen Größe wird, unentbehrlicher als das Haus selbst.«[92]

Obwohl die Frauen gegen Ende des neunzehnten Jahrhunderts körperlich mobiler wurden, waren sie nun symbolisch seßhafter. »Ein Mensch, der sein Zuhause wirklich liebt, ist so etwas wie eine Sonne«, schrieb ein schwedischer Architekt. »Ob sie in ihrer Ecke sitzt und vor sich hinlächelt oder von Haus zu Haus geht und Wärme verbreitet – sie ist immer zu Hause und strahlt Gemütlichkeit aus. So eine Frau ist unerschütterlich.«[93] Im Lauf dieses Jahrhunderts ist das Zuhause immer matrilokaler geworden, symbolisch, wenn nicht im wörtlichen Sinn. »Befreit von den Fesseln des Ortes, kann die Mutter jetzt wirklich zu Hause sein«, schreibt David Sopher.[94] Zwar ist die Bewegungsfreiheit der Frauen zweifellos größer geworden, aber der Druck, daß sie präsent sein müssen, kulturell wie psychologisch, bleibt und bindet sie geistig auf eine Weise an das Zuhause, die Männer kaum verstehen können.[95]

Die Viktorianer waren die ersten, die den häuslichen Raum belebten, ihn nutzten für die kulturelle Erzeugung eines Gefühls der Verbindung, der Sicherheit und des Friedens, das sich noch immer ausschließlich mit dem Zuhause verknüpft. Ruskin beschrieb das Zuhause als »heiligen Ort, als Vestalinnentempel, als einen Tempel des Herdfeuers, über das die Hausgötter wachen«.[96] Das Mittelschichtleben charakterisierte sich durch das, was ein amerikanischer Beobachter »wohltätigen Ästhetizismus in Form und Zeremonie« nannte. Das Visuelle wurde der vorherrschende Sinn, und zum ersten Mal wurde die häusliche Architektur ein Mittel der Erlösung.[97] Der Lieblingsstil von

Mittelschichtvillen, das sogenannte »Gothic revival«, die Neogotik, sollte dazu dienen, das Haus und seine Bewohner mit moralischem Charakter zu erfüllen. Die Kreuzformen, die farbigen Glasfenster, die Orgel im Salon und die Möbel im gotischen Stil trugen alle zu dieser Wirkung bei.[98] Frühere protestantische Generationen hatten sich geweigert, ihre Häuser zu heiligen, doch jetzt konnte W. J. Loftie schreiben: »Wir in England haben unsere Kirchen manchmal vielleicht ein bißchen zu sehr geschmückt. Jetzt ist es sicher an der Zeit, daß wir uns jener zweiten Kirche zuwenden, dem Tempel, in dem sogar der alte heidnische Ort ein Familienaltar war, und unserem Zuhause ein bißchen mehr von der Schönheit geben, die aus Ordnung und Reinheit erwächst.«[99]

Das Zuhause war nie zuvor auf eine Art und Weise geheiligt worden wie im neunzehnten Jahrhundert.[100] Baldwin Brown argumentierte, das Zuhause sei eine Reflektion des »göttlichen Originals«.[101] Das ganze Gerede vom »home, sweet home« veranlaßte G. K. Chesterton später zu der Bemerkung, daß es den Viktorianern gelungen sei, »fast das erste unreligiöse Zuhause in der gesamten Menschheitsgeschichte« zu schaffen, womit er meinte, daß sie das Heilige auf eine Ebene verlagerten, die frühere Generationen als profan erachtet hatten: »Ihre Generation brachte als erste die Kinder dazu, an einem Herdfeuer ohne Altar zu beten. Das galt für die, die um elf Uhr in die Kirche gingen, genauso wie für überzeugte Agnostiker oder Latitudinarier.«[102]

Die Katholiken brauchten etwas länger, bis sie dem häuslichen Raum etwas Heiliges beimaßen. Sie ließen vom Priester ihre Häuser segnen, aber Bilder von der Heiligen Maria und Souvenirs von Pilgerreisen, die im Namen des Glaubens mitgenommen worden waren, sollten sie daran erinnern, daß die wahre Heiligkeit anderswo lag. Das Zuhause der städtischen Katholiken wurde erst Ende des neunzehnten Jahrhunderts zur Quelle seiner eigenen Erlösung, doch sobald diese Umwälzung stattgefunden hatte, hatte die Kirche zu kämpfen, damit sie nicht ihren zentralen Platz der Verehrung verlor.[103] Praktisch das gleiche Muster galt für die

Juden, für die das Zuhause ebenfalls um die Jahrhundertwende etwas Geheiligtes annahm. Um diese Zeit trat das »jüdische Zuhause«, das sich durch eine immer dichtere Abfolge von häuslichen Feiertagen, durch Gegenstände und Nahrungsmittel definierte, an die Stelle der Synagoge als Zentrum des jüdischen Lebens – ein Trend, der sich als unwiderruflich erwies.[104]

Viktorianer zu beiden Seiten des Atlantiks erfreuten sich daran, ihre Möbel in dauerhaften Gruppierungen zu arrangieren, und gaben die funktionale Sitte, Stühle und Tische an die Wände zu stellen, damit man sie je nach der Zahl der anwesenden Menschen gruppieren konnte, auf. Die Mittelschicht haßte offene Räume; ihre schweren, unbeweglichen Möbel legten die Funktion des Salons fest und verwandelten ihn in eine Bühne für eine Truppe vorgegebener Familienschauspieler. Das gleiche galt für den zweiten archetypischen viktorianischen Familienraum, das Eßzimmer, das nur eine bestimmte Anzahl von Plätzen für die Rituale bot, die dort stattfanden. Im selben Maße, wie die Familienzeit strenger geregelt wurde, wurde auch der Raum der Familie fixierter und begrenzter.[105]

Wohn- und Eßzimmer hatten jedoch zweierlei Funktion. Ursprünglich ziemlich einförmig und stilisiert, waren sie öffentliche und Familienräume gleichermaßen. Sie gaben dem Haus seinen »Charakter«, eine Bezeichnung, die schwere moralische Implikationen hatte und anfangs nur wenig Raum für persönlichen Geschmack oder Stil ließ.[106] Besuche wurden zu einer höchst ritualisierten Angelegenheit, die sowohl die gesellschaftliche Annehmbarkeit des Gastgebers als auch die des Gastes auf die Probe stellte. Richtige Besuche fanden zu vorgegebenen Zeiten statt, dauerten eine vorgegebene Zeit und folgten einem vorgegebenen Skript aus anmutigen Begrüßungen und Verabschiedungen, in denen ein achtbarer Angehöriger der Mittelschicht gut geübt war.[107] Wie wir bereits gesehen haben, war das Wohnzimmer die Bühne, auf der die Familie sich selbst zur Schau stellte.

Dort präsentierte sie sich selbst im Leben wie im Tode. Bis zum Ende des neunzehnten Jahrhunderts war das Wohnzimmer der Ort, an dem die Verschiedenen aufgebahrt wurden. Als die Beerdigungsunternehmer dazu übergingen, die Toten aus dem Haus in den neu entstandenen »funeral parlor« – »das Beerdigungsinstitut« – zu bringen, erhielt der Salon – der »parlor« – die neue Bezeichnung »living room« – »Wohnzimmer«; dort empfingen die Angehörigen auch weiterhin ihre Gäste und zeigten der Welt ihr bestes Gesicht.[108]

Bis zu diesem Jahrhundert hatten Angehörige der Arbeiterschicht zu wenig Platz zur Verfügung, als daß sie auch nur einen Teil davon für Repräsentationszwecke hätten abzweigen können. Wenn ein zusätzlicher Raum dazukam, wurde er normalerweise zum Wohnzimmer, zu dem einen Ort des Hauses, der »dem Privatleben, der Werbung, dem Geschäft oder gesellschaftlichen Umgang vorbehalten ist, und welcher nicht die ganze Familie angeht«. Noch in den fünfziger Jahren des zwanzigsten Jahrhunderts war das Wohnzimmer der Arbeiterschicht »ein Ort, wo man Fremde oder offizielle Besucher empfängt, letztlich eine Verteidigung gegen die Außenwelt«.[109] Das Wohnzimmerfenster war die Fassade, die die Familie der Welt zeigte, sozusagen ein Schaufenster für ihre Respektabilität und ihren Status. Normalerweise blieb es verschlossen, und die Kinder durften nicht hinein. »Egal, wie eng es bei uns war, wir wären im Traum nicht darauf gekommen, zu anderen als ganz besonderen Gelegenheiten in unserem einzigen halbwegs großen Zimmer zu sitzen«, erinnerte sich ein Mann, der in den zwanziger Jahren des zwanzigsten Jahrhunderts in der Nähe von London aufwuchs. »Das ›vordere Zimmer‹ war, wie jedes andere in unserer Straße, sakrosankt. Seine grünen Jalousien waren an sonnigen Tagen heruntergelassen, damit der Teppich nicht ausbleichte, und der spitzenverzierte Vorhang war gerade so weit zurückgezogen, daß man eine prächtig gedeihende Aspidistra in einem künstlerisch gestalteten Übertopf sah.«[110] Der vordere Raum verwies nicht nur auf gesellschaftlichen Status, sondern auch auf häusliche Ordnung. Er war nicht nur die Fassade, die die Familie der Welt zeigte, sondern auch sich selbst. »Sein deutlichstes Merkmal«, schrieb Alwyn Rees,

> ist die große Zahl von Familienfotos auf der Kommode und den Kaminsimsen. Er ist eine Art Museum oder Sanktum – eine Fundgrube für die Dinge, die emotionale Bedeutung besitzen oder besaßen: Hochzeitskleider und andere alte Kleidungsstücke in den Kommoden – manche davon von Verstorbenen – Hochzeitsgäste in unmoderner Kleidung auf den Bildern an den Wänden... Sein Friede wird nur dann länger gestört, wenn ein Mitglied der Familie an einer langwierigen Krankheit leidet.[111]

Die Bedeutung des Arbeiterschichtwohnzimmers nahm im Lauf des Jahrhunderts eher zu als ab. In einer Umfrage über britische Wohnverhältnisse, die in den späten vierziger Jahren des zwanzigsten Jahrhunderts fertiggestellt wurde, fand Dennis Chapman heraus, daß

> das Wohnzimmer in seiner idealen Form die Porträts von Eltern, Kindern und Freunden beinhaltet; es beherbergt des weiteren Souvenirs, von denen jedes dazu dienen soll, den Eigentümer an ein Ereignis im gesellschaftlichen Leben der Familie zu erinnern, sowie Geschenke, die Erinnerungsstücke an die gesellschaftlichen Beziehungen der Vergangenheit darstellen. In manchen Familien finden auch Gegenstände mit religiösen Konnotationen einen Platz im Wohnzimmer; in römisch-katholischen Familien ist vielleicht sogar eine Ecke als eine Art Schrein eingerichtet.[112]

Bis in die siebziger Jahre unseres Jahrhunderts war der Ort, den die Leute von Ballymenone »the Room« – »das Zimmer« – nannten, der Raum, in dem »Fotos von Vorfahren und Kindern, Auswanderern und jugendlichen Bewohnern die Aufmerksamkeit jenseits von Zeit, Raum und Fleisch erregen. Spiegel erzeugen Porträts der Lebenden neben denen der Toten, die mit endlos segnendem Blick auf die wenigen großen Gelegenheiten herabstarren, welche Leben in den Raum bringen.«[113]

Heute gibt es »the Room« nur noch in ländlichen Häusern und Stadthäusern, die im zwanzigsten Jahrhundert nicht saniert worden sind.[114] Für Wohnungsexperten der Mittelschicht »erscheint die Sitte, Räume nur für besondere Gelegenheiten zu öffnen, so absurd, daß es schwer ist, Menschen, die so etwas tun, für vernünftig zu halten«.[115] Von den zwanziger Jahren unseres Jahrhunderts an bemühten sich die Reformer, das Verhältnis zwischen funktionalem Haus und symbolischem Zuhause neu zu gestalten; es gelang ihnen schließlich, beides miteinander in Einklang zu bringen, was wichtige Folgen für das Familienleben sowie die Beziehungen der verschiedenen Lebensalter und Geschlechter zueinander hatte. Diese Verschiebung hatte wesentlich mit dem Verschwinden von Bediensteten zu beiden Seiten des Atlantiks zu tun. Daraus ergab sich die Notwendigkeit, Räume zu integrieren, die vormals durch die Schichten getrennt waren, während die Geschlechtertrennung von Haus und Zuhause aufrechterhalten wurde. Die Frau des Hauses mußte alle Aufgaben und Räume der Haushaltsführung zusätzlich zu den ihr bereits zugewiesenen Rollen und Orten übernehmen, die sich daraus ergaben, daß sie ein Zuhause bereitete. Da es zwischen den Kriegen keine Köche, Hausmädchen und Kindermädchen mehr gab, entwickelte sich nun eine immer anspruchsvollere Definition der Ehefrau- und Mutterrolle. Zur Entlastung der Mittelschichthausfrau, die nun stärker mit Putzen, Kochen und Kindererziehung beschäftigt war als früher, empfahl die neue Wissenschaft der »Hausökonomie« kleinere, effizientere Küchen, die nicht mehr so abgeschnitten vom restlichen Haus waren.[116] Das neue »Wohnzimmer« war leichter sauberzumachen, auch wenn der kulturell obligatorische Kamin weiterhin eine Quelle kalter Luftzüge und schmutziger Teppiche blieb.[117]

Nach dem Zweiten Weltkrieg öffneten sich die inneren Räume der Häuser noch weiter. Türen und Wände zwischen Küche, Eß- und Wohnzimmer wurden entfernt, und neue »Familienräume« schlossen sich an die Küche an. Sobald man Häuser für den

Massenmarkt baute, wurden sie kleiner, und die Räume mußten mehrere Funktionen erfüllen.[118] Die Kinder machten ihre Hausaufgaben am Eßzimmertisch, und die Küche wurde »aus ihrem alten Dunkel geholt und in einen Raum – beziehungsweise den Teil eines Raumes – verwandelt, dessen gesellschaftlicher Status dem anderer Räume des Hauses nicht nachstand«.[119] In Amerika kehrten die Küchen wieder an die Vorderseite des Hauses zurück, wo die Frau, so Clifford Clark, »das Haus führen konnte, ohne die Küche je zu verlassen. Sie konnte ein wunderbares Essen für die Gäste zubereiten und sich dabei gleichzeitig mit ihnen unterhalten. Oder sie konnte die Wäsche erledigen und dennoch ein Auge auf die Kinder haben.«[120] Auch in Europa erlangte das Kochen, das in den vorhergehenden hundert Jahren den Bediensteten überlassen worden war, plötzlich neues Prestige. So wurde aus der Küche so etwas wie ein Mekka, das die Frauen noch enger an sich band. In den sechziger Jahren unseres Jahrhunderts verkündete das britische Magazin *Women's Own*: »Die Küche ist zum wichtigsten Raum des Hauses geworden. Sie ist der Raum, den Sie vor allen anderen sauber und glänzend erhalten wollen. Ein Platz für die Frau? Ja. Denn sie ist das Herz und der Mittelpunkt dessen, was ›Zuhause‹ bedeutet. Der Ort, an dem Sie, Tag für Tag, mit Ihren Händen kostbare Geschenke der Liebe fertigen.«[121]

So war auch noch der letzte Rest des alten Haushalts in den symbolischen Raum des modernen Zuhauses integriert worden. Jetzt, da die Bediensteten nicht mehr im Haus waren, war er Familienterritorium. Doch der Preis für diese Reintegration war – das merkte man damals noch nicht – hoch und wurde vor allen Dingen von den Frauen bezahlt, die diesen Raum nicht nur symbolisch, sondern auch körperlich einnahmen. Wie wir bereits gesehen haben, hatte die Familie die Zeit der Frauen mit Beschlag belegt. Und jetzt passierte etwas ganz ähnliches mit ihrem Raum.

TEIL III

Mythische Gestalten
in der
vorstädtischen Landschaft

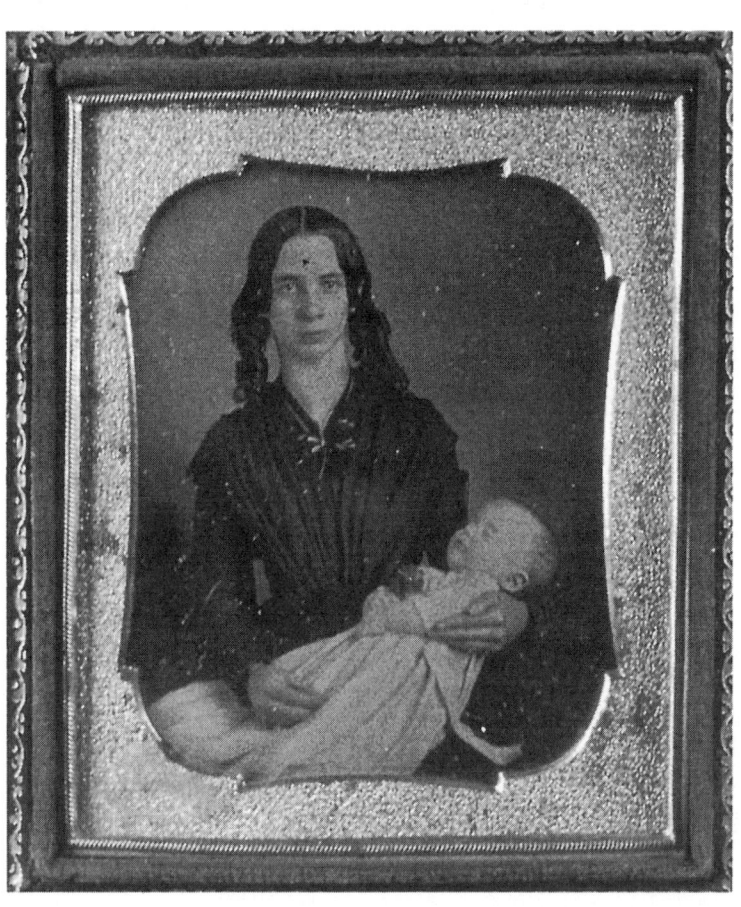

DAS PERFEKTE PAAR

Die Natur gibt nichts ohne Zeremonie her.

Ernst Cassirer, Philosophie der Symbolischen Formen[1]

* * *

Vielleicht liegt die Ehe als Institution heutzutage nach allgemeiner Meinung auf Eis, aber die romantische Liebe erlebt derzeit ihre größte Hausse. Die Ehe ist zum Maßstab für alle Beziehungen geworden, seien sie nun vorehelich oder ehelich, homo- oder heterosexuell. Die Kinder beziehen diese Tatsache in ihr Spiel ein, die Teenager praktizieren sie. Eine Beziehung mit einem anderen Menschen aufzubauen – egal, ob er dem gleichen oder dem anderen Geschlecht angehört – ist in der modernen westlichen Kultur ein Zeichen dafür, daß man erwachsen ist.[2] Doch dabei handelt es sich um eine relativ neue Entwicklung, denn erst im letzten Jahrhundert nahm das perfekte Paar seine zentrale Stellung in der Phantasie des westlichen Menschen ein.

Die Liebe ist nichts Neues, aber noch nie zuvor ist sie so ausschließlich durch die Liebe zwischen lediglich zwei Menschen symbolisiert worden. In früheren Jahrhunderten konnte man sich die Liebe auch in anderen Formen vorstellen – zum Beispiel als Beziehung zwischen Freunden, als Verbindung zu spirituellen Gestalten oder innerhalb der unterschiedlichsten religiösen und weltlichen Gemeinschaften. In den ersten zwölf Jahrhunderten seines Bestehens zeigte das Christentum eine deutliche Vorliebe für die Liebe, die Ehe und Familie transzendierte; selbst als die Kirche schließlich 1215 im Rahmen des Vierten Laterankonzils ihre eigenen Hochzeitsriten einführte, stand sie der ausschließlichen Gleichsetzung von Liebe mit der Ehe weiterhin mit Vorbehalten gegenüber.[3] Die Reformation im sechzehnten Jahrhundert sanktionierte die Ehe auf spiritueller Ebene, aber der Protestantismus lehrte auch, daß die Liebe zu einem anderen Menschen immer hinter der zu Gott zurückstehen müsse. Erst im neunzehnten Jahrhundert begann man, die eheliche Liebe als göttlich zu bezeichnen.

Heutzutage findet man das perfekte Paar sowohl inner- als auch außerhalb der Ehe. Die Ehe wurde zum idealisierten Bild, das sowohl ihre Stiftung als auch ihre Auflösung rechtfertigte. Die mythische Verbindung überdauert im allgemeinen die körperliche.[4] Das moderne Ehebündnis hält viel länger im Kopf als in der Realität, manchmal sogar über den Tod hinaus. Elisabeth Kübler-Ross erklärte erst kürzlich Jonathan Rosen, sie habe vor, sich im Himmel zu ihrem Exmann zu gesellen, obwohl dieser vor seinem Tod noch einmal geheiratet hatte. »Meiner Ansicht nach ist man für immer verheiratet, wenn man den Bund der Ehe schließt«, sagte sie. »Er war auch nach seiner Hochzeit mit dieser jungen Loulou noch mein Mann. Das war sein Problem, nicht meins.«[5] Offenbar haftet der Ehe eine Unsterblichkeit an, die das Singledasein nicht hat, denn wenn Europäer und Amerikaner sich das Leben nach dem Tode vorstellen, tun sie das immer in Paaren.[6]

Jahrhundertelang war die eheliche Liebe eher gefürchtet, als daß man sie gefeiert hätte. Sie wurde als zu flüchtig und zu wenig substantiell erachtet, um Individuen oder die gesellschaftliche Ordnung aufrechterhalten zu können. »Im Europa vor der Neuzeit begann die Ehe im allgemeinen als Arrangement der Besitztümer, beschäftigte sich in ihrer mittleren Phase hauptsächlich mit der Kindererziehung und endete mit der Liebe«, schreibt John Boswell, der diese Erwartungen mit den modernen kontrastiert, in denen »die Ehe mit der Liebe beginnt, sich in der mittleren Phase noch immer hauptsächlich mit der Kindererziehung beschäftigt (falls das Paar überhaupt Kinder hat) und – oft – mit Fragen über die Besitzverhältnisse endet. An diesem Punkt geht es dann meist nicht mehr um Liebe; sie gehört der Vergangenheit an.«[7]

Unsere Vorfahren achteten streng darauf, daß nur diejenigen den Bund der Ehe eingingen, die durch den Besitz eines Hofes oder eines Geschäfts wirtschaftlich unabhängig waren. Die Menschen beschlossen zu heiraten, bevor sie einen bestimmten Partner dafür im Kopf hatten.[8] Sie heirateten spät, die Ärmsten unter ihnen vielleicht auch nie. Zum Glück gab es damals auch außerhalb der Ehe Raum für die Liebe. Wie in vielen Kulturen, in denen die Herausbildung von Haushalten beschränkt ist, wurden auch hier die unterschiedlichsten Verbindungen, darunter das Konkubinat oder eheähnliche Gemeinschaften, als durchaus rechtens erachtet. Sogar Verbindungen von gleichgeschlechtlichen Partnern führten bis zum Verlust ihrer Sanktionierung durch die Kirche nach dem vierzehnten Jahrhundert so etwas wie eine Untergrundexistenz.[9] Menschen, die keine Aussicht darauf hatten, selbst einen Haushalt zu gründen, konnten lieben, wie sie wollten, solange sie diskret vorgingen; diejenigen jedoch, die einem Haushalt vorstehen würden, hatten keine große Wahl. Kirche und Gemeinschaft sorgten schon dafür, daß der Preis für das Erreichen dieser privilegierten Position eingefordert wurde – die Einhaltung der Regeln. Folglich war vor dem neunzehnten Jahrhundert kaum etwas Romantisches an Werbung und Ehe.

Nach modernem Maßstab war die Werbung vor der Neuzeit eine hastige und ziemlich nüchterne Angelegenheit, der kein Kennenlernen der eigenen Person und des Partners vorausging, wie wir es heutzutage mit der Liebe in Verbindung bringen. Damals kamen die Partner einander bei Arbeit und Freizeit näher; in den vorneuzeitlichen Gesellschaften vermischten sich die Geschlechter auf dem Markt, auf den Straßen und Feldern, und die Werbung war in ihrem Rhythmus und in den Orten, an denen sie stattfand, untrennbar mit dem restlichen Leben verbunden. In Europa suchten die Männer die Frauen an ihrem Arbeitsplatz auf.

In Yorkshire nannte man das »going-a-sitting«, an anderen Orten sagte man »night visiting« – »abendlicher Besuch« dazu.[10] In Amerika boten »quilting« und »husking« ähnliche Gelegenheiten, das andere Geschlecht kennenzulernen. Solche Aktivitäten wurden zwar nur selten von Erwachsenen überwacht, aber eine vorzeitige Paarbildung wurde von den Gleichaltrigen, die in solchen Situationen die Autorität der Eltern übernahmen, mit einem Stirnrunzeln quittiert.[11] Die Folge war ein erstaunlich freier und vertrauter Umgang der jungen Männer und Frauen miteinander, allerdings immer in Gegenwart anderer. Offenbar besuchten sie einander ziemlich oft und ohne große Förmlichkeit – das galt auch für die Schlafzimmer. Pamela Brown erzählt aus dem ländlichen Vermont der dreißiger Jahre des neunzehnten Jahrhunderts, sie und ihre Freundin Elmina seien eines Sonntags »ziemlich spät aufgestanden«: »Wir hatten kaum die [Haus]arbeit erledigt, als schon James Merill, Joel Slack und Thomas Fletcher hereinkamen. Sie blieben und redeten und sangen eine oder zwei Stunden lang. Dann gingen wir alle zum ›Five Corners‹ hinunter, wo wir Solomon Carlisle, H. Willis, die beiden Briggs und Charlotte Duncan trafen.«[12]

Anders als wir heute meinen, wurden nur wenige der Ehen vor der Neuzeit – die Aristokratie bildete hier natürlich eine Ausnahme – von den Eltern gestiftet. Die jungen Frauen und Männer genossen in dieser Hinsicht ziemlich große Entscheidungsfreiheit.[13] Die Trennung nach Geschlechtern und Alter wurde damals nicht so strikt betrieben wie heute, und weil die Menschen damals erst mit Mitte bis Ende Zwanzig heirateten, waren die Brautleute viel erwachsener, reifer und unabhängiger. Das späte Alter der Verehelichung war »selbst ein Maß für jene Erwachsenheit und Anerkenntnis der schweren Verantwortung, die die Ehe mit sich brachte«.[14] Viele Männer hatten ihre Männlichkeit schon durch die Initiationsriten der Zünfte und Gilden unter Beweis gestellt. Das Leben der Frauen wurde nur selten durch solche Riten geprägt, aber die jahrelange Tätigkeit außer Hauses sorgte dafür, daß der Übergang der jungen Frau in den Status der »goodwife«, wenn auch schnell, so doch nicht traumatisch war.[15]

Vor der Eheschließung gingen die jungen Leute Beziehungen mit verwirrender Geschwindigkeit ein und hielten sich die Optionen viel länger offen als die jungen Leute heute. In unserer Zeit spielen die Kinder Ehe, und die Teenager »gehen fest miteinander«; damals wurde solches Verhalten mit großer Mißbilligung gewürdigt, nicht nur von den Eltern, sondern auch von den jungen Leuten selbst. Die Gleichaltrigen hatten ein persönliches Interesse daran, alle in Frage kommenden Parteien verfügbar zu halten; Tage, die in unseren Augen ausschließlich den Liebenden gewidmet sind, wie der Valentinstag, wurden damals in der Gemeinschaft begangen; alle bekamen und verschenkten etwas.[16] Die jungen Leute verwendeten nicht nur Münzen, die als »god's pennies« bezeichnet wurden, um ihre Annahme oder Ablehnung von Beschäftigungsabmachungen zu symbolisieren, sondern auch als Unterpfand für ihre persönlichen Beziehungen. Auf dem Jahrmarkt von Pudsey funktionierte das folgendermaßen:

Die Burschen mischen sich unter die Mädchen und machen manchmal ziemlich derbe Witze... Wenn ein junger Mann eine junge Frau dazu bringt, ein »tiding«, das heißt einen Pfefferkuchen und Nüsse, anzunehmen, ist das Eis gebrochen. Junge wie alte Leute betrachten das als eine Art »god's penny«, denn das Mädchen fühlt sich dem jungen Mann gegenüber nun verpflichtet.[17]

Bindungen auf so schlichte Art zu symbolisieren hatte seine Vorteile. Einer davon war, daß Beziehungen so offen und flexibel gehalten wurden. Diejenigen, die Gelegenheit hatten, sich als Kollegen und Angehörige derselben Gemeinschaft und Kirche besser kennenzulernen, brauchten keine längere Zeit der Bekanntschaft. Wir betrachten die Liebe als etwas, das sich entwickeln muß; weil wir die Liebe als etwas zutiefst Persönliches erachten, als losgelöstes Gefühl, das von innen kommt, sind wir schockiert über die Schnelligkeit, mit der die Menschen vor dem neunzehnten Jahrhundert heirateten. Die Leute vor der Neuzeit verstanden die Liebe allerdings als körperliches Phänomen, das sich sehr viel unmittelbarer übermitteln ließ. Ihre Art und Weise, Zuneigung auszudrücken, erscheint uns derb, manchmal schon fast gewalttätig: »Zuerst wechseln sie Blicke, dann flüchtige Bemerkungen, dann Frotzeleien. Der junge Mann versetzt der jungen Frau einen Stoß, schlägt ihr kräftig auf den Rücken, nimmt ihre Hand und drückt sie so fest, daß er ihr fast die Knochen bricht. Sie reagiert auf diese zärtliche Geste, indem sie ihm ihrerseits einen Stoß in den Rücken versetzt.«[18] In Wales konnte es vorkommen, daß ein Junge auf ein Mädchen, das er besonders gut leiden konnte, urinierte, und überall sonst ähnelten Küsse eher Bissen, denn die Vermischung des Blutes war, wie die aller anderen Körperflüssigkeiten, ein deutliches Symbol der Zuneigung.[19]

In der Liebe ging es damals nicht um die Entdeckung der eigenen Person und der des Partners, sondern darum, etwas zu geben und zu erhalten, das als sehr greifbar galt. Alle wußten, daß sich Liebe durch Tränke und Anhänger wecken oder austreiben ließ, aber man war sich auch der schwarzen Magie bewußt, die abgewiesene Verehrer und eifersüchtige Geschwister herbeirufen konnten. Deshalb wandten sich die Menschen damals an Heiler und Magier, die die verschiedenen Formen der Liebeskrankheit verhinderten oder kurierten. Da die Liebe ihrer Meinung nach außerdem durch den Kosmos beeinflußt wurde, suchten sie auch Hilfe bei Astrologen und Hellsehern, die ihnen erklärten, welche Sterne ihnen wohlgesonnen waren, und ihnen die richtigen Termine für Verlobungen und Hochzeiten sagten.[20]

Wenn Männer und Frauen Mitte bis Ende Zwanzig waren, erreichten sie das richtige Alter für die Ehe, auch wenn die Aussichten nur in den seltensten Fällen gut waren, weil weder eine Garantie für eine Erbschaft noch für eine sichere Beschäftigung bestand. Für Junggesellen im Lancashire des siebzehnten Jahrhunderts wie Roger Lowe waren die beiden Hauptgesprächsthemen »der Handel und wie man eine Frau bekommt«, Aktivitäten, die sich praktisch wie metaphorisch untrennbar miteinander verknüpften.[21] Auch die Sprache der unverheirateten Frauen unterschied sich da nicht sonderlich, denn beide Geschlechter waren nicht besonders romantisch.

Nur wenn die betreffenden Partner die Möglichkeit hatten, später ein Geschäft oder einen Hof zu bekommen, wurde ihnen Zeit oder Raum für sich allein zugestanden, allerdings nur kurz. Wir verbinden die Liebe mit der Zeit, die ein Paar zusammen verbringt, damals hingegen wurde ihre Bedeutung eher vom Raum als von der Zeit bestimmt. Abgesehen von den Marktplätzen, an denen immer schon alle möglichen Beziehungen geknüpft und wieder aufgelöst wurden, galten auch besonders markante Stellen der Landschaft wie Brunnen, Felsen oder Brücken als Treffpunkte für junge Paare.[22] Die frühe Phase der Werbung nannte man »walking out« – »miteinander ausgehen« –, und sie beschrieb die Art und Weise, wie die Liebenden den Raum nutzten, um sich der Welt zu präsentieren und so die Reaktionen von Gleichaltrigen, Eltern und Gemeinschaft abzuschätzen. In Wales nahm dieser Test eine rituelle Form an:

> Die ersten Male, wenn ein junger Mann und eine junge Frau zusammen auf einer Kirmes erschienen, wurde ein anderer junger Mann ausgesandt, um die junge Frau im Namen eines anderen Angehörigen seiner Gruppe zu »holen« *(mofyn)*. Ihr Verehrer mußte ihr *fairings* – Jahrmarktsgeschenke – kaufen, wenn er sie behalten wollte, während der junge Mann, der sie wegholen wollte, ihr *fairings* kaufen mußte, um sie wegzulocken.[23]

Verehrer, die nicht am Ort ansässig waren, mußten mit rauherer Behandlung rechnen; viele wurden gezwungen, so etwas wie ein Eintrittsgeld – »footings« – zu bezahlen, bevor sie die Angebetete regelmäßig besuchen durften. Doch selbst Jungen vom Ort hatten mit rituellen Schikanen zu kämpfen, bevor ihr Recht auf Werbung »auf ewig geschützt« war.[24]

Diese Riten, die mit stillschweigender Zustimmung der größeren Gemeinschaft gebilligt und von den Gleichaltrigen überwacht wurden, ermächtigten das Paar, von der »walking out«-Phase zur nächsten, ernsteren Stufe des Werbungsprozesses, dem »keeping company« überzugehen. Nun erhielten sie überraschend viel Freiraum; sie durften sich nicht nur im Schutz der Dunkelheit treffen, sondern sogar zusammen unter eine Bettdecke schlüpfen. Sowohl in Europa als auch in Nordamerika gehörten nächtliche Besuche und die gegenseitige körperliche Erforschung zu den völlig normalen Stufen des Heiratsprozesses; die Paare konnten ihre Kompatibilität sogar im sexuellen Bereich überprüfen.[25] Es heißt, in Wales wisse jeder, der »das Landvolk kenne, daß die Werbung auch nachts gang und gäbe war. Wenn ein junger Mann zu seiner Angebeteten ging, hatte er Angst, jemand könnte ihn ›bei Tageslicht‹ sehen.«[26] In Henry Bests wunderbar detailliertem Bericht über die Werbungssitten im Yorkshire des siebzehnten Jahrhunderts steht, daß der Mann der Frau im Verlauf seiner Besuche in ihrem Haus »eine Zehn-Schilling-Münze aus Gold oder einen Ring jenes Wertes gibt, vielleicht auch eine Zwanzig-Schilling-Münze oder einen Ring jenes Wertes. Das nächste oder übernächste und alle folgenden Male erhält sie dann irgendeine Kleinigkeit geringeren Werts.«[27]

Wenn diese Geschenke angenommen wurden, bildeten sie das, was als »private spousals« bezeichnet wurde. William Whiteway berichtet in seinem Tagebuch vom 6. April 1620: »Ehe zwischen mir, WM Whiteway und Eleanor Parkins, meiner Geliebtesten, die Gott segnen und mit Reichtum versehen soll, beschlossen.«[28] Wir heute finden es merkwürdig, daß er das Wort »Ehe« für etwas verwendete, was wir »Verlobung« nennen würden, doch bis zum achtzehnten Jahrhundert wurde das, was William und Eleanor einander schworen, in England und überall sonst bereits als Ehe betrachtet.[29] Nachdem Elizabeth Cawt und Robert Hubbard, ein Paar aus Leicester, sich 1598 über die »spousals« geeinigt hatte, gingen die beiden sofort miteinander ins Bett, und »am nächsten Morgen, nachdem sie besagte Goldmünze bekommen hatte, ließ besagte Elizabeth ein paar ihrer Freundinnen ins Haus holen, denen sie erklärte, daß Robert und Elizabeth die Ehe miteinander geschlossen hatten«.[30]

Sogar Puritaner wie Robert Cleaver priesen die sogenannten »spousals«, weil sie den Paaren Zeit ließen, »alles über die Hindernisse zu erfahren, die einer versprochenen Ehe im Weg stehen könnten«.[31] Sein Kollege William Gouge drückte es folgendermaßen aus: Die Versprochenen befanden sich »auf der Hälfte des Weges zwischen Alleinstehenden und Verheirateten; sie sind weder alleinstehend noch richtig verheiratet«.[32] Wenn einer der Partner sein Versprechen rückgängig machte und der andere sich bereit erklärte, die Partnerschaft aufzulösen, stand es den beiden frei, ungestraft in die Welt der Unverheirateten zurückzukehren.

Nach Ansicht der christlichen Kirche hatte die beiderseitige Zustimmung immer schon das Wesen der Ehe ausgemacht. Jahrhundertelang hatte sie die Rechte der einwilligenden Parteien gegenüber Familien- und Gemeinschaftsinteressen verteidigt. Sogar noch im siebzehnten und achtzehnten Jahrhundert, als die Kirche darauf zu bestehen begann, daß ihre eigenen oder (im Fall des puritanistischen England) die zivilrechtlichen Zeremonien die Ehe rechtskräftig machten, hielt das gemeine Volk an der alten Überzeugung fest, daß die »spousals« den eigentlichen Beginn einer Ehe darstellten, die dann durch eine Absprache der beteiligten Familien konstituiert wurde und schließlich in einer großen öffentlichen Hochzeit kulminierte.

So berichtet auch William Whiteway in seinem Tagebucheintrag vom 6. Mai, daß er und Eleanor »gegen neun Uhr abends bei meinem Vater Parkins von Mr. John White, in Anwesenheit unserer Eltern, verlobt wurden«.[33] In Bests Bericht besuchten die zukünftige Braut und ihr Vater die Familie des Bräutigams, »und dort empfängt der Vater des jungen Mannes sie und überreicht ihnen einen bestimmten Betrag für die Frau; dann legen sie den Tag der Hochzeit fest.«[34] Dieses Ritual, das die Waliser »appointing the day« – »Festlegung des Tages« – nannten, hatte Parallelen in Nordamerika, wo die Familien ihre Einigung mit einem Trinkgelage feierten. In den puritanischen Neuenglandstaaten konnte sich dieser Teil durchaus mit der Hochzeit selbst messen, was den Umfang und die Bedeutung der Festlichkeiten anbelangte.[35]

Die Zeit zwischen Verlobung und Hochzeit war nach unseren Maßstäben ziemlich kurz. »Je länger die Werbung, desto kürzer das Zusammenleben hinterher«, sagte man damals. William Whiteway schreibt, die kirchliche Hochzeit habe am 14. Juni stattgefunden, kaum zwei Monate nach den ersten »spousals«: »Ich, William Whiteway, wurde von Mr. John White in der Church of the Holy Trinity in Dorchester in Anwesenheit fast aller im Ort Ansässigen mit Eleanor Parkins verheiratet.«[36] Dieser Abstand zwischen »spousals« und Eheschließung scheint dem Durchschnitt entsprochen zu haben. Wahrscheinlich hätten manche Paare noch schneller geheiratet, wenn die Kirche nicht gefordert hätte, daß das Paar sein Vorhaben an drei aufeinanderfolgenden Sonntagen vor der Hochzeitsfeier öffentlich kundgab – man nannte das die »banns«.[37]

Für die Menschen früherer Jahrhunderte war die Werbung nicht wie für uns eine Zeit, in der man sich selbst und den Partner entdeckte. Und die Ehe fungierte auch nicht wie heute als Initiationsritus ins Erwachsenenalter. Die Reife war für unsere Vorfahren eine Voraussetzung, nicht eine Folge der Ehe. Es handelte sich dabei um eine Zeit, in der alle gesellschaftlichen Beziehungen wieder einzurenken waren, die nolens volens durch die Gründung eines neuen Haushalts durcheinandergebracht wurden, um einen Ritus der Veränderung für die Gemeinschaft selbst also. Vor dem neunzehnten Jahrhundert war die Hochzeit eher ein kollektiver als ein persönlicher Ritus der Veränderung. Die Hochzeit war etwas Öffentliches, und in Teilen von Großbritannien begann sie damit, daß der Bräutigam und seine Freunde die Braut von ihrem Haus »abholten«. In einer Schilderung walisischer Hochzeiten im achtzehnten Jahrhundert heißt es, der Bräutigam nehme die Braut, nachdem er ihr Haus betreten habe, »bei der Hand und sagt, ›Mistis, ich hoffe, du willst‹, oder er küßt sie vor den Augen der anderen und folgt dann dem Vater hinaus«.[38] In Wales nahm dieses »fetching«, das »Abholen«, bisweilen drastische Formen an: Die Begleiter des Bräutigams und die Leute der Braut führten zum Schein so etwas wie eine Schlacht auf: »Sie fordern das Mädchen als versprochene Ehefrau und beschimpfen einander, die eine Partei im Haus und die andere draußen, sehr zum Vergnügen der Anwesenden.«[39]

Das Ritual sah vor, daß die Begleiter des Bräutigams schließlich Zugang zum Haus bekamen und dort nach der Braut suchten, die manchmal versteckt oder verkleidet wurde. Sobald sie sie entdeckten, »erscheint der Vater und heißt seine neuen Gäste willkommen. Er bittet sie, zu einem kalten Imbiß Platz zu nehmen, und jeder bekommt einen Krug Ale.« Doch dann folgten weitere dramatische Schritte: »Die junge Frau jammert und klagt, und wenn es ihr gelingt, Tränen vorzutäuschen und sich die Haare zu raufen, wird das als große Leistung anerkannt.« Schließlich wird sie hinter einem ihrer Leute auf ein Pferd gesetzt, das vom Bräutigam und seinen Begleitern verfolgt wird. Das ist sozusagen der letzte Akt der Trennung von Braut und Haushalt.[40]

Die Eltern begleiteten ihre Töchter nicht zur Kirche, sondern blieben zu Hause, um die letzten Riten des Abschieds durchzuführen: Sie warfen alte Schuhe, was die Aufgabe ihrer elterlichen Autorität symbolisierte, oder schrubbten die Schwelle, ein weiteres Zeichen dafür, daß sie ihre Tochter ziehen ließen.[41]

Die Beteiligung der Brautfamilie endete an diesem Punkt. Der Vater führte seine Tochter nicht zum Altar, und die Familie hatte nicht die Verpflichtung, nach der kirchlichen Zeremonie einen Empfang abzuhalten. Die Verwandten wurden nicht eigens eingeladen und erschienen auch nur, wenn sie ohnehin der Gemeinschaft angehörten, in der das Paar lebte.

Nachbarn und Freunde sorgten für die Geschenke, denn die

Gemeinschaft richtete die große Hochzeit aus und ermöglichte es den Ärmeren, einen neuen Haushalt zu gründen. Im Essex des siebzehnten Jahrhunderts berichtete Ralph Josselin, daß Freunde bei der Hochzeit eines Nachbarn »großzügig gaben [und] er mehr als 56 Pfund bekam«.[42] Noch Anfang des neunzehnten Jahrhunderts hingen die Kleinbauern voneinander ab; nur gemeinsam konnten sie die Mittel aufbringen, um einen neuen Haushalt zu gründen. In Wales schickte man einen »bidder« – einen Hochzeitslader – los, der die ganze Nachbarschaft zur Hochzeit einlud und die Leute bat, »einen Wagen oder einen Karren zu schicken, ein Pferd und ein Fohlen, eine Färse, eine Kuh und ein Kalb, oder eineinhalb Ochsen, oder Schweine, Hähne, Gänse, Gänschen, Enten, Truthähne, einen Sattel, oder eine Kinderwiege oder was das Haus entbehren kann«. Dabei erinnerte er immer wieder daran, daß *»viele einem helfen können, aber nicht einer vielen«.* Jedes Geschenk wurde aufgezeichnet und irgendwann zurückgezahlt, denn es war Sitte, daß »alle Zahlungen *(pwython),* die Vater und Mutter, Großvater und Großmutter, Tanten, Brüdern und Schwestern der jungen Frau geschuldet werden, zurückgezahlt werden müssen. Das gleiche gilt für alles, was Vater und Mutter und die anderen Verwandten des jungen Mannes gezahlt haben«.[43]

Diese gegenseitige Hilfe der Gemeinschaft reichte oft aus, um einen kleinen Hof oder ein Geschäft aufzubauen. Wo es keinen »bidder« gab, sorgte das junge Paar selbst dafür, daß zur Hochzeit etwas zusammenkam, indem es Preise versteigerte und den Gästen, die sich zur Hochzeit einfanden, Essen und Getränke verkaufte.[44] Die Gäste halfen überdies mit, sogenannte »one-night houses« auf Ödland zu errichten. Im Norden von England und Wales hieß es, die Leute seien »immer bereit, einander zu helfen ... sie versammelten sich bei Tagesanbruch am vereinbarten Ort und arbeiteten mit gutem Willen, jeder an seiner eigenen Aufgabe, bis, lange vor dem Sonnenaufgang, die Lehmwände einer Unterkunft für ein junges Paar standen«. Ähnliche »house and barn raisings« wurden in Nordamerika abgehalten, besonders im Westen, wo alle mithalfen, um einen neuen Haushalt zu gründen.[45]

Hochzeiten waren Feiertage der Gemeinschaft, nicht der Ehe, deshalb war die Rolle, die das Paar dabei spielte, auch ziemlich unauffällig. Die beiden heirateten in ihren besten Kleidern, aber Braut und Bräutigam hoben sich nicht von den Gleichaltrigen ab, die ganz ähnlich angezogen waren. Die Braut trug kein besonderes Brautkleid, und es gab keine festgelegten Rollen für die Hochzeitsgäste. Die Gleichaltrigen gaben den Ton an und bestimmten, wie die Feier ablief. Die religiöse Zeremonie war der unwichtigste Teil des Hochzeitstages. Sobald das frisch verheiratete Paar sich vom Altar abwandte, mußte es eine Reihe von Prüfungen absolvieren, die dazu dienten festzustellen, ob die beiden in der Lage waren, die öffentliche Rolle von Herr und Herrin des Haushalts auszufüllen. An manchen Orten war es Sitte, »die Hochzeitsgesellschaft in der Kirche einzusperren, bis sie Gold unter der Kirchentür durchgeschoben hat«.[46] In Yorkshire wurde das folgendermaßen begründet: »Die beiden sollen ihrer ersten Schwierigkeit oder ihrem ersten Hindernis im Leben auf dem Kirchengelände begegnen.«[47]

Danach folgten noch andere Prüfungen. In vielen Teilen Englands wurde das Paar gezwungen, über einen sogenannten »petting stone« zu springen. Wenn jemand ohne zu zögern sprang, jubelte die Menge, aber wenn eine Braut »einen Schmollmund machte oder zurückblieb oder der Sitte nicht Folge leisten wollte, hieß es, sie habe ›taken a pet‹«, und »der arme Ehe-Mann wurde bemitleidet, weil er sich eine Xanthippe eingehandelt hatte«.[48] Auf dem Weg von der Kirche begegneten die Hochzeitsgesellschaften in Yorkshire normalerweise sogenannten »hustlers«, Gruppen junger Männer, die »bunt gekleidet waren und sich die Gesichter« geschwärzt hatten. Der Anführer der Gruppe hielt die Gesellschaft an und erklärte, er und seine fröhlichen Gesellen brauchten dringend Frauen, und wenn der Bräutigam ihnen nicht sofort ›bride guest money‹ – ›Brautgeld‹ – zahle, würden seine Braut und alle hübschen Brautjungfern auf der Stelle entführt«.[49] Die »hustlers« bestanden aus Freunden des Bräutigams und früheren Verehrern der Braut und ließen sich schnell besänftigen. Dabei handelte es sich um eine ritualisierte Methode, Eifersucht und Neid abzubauen und so die gesellschaftliche Harmonie der Gemeinschaft zu sichern. Ein solcher Ritus erinnerte den Ehemann außerdem an seine gerade erst erworbene Verantwortung als Patriarch, die nicht nur darin bestand, seine Frau zu beschützen, sondern auch darin, sich großzügig gegenüber allen, vor allem jedoch gegenüber denen, die ihm noch vor kurzer Zeit gleichgestellt waren, zu verhalten.

Wenn das Paar dann im neuen Haushalt ankam, wartete schon eine ganze Reihe neuer Herausforderungen. Der neue Herr mußte seine Großzügigkeit beweisen und gleichzeitig die Braut mit den Symbolen ihres neues Status als Herrin ausstatten – mit Besen, Feuerzange und natürlich dem Spinnrocken.[50] Zusammen mußten sie dann ein Fest ausrichten, das ihre Gastfreundschaft bewies. Danach gingen Prüfungen und Scherze bis tief in die Nacht weiter. Ihren Abschluß fanden sie im traditionellen »bedding« – oder, wie es in den Neuenglandstaaten hieß, dem »chambering«. Die Hochzeitsgäste stürmten das Schlafzimmer und forderten eine weitere Gabe. »Ein kluges Geldgeschenk, die einzige Möglichkeit, die mißtönende Serenade abzukürzen, die sonst mehrere Stunden gedauert hätte.«[51]

Im siebzehnten und achtzehnten Jahrhundert durften große Hochzeiten den normalen Rhythmus des Alltagslebens nicht allzusehr durcheinanderbringen. »Im frühen Amerika war der Weg in die Ehe ein glatter Saum im Gewebe des Alltagslebens«, schreibt Ellen Rothman. »Eine Hochzeit war nur eine kurze Pause, keine Unterbrechung der täglichen Routine.«[52] Es handelte sich dabei eher um eine Feier von Haus, Herr und Herrin als um eine Feier des Paares, und bis zum späten neunzehnten

Jahrhundert gab es weder das Wort noch die Vorstellung »frisch verheiratet«.[53] Man erwartete von den Eheleuten vom Augenblick ihrer Hochzeit an, daß sie ihren Platz in der Gemeinschaft einnahmen, was dadurch symbolisiert wurde, daß sie von nun an in der Kirche in einer der Bänke saßen, die für die Inhaber von Haushalten reserviert waren.[54]

Die Geschwindigkeit, mit der sich die Unverheirateten in Herren und Herrinnen verwandelten, würde uns überraschen. William Lloyd Garrison brauchte 1834 nur eine Woche, um »sich in die häusliche Ruhe einzufügen«.[55] Elizabeth Carter war 1821 schon einen Tag nach der Hochzeit bereit, Besucher zu empfangen: »Wenn man sie so auf ihrem Schaukelstuhl sitzen sah, hätte man gedacht, daß sie schon lange einen Haushalt führte.«[56] Auch damals war es nichts Ungewöhnliches, einen »bridal trip« – eine »Hochzeitsreise« zu unternehmen, doch diese diente dazu, Freunde und weiter weg lebende Verwandte zu besuchen, nicht allein zu sein. Außerdem nahmen die Eheleute die jeweils besten Freunde mit – eine völlig andere Vorstellung von Hochzeitsreise, als wir sie heute haben.[57]

Hochzeiten waren unvergeßliche Ereignisse für die Gemeinschaft, doch die Paare selbst erinnerten sich kaum im Rahmen eines Rituals an sie. Abgesehen von der Aristokratie feierte niemand Hochzeitstage; Hochzeitsgeschenke waren praktischer Natur und zum sofortigen Gebrauch bestimmt, nicht als Erinnerungshilfen. Die Hochzeitszeremonie bestätigte die Identität der Gemeinschaft, nicht die des Paares, und lizensierte ihre Autorität über den Haushalt und alle seine Bewohner. Nach dem Hochzeitstag unterlag der Haushalt einer noch genaueren Beobachtung durch Freunde und Nachbarn, die sich das Recht herausnahmen, jederzeit das Verhalten jener zu berichtigen, die sie verheiratet hatten.[58] Im siebzehnten Jahrhundert hieß es, »jeder Bürger wird durch einen Schwur dazu verpflichtet, ein scharfes Auge auf das Haus seines Nachbarn zu haben, ob die Eheleute in Harmonie leben«; in den Neuenglandstaaten der Kolonialzeit wurde diese

Aufgabe von den örtlichen Autoritäten übernommen.[59] Über streitende Paare wurde Klatsch verbreitet, und wenn das nicht dazu führte, daß Frieden in den Haushalt einzog, fand eine rituelle »Schmähung« in Form eines »charivari« – etwa »Katzenmusik« – statt, in der angloamerikanischen Welt bekannt als »rough music«, »shivaree« oder »skimmingtons«. Solche Riten waren gegen gewalttätige Männer und zänkische Frauen, geizige Herrinnen und geldgierige Herren gleichermaßen gerichtet und hielten sich in vielen ländlichen Gebieten noch bis weit ins neunzehnte Jahrhundert.[60] Die Kirchengemeinde führte ähnliche Disziplinierungsmaßnahmen durch; sie mischte sich ein, wenn eine Ehe scheiterte oder der Tod sie auflöste. Sie sorgte dafür, daß Ungerechtigkeiten ins Lot kamen und die Überlebenden versorgt wurden.[61]

Ein ganz ähnliches Verständnis der Ehe als öffentlicher Einrichtung inspirierte die »mutual aid associations« – Hilfsorganisationen auf wechselseitiger Basis –, die Anfang des neunzehnten Jahrhunderts entstanden. In den dreißiger und vierziger Jahren des neunzehnten Jahrhunderts ersannen Sozialisten und Feministinnen eine ganze Fülle von Zeremonien, die auch dazu dienten, die Grundmerkmale der traditionellen Hochzeit zu bewahren. »Denken Sie sich selbst eine neue Zeremonie aus – sozusagen eine Gegenzeremonie –, die die Menschen für Sie gewinnt«, begeisterte sich der Owenit James Morrison.[62] Die owenitischen »halls of science« – »Hallen der Wissenschaft« – waren Schauplatz neuer weltlicher Rituale, die die kollektive Verantwortung der Ehe betonten. Die Paare mußten die Erlaubnis der Gemeinschaft einholen, wenn sie heiraten wollten; wenn diese Erlaubnis einmal gewährt war, war allerdings die Unterstützung der Öffentlichkeit garantiert. Wenn einer der Partner starb oder die Eheleute sich trennten, kümmerte sich die Gemeinschaft um den Überlebenden beziehungsweise die Waisen.[63] Besonders Frauen setzten sich für diese moderne Version der großen Hochzeit ein, denn, wie es Margaret Chappelsmith ausdrückte: »Unter solchen Umständen kommt es nur selten zu Untreue und Eifersucht.«[64]

Letzten Endes schuf sich dann die europäische und amerikanische Mittelschicht eine völlig neue Zeremonie, die nicht eine Fortsetzung all dessen, was vorausgegangen war, darstellte, sondern einen Bruch damit. In den neuen Riten, die sich in der zweiten Hälfte des neunzehnten Jahrhunderts herausbildeten, wurde die Liebe eine Voraussetzung für die Ehe und war nun nicht mehr die Folge davon. Aus einer relativ kurzen Werbungszeit entstand ein ziemlich langer symbolischer Prozeß, in dessen Verlauf das Paar sich nicht nur die materielle Basis für ein Zuhause aufbaute, sondern auch die geistige Welt, die es gemeinsam bewohnen würde. In einer Zeit, in der das Leben von Mann und Frau immer mehr auseinanderdriftete und jede Familie sich ihre eigene Kultur schuf, brauchte das Paar Zeit, um aus Traum und Erinnerung eine eigene Welt zu kreieren. Das, was früher die gemeinsame Erfahrung der tagtäglichen Arbeit und Freizeit geboten hatte, mußte jetzt symbolisch geschaffen werden. Die Ehe hatte nun nicht mehr damit zu tun, daß man »in eine neue Rolle schlüpfte, sondern darüber hinaus eine neue Welt betrat«.[65]

In der Vergangenheit war die Ehe ein gemeinsames Projekt gewesen, und der Mann hatte genausoviel wie die Frau, wenn nicht sogar mehr, dazu beigetragen, daß die materiellen Bedürfnisse des Haushalts befriedigt wurden. Nun behielten die Männer die Ernährerrolle bei, doch die symbolische Welt wurde ausschließlich Aufgabe der Frau. Zum ersten Mal überhaupt wurde die Werbung Sache der Familie der Frau; da der Haushaltsvorstand die meiste Zeit nicht zu Hause war, war es nun an den Frauen, die Anfangsstadien der Liebe zu überwachen. Nicht nur der Ort der Werbung veränderte sich, sondern auch ihr Rhythmus. Der alte öffentliche Kalender der Liebe – der erste Mai, der Valentinstag, die Erntefeste – machte einem sehr viel privateren Zyklus von Familienanlässen Platz: Sonntage, Weihnachten, Familienferien im Sommer.[66] Männer, die eine Frau umwarben, lernten, sich nach den Regeln des Hauses zu richten. Wenn sie ihre Visitenkarte abgegeben hatten, warteten sie nervös im Eingangsbereich, bis sie in den Salon gebeten wurden, wo man sie das erste Mal inspizierte.[67] Der größte Teil dieser Inspektion oblag der Mutter, doch schon bald wurden ernsthafte Verehrer auch zum Sonntagsessen oder zu gemeinsamen Ausflügen eingeladen, wo dann auch noch der Vater sein Urteil aussprach.[68]

Der Salon wurde sozusagen zum Ort, an dem Gericht gesprochen wurde, aber er diente auch als Fassade für den Status der Familie und als Museum ihrer Geschichte. Er lieferte dem Verehrer sozusagen einen Text, den er lesen konnte, wenn er sich beim Tee an der höflichen Konversation beteiligte. In früheren Zeiten hatten sich die Männer im Haus anderer Leute zu Hause gefühlt, doch nun empfanden sie diese Phase der Werbung meist als höchst unangenehm – »der peinlichste Teil der Angelegenheit«, sagte einer von ihnen darüber –, weil sie sie aus der Männerwelt in fremdes, höchst weibliches Territorium zwang. Hier waren sie nicht nur dem Ort der Frau unterworfen, sondern auch ihrer Zeit, und das stellte eine Bedrohung ihrer Männlichkeit dar.

Die Männer verliebten sich ohne große Probleme, betrachteten die Liebe allerdings als etwas, das ihnen widerfuhr, nicht als etwas, das sie aktiv unterstützen mußten.[69] Wie so viele Dinge des viktorianischen Lebens waren auch die Liebesbemühungen ungerecht verteilt. Die Jungen lernten, daß sie von Frauen Liebe zu erwarten hatten, und den Mädchen brachte man bei, sie zu geben und zu nähren. Die Männer kamen zu Besuch, doch die Frauen mußten den Tee kochen und das Gespräch in Gang halten. Die Männer initiierten den Austausch von Liebesbriefen, aber die Frauen sorgten dafür, daß der Briefwechsel nicht abriß.[70] In einer Zeit, in der man sexuelle Leidenschaft nicht mehr öffentlich oder gar körperlich ausdrücken konnte, boten Briefe einen symbolischen Ersatz. Briefe wurden allein im Schlafzimmer gelesen, geküßt, gestreichelt und vermenschlicht. Nathaniel Hawthorne zum Beispiel las die Briefe von Sophia Peabody nie, ohne sich zuerst die Hände gewaschen zu haben. »[Ich] verschloß die Tür und legte mich aufs Bett, Deinen Brief in Händen«, teilte er ihr mit. »Ich las ihn langsam und in Ruhe, faltete ihn, legte ihn auf meine Brust und schlief ein.«[71]

Unter diesen Umständen überrascht es nicht, daß Liebende der Mittelschicht ein höchst idealisiertes Bild vom Partner und von der Liebe selbst entwickelten. Die Männer neigten dazu, auf die Frau, die sie liebten, all die Reinheit und Tugendhaftigkeit zu projizieren, die sie in ihrer Beziehung mit ihrer Mutter erlebt hatten.[72] Durch die idealisierte Vision ihrer Zukünftigen gelangten sie zu einer Sicht von sich selbst als hingebungsvollen Liebhabern, ohne daß sie ihre alten Gewohnheiten, darunter durchaus auch Geliebte und Prostituierte, hätten aufgeben müssen. Auch die Frauen bauten sich ein Bild vom idealen Ehemann auf, aber weil sie für die meisten Bemühungen in Sachen Liebe zuständig waren, wurden ihre Träume immer durch die Realität gemäßigt.[73]

Die Männer scheinen auch die romantischeren Ansichten über das Zuhause gehabt zu haben, in dem das Paar später leben würde. Eldred Simpkins beispielsweise schrieb in den sechziger Jahren des neunzehnten Jahrhunderts an seine Verlobte Eliza Trescot, »Visionen zukünftiger Jahre voller Glück passierten vor meinem geistigen Auge Revue, in denen wir an Winterabenden am hellen Kamin unseres ›Zuhauses‹ sitzen und uns über jene Jahre der Trennung und der Prüfungen unterhalten würden! Und wenn ich dann müde und erschöpft nach Hause käme, würde meine schöne Frau [mich] an der Tür empfangen und meine Müdigkeit und meine Sorgen wegzaubern.« Wie die meisten anderen Frauen hatte auch Eliza eine realistischere Vorstellung von ihrem zukünftigen Zuhause. »Hast Du nie daran gedacht, daß Du es müde werden könntest, tagein, tagaus dasselbe alte Gesicht zu sehen, besonders, wenn das Haus nicht von anderen belebt und bunter gemacht würde?« antwortete sie. »Es wäre schlecht, wenn Du seiner müde werden würdest, denn Du könntest es nicht mehr los werden.«[74] Wahrscheinlich ließ auch Eldred es von Zeit zu Zeit zu, daß die Realität in seine Träume Einzug hielt, doch das

231

Traumhaus und das perfekte Paar nahmen damals bereits einen so zentralen Platz in der Bilderwelt des modernen Mannes ein, daß sie nicht mehr zu verdrängen waren.

Die Werbung führte nicht immer zu dem Entschluß zu heiraten, doch wenn es so weit kam, begannen die Paare das, was nun »engagement« – »Verlobungszeit« – genannt wurde. Ihr Status unterschied sich so sehr von den alten »spousals«, daß die englischsprachigen Völker einen ausländischen Ausdruck borgen mußten, um ihn zu beschreiben.[75] Die Angehörigen der Mittelschicht zogen nun eine klare Grenze zwischen Verlobung und Ehe. In den sechziger Jahren des neunzehnten Jahrhunderts galt die Verlobung bereits als Familienanlaß; sie bestätigte das Recht der Partner auf die gegenseitige Gesellschaft, spiritualisierte jedoch gleichzeitig die Beziehung.

Die Viktorianer waren längst nicht so leidenschaftslos, wie wir gerne glauben, aber die meisten von ihnen schienen sich doch an die Vorgabe gehalten zu haben, daß man vor der Ehe nicht mit dem Partner schläft. In der Mittelschicht jedenfalls sank der Anteil der vorehelichen Schwangerschaften im neunzehnten Jahrhundert drastisch. Die Männer, die meist schon sexuell aktiv waren, fanden Vertrautheit ohne Körperlichkeit ziemlich frustrierend und wollten deshalb, daß die Verlobungszeit so kurz wie möglich war. Die Frauen hingegen genossen sie als die einzige Zeit in ihrem Leben, in der die Eltern sie an der langen Leine führten und in der sie ein wenig von der Individualität kosten konnten, die sie durch die Heirat verloren. Für Männer war die Fähigkeit, eine Familie zu versorgen, Voraussetzung für die Verlobung, für die viktorianischen Frauen der Mittelschicht stellte die Verlobungszeit die einzige Phase dar, in der sie ihre eigene Persönlichkeit erforschen und eine Erwachsenenidentität entwickeln konnten. Selbst wenn der Mann die Frau drängte, den Hochzeitstag festzusetzen, zögerte sie, manchmal so lange, daß die Chancen auf eine Ehe schwanden.[76]

In der zweiten Hälfte des Jahrhunderts verlängerte sich die Verlobungszeit. Die Frauen begründeten dies mit der Tatsache, daß eine Ehe Vorbereitung erfordert, denn aus der Ehe war mittlerweile mehr geworden als die Verpflichtung, ein Haus zu finden, das man mit den nötigen Dingen ausstattete. Die Ehe mußte außerdem mit Träumen und Erinnerungen versehen werden, und dafür war die Frau zuständig. Zusätzlich zu den Kleidungsstücken und der Bettwäsche galt es nun, eine symbolische Aussteuer anzusammeln – dies hatte sich am Ende des Jahrhunderts zu einem so komplizierten Prozeß entwickelt, daß eine Ärztin 1912 bemerkte: »Die Aussteuer war für die zukünftige Braut mittlerweile so wichtig geworden wie für den Erforscher der Arktis oder der Tropen die entsprechende Ausstattung, oder, anders ausgedrückt: Sie war wie die Ausrüstung eines Reisenden, der sich auf den Weg in ein unbekanntes orientalisches Land macht.«[77]

Die Ehe war tatsächlich ein fremdes Land, und die Menschen näherten sich ihr mit weit größeren Vorbehalten als in früheren Zeiten. Die Angst, die die Frauen der Mittelschicht davor hatten, war so greifbar geworden, daß man eine eigene Bezeichnung dafür fand – »Heiratstrauma«. Caroline Barrett beschrieb den Vorabend ihrer Hochzeit 1851 als »die letzte Nacht in meinem Leben... Morgen wird ein neues Leben beginnen – ein weniger freies, sorgenvolleres, verantwortungsvolleres Leben.«[78] Auch für die Männer war der Schritt, eine Anzahlung für ein Haus zu leisten oder eine erste Hypothek aufzunehmen, nicht ganz ohne Ängste, aber da solche Handlungen nur ihr Erwachsensein und ihre Männlichkeit bestätigten, bedeutete ihnen der tatsächliche Hochzeitstag weniger als ihren zukünftigen Ehefrauen.[79]

Die Hochzeit wurde nun zum wichtigsten Initiationsritus der Frauen. Der Bräutigam trat in den Hintergrund; die Frau wurde zum Mittelpunkt der Aufmerksamkeit. Wenn es nach den Männern gegangen wäre, wäre die Hochzeit wie früher in kleinem Rahmen gefeiert worden. Seit dem ausgehenden neunzehnten

233

Jahrhundert ist die Mehrzahl der Männer der Meinung, daß »jede Art von Hochzeit schrecklich ist«.[80] Doch sobald die Hochzeit zur Domäne der Frau wurde, zählte die Ansicht des Mannes praktisch nicht mehr.

Seit dem neunzehnten Jahrhundert sind die Hochzeitsfeierlichkeiten immer umfangreicher und frauenzentrierter geworden. In unserem Jahrhundert heißt es, daß »jedes Mädchen gern in Weiß heiraten möchte«.[81] Die Hochzeit in Weiß, die in Nordamerika und Europa zum Standard geworden und mittlerweile auch in afrikanischen und asiatischen Eheschließungen sehr beliebt ist, ist die vermutlich dauerhafteste der viktorianischen Neuerungen.[82] Überall konzentriert sich die Feier auf die Braut in Weiß, die von ihrem Vater zum Brautaltar geführt wird und sich dann sofort auf Hochzeitsreise begibt. Wenn Frauen sich an ihre Hochzeit erinnern, sprechen sie oft vom »schönsten Tag meines Lebens«.[83] Davon träumen Frauen, dafür machen sie jahrelang Pläne. Männern fällt es im allgemeinen schwer, sich an ihre Hochzeit zu erinnern, doch für die Frauen ist sie der Augenblick, der sie in ihrem Leben, in ihrer Identität, verankert. Im Spätviktorianismus wurden die Männer allmählich zu Zuschauern bei ihrer eigenen Hochzeit. Ein englischer Bräutigam sagte 1875, er fühle sich als »der kühlste und unbeteiligteste der ganzen Gesellschaft ... unfähig zu begreifen, daß ich gerade verheiratet wurde«.[84] Für die Braut hingegen gestaltete sich der Anlaß völlig anders. Angetan mit dem in dieser Form gerade erst entstandenen Brautkleid – leuchtend weiße Robe, Schleier und dazu passendes Bukett –, unterschied sie sich von allen anderen anwesenden Frauen; sie war der Mittelpunkt der Aufmerksamkeit und symbolisierte die Romantik auf eine Art und Weise, wie es der dunkel gekleidete Bräutigam nie konnte.

Früher hatte sich die Hochzeit an Zeit und Raum des Alltags angepaßt. Bis zur Mitte des neunzehnten Jahrhunderts fanden die meisten amerikanischen Hochzeiten zu Hause statt, was ihren alltäglichen Charakter unterstrich. Doch ab den fünfziger Jahren des neunzehnten Jahrhunderts fand die Hochzeit wieder ihren Platz in den Kirchen Nordamerikas und Europas, nicht, weil die Leute religiöser geworden wären, sondern weil die Kirchen den angemessenen rituellen Rahmen selbst für jene boten, die nicht mehr regelmäßig in die Kirche gingen.[85] Mittlerweile brachte man Hochzeiten auch mit bestimmten Zeiten in Verbindung; sie wurden im allgemeinen an Wochenenden oder Feiertagen abgehalten, nicht an Werktagen, um ihre symbolische Bedeutung zu unterstreichen. Diese neue Regelung ermöglichte zum ersten Mal auch Familienangehörigen aus der Ferne anzureisen. Hochzeiten waren nun Sache der Familie, nicht mehr der Gemeinschaft; die alte Sitte der »banns« zur Ankündigung der Hochzeit verlagerte sich in die Zeitungen. Dazu wurden persönliche Einladungen ausgesprochen.[86] Die Geschenke für das Paar waren nun nicht mehr vorrangig nützlich, und die Feier endete nicht mehr im neuen Heim, sondern an einem Ort, der eigens für diesen Anlaß gemietet worden war.[87]

Als die Beziehung zu den Nachbarn für das Gelingen der Ehe nicht mehr wichtig war, spielten auch die Häuser nicht mehr die zentrale Rolle bei einer großen Hochzeit. Die einzige Erinnerung an die alten Rituale an der Schwelle war der Reis, der beim Verlassen der Kirche auf das Paar geworfen wurde, doch selbst dabei handelte es sich letztlich um eine Neuerung, denn der indische Reis wurde erst seit der viktorianischen Ära eingeführt.[88] Der Empfang, eine weitere viktorianische Erfindung, wurde von den Eltern bezahlt. Die Frischverheirateten hatten weder die Gelegenheit noch den Wunsch, ihre Fähigkeiten als Haushaltsvorstand unter Beweis zu stellen. Statt zu ihrem neuen Heim geleitet zu werden, begannen sie nun sofort den – wie das zur Unterscheidung von den alten Hochzeitsreisen seit den sechziger Jahren des neunzehnten Jahrhunderts genannt wurde – »honeymoon«. Das Paar reiste nun nicht mehr zusammen mit Freunden oder Familienmitgliedern, sondern allein an Orte wie die Riviera oder die Niagarafälle, die mittlerweile in dem Ruf standen, romantisch zu sein.[89] Auch die Rückkehr war jetzt ein im wesentlichen privater Moment. An der Schwelle, an der Herr und Herrin früher die Schar der Gäste begrüßt hatten, hob der Bräutigam nun die Braut hoch und symbolisierte so nicht die Gründung eines Haushalts, sondern die Anfänge eines Zuhauses. Von nun an wurde nur noch das Überschreiten der Schwelle durch den Ehemann mit einem Ritual bedacht. Von diesem Tag an war die Frau das Symbol des Zuhauses, egal, wie viele Male sie selbst die Schwelle überschreiten würde.[90]

Um 1900 war die Hochzeit in Weiß zum Hauptereignis im Leben der Mittelschichtfamilie geworden; sie ersetzte die Beerdigung als verpflichtendsten Anlaß für eine Familienzusammenkunft. Dabei handelte es sich um die meistfotografierte Feier. Das Hochzeitsalbum präsentierte nun das Paar auf ewig sich selbst und den Nachfahren als perfektes Paar, und dieses Bild wurde an jedem folgenden Hochzeitstag von neuem aufpoliert. An solchen Bildern und Ritualen orientierten sich die viktorianischen Ehepartner, auch wenn es in ihrer realen Ehe anders aussah.

In der Realität spielte das Zusammenleben für die Ehepartner der Mittelschicht keine so große Rolle. Das Leben der Männer drehte sich um eine ausschließlich männliche Welt der Arbeit und Freizeit. In ihrem Beruf begegneten sie Frauen – wenn überhaupt – nur als Untergebenen, und bis zur Jahrhundertwende spielte sich auch ihre Freizeit hauptsächlich in Männerkreisen ab. Die Männer hatten ihre Klubs und Vereinigungen, die im ausgehenden neunzehnten Jahrhundert einen großen Teil ihrer Zeit einnahmen und für viele praktisch eine Alternative zur Familie darstellten. Angesichts der herrschenden Geschlechtertrennung, zu der oft noch ein großer Altersunterschied zwischen Mann und Frau kam, wundert es nicht, daß die Beziehung der Männer zu ihren besten Freunden häufig intensiver war als die zu ihrer Ehefrau, die sie meist nur am Wochenende sahen und mit der sie bis zum Ende des Jahrhunderts nicht einmal in Urlaub fuhren. Viele Männer des neunzehnten Jahrhunderts erhielten ihre außerehelichen Affären aufrecht, manche hatten auch Beziehungen zu anderen Männern und verbargen die wahre Natur dieser Beziehungen hinter den akzeptierten Normen der Männerfreundschaft.[91]

Auch die Frauen der Mittelschicht hatten oft intensive – manchmal erotische – Beziehungen zum gleichen Geschlecht, obwohl sie nach außen hin Teil eines perfekten Paares waren. Viktorianische Frauen verreisten zusammen und machten miteinander Urlaub. Sie hatten ihre eigenen Klubs und Zuhause fern ihres eigenen Zuhauses, die genauso behaglich waren wie die, die ihre Männer besuchten. Die Bande, die sie mit Schwestern und besten Freundinnen knüpften, waren oft intimer und intensiver als die mit ihren Ehemännern. Oft waren solche Beziehungen genauso romantisch wie alles, was zur Hochzeit geführt hatte, und manche davon gestalteten sich erotisch bedeutend befriedigender als die Ehe.[92]

Doch solche gleichgeschlechtlich orientierten oder sogar homosexuellen Beziehungen stellten keine Bedrohung für das Bild des perfekten Paares dar, denn die Viktorianer akzeptierten die Kompatibilität der gleich- und gemischtgeschlechtlichen Welt. Die Ehe überdauerte im allgemeinen homosexuelle und heterosexuelle Affären, weil innerhalb der Ehe weit weniger Gewicht auf Kameradschaft und sexuellen Genuß gelegt wurde. Man ging einfach davon aus, daß die Männer außereheliche Affären hatten und daß auch die Frauen Vertrautheit, vielleicht sogar Leidenschaft, außerhalb der Ehe finden würden – hauptsächlich, wenn auch nicht ausschließlich, bei anderen Frauen. In einer Zeit vor der wirksamen Empfängnisverhütung funktionierte dieses Arrangement für die Ehen der Mittelschicht wunderbar. Erst nach dem Ersten Weltkrieg kam man auf die Idee, Vertrautheit und schönen Sex in die Ehe selbst zu integrieren. Und seinerzeit schlugen sich auch die Malaisen der modernen Ehe, die Gefühle unerfüllter Erwartungen, zum ersten Mal sichtbar in der damals noch relativ bescheidenen Scheidungsrate nieder.[93]

Die zwanziger Jahre des zwanzigsten Jahrhunderts verlagerten den Schauplatz der Werbung aus dem Salon in den kommerzialisierten Raum des Kinos, der Tanzfläche und des Autorücksitzes. So gewann der Mann einen großen Teil der Initiative wieder, den er in der viktorianischen Ära verloren hatte. Nun mußte er nicht mehr auf die Erlaubnis für einen formellen Besuch warten, sondern konnte die Frau zu einer Verabredung bitten, solange er bereit war, dafür zu zahlen. Dieses ritualisierte Spiel verstärkte das Bild des Mannes als Ernährer und das der Frau als passives Objekt der männlichen Aufmerksamkeit. In der ersten sexuellen Revolution der westlichen Welt gewannen die jungen Leute beträchtliche Autonomie. Normalerweise gingen sie im Rahmen der Werbungsphase nicht über Petting hinaus; wenn sie sich tatsächlich auf richtigen Geschlechtsverkehr einließen, dann normalerweise mit dem Partner, den sie später auch heiraten wollten.[94]

Die Regeln der Werbung dienten dazu, die jungen Leute in Bewegung zu halten, die Sexualität hingegen wurde immer stärker ehebezogen. Prostituiertenbesuche nahmen im zwanzigsten Jahrhundert drastisch ab, weil der Sex immer zentraler für die Konstruktion des Selbst in der westlichen Kultur wurde. Die Herausbildung einer Erwachsenenidentität hing nun mehr als je zuvor davon ab, daß man eine Beziehung mit einem Angehörigen des anderen Geschlechts aufbaute; und der Geschlechtsverkehr wurde zum ultimativen Zeichen von Vertrautheit und Erwachsenheit. In dem Maße, wie die Heterosexualität immer mehr zur Norm wurde, erwarben sich alleinstehende Männer und Frauen ab einem gewissen Alter den Ruf, unreife, »kranke« Menschen zu sein.[95] Leidenschaftliche gleichgeschlechtliche Freundschaften wurden nun sofort mit Homosexualität in Verbindung gebracht und litten unter der Homophobie, die sich in unserem Jahrhundert so stark herausbildete.[96]

Die romantische Liebe wurde immer stärker mit der Ehe assoziiert, so daß man sich die Liebe bis zu den sechziger Jahren praktisch nicht mehr in einer anderen Form vorstellen konnte.[97]

Angehörige der Arbeiterschicht jedoch hielten sich nach wie vor eher an Rituale der Werbung und der Ehe aus der Vergangenheit. Lange waren ihnen Pomp, Feierlichkeit und Tradition ziemlich egal. Als britische Forscher sich in den vierziger Jahren unseres Jahrhunderts daran machten, in der Bevölkerung nach einem Sinn für Tradition zu suchen, stellten sie fest, daß dieser in der Mittelschicht relativ stark, bei den Arbeitern hingegen nur schwach ausgeprägt war.[98] Das lag nicht nur daran, daß Familien der Arbeiterschicht sich eine große Hochzeit in Weiß im allgemeinen nicht leisten konnten, sondern auch daran, daß ihre Töchter letztlich keinen Initiationsritus brauchten, der eine Reife bestätigt hätte, welche sie sich schon durch ihre Berufstätigkeit oder in manchen Fällen auch durch ihre Mutterschaft erworben hatten. Bis ins frühe zwanzigste Jahrhundert hinein gingen noch viele Frauen der Arbeiterschicht schwanger zum Traualtar.[99] Sie waren nicht in den Genuß eines »Mädchenlebens« gekommen, und es ergab auch nicht viel Sinn, das Geld für eine weiße Hochzeit auszugeben, wenn es für den Haushalt gebraucht wurde. In den zwanziger und dreißiger Jahren unseres Jahrhunderts begnügten sich die meisten jungen Frauen damit, in ihrem besten Kleid zu heiraten. Die Hochzeit fand im Regelfalle an einem Werktag statt, es kamen nur wenige Gäste, und es gab auch nur einen kleinen Empfang, meist zu Hause oder im Nebenraum eines Gasthauses. Eine Hochzeitsreise konnten sich die Angehörigen der Arbeiterschicht nicht leisten; den meisten von ihnen schien sie auch nicht wichtig zu sein.[100] Diese Klassenunterschiede waren sogar noch in den fünfziger Jahren unseres Jahrhunderts deutlich zu spüren: Damals wurden siebenundfünfzig Prozent der Eheschließungen in Großbritannien als große Hochzeiten in der Kirche abgehalten; Angehörige der Arbeiterschicht machten dabei allerdings nur ein Drittel aus.[101]

Danach allerdings breitete sich die Hochzeit in Weiß auch auf die anderen Schichten aus, und seitdem ist sie überall beliebt. In den fünfziger Jahren des zwanzigsten Jahrhunderts erreichte der

Anteil der vorehelichen Schwangerschaften seinen absoluten Tief-
stand, wogegen in den folgenden drei Jahrzehnten so viele
Menschen wie nie zuvor heirateten, die meisten davon im Rahmen
einer großen kirchlichen Zeremonie. Obwohl heute viel die Rede
ist vom Niedergang der Ehe, sind die Hochzeitsfeiern nun größer
als je zuvor. Zwar leben viele Paare schon Monate oder sogar Jahre
zusammen, bevor sie heiraten, aber sie wünschen sich noch immer
ein möglichst großes Hochzeitsfest. In den achtziger Jahren
waren drei Viertel aller amerikanischen Frauen vor der Ehe
offiziell verlobt, und fünfundachtzig Prozent richteten eine große
Hochzeit aus. In Europa sah es – mit kleinen Variationen von
Land zu Land – ganz ähnlich aus.[102]

Früher war die Hochzeit in Weiß auf Jungfrauen und Erstehen
beschränkt. Heute begeistern sich alle Frauen dafür, die bestrebt
sind, ihre eigene Identität zu behaupten und einen Platz in der
Welt der Ehepaare einzunehmen. In unserer Zeit wollen sogar
Frauen, die schon länger mit ihrem Partner zusammenleben und
mit ihm Kinder haben, in Weiß heiraten. Sie bevorzugen Braut-
kleider im viktorianischen Stil, und die ältesten, pittoreskesten
Kirchen sind ausgebucht von Paaren, die sich ein besonders
eindrucksvolles Umfeld für ihre Hochzeit vorstellen. In dem
Wunsch, den Augenblick der Hochzeit zum wichtigsten Moment
des Lebens zu machen, wählen die Paare bisweilen sogar höchst
exotische (manche sagen auch bizarre) Orte.

1988 verkündete die *New York Times,* daß »die traditionelle
Hochzeit wieder da ist, in vielen Fällen sogar verschwenderischer
als je zuvor«, ohne darauf einzugehen, daß die große Hochzeit
eigentlich ein ziemlich neues Konzept ist. Wenn die Verlobungszeit sich über fast ein Jahr erstreckt, haben die modernen Paare
»genug Zeit, sich über die Hochzeitsriten Gedanken zu machen«.
1988 kostete die durchschnittliche Hochzeit über 10.000 Dollar,
und Feiern, die drei Tage beziehungsweise ein ganzes Wochenende dauerten, wurden immer beliebter. Weil die Paare heute älter
sind und oft schon zusammengelebt haben, betrachten sie ihre

Hochzeit als Fest für Freunde und Familie. Das Datum wird häufig so gewählt, daß es mit Jahres- oder Geburtstagen der Familie zusammenfällt, und manche Paare machen auch eine Hochzeitstour, um jene zu besuchen, die nicht in der Lage waren, selbst an der Zeremonie teilzunehmen. Der »honeymoon« – die Hochzeitsreise –, früher ein Ritus der Trennung, ist wieder zu einer Möglichkeit geworden, Verbindungen zu bestätigen.[103]

Früher wurde in puncto Werbung und Hochzeit wenig der Phantasie überlassen. Heutzutage scheint nur noch wenig Realität in dem zu stecken, wie moderne Hochzeiten gefeiert werden. Sie tragen die Last einer symbolisierten Liebe, nicht nur für das Paar selbst, sondern auch für all jene, die sich von ihrem Zauber anlocken lassen. Solange die Liebe vielwertig war und in einer ganzen Reihe unterschiedlicher Beziehungen Zuflucht finden konnte, war das Heiraten eine ziemlich praktische, geradlinige Sache, und Hochzeiten spielten in der westlichen Bilderwelt nur eine relativ kleine Rolle. Heute ist die Hochzeit die beliebteste aller Feiern, weil sie für uns etwas repräsentiert, das nichts anderes darstellen kann. Früher war sie ausschließlich Stoff der romantischen Literatur, doch heute ist sie zur symbolischen Hauptquelle für Film und Fernsehen geworden. Sie liefert Bilder, Metaphern und Texte für alles und jedes, von Fusionen auf Unternehmensebene bis zu internationalen Friedensverhandlungen. Alle lieben Hochzeiten, und die hohen Scheidungsraten garantieren unerschöpflichen Nachschub für eine Kultur, die gar nicht genug bekommen kann von perfekten Paaren, auch wenn es objektiv immer schwieriger wird, die Ehe selbst aufrechtzuerhalten.

»Die romantische Liebe allein bietet noch immer jenes wunderbare Gefühl der Behaglichkeit, jenes ekstatische Gefühl, das die Liebenden verwandelt und verklärt, aber wir müssen feststellen, daß sie alle wichtigen Aspekte der Realität mißachtet, wenn die Menschen den Entschluß fassen, ein Leben lang zusammenzubleiben«, schreibt ein Beobachter dieses modernen Paradoxons.[104]

241

Im ausgehenden zwanzigsten Jahrhundert, in dem das Leben bis zu einem Drittel länger sein kann als früher, wird es immer schwieriger, die Romantik eine ganze Ehe lang aufrechtzuerhalten. Die Situation verschlimmert sich noch dadurch, daß der Standard der Ehe so drastisch angehoben wurde. Innerhalb des perfekten Paares müssen die Partner nun alles füreinander sein – gute Ernährer, tolle Sexpartner, beste Freunde und anregende Gesprächspartner. All das sind Rollen, die sich in früheren Generationen noch auf zusätzliche Menschen verteilten.[105]

Seit den achtziger Jahren unseres Jahrhunderts jedoch können wir uns die romantische Liebe in mehr als nur einer Form vorstellen. Heute darf sie auch außerhalb der Ehe stattfinden, und wir wissen, daß sich Menschen mehr als nur einmal im Leben verlieben können. Die meisten von uns sind der Meinung, daß die romantische Liebe sich nicht auf heterosexuelle Beziehungen beschränken muß, sondern durchaus in homosexuellen Partnerschaften zu finden ist. Diese Erweiterung des Spektrums hat jedoch den Reiz der großen Hochzeit nicht geschmälert. Paradoxerweise erlebt die große Hochzeit eine Blütezeit, obwohl immer mehr Menschen ohne Trauschein zusammenleben oder sich scheiden lassen und die Ehe als Institution immer zerbrechlicher wird. Natürlich sehen Hochzeiten heute etwas anders aus als früher. Selbst die königliche Braut weigert sich, Gehorsam zu schwören, und der Bräutigam kleidet sich viel farbiger, als er es je getan hat. Doch es läßt sich nicht leugnen, daß Werbung und Hochzeit noch nie so ritualisiert gewesen sind wie heute und noch nie so viele Bilder hervorgebracht haben, von denen wir gar nicht genug zu bekommen scheinen. Offenbar werden wir immer abhängiger von großen Hochzeiten, um unseren Glauben an die Liebe aufrechtzuerhalten. Daß es in unserer Zeit nicht mehr so wichtig erscheint, ob die Braut schwanger ist, ob die beiden, die vor den Traualtar treten, schwul oder lesbisch sind oder das Paar bereits den dritten oder vierten Versuch startet, weist nur darauf hin, wie wichtig das perfekte Paar noch immer in der westlichen Kultur ist.

AUS FRAUEN WERDEN MÜTTER

Mütter hat es schon immer gegeben, aber die Rolle der Mutter
wurde erfunden.

Ann Dally, Inventing Motherhood[1]

* * *

Weil wir davon ausgehen, daß der physische Akt der Geburt
ganz automatisch auch den Wunsch und die Fähigkeit, das
Kind zu ernähren zur Folge hat, sind wir verblüfft, wenn wir
erfahren, daß eine leibliche Mutter ihr Kind mißhandelt oder
sogar ermordet. Dabei werden zwei von drei Kindern, die eines
gewaltsamen Todes sterben, von ihren eigenen Eltern umge-
bracht. Als Susan V. Smith aus South Carolina 1994 ihre beiden
Söhne ertränkte, stellten sich viele Nachbarn die Frage: »Wie
konnte eine Mutter ihren Kindern das antun?«[2] Wir können
einfach nicht glauben, daß eine Frau, die ein Kind zur Welt bringt,
nicht automatisch in ihre Mutterrolle hineinwächst. Doch viele
Kulturen unterscheiden zwischen Gebärerin und Mutter, und
sogar in unserer westlichen Gesellschaft ist die Verbindung
zwischen Gebärerin und Ernährerin noch nicht allzu alt. Erst
1875 begannen die englischsprachigen Menschen, über die »wahre
Mutterschaft« zu sprechen, als seien Gebären und Muttersein ein
und dasselbe. In unserem Jahrhundert wurden die beiden Funktionen dann praktisch synonym, so daß wir uns gezwungen
sahen, ein völlig neues Vokabular zu ersinnen – Leihmutter,
Adoptivmutter, Stiefmutter –, um jene Frauen zu beschreiben, die
die Rollen von Gebär- und Nährmutter nicht in einer Person
vereinten.

Die Bedeutung der Ausdrücke »Mutter« und »Vater« sind
veränderlich und alles andere als transparent. Die Biologie der

243

Empfängnis, Schwangerschaft und Geburt mag universell sein, doch die Rolle der Gebärerin hat ebensowenig einen fest vorgegebenen Bezug zur Rolle der späteren Mutter wie die Rolle des Zeugenden zu der des späteren Vaters; beide können sich in verschiedenen Kulturen und zu verschiedenen Zeiten gewaltig unterscheiden.[3] Die vielen Bedeutungen der Mutter- und Vaterrolle spiegeln sich nicht nur in den vielfältigen Bildern, Symbolen und Ritualen, die sich mit der Geburt verbinden, sondern sie werden auch von ihnen geformt. Angesichts des Mysteriums der menschlichen Fortpflanzung flüchten wir uns in Rituale, um einen Sinn zu erkennen. Die Geburt wurde seit jeher kulturell markiert. Früher jedoch dienten ihre Riten dazu, eine Unterscheidung zwischen Gebärerin und Ernährerin aufzubauen und aufrechtzuerhalten, während sie heute die Identität dieser beiden Konzepte unterstreichen. Wenn eine Frau Ende unseres Jahrhunderts ein Kind zur Welt bringt, tut sie das nicht nur einmal, sondern gleich viermal: Sie gebiert das Kind, sich selbst in ihrer Mutterrolle, den Vater in seiner Vaterrolle und die Gruppe, die wir in unserer Kultur im allgemeinen Familie nennen.[4]

Unsere Gleichsetzung von biologischer und kultureller Mutterrolle ist nicht nur ziemlich neu, sie hat auch in der westlichen Welt keine historischen Vorbilder. In früheren Jahrhunderten waren die Rolle von Gebärerin und Nährerin oft nicht nur aus demographischen und wirtschaftlichen Gründen unvereinbar, sondern auch aus kulturellen. Wegen der hohen Fruchtbarkeits- und Sterblichkeitsrate, die in Europa und Nordamerika bis ins neunzehnte Jahrhundert herrschte, konnten einfach nicht alle Frauen, die ein Kind zur Welt brachten, dieses später auch aufziehen. Bis in unser Jahrhundert hinein starben bis zu sieben Prozent der Mütter bei der Geburt. Bis vor etwa hundert Jahren lag die Säuglingssterblichkeit, die sich als Anteil der Säuglinge errechnet, die ihren ersten Geburtstag nicht erlebten, zwischen fünfzehn und fünfundzwanzig Prozent; nur ungefähr die Hälfte der Kinder, die zur Welt kamen, erreichten das Alter von einundzwanzig. Um diese Verluste auszugleichen, mußten entsprechend viele Kinder geboren werden. Die Kinder kamen so schnell hintereinander, daß eine Frau oft nicht in der Lage war, alle Kinder aufzuziehen, die sie zur Welt brachte, und häufig starb sie selbst, bevor alle ihre Kinder das Elternhaus verlassen hatten.[5] Die lebenslange, intensive Beschäftigung mit jedem einzelnen Kind, die heute Standard geworden ist, war vor dem zwanzigsten Jahrhundert für viele Frauen unmöglich. Folglich wurde die Rolle von Gebärerin und Nährerin als durchaus trennbar verstanden, ganz ähnlich wie heute die Rolle des Vaters primär als die des Zeugers begriffen wird.[6]

Doch auch den Kindern früherer Zeiten mangelte es nicht an Müttern, denn es gab ein ganzes Spektrum von Alternativen. Ammen hatte es immer schon gegeben, im siebzehnten und achtzehnten Jahrhundert schien ihre Zahl sogar noch zu steigen.[7] Die Kinder von einer anderen Frau stillen zu lassen war nicht nur bei Frauen der Oberschicht üblich, von denen viele das Stillen als geschmacklos und unmodern erachteten, sondern auch bei Arbeiterinnen, die weder die Zeit noch die Energie dafür hatten.[8] Bis Jean-Jacques Rousseau und seine Anhänger die gebildete Schicht davon überzeugten, daß es den Naturgesetzen widersprach, eine Amme zu bemühen, wurde diese Frage für gewöhnlich nach der größten Praktikabilität entschieden; die Mutterbrust hatte damals noch keinerlei Symbolkraft. Erst im neunzehnten Jahrhundert war ein deutlicher Rückgang der Ammen zu verzeichnen, der damit zu tun hatte, daß man die Säuglinge nun nicht mehr zu den Ammen schickte, sondern diese mit im Haus der Mutter leben mußten und so immer ihrer strengen Überwachung unterlagen. Schließlich wurde der Gedanke an eine nichtmütterliche Brust unvereinbar mit der Vorstellung von der guten Mutter, und um 1900 gehörte die Amme dann der Vergangenheit an. Man brachte sie nur noch mit sogenannten primitiven Kulturen in Verbindung; sie hatte ihren Platz in der zivilisierten Gesellschaft verloren.

Mütter stillten ihre Kinder entweder selbst oder fütterten sie mit der Flasche – eine Methode, die durch die Entwicklung der Milchpasteurisierung im neunzehnten Jahrhundert sicher geworden war.

Das Zusammenwachsen von biologischer und kultureller Mutterrolle ging am schnellsten in der Mittelschicht vonstatten, doch sogar hier war im neunzehnten Jahrhundert immer noch üblich, daß ältere Kinder informell von Verwandten adoptiert wurden.[9] Diese Vorgehensweise hielt sich in der Arbeiterschicht noch bis in die ersten Jahrzehnte unseres Jahrhunderts.[10] In Gegenden, in denen die Verwandten gleich in der Nähe wohnten, aßen und schliefen die Kinder oft außer Hauses; in Familien mit vielen Kindern wurden die älteren Geschwister häufig zu entfernteren Verwandten geschickt – in England nannte man diesen Vorgang »to claim kin«; es handelte sich um eine Art Entlastungsmethode innerhalb der Familie.[11] Das war nur eine Variation der alten Tradition, die Kinder zu ihrem eigenen Besten aus dem Haus zu schicken, die jedoch in früheren Generationen eher zu einer hohen Mobilität zwischen nicht miteinander verwandten Haushalten geführt hatte. Im England des sechzehnten Jahrhunderts lebten sechzig Prozent der Jugendlichen zwischen fünfzehn und vierundzwanzig Jahren getrennt von ihren leiblichen Eltern, oft als Bedienstete.[12] Doch gegen Anfang des neunzehnten Jahrhunderts begann sich die Abwanderung der Armenkinder in die Haushalte der Wohlhabenderen zu verlangsamen. Die Mädchen schickte man weiterhin als Bedienstete hinaus, doch die Jungen der Arbeiterschicht bewegten sich nicht mehr so weit von zu Hause weg. Erst in unserem Jahrhundert, in der Zeit zwischen den Kriegen, konnten die Eltern davon ausgehen, daß die meisten, wenn nicht sogar alle Kinder bis zum Zeitpunkt ihrer Hochzeit ihrer Verantwortung oblagen. Sogar die Frischverheirateten kehrten oft noch zu einem der Elternhäuser zurück, bis sie selbst einen Platz zum Wohnen gefunden hatten.

Wie John Boswell gezeigt hat, machte die christliche Kultur in früheren Generationen die Eltern nie voll und ganz für die Erziehung all ihrer Kinder verantwortlich. Der Kirche ein Kind durch die mittelalterliche Institution der Oblation zu überlassen galt nicht nur als Akt der Frömmigkeit, sondern auch des gesunden Menschenverstandes. Die Protestanten schafften diese Tradition ab, gründeten dafür aber Findel- und Waisenheime, die ähnlichen Zwecken dienten. Auch sie sahen nichts Unmoralisches oder Unnatürliches darin, wenn man seine Kinder der »Gnade von Fremden« überließ. Im achtzehnten Jahrhundert wurde zum Beispiel ein Viertel aller in Toulouse, Frankreich, geborenen Kinder der Obhut Fremder übergeben.[13]

Findel- und Waisenheime blieben bis Anfang des zwanzigsten Jahrhunderts wichtige Institutionen, in denen zahlreiche Kinder untergebracht wurden – allerdings meist nur für kurze Zeit. Erst nach dem Zweiten Weltkrieg wurden diese Heime geschlossen, und die westlichen Gesellschaften wandten sich von nun an ausschließlich an Adoptivfamilien und Pflegeheime, um die betreffenden Kinder unterzubringen. Diese Veränderung ging einher mit der veränderten Vorstellung, daß die Elternrolle Aufgabe des Paares, nicht der Gemeinschaft, war und besser von den leiblichen als von einer ganzen Gruppe von Fremdeltern erledigt wurde. Auch heute noch gehen wir davon aus, daß Pflege- oder Adoptivmütter gegenüber der »wirklichen« oder »natürlichen« Mutter nur zweite Wahl sind. Stiefmütter hatten schon immer mit einem gewissen Argwohn zu kämpfen, doch die Unterschiede, die wir zwischen den verschiedenen Arten von Müttern machen – die biologische Mutter bleibt dabei immer die Norm –, sind ein ausgesprochen modernes Phänomen. Bis zum neunzehnten Jahrhundert waren Stief- und Großmutterrolle keine klar voneinander abgegrenzten Kategorien. In dieser Zeit allerdings, schreibt Ann Dally, bildete sich die Mutterrolle selbst »als Konzept gegenüber einer reinen, unveränderlichen Tatsache« heraus.[14] Bis dahin hatte man alle Frauen, die mütterliche Aufgaben übernahmen, unabhängig von der Biologie »Mutter«

genannt. Die Bezeichnung war auf Leiterinnen von Bordellen genauso anwendbar wie auf die von Gesellenunterkünften. In den Neuenglandstaaten der Kolonialzeit nannte man alle älteren Frauen, egal, ob sie Kinder hatten oder nicht, »Mutter«.[15] In Europa hießen Hebammen im allgemeinen »good mothers«.[16] Die Mutterrolle kannte keine Alters-, Rassen- oder Geschlechterschranken. Ältere Schwestern, die ihre Geschwister aufzogen, wurden als »little mothers« – »kleine Mütter« – bezeichnet; Sklavenfrauen, die weiße Kinder stillten, hießen »mammies«. Auch den Männern wurden im Mittelalter und der frühen Neuzeit durchaus Eigenschaften zugesprochen, die wir heute nur noch mit Frauen assoziieren.[17] Bis zum neunzehnten Jahrhundert beinhaltete der englische Terminus »to father« noch immer die Ernährer- *und* die Zeugerfunktion.[18] Erst in diesem Jahrhundert muß die Mutterrolle die Last nicht nur der symbolischen, sondern auch der praktischen Aspekte übernehmen, welche sich früher auf alle verteilten, die etwas mit der Erziehung der Kinder zu tun hatten und sich nicht nur auf die leibliche Mutter beschränkten.

Unsere zeitgenössische Vorstellung, daß ausschließlich die leibliche Mutter für das körperliche, geistige und emotionale Wohlbefinden ihrer Kinder verantwortlich ist, hatte im früheren Verständnis von der Fortpflanzung keinen Platz. Den größten Teil der menschlichen Geschichte stellte die Geburt – ähnlich wie der Tod – eines jener Phänomene dar, für die kein Mensch die Verantwortung übernehmen konnte, denn die Fortpflanzungsorgane wurden, genau wie der gesamte Körper, als Teil eines größeren Kosmos gesehen, der das Timing und Wesen aller menschlichen Ereignisse bestimmte. Der Magie wurde ein gewisser Einfluß auf Leben und Tod zugeschrieben. Vielleicht war sie nicht gerade wirkungsvoll, dafür aber symbolisch wichtig: Sie gab den Menschen ein Gefühl der Sicherheit und Vorhersagbarkeit. Das Christentum integrierte viele dieser heidnischen Praktiken in seine eigenen Geburts-, Ehe- und Todesriten; bis zur Reformation lieferte eine Kombination aus geistlicher und weltlicher Magie die symbolische Sicherheit, an der es der realen Welt mangelte.[19] Die magische Vorstellung vom Kosmos war alles andere als leicht abzulegen, so daß die protestantische Gegenbewegung sich erst im neunzehnten Jahrhundert vollends durchsetzen konnte. Auch das traditionelle Verständnis vom Körper änderte sich erst ganz allmählich.

In der antiken Welt bot eine Vielfalt von Muttergöttinnen jenes Gefühl der Sicherheit und Behaglichkeit, das die realen Mütter ihren eigenen Kindern oft nicht bieten konnten. Ihre Reliquien und Bilder wurden zu Pilgerstätten, nicht nur für unfruchtbare Frauen, sondern auch für Waisenkinder, und zwar für Christen und Heiden gleichermaßen. Die Muttergöttinnen behielten ihre Machtposition im ganzen ersten Jahrtausend des Christentums inne, denn »die Unsicherheit und die realen Gefahren der mittelalterlichen Kindheit schufen mächtige und hartnäckige Rettungs- und Schutzphantasien von einer allmächtigen, liebenden Mutter«.[20] Diese Phantasien richteten sich nicht nur auf weibliche Gestalten: Jesus wurde oft mit mütterlichen Zügen dargestellt, und auch Mönche präsentierten sich bisweilen ganz ähnlich.[21]

Eine ganze Fülle solcher männlichen und weiblichen Mutterfiguren war nötig, um diese Bedürfnisse zu befriedigen, weil das Christentum bis zum zwölften Jahrhundert keine zentrale Mutterfigur besaß. In den frühesten Darstellungen wurde Maria eher mit Jungfräulichkeit als mit Mütterlichkeit assoziiert, und die Mutter Jesu wurde von der Kirche als Himmelskönigin, nicht als personifizierte Mutter gesehen. Erst als Maria im späten Mittelalter als Mutter dargestellt wurde, begannen die Menschen, sie so zu verehren, wie sie früher die heidnischen Göttinnen verehrt hatten. Zum ersten Mal war es möglich, sich mütterliche und jungfräuliche Heilige vorzustellen. »In der Jungfrau«, schreibt Clarissa Atkinson, »entdeckten die Christen die Macht der heiligen Frau, die vielen der Weltreligionen gemein ist, und manifestierten sie in Kunst und religiöser Verehrung.«[22]

In Maria, der Mutter Christi, fanden die Christen des späten Mittelalters eine symbolische Mutter, an der sie sich orientieren konnten. Der Kult um sie erreichte seinen Höhepunkt im vierzehnten und fünfzehnten Jahrhundert, als, wie wir schon gesehen haben, die Heilige Familie in den Mittelpunkt der katholischen Verehrung rückte und einen sicheren Ort für die Ideale des sich herausbildenden Familiensystems bot, in dem die Kleinfamilie zum ersten Mal als moralischer Kern betrachtet wurde. Zu dieser Zeit bekam Jesus zusätzlich zur Mutter noch einen Vater, und in den folgenden drei Jahrhunderten konkurrierte die Vaterfigur mit der der Mutter um das Recht, die Ernährerrolle zu symbolisieren. Das galt besonders für protestantische Gebiete, in denen die Reformation die Heilige Familie im sechzehnten Jahrhundert auf den Boden der Realität zurückholte und sich die Quellen symbolischen Trostes innerhalb ihrer eigenen Gemeinschaften der gottesfürchtigen Haushalte suchte. Eine ähnliche Veränderung ergab sich in den katholischen Ländern, wo die Heilige Familie nun ebenfalls keinen sakramentalen Wert mehr besaß und statt dessen zu einem Vorbild für reale Familien wurde. Die Verehrung von Maria spendete den Katholiken bis in die heutige Zeit Trost, doch überall wurde jetzt auch eine stärkere Betonung darauf gelegt, daß der Haushaltsvorstand jenes Gefühl des Schutzes und der Sicherheit bot, das die Menschen sich früher anderswo geholt hatten, sei es nun an einem Schrein am Straßenrand oder in den Klöstern.

Bis zum neunzehnten Jahrhundert galt die Fähigkeit des Nährens und Erziehens eher als erworbene, nicht als geschlechtsspezifische Eigenschaft. Bücher, die sich im siebzehnten und achtzehnten Jahrhundert mit der Elternrolle befaßten, richteten sich vorrangig an die Väter.[23] Daß es noch keine Gleichsetzung von Frauen- und Mutterrolle gab, zeigt sich auch in den Hexenverfolgungen des sechzehnten und siebzehnten Jahrhunderts. Zu keiner Zeit zuvor und danach sind so viele Frauen mit »dem Bild der Hexe als Antifrau und Antimutter« in Verbindung gebracht worden. – Sie galt als »sexuelle Bedrohung, nicht als Partnerin, als schreckliche Gefahr für die Fortpflanzung und die Erziehung der Kinder zum Christentum«.[24] Es ist kein Zufall, daß in Europa und Nordamerika die Mehrzahl derer, die als Hexen verurteilt und hingerichtet wurden, ältere Frauen waren, viele von ihnen Hebammen und Frauen, die zu alt waren, um Kinder zu bekommen. Auf sie ließen sich die negativen Gefühle derjenigen projizieren, die sich ihres Rechts auf Erziehung und Schutz beraubt fühlten.[25] Das eigentliche Ziel dieses Zorns wären die Patriarchen gewesen, aber sie hatten zu viel Macht, als daß man die Aggressionen hätte gegen sie richten können. Also waren achtzig Prozent aller als Hexen hingerichteten Personen ältere Frauen, die meisten von ihnen verwitwet, arm oder alleinstehend.

Hebammen waren besonders gefährdet, weil die Leute argwöhnten, sie hätten noch Kenntnis von der alten Magie, die die Protestanten aus ihrem theozentrischen Universum verbannen wollten. Die Macht, Gutes zu tun, die diesen Frauen traditionell zugeschrieben wurde; konnte leicht auch als Beherrschung des Bösen ausgelegt werden.[26] Christina Larners Beschreibung der typischen »Hexe« im siebzehnten Jahrhundert hat erstaunliche Ähnlichkeit mit negativen Frauenstereotypen in unserer eigenen Zeit: »Sie ist selbstbewußt; sie fordert und gibt keine Liebe (auch wenn sie die Menschen in ihren Bann schlagen kann); sie sorgt nicht für Männer oder Kinder und kümmert sich auch nicht um die Schwachen.«[27] Beschuldigungen wurden selten gegen Ehefrauen, Mütter, Ammen oder Frauen gerichtet, die direkt mit der Erziehung von Kindern zu tun hatten. Möglicherweise wurde der Zorn noch durch die Schuldgefühle verstärkt, die manche Väter und Mütter empfanden, weil sie nicht richtig für ihre eigenen Kinder sorgen konnten. Jedenfalls waren der Patriarch und seine »goodwife« zu mächtig, als daß man sie direkt hätte kritisieren können. Zwar waren die Europäer und Amerikaner der frühen Neuzeit in der Lage, sich Trost und Schutz in einer viel größeren Gemeinschaft zu suchen als wir, doch sie übten auch grausame

Rache an Menschen, die sie kaum kannten und auf die sich Gewaltphantasien ohne weiteres projizieren ließen.

Vom sechzehnten bis zum frühen neunzehnten Jahrhundert nahm die Mutterrolle gegenüber der der Ehefrau noch immer eine untergeordnete Stellung ein. Clarissa Atkinson schreibt, der Protestantismus habe der »Rolle der Frau als Ehefrau, Partnerin und Geliebten« weniger Bedeutung beigemessen. Sie sei »wie Eva vor dem Sündenfall eine zentrale Gestalt [gewesen], aber immer ihrem Mann untergeordnet oder ihn ergänzend«.[28] Im Haushaltssystem der Handelsphase des Kapitalismus waren die Frauen oft Partner, wenn auch Juniorpartner, bei der Führung des Hofes oder bei vorindustriellen Unternehmungen. Als die Beschäftigungsmöglichkeiten außerhalb des Haushalts sich ihnen zunehmend verschlossen, wurden sie innerhalb des Haushalts und im Rahmen der expandierenden Marktwirtschaft aktiver. Unser Begriff »Hausarbeit«, der erst 1841 entstand und sämtliche häuslichen Aufgaben beschreibt, umfaßt längst nicht alle Fähigkeiten, die Frauen vor der Mitte des neunzehnten Jahrhunderts haben mußten.[29] Frauen mußten damals so viel Zeit und Energie aufwenden, daß es ihnen schwerfiel, ja manchmal sogar unmöglich war, ihr Kind rund um die Uhr zu versorgen. Ziemlich lange nahm deshalb die »goodwife« eine wichtigere Stellung ein als die gute Mutter.

Die frühen Rituale um Schwangerschaft und Geburt spiegelten die Spannungen zwischen Ehefrauen- und Mutterrolle und versöhnten beide, indem sie die Mutterschaft als eine Episode im Leben einer Frau darstellten, nicht als den Anfang einer allumfassenden Aufgabe. Anders als wir für gewöhnlich glauben, waren die Geburtsriten früherer Zeiten auch nicht unbedingt umfangreicher als die heutigen. Heute wird die Frau vom Zeitpunkt der Zeugung an Ziel intensiver und ausgesprochen ritualisierter Aufmerksamkeit, die schließlich in der Krankenhausgeburt ihren Höhepunkt findet. Robbie Davis-Floyd beschreibt diese als ein »Ereignis, das heute mit sehr viel mehr Aufmerksamkeit bedacht wird als jemals zuvor in der ›primitiven‹ Welt«.[30] Dieser moderne weibliche Initiationsritus zeigt der Frau ziemlich deutlich, wie ihre primäre Identität aussieht. Sie mag Ehefrau, Partnerin und Geliebte sein, aber vor allen Dingen ist sie Mutter.

Alle Gesellschaften markieren die Geburt und verleihen ihr eine Bedeutung, die im Einklang steht mit ihren materiellen Bedingungen und Kulturen. Die Geburtsriten des siebzehnten und achtzehnten Jahrhunderts bestätigten die Rolle der Mutter, sahen sie aber gleichberechtigt mit den anderen Rollen der Frau. Sie stellten Schwangerschaft und Geburt als etwas dar, das der Frau widerfährt, als Episode in ihrem Leben, in der sie das Objekt natürlicher und übernatürlicher Gewalten war, nicht ein Subjekt, das Kontrolle über seinen eigenen Körper hatte. Jacques Gelis drückt es folgendermaßen aus: »Früher, nach ländlichem Denken, mußte der Mensch darauf warten, daß die Natur ihre Arbeit in der Zeit leistete, die sie selbst sich wählte. Sie ließ sich weder verzögern noch beschleunigen. Anders ausgedrückt: Die Natur hatte ihre eigene Geschwindigkeit, und das Kind ›kam‹, wenn es so weit war.«[31] Als die Protestanten den Willen Gottes durch die Launen der Natur ersetzten, verweigerten sie den Müttern die Vermittlerrolle. Das völlig theozentrische Universum der Protestanten beraubte die Frauen außerdem der Glücksbringer und Tränke, die den Katholiken bis dahin Trost gespendet hatten. Auch in Amerika konnte die protestantische Frau »sich nur der Gnade Gottes ausliefern, und die Hebamme wagte nichts zu tun, was nach Magie aussah«.[32] So wurde die Aussicht auf eine Geburt immer schrecklicher.

Wie alle Initiationsriten bestand die Geburt in jener Zeit aus drei Phasen – Trennung, Übergang und Wiedereingliederung.[33] Doch anders als unsere zeitgenössische Version des Geburtsrituals, das die gesellschaftliche Ablösung der schwangeren Frau betont, maß die vorneuzeitliche Geburt der letzten Phase, nämlich den integrativen Riten der Kindstaufe sowie dem »churching«

– dem Dankgottesdienst für die Wöchnerin – die größte symbolische Bedeutung bei. Sie lassen sich eher als kommunale Riten der Progression beschreiben, weniger als individuelle Initiationsriten, denn ihr Zweck bestand nicht darin, die Trennung von Mutter und Kind zu betonen, sondern die Beziehungen innerhalb des Haushalts und der Gemeinschaft wiederherzustellen, die die Ankunft des Kindes gestört hatte.[34] Die traditionellen Riten hatten wenig mit der Vorbereitung auf die Geburt zu tun, dafür um so mehr mit ihren Folgen. Vor dem neunzehnten Jahrhundert freuten sich die Menschen kaum je auf eine Geburt, weil sie glaubten, es bringe Unglück, der Natur oder dem göttlichen Willen vorzugreifen, indem man sich zu offensichtlich auf die Geburt vorbereitete. Es gab keine sichere Methode, die Schwangerschaft festzustellen, solange sich der Fötus nicht im Mutterleib bewegte – man nannte das »quickening« –, doch man verwendete große Mühe darauf, den Zeitpunkt der Empfängnis mittels unterschiedlicher magischer Hilfsmittel herauszufinden. Das zeitgenössische Verständnis der Befruchtung schrieb dem männlichen Samen die alleinige Zeugungskraft zu. Die Stellung beim Geschlechtsverkehr bestimmte nach damaliger Ansicht das Geschlecht des Kindes, und die Männer glaubten, sie könnten bei der Ejakulation sagen, ob eine Empfängnis stattgefunden habe oder nicht. Zusätzlich gab es zahllose andere Methoden, eine Schwangerschaft festzustellen, die alle nichts mit medizinischem Wissen zu tun hatten.[35]

Geburtsvorbereitung fand nur sehr selten statt, obwohl es viele Empfehlungen dafür gab, wie eine Frau sich verhalten sollte, wenn sie sich eine reibungslose Geburt erhoffte, oder wie sie die Schwangerschaft beenden konnte, wenn das Kind unerwünscht war. Ihre Gedanken und Handlungen beeinflußten angeblich das Kind in ihrem Bauch, doch auch andere, besonders der Vater, konnten Einfluß nehmen.[36] Das, was wir heute als Fötus sehen, wurde damals bereits vom siebten Monat an als voll entwickeltes Kind mit eigenem Willen verstanden, das nur noch darauf

wartete, in die Welt zu kommen. Zwar ging man davon aus, daß
das Verhalten der Mutter Einfluß auf das Kind hatte, doch
umgekehrt übte dieses nach damaliger Ansicht genausoviel, wenn
nicht mehr Kontrolle über den Körper der Frau aus als diese
selbst. Das stärkte die Überzeugung, daß die Schwangerschaft
etwas war, das der Frau widerfuhr, nicht etwas, wofür sie selbst
die Verantwortung trug.[37]

Es gibt Belege dafür, daß die Ehemänner ziemlich genau Buch
über die gesundheitliche Entwicklung ihrer Frau führten. Reverend Ralph Josselins Tagebuch ist ein Beispiel dafür.[38] Doch meist
wurde nicht groß auf eine schwangere Frau geachtet. Die Frauen
kleideten und benahmen sich wie sonst; sie suchten keine Baby-
kleidung aus und überlegten auch nicht, wie sie das Kind nennen
sollten, denn solches Verhalten wurde als dreist erachtet und
konnte sogar Unglück bringen.[39] Die Ängste waren ungefähr
genauso groß wie die Vorfreude, denn wie schon erwähnt lag der
Prozentsatz der Mütter, die bei der Geburt starben, konstant bei
sieben oder darüber.[40] Es gab keine Abhilfe gegen morgendliche
Übelkeit oder Geburtsschmerzen, die Ärzte, Hebammen und
Frauen entweder als natürlich oder von Gott auferlegt erachteten.
Sie rührten von Evas Fehlverhalten im Paradies her und mußten
deshalb gleichmütig ertragen werden. Vom vierzehnten Jahrhundert an trat das mütterliche Leiden an die Stelle der Jungfräulichkeit, wenn es darum ging, die Heiligkeit der Frau darzustellen.
»Die Definition der guten Mutter als leidender Mutter war fest in
den Ideologien von Heiligkeit und Mütterlichkeit verankert«,
schreibt Atkinson.[41] Das galt für Protestantismus und Katholizismus gleichermaßen; den katholischen Frauen gaben die Leiden
der heiligen Maria zusätzlich psychologischen Trost.

Das hieß allerdings nicht, daß Frauen nichts unternahmen, um
natürliche oder übernatürliche Qualen abzuwenden. Jahrhundertelang hatten die Heiden Glücksbringer und Tränke verwendet,
um die Schmerzen der Geburt zu lindern, und die katholische
Kirche bot ihre eigenen Schreine und Reliquien zu genau dem

gleichen magischen Zweck. Vom ausgehenden Mittelalter an wurden der Gürtel der Maria und die Reliquien anderer Mutterheiligen zum Objekt weiblicher Pilgerfahrten. Wenn eine katholische Frau sich nicht selbst auf Pilgerreise begeben konnte, schickte sie ein sogenanntes »travelling girl« – ein »Reisemädchen« –, das einen Teil der Magie mitbringen sollte.[42] Protestantische Frauen hatten keinen Zugang zu solchen Riten, aber viele von ihnen besuchten heimlich heilige Brunnen und Felsen. Ihr Haupttrost war das Gebet, das oft in Form einer formelhaften Beschwörung stattfand.[43] Die meisten Frauen gingen ihren üblichen Tagesbeschäftigungen bis zum Beginn der Wehen nach. In der Sprache des siebzehnten und achtzehnten Jahrhunderts wurden Schwangerschaft und Geburt nicht als Zustand, sondern als Aktivität – das sogenannte »breeding« – beschrieben, die sich nicht allzusehr von den anderen Beschäftigungen der Hausfrau unterschied.[44] Viele Frauen versuchten, sich während ihrer Schwangerschaften ein wenig zu schonen, doch die medizinischen Ratgeber des achtzehnten Jahrhunderts ermunterten sie, sich weiterhin mit allen Aufgaben des Alltags zu beschäftigen, weil Schwangerschaften als plethorisch galten und nach damaliger Ansicht weniger Essen und eher mehr als weniger Bewegung erforderten.[45] Jedenfalls hob sich eine Schwangere in einer Gesellschaft, in der praktisch alle verheirateten Frauen Kinder unter dem Herzen trugen, wenn Krankheit oder Tod sie nicht daran hinderten, nicht von ihren Geschlechtsgenossinnen ab. Jacques Gelis drückt es folgendermaßen aus: »Diese ständige Präsenz von Schwangeren war in früheren Jahrhunderten ein wesentlicher Teil des menschlichen Umfeldes. Die Gemeinschaft ging permanent schwanger mit sich selbst.«[46]

Nur wenige Frauen bereiteten sich bewußt auf die Geburt vor. Diejenigen, die es sich leisten konnten, ihren geschäftigen Haushalt eine gewisse Zeit zu verlassen, scheinen zu ihren Müttern zurückgekehrt zu sein; in England fuhren die Frauen der Aristokratie »in die Stadt«, denn London war als Geburtsort besonders beliebt.[47] Doch die meisten Haushalte konnten es sich nicht leisten, auch nur kurze Zeit auf die Frauen zu verzichten. Deshalb befanden sich die meisten Frauen zu Hause oder in der Nähe des Hauses, wenn die Wehen begannen, und sie waren oft genauso überrascht, wenn die Schmerzen anfingen, wie ihre Männer oder Nachbarn. Die Wehen wurden als Bemühungen des Kindes, aus dem Bauch herauszukommen, interpretiert. Die hektischen Aktivitäten, die damit einhergingen, würden uns vielleicht als chaotisch, ja sogar gedankenlos erscheinen, standen aber im Einklang mit dem traditionellen Verständnis vom Körper als natürlichen und übernatürlichen Kräften unterworfener Einheit, die sich menschlicher Einflußnahme entzogen.

Wenn die Geburt kurz bevorstand, wurde zuerst die Hebamme gerufen, und die Mutter wurde von allen anderen isoliert.[48] Es wurde eine sogenannte »lying-in chamber« eingerichtet, eine abgeschlossene Kammer, deren Türen und Fenster man verschloß beziehungsweise verhängte, so daß die normalen Geräusche, Gerüche und Aktivitäten des Haushalts draußen blieben.[49] Manchmal fand die Geburt am wärmsten Ort des Hauses, gewöhnlich in der Küche, statt. Wenn sich die Beteiligten für ein Schlafzimmer entschieden, wurde dieses völlig umgestaltet; alles Vertraute wurde beseitigt, auch das Bett selbst. Nur wenige Frauen gebaren in ihrem eigenen Bett, denn damals wurden Kinder entweder im Stehen oder in der Hocke zur Welt gebracht. Dafür gab es eine besondere Liege oder einen eigenen Geburtsstuhl.[50] Die Mutter wurde so plötzlich und bewußt aus ihrer üblichen Rolle als Ehefrau und Partnerin isoliert, als befinde sie sich unvermittelt in einer Geburtshütte im afrikanischen Regenwald.[51]

Zur Hebamme gesellte sich etwa ein halbes Dutzend »gossips« – »Klatschweiber« –, also Frauen aus der Nachbarschaft, die der Geburt beiwohnten und halfen, so gut sie konnten. Sie bereiteten besondere Nahrungsmittel und Getränke zu, normalerweise Warmbier, heißen Wein oder gewürztes Porridge. Außerdem unterhielten sie sich über andere Geburten und beteten um eine reibungslose Entbindung. Die Geburt wurde als Frauenangelegenheit betrachtet, und nur wenn Lebensgefahr bestand, wurde ein männlicher Arzt hinzugezogen.[52] Die Männer sollten weder hören noch sehen, wie schmerzhaft dieser manchmal sogar tödliche Prozeß war. Sie warteten in Gesellschaft männlicher Freunde und ertränkten die Ängste, die so eine Geburt mit sich brachte, mit dem sogenannten »groaning malt« – Ängste nicht nur um Mutter und Kind, sondern auch davor, eine unverzichtbare Partnerin und Gefährtin zu verlieren.[53]

Daß der Vater nicht im Geburtsraum anwesend war, könnte auf eine mangelnde Vorstellung von der Vaterschaft hinweisen, doch genau das Gegenteil war der Fall. Nach damaliger Ansicht spürten die Männer die Schwangerschaft, hatten an der morgendlichen Übelkeit Anteil, litten unter etwas, das man seinerzeit »husband's toothache« – die »Zahnschmerzen des Ehemanns« – nannte und erlebten sogar die Wehen mit.[54] Das Ritual der Couvade, das praktisch allen Gesellschaften gemein war, stellte einen parallelen Ritus des Voranschreitens dar, durch den die Vaterschaft formell von Vater und Gemeinschaft bestätigt wurde. Auch das Gesetz erkannte die Vaterschaft an, indem es dem Kind inhärente Rechte eher dem Vater als der Mutter zuwies.[55]

Sobald die rituelle Trennung vollzogen war, begann das Warten. Es wurden nur wenige Anstrengungen unternommen, der Natur auf die Sprünge zu helfen oder den göttlichen durch den menschlichen Willen zu ersetzen. Manchmal beschleunigten die Hebammen den Vorgang aus eigennützigen Motiven, aber die allgemeine medizinische Lehrmeinung sprach sich vor dem neunzehnten Jahrhundert dagegen aus, die Wehen künstlich einzuleiten. Letztlich besaßen die Hebammen gegenüber den Wünschen oder Bedürfnissen der Mütter auch nicht mehr Sensibilität als die männlichen Ärzte.[56] Die damalige Ausdrucksweise – »with child«, »brought to bed«, »lying-in« – verstärkte die Vorstellung davon, daß die Mutter lediglich das Objekt von Mächten war, die außerhalb ihrer Kontrolle lagen.[57] Die Geburt war der Augenblick der größten Gefahr für sie, ihr Kind und alle, die sich um sie kümmerten. Früher war dies der Moment gewesen, in dem alle Mittel der Magie herangezogen wurden, doch bereits im achtzehnten Jahrhundert hatten die meisten Frauen der Mittel- und Oberschicht keinen Zugang mehr zu solchen Mitteln. Im protestantischen Amerika hieß es, daß »keine Hebamme das kann, was Engel können« – ein Hinweis darauf, wie fatalistisch die Geburt damals gesehen wurde.[58]

Sobald das Kind den Mutterleib verlassen hatte, mußte die Hebamme die Nabelschnur durchtrennen und es so symbolisch wie physisch von seiner Mutter lösen. Das Kind wurde meist nicht sofort an die Brust angelegt, sondern zuerst zum Herdfeuer gebracht, was es symbolisch mit dem Haus und nicht mit der Mutter identifizierte.[59] Dann wurde es gewickelt und dem Vater sowie seinen Freunden und den anderen Nachbarn gezeigt, die sich, sobald sich die Nachricht von der Geburt herumgesprochen hatte, im Haus versammelten. Die Vernachlässigung der Mutter sofort nach der Geburt war nicht ganz so grausam, wie sie auf den ersten Blick erscheinen mag. Man war der Ansicht, daß sie nun nicht mehr in unmittelbarer Gefahr schwebte und Ruhe brauchte, und – noch wichtiger – sie durfte keine allzugroße Zuneigung für das Kind zeigen. Die Mutterliebe, um die wir heutzutage einen so großen Kult betreiben, wurde im achtzehnten Jahrhundert mit Argwohn betrachtet.[60] Emotionale Regungen wiesen nach damaliger Ansicht darauf hin, daß die Frau noch immer unter dem Einfluß der natürlichen und übernatürlichen Kräfte stand, die mit der Geburt in Verbindung gebracht wurden. Sie und das Kind mußten vor diesen Kräften geschützt werden; beide brauchten Zeit und Raum, um das Maß an Menschlichkeit zu gewinnen beziehungsweise wiederzugewinnen, das es ihnen ermöglichte, in Familie und Gemeinschaft integriert zu werden.[61]

Dieses Geburtsritual endete nicht mit dem biologischen Ereignis, sondern ging noch ein paar Tage oder sogar Wochen weiter, bis die wichtigste Phase, der Ritus der Integration, abgeschlossen war. Für das Kind bedeutete das eine zweite Geburt durch den Ritus der Taufe. Ralph Josselin schrieb bei der Geburt seines ersten Kindes 1642: »Gott möge es von seiner Verderbtheit reinwaschen, es weihen und es zu seinem Eigentum machen.«[62] Eine der traditionellen Funktionen der Taufe bestand in der Reinigung, doch schon bevor das Kind zum Taufbecken gebracht wurde, hatte es normalerweise eine ganze Reihe von Reinigungsriten hinter sich, die es symbolisch vom Mutterleib und den Naturkräften trennte, die es in die Welt gebracht hatten. Besondere Sorgfalt wurde dabei auf die Formung des Kinderkopfes verwendet, als müsse dieser nach menschlichem Vorbild neu geschaffen werden.[63] Das Wickeln diente einem ähnlichen symbolischen Zweck, denn »diese Kleider machten das Kind erst zu einem Menschen, genau wie die gesamte Zeremonie der Geburt, von der das Wickeln nur einen Teil darstellte, diese Geburt zu einem Akt der Kultur, nicht nur der Natur, machte«.[64]

Traditionell »präsentierte« die Mutter dann dem Vater das Kind, der es seinerseits feierlich der Welt präsentierte. Im achtzehnten Jahrhundert wurde die Geburt, besonders die des ersten Sohnes, mit Freudenfeuern, Festen und dem Verteilen von großzügigen Gaben gefeiert. In der Mittelschicht waren die patriarchalischen Riten zurückhaltender, folgten aber einem ähnlichen Muster. Auch hier wurde mit Familie und Freunden gefeiert.[65]

Bis zur »zweiten Geburt« des Kindes war es wichtig, es von allen natürlichen oder übernatürlichen Einflüssen fernzuhalten. Man machte aus Angst, daß äußere Mächte Besitz von dem Kind ergreifen könnten, nicht einmal seinen Namen publik.[66] Die Hast, mit der Neugeborene getauft wurden, spiegelte ebenfalls diese Furcht.[67] Die Ablehnung der Kindstaufe durch die protestantische Theologie stellte somit natürlich ein Problem für jene dar, die diesen Ritus als wesentlich für die Herausformung eines menschlichen Wesens erachteten; die meisten brachten ihre Kinder weiterhin zum Taufbecken. Gebildete Protestanten entschieden sich für private Taufen, um das Problem der öffentlichen Kindstaufe zu umgehen und trotzdem den Ritus einer symbolischen zweiten Geburt durchführen zu können, die dem Neugeborenen einen Namen und eine gesellschaftliche Identität verlieh. Auf allen gesellschaftlichen Ebenen war dies ein Anlaß für große Feiern und Geschenke. »Die Geburt war eine gesellige Angelegenheit, die Familie und Gemeinschaft um das Kind herum zusammenschweißte.«[68]

Die Mütter, die durch die strengen Konventionen der damaligen Zeit noch in den Geburtsraum verbannt blieben, waren kaum jemals bei der kirchlichen Taufe ihrer Kinder anwesend.[69] Sie spielten nur eine geringe Rolle bei den Feiern nach der Geburt, die im allgemeinen vom Paterfamilias geleitet wurden. Wenn das Kind von einer Amme gestillt werden sollte, erhaschte die Mutter oft nur einen kurzen Blick darauf, bevor es ihr weggenommen wurde, und sie sah es erst nach Monaten, manchmal sogar erst nach Jahren, wieder. Zwischenzeitlich begann für sie die sogenannte Zeit des »lying-in«, eine Periode, die bis zu einem Monat dauerte und in der sie sich in einem Zustand des Übergangs befand. In dieser Zeit war sie weder ganz Ehefrau noch ganz Mutter. Der physische Akt der Entbindung reichte nach damaliger Ansicht nicht, ihr die Ganzheit und Unantastbarkeit zu verleihen, die wir heute als ganz natürlich mit der Geburt verbunden erachten. Diese war ein Ereignis, nicht eine kulturelle Kategorie, die der Frau automatisch die Rolle der Mutter zuwies, wie wir sie heute verstehen. Dadurch, daß die Frau die Geburt als etwas sah, das ihr widerfuhr, konnte sie sich ziemlich unverändert durch die biologische Erfahrung wieder ihren Pflichten im Haushalt zuwenden.

Der jungen Mutter wieder ihre vollen Eigenschaften als Frau zurückzugeben dauerte mehrere Wochen, man nannte das »her month« – »ihren Monat«. Diese letzte Phase des traditionellen Rituals machte aus ihr wieder eine Ehefrau und Partnerin bei der Arbeit. Die erste Woche nach der Geburt sollte die junge Mutter nach damaliger Ansicht im Bett bleiben, »caudle« – warme alkoholische Getränke – und eine beschränkte Menge von Nahrungsmitteln zu sich nehmen. Sie bekam sorgfältig ausgewählten Besuch – zuerst die weiblichen Verwandten, später die Freundinnen, die mit ihr den »caudle« teilten.[70] Der Ehemann betrat das Geburtszimmer als erster Mann, aber es wurde als gefährlich angesehen, während »ihres Monats« miteinander zu schlafen, und sogar die Mutterbrust, die in unserer modernen Kultur eine so große erotische Bedeutung hat, wurde damals voller Ekel, ja sogar mit Angst, betrachtet.[71] Ganz allmählich wurde das Geburtszimmer wieder geöffnet und seiner ursprünglichen Funktion zugeführt, und auch die junge Mutter wagte sich wieder in die anderen Räume des Hauses. Dieses verließ sie allerdings erst gegen Ende des Monats, der normalerweise durch den religiösen Ritus des »churching«, die religiöse Zeremonie der Reinigung und Danksagung, welcher man in dieser Zeit große Bedeutung beimaß, markiert wurde.[72]

Nach allgemeiner Ansicht war die Frau, die dieses Ritual noch nicht hinter sich hatte – man nannte sie die »green woman« –, so gefährlich, daß sie sogar das Gras, auf das sie trat, zum Verdörren bringen, unerwünschte Schwangerschaften herbeiführen und Menschen und Vieh gleichermaßen verhexen konnte.[73] Im sechzehnten Jahrhundert gehörte zum »churching« eine öffentliche Prozession vom Haus zur Kirche; die Mutter wurde dabei von ihren »Klatschweibern« umringt, der Umzug wurde manchmal von der Hebamme angeführt. Erst wenn die Frau den Segen des Priesters erhalten hatte, durfte sie »ihren Schleier abnehmen und ihrem Mann und den Nachbarn wieder in die Augen sehen«, schrieb Henry Barrow, der, ähnlich wie andere Reformer, zuviel heidnische und papistische Magie im »churching«-Ritual sah.[74] Die protestantischen Sekten ersetzten die alten Reinigungsriten durch das einfache Dankgebet, doch oft verlangten die Frauen, daß der Geistliche sie auf die alte Art dem »churching«-Ritual unterzog; wenn dieser sich weigerte, vollzogen manche Frauen das Ritual selbst.[75]

Obwohl die gebildeten Schichten sich immer mehr privaten Dankgebeten zuwandten, blieb das öffentliche »churching« im achtzehnten und neunzehnten Jahrhundert ausgesprochen beliebt. Es wurde von den Frauen am Leben erhalten, die seine Kraft schätzten, sie wieder mit ihrem Haushalt und der Gemeinschaft zu verbinden.[76] Während »ihres Monats« wurde die häusliche Ordnung auf den Kopf gestellt, und der Mann übernahm viele der weiblichen Pflichten. Die junge Mutter mußte nicht einmal ihre sexuelle Pflicht erfüllen, solange das »churching« nicht vollzogen war, denn, so David Cressy, es »markierte eine rituelle Beendigung dieser Phase und führte dazu, daß Mann und Frau ihre sexuellen Beziehungen wieder aufnehmen konnten und die normale häusliche Ordnung wieder hergestellt wurde«.[77] John Brand schrieb im achtzehnten Jahrhundert, »am Tag des ›churching‹ brachten alle Familien, die eingeladen wurden, der Frau Fleisch und Getränke«.[78] In Amerika nannte man dieses Ereignis die »groaning party«. Während die Frauen sich drinnen vergnügten, tranken die Männer und feuerten in die Luft, um zu signalisieren, daß ein Augenblick der Gefahr vorbei war und ihr symbolisches Universum sich wieder im Lot befand.[79]

Es erstaunt nicht weiter, daß dieses »churching« sich im achtzehnten Jahrhundert bei Frauen aller Schichten großer Beliebtheit erfreute. Die Oberschicht unterschied sich nur insofern von der Unterschicht, als sie daraus eine private Feier machte, die zu Hause stattfand.[80] Dieses Ritual stellte jedoch für alle Frauen ein Signal für die Rückkehr zu ihrer primären Identität als Ehefrau und Partnerin sowie als Teil der Frauengesellschaft dar. Heute sehen wir die Geburt (besonders die des ersten Kindes) als neuen Anfang, der die Mutterrolle initiiert und eine Familie begründet sowie die Frau erst zu einer richtigen Frau macht. Frühere Generationen, für die die Mutterrolle nicht mit der Entbindung begann und die nicht darauf bestanden, daß die Nährung und Erziehung des Kindes ausschließlich der leiblichen Mutter oblagen, verbanden mit der Geburt etwas völlig anderes

als wir heute. Für sie war sie weniger ein individueller Initiationsritus als ein Ritus des Wandels für die ganze Gemeinschaft.

Solche Rituale spiegelten nicht nur das Verhalten, sie formten
es auch. Die traditionellen Riten von »churching« und Taufe
integrierten Mutter und Kind auf eine Weise in die Gemeinschaft,
die nicht die individuelle Mutterschaft der Frau betonte, sondern
ihre Verbindung zu allen Müttern und die Verbindung ihres
Kindes zu allen Kindern. Diese Riten ermutigten die Frauen dazu,
ihren Nachwuchs als getrennt von sich selbst anzusehen und die
Rolle der Mutter als eine von vielen zu verstehen, die sich mit
anderen, auch Männern, teilen ließ. Das soll allerdings nicht
heißen, daß sie sich nichts aus ihren Kindern machten. Eben weil
die Eltern sich angesichts der hohen Sterblichkeitsrate und der
wirtschaftlichen Unsicherheit so große Gedanken über das Wohlergehen ihres Nachwuchses machten, waren sie bereit, diesen für
kürzere oder längere Zeit der Gnade von Fremden zu überlassen.[81] Sich um die Kinder zu kümmern, gehörte zu den Hauptauf-
gaben einer Hausherrin; in der Ära des partriarchalischen Haushalts umfaßte die Rolle der Frau automatisch die der Mutter. Bis
zum neunzehnten Jahrhundert sahen sich die Kinder auch außerhalb der leiblichen Familie nach Müttern und Vätern um. Die
Mütter und Väter ihrerseits kümmerten sich zusätzlich um fremde
Kinder, um ihre Pflicht zur guten Elternschaft zu erfüllen.

Solange zwischen leiblicher Mutter und Mutterrolle unterschieden wurde, beschränkten sich die Mutterfiguren, die sowohl
idealisiert als auch dämonisiert wurden, keineswegs nur auf die
häusliche Sphäre. Im Mittelalter hatten mütterliche Ikonen den
Kosmos bevölkert. Im siebzehnten Jahrhundert wurden sie dann
auf den Boden der Tatsachen geholt, aber noch immer mit den
gottesfürchtigen Haushalten in Verbindung gebracht. Erst im
neunzehnten Jahrhundert assoziierte man die »wahre Mutterschaft« mit allen Frauen, die tatsächlich ein Kind zur Welt
gebracht hatten. Zum ersten Mal überhaupt wurde die Mutter-

rolle vollends sakralisiert. »Auch zuvor hatte man die menschlichen Mütter geehrt, aber nicht in einer so allumfassenden Art. Eine Mutter aus Fleisch und Blut hatte sich bis dahin nicht mit der Jungfrau Maria messen müssen. Nicht einmal die Jungfrau Maria selbst hatte sich mit ihrem eigenen Vorbild messen müssen.« In früheren Jahrhunderten hatte man der Mutter Jesu eine gewisse Freiheit von der häuslichen Rolle zugestanden, doch jetzt wurde auch sie »völlig zu einer viktorianischen Mutter domestiziert«.[82] In den katholischen Ländern wurde der Kult um sie immer stärker; er bot den Frauen eine einflußreiche Darstellung der domestizierten Mutterrolle. Bei den Protestanten hingegen wurden die Mütter selbst zu Ikonen der wahren Mutterschaft stilisiert. Am Ende des neunzehnten Jahrhunderts waren sie dann schließlich sowohl in Nordamerika als auch in Europa zu Objekten der Verehrung geworden.

Die symbolische Behandlung von Schwangerschaft und Geburt veränderte sich im neunzehnten Jahrhundert. Die Frauen der Mittelschicht begannen, anders mit ihrer Schwangerschaft umzugehen: Sie sprachen nun kaum noch mit ihrem Mann über das, was sie ihren »Zustand« nannten, und wandten sich immer häufiger an Ärzte. Sie begannen viel früher als ihre Vorfahrinnen, sich aus der Welt zurückzuziehen, und in der Zeit, die sie als »confinement« – »Ans-Haus-gefesselt-sein« – bezeichneten, verließen sie das Haus praktisch nicht mehr.[83] Diese Veränderungen spiegelten sich in der neuen Sprache der Geburt, die sich Ende des achtzehnten Jahrhunderts bei den gebildeten Schichten in Europa und Nordamerika herausformte. Ein gutes Beispiel dafür findet sich in einer Ausgabe des *Gentleman's Magazine* von 1791.[84]

Lady Sarah Napier schrieb 1818, »niemand kann die Worte ›breeding‹ oder ›with child‹ oder ›lying-in‹ heute noch verwenden, ohne ungehörig zu wirken… An ihre Stelle sind Ausdrücke wie ›in the family way‹ und ›confinement‹ getreten.«[85] In den gerade erst entstandenen Vereinigten Staaten wurde das Wort »Schwangerschaft« durch eine ganze Reihe von Euphemismen ersetzt: »in

the family way«, »expecting« oder »in a delicate condition« – etwa
»Nachwuchs erwarten«, »guter Hoffnung« oder »in anderen
Umständen«.[86]

Der Ausdruck »guter Hoffnung« beschwor eine Vorfreude
herauf, die es früher nicht gegeben hatte. Die Geburt war nun
nichts mehr, was der Frau widerfuhr, sondern ein Zustand, den
die Frauen verinnerlichen und der Außenwelt präsentieren sollten. Auch das Ritual der Geburt selbst veränderte sich; die
Betonung wurde nun auf die erste Phase der Trennung, nicht
mehr so sehr auf die letzte Phase der Integration gelegt, die bei
Frauen der Mittelschicht verkürzt und manchmal ganz abgeschafft wurde. Jetzt riet man schwangeren Frauen, nicht mehr zu
reisen und keine schweren Arbeiten mehr zu verrichten. Während
die Frauen der Arbeiterschicht kaum eine andere Wahl hatten, als
ihren alltäglichen Pflichten nachzukommen, zogen sich die, die es
sich leisten konnten, vorübergehend aus der Welt zurück.
Schwangere Frauen waren nun nicht mehr gern gesehen an
öffentlichen Orten; man legte ihnen nahe, an gesellschaftlichen
Ereignissen nicht teilzunehmen. Diese neuen Regeln wurden
nicht aufgestellt, weil die Frau angeblich zu sehr unter dem
Einfluß der Natur stand und eine Gefahr für sich selbst und andere
darstellte, sondern eher, wie Ludmilla Jordanova es ausdrückt,
weil die Frauen jetzt »als Lebensträgerinnen und -geberinnen«
gesehen wurden. »Folglich war die schwangere Frau sowohl die
Quintessenz des Lebens als auch ein erotisches Objekt.«[87] Und als
solches brauchte sie den Schutz, den die häusliche Abgeschieden-
heit bot.

Ein Ritual, das früher nur ein paar Tage gedauert hatte, zog sich
jetzt über Monate hin. Wenn das Kind dann endlich kam, waren
die Frauen der Mittelschicht gut vorbereitet und hatten alle
nötigen Vorbereitungen getroffen. Früher waren die Frauen der
Oberschicht zu ihren Müttern gefahren; jetzt kamen die Mütter
zu ihnen.[88] Der spezielle Geburtsraum gehörte der Vergangenheit
an, und der Raum, in dem die Frau das Kind nun zur Welt

brachte, normalerweise das Schlafzimmer, wurde kaum verändert. Fenster und Türen blieben offen. Die Möbel wurden nicht umgestellt; man gab sich größte Mühe, eine halbwegs behagliche Atmosphäre herzustellen. Das Ehebett nahm den Platz des Geburtsstuhls ein und betonte die Vereinbarkeit der Ehefrauen- und Mutterrolle. Auch das Fremde und Gefährliche des gebärenden Frauenkörpers wurden so reduziert.[89]

Die viktorianische Mittelschicht bestand als erste auf der Hausgeburt. »So wurde aus der Geburt ein Rückzug zur Hauptquelle der weiblichen Identität, ein Rückzug ins Zuhause«, schreiben Richard und Dorothy Wertz. »Dort, in ihrer Domäne, lernte die Frau aufs neue, wer sie war, und erfüllte durch die Geburt ihre wesentliche Pflicht. Danach konnte sie, in vielerlei Hinsicht erneuert, in die Gesellschaft zurückkehren.«[90] Die Symbole von Zuhause und Mutterrolle verstärkten sich gegenseitig. Frauen der Mittelschicht mußten sich nun nicht mehr mit einer langen Isolationszeit, die durch das sogenannte »churching« abgeschlossen wurde, abfinden. Die Geburt allein reichte, um die Frau unantastbar zu machen; sie war ein erlösendes Ereignis, ein prägender Augenblick im Leben aller Frauen, ein Drama, in dem die Mutter nun die Hauptrolle spielte. »Die Wehen sind ein Drama, schmerzhaft für die Frau und voll schmerzlichem Interesse für ihre Umwelt«, schrieb W. Tyler Smith 1848 im *London Lancet*.[91]

Die Geburt brachte noch immer Schmerzen mit sich, und obwohl Betäubungsmethoden seit den vierziger Jahren des neunzehnten Jahrhunderts bekannt waren, wurden diese bis zum Ende des Jahrhunderts von vielen Frauen verachtet. Sie zogen es vor, die Leiden zu erdulden, die die Christen mit der wahren Mutter assoziierten. Obwohl die Sterblichkeitsrate bei Säuglingen und Müttern noch immer hoch war, hatte die Geburt ihre symbolische Verbindung mit dem Tod verloren. Jetzt freute man sich eher auf sie, als daß man sich vor ihr gefürchtet hätte. Die Frauen der Mittelschicht sorgten sich jedenfalls mehr um die Babyausstattung als um ihr eigenes Leichentuch.[92]

Deswegen ist es auch wichtig, daß die Frauen sich nun bewußt dafür entschieden, Männer bei der Geburt dabeizuhaben und nicht mehr die »Klatschweiber« wie früher. In den vierziger und fünfziger Jahren des letzten Jahrhunderts führten nicht nur männliche Ärzte die meisten Hausgeburten von Frauen der Mittelschicht durch, nein, es waren auch zum ersten Mal Ehemänner im Geburtsraum anwesend.[93] Es wurde die größte Mühe darauf verwendet, die Schicklichkeit der Frau nicht zu kompromittieren; die Ärzte lernten, die Geburt eher mit Hilfe des Tastsinns als mit der der Augen durchzuführen.[94] Offenbar fühlten sich die meisten Gebärenden nicht allzuwohl in der Anwesenheit von männlichen Ärzten, und den Ärzten wiederum scheint die Anwesenheit der Ehemänner nicht immer recht gewesen zu sein, aber die Frauen der Mittelschicht und die Mediziner schienen sich auf ein Arrangement zu einigen, das die Bedürfnisse aller Beteiligten zu befriedigen schien. Nach Meinung der Historiker hatte die Bereitschaft der Frauen, Männer bei der Geburt dabei zu haben, weniger etwas mit medizinischen Fragen zu tun als mit dem von der Kultur vorgegebenen Zwang, »eine bezeugte Leistung« erbracht zu haben. »Möglicherweise wollten sie einen Vertreter des männlichen Geschlechts, der ihren Schmerz und ihr Leiden sehen sollte, um ihre Weiblichkeit zu bestätigen und ihren Schmerz vor den Männern zu verifizieren.«[95]

Die Männer scheinen sich aus ganz ähnlichen kulturellen Gründen von der Geburt angezogen gefühlt zu haben. Für William Gladstone war die Geburt seines ersten Kindes 1840

> eine neue Szenerie und Lektion des menschlichen Lebens ... Ich habe sie heute ... sechsmal so viel körperlichen Schmerz erleiden sehen wie ich selbst das ganze Leben durchgemacht habe ... Wie viele Gedanken löst diese Qual doch aus. Die Frau ist gesegnet, denn als Gläubige darf sie in jenem Schmerz besondere Mittel zu ihrer Reinigung erkennen und diese durch ihr bereitwilliges Ertragen um so fröhlicher zu einem heiligen Dankesopfer verwandeln.[96]

Im neunzehnten Jahrhundert scheint die Schuld die Furcht als vorrangiges väterliches Gefühl abgelöst zu haben. Früher hatten die Männer der Mittelschicht Angst gehabt, im mysteriösen Augenblick der Geburt anwesend zu sein; jetzt empfanden sie offenbar das Bedürfnis, ihre Frauen im Moment des größten Schmerzes und der größten Gefahr zu unterstützen.[97] Anders als die Väter der Arbeiterschicht, die die Wehen ihrer Frauen bis weit in unser Jahrhundert in Form der Couvade erlebten, konnten die Männer der Mittelschicht sich nun nicht mehr vormachen, daß ihr Körper genauso wie der der Frauen funktionierte. Für sie hatte der Ausdruck »to father« schon seine moderne Bedeutung angenommen, nämlich »befruchten«. Sie hielten während der neunmonatigen Schwangerschaft immer mehr Distanz und spielten in den Geburtsvorbereitungen praktisch keine Rolle. Die alten Initiationsriten für den Vater, das »groaning malt« und die rituelle Präsentation des Kindes gegenüber dem *pater,* gab es im neunzehnten Jahrhundert so gut wie nicht mehr. Vielleicht erklärte sich der Mann der Mittelschicht damals so schnell bereit, zum ersten Mal im Geburtszimmer anwesend zu sein, weil die einzige symbolische Verbindung, die ihm zu seinem Kind noch blieb, die über die Mutter war.

Die Mutter spielte die Hauptrolle in den veränderten Geburtsriten. Früher war die Geburt etwas gewesen, das der Frau widerfuhr, sozusagen der Augenblick ihrer größten Verletzlichkeit und ihres größten Leidens. Jetzt bestand die Prüfung der wahren Weiblichkeit nicht nur darin, wie gut eine Frau körperliche Leiden ertrug, sondern auch darin, wie sie emotional auf das Neugeborene reagierte. Diese Veränderung korrespondierte mit der Neudefinition der Frauen als zarterem, empfindungsfähigerem Geschlecht und mit der Neubewertung der Mutterliebe, die nun nicht mehr als so gefährlich angesehen wurde, daß man nach der Geburt eine Weile vom Rest der Gemeinschaft isoliert wurde. Statt dessen wurde sie zum Mittelpunkt der »wahren Mutterschaft«, die sich aus dem geheiligten Augenblick der Geburt ergab.[98] Melesina Trench beschrieb die Geburt ihres ersten Kindes 1787 auf eine Art und Weise, die im folgenden Jahrhundert zum Standard wurde. »Wenn ich meinem kleinen Jungen ins Gesicht sah, wenn ich ihn atmen hörte, wenn ich den Druck seiner kleinen Finger fühlte, begriff ich Voltaires Ausspruch erst ganz: Le chef d'œuvre d'amour est le cœur d'une mère… Die Freude meines Ehemannes über seinen Sohn war fast so groß wie die meine.«[99] In Mrs. Gaskells viktorianischem Roman *Ruth* (1853) wird die erste Interaktion zwischen Mutter und Kind ganz ähnlich dargestellt: »Die Berührung des Säuglings weckte ihre Liebe; die Tür zu ihrem Herzen wurde weit aufgestoßen, so daß das Kind hineinschlüpfen und davon Besitz ergreifen konnte.«[100]

Bis zum Augenblick der Geburt war die Weiblichkeit der Frau lediglich ein Potential gewesen; danach war sie eine richtige Frau. Nun gab es keine rituelle Trennung von Mutter und Kind, kein Kopfformen und kein Wickeln mehr. Die junge Mutter wurde nicht mehr als Gefahr für sich selbst und andere gesehen, und sie mußte auch nicht mehr bis zum Vollzug der Reinigungsriten in Quarantäne bleiben. Die Brust, die als natürlich und erotisch gleichermaßen begriffen wurde, stand nun für mütterliche Sorge und Freude; für die Frauen der viktorianischen Mittelschicht wurde das Stillen zu einem Symbol der wahren Mutterschaft.[101] Die Ärzte empfahlen es, weil die Frauen dadurch »sanfter und schöner«, also attraktiver für ihre Ehemänner, würden.[102] In Dickens' Roman des gleichen Titels träumt David Copperfield, daß »das Lächeln eines Säuglings an ihrer Brust meine Kindfrau [Dora] in eine Frau verwandeln könnte«.[103] Beim traditionellen Geburtsritual hatte die Zeit nach der Entbindung dazu gedient, Mutter und Kind symbolisch voneinander zu trennen und die Frau wieder ihrer Rolle als Ehefrau und Partnerin zuzuführen. Jetzt symbolisierte diese Zeit eine Fusion, ganz, so Judith Lewis, als beginne »die Erfahrung der Mutterschaft erst nach der Geburt des Kindes – genau zu dem Zeitpunkt, zu dem sie noch ein Jahrhundert zuvor nach allgemeiner Ansicht geendet hatte.«[104]

Die Geburt war nun also kein Augenblick der übernatürlichen und physischen Gefahr mehr und wurde als magische Verwandlung nicht nur der mütterlichen, sondern auch der väterlichen und der kindlichen Identität dargestellt. Was früher ein Moment der gemeinschaftlichen Bestätigung gewesen war, diente jetzt hauptsächlich zur Verherrlichung weiblicher Verwandtschaftsverhältnisse. Für ältere Frauen wurde der Besuch bei der schwangeren Tochter zu einer Quelle der Erneuerung für ihr eigenes Verständnis der Mutterrolle. Queen Viktoria gab insofern das Vorbild, als sie von ihren Töchtern verlangte, daß sie ihr eigenes Umstandskleid trugen und ihre Kinder in demselben Bett zur Welt brachten, in dem sie geboren worden waren.[105] Nur wenige Frauen waren in der Lage, ihre Verbindung auf so drastische Weise zu symbolisieren, aber schon bald bildete sich eine ganze Reihe von nur den Frauen vorbehaltenen Feiern heraus, darunter auch Feste für Baby und Braut, zu denen jeder der Anwesenden ein Geschenk mitbrachte.[106]

Die alten Riten hatten die Integration betont, die neuen unterstrichen die Trennung. Jetzt, da die Geburt symbolisch von Tod und Gefahr abgelöst war, erschienen die alten Traditionen der Taufe und des »churching« nicht mehr notwendig und auch nicht mehr angemessen. Die Sterblichkeitsrate bei Säuglingen blieb relativ hoch, doch in der Mittelschicht beeilte man sich jetzt nicht mehr, das kränkelnde Kind taufen zu lassen, auf daß es am magischen Schutz dieses Ritus teilhabe, sondern übergab es sofort der Obhut eines Arztes. Die Taufe konnte warten, bis Mutter und Kind körperlich dazu bereit waren. Im achtzehnten und frühen neunzehnten Jahrhundert fand diese Zeremonie im allgemeinen zu Hause statt; nach 1850 jedoch nahm die Beliebtheit von kirchlichen Taufen in der Mittelschicht wieder zu. Allerdings erlangte die Taufe nie mehr den gemeinschaftlichen oder magischen Aspekt, den sie in der Arbeiterschicht noch immer hatte.[107] Jetzt befanden sich Mutter und Kind im Mittelpunkt dieser Familienfeierlichkeit; daran hat sich seit damals nichts mehr

geändert. Der Vater wurde aus seiner früheren Rolle in der Tauf-
feier verdrängt.

Dem »churching« erging es nicht anders als der traditionellen
Taufe. Gebildete Frauen sagten bei sich zu Hause Dankgebete auf
und überließen die Zeremonie in der Öffentlichkeit der Arbeiterschicht.[108] Jetzt bestimmte der Arzt, wann eine Frau bereit
war, sich wieder vom Kindbett zu erheben. Der neue Initiationsritus, der sich auf die Trennung konzentrierte, verzichtete auf alle
alten Symbole der Integration.[109] Die Geburt allein reichte nun
aus, um nicht nur die wahre Mutterschaft, sondern auch die
Vaterschaft zu etablieren. Da es die alten Riten nicht mehr gab,
verlieh nun die Geburt der Vaterschaft Bedeutung, und der Vater
wurde durch die mächtigen Symbole des Geburtsbettes ans Lager
seiner Frau gelockt. Im neuen Skript des Geburtsdramas wurde
der Ehemann in dem Augenblick zum Vater, in dem er Mutter
und Kind zum ersten Mal zusammen sah. Dazu kam noch die
ausdrucksstarke Ikone der Mutterbrust. Für Amos Alcott, einen
frischgebackenen amerikanischen Vater, war dieser Anblick eine
fast schon religiöse Erfahrung, die »mir das Gefühl gab, daß ich
tatsächlich Vater war«.[110]

Am Ende des neunzehnten Jahrhunderts schließlich konnten die
Frauen der Mittelschicht sich glücklich schätzen, die natürlichen
und übernatürlichen Kräfte bezwungen zu haben, die die Geburt
für viele Frauen der Arbeiterschicht immer noch zu einem
mysteriösen und oft sogar tödlichen Vorgang machten. »Wir
können unseren Körper pflegen, ihn studieren, uns über ihn
Sorgen machen, ihn behandeln wie ein Lieblingspferd, und dann
können wir verlangen, daß er fehlerfrei funktioniert«, schrieb eine
Amerikanerin 1915 in *Good Housekeeping*.[111] Dieses Gefühl der
Kontrolle war hauptsächlich durch die Wissenschaft und die
Zusammenarbeit mit der Ärztewelt, die immer noch fast ausschließlich durch Männer vertreten wurde, erreicht worden. Um
1900 forderten die Frauen der Mittelschicht schließlich die

schmerzlose Geburt, eine Möglichkeit, die es seit den vierziger Jahren des neunzehnten Jahrhunderts gegeben hatte, die sie aber nicht wahrgenommen hatten, weil Schmerz und Leiden in so engem Zusammenhang mit der wahren Mutterschaft standen. Doch jetzt war die Generation der sogenannten »New Women« – der »Neuen Frauen« –, viele von ihnen Feministinnen, die darauf brannten, sich eine weitere Welt zu erschließen, bereit, das abzuschaffen, was sie als altmodischen Aberglauben erachtete. In den zwanziger Jahren des zwanzigsten Jahrhunderts war bereits ein ganzes Spektrum von Anästhetika, darunter auch eines, das die euphemistische Bezeichnung »twilight sleep« – »Dämmerschlaf« – erhielt, bei den Frauen der Mittelschicht im Einsatz.[112] Die Körperlichkeit der Entbindung wurde so von Schmerz und Leiden getrennt, weil die Frauen die Überlegenheit des Geistes über den Körper behaupteten.

Ironischerweise erhöhte jedoch der verstärkte Wunsch der Frauen, Kontrolle über den eigenen Körper auszuüben, ihre Abhängigkeit von der männlichen Ärzteschaft und führte zur Hospitalisierung der Geburt, die nach dem Ersten Weltkrieg einsetzte und in den fünfziger Jahren unseres Jahrhunderts bereits die am weitesten verbreitete Form der Entbindung war. Im neunzehnten Jahrhundert gingen nur die Mittellosen ins Krankenhaus, um ihre Kinder zu gebären, denn es war bis in die achtziger Jahre des neunzehnten Jahrhunderts ein gefährlicher Ort. Das Stigma, das den Krankenhäusern anhaftete, spiegelt sich in der Tatsache, daß noch 1900 nur fünf Prozent der amerikanischen Geburten dort stattfanden. Doch schon 1939 gebar die Hälfte aller Frauen ihre Kinder in Kliniken, in den Städten sogar drei Viertel. Die Angehörigen der Mittelschicht begaben sich als erste in medizinische Obhut; die der Arbeiterschicht folgten, sobald sie es sich leisten konnten.[113] Ab den zwanziger Jahren unseres Jahrhunderts betrachteten die Frauen der Mittelschicht ihren Körper als Maschine, die durchaus auch versagen konnte. Dies war der Hauptgrund für die

Hospitalisierung. Das *Century Illustrated Magazine* druckte seine Version eines zeitgenössischen Gesprächs zwischen einer Frau und ihrem Arzt ab:

»Aber ist denn das Krankenhaus überhaupt nötig?« fragte eine junge Frau ihren Gynäkologen. »Warum kann man das Baby nicht zu Hause zur Welt bringen?«

»Was würden Sie machen, wenn Ihr Automobil auf einer Landstraße den Geist aufgibt?« konterte der Arzt.

»Ich würde versuchen, es zu reparieren«, sagte die moderne Automobilistin.

»Und wenn Sie das nicht könnten?«

»Dann würde ich es zur nächsten Werkstätte abschleppen lassen.«

»Genau. Wo es ausgebildete Mechaniker und die richtigen Werkzeuge gibt«, pflichtete ihr der Arzt bei. »Und mit dem Krankenhaus ist es genau dasselbe.«[114]

Mittlerweile sahen die Ärzte jede Geburt als potentiell pathogen an; deshalb wollten sie eine ihrer Ansicht nach wissenschaftlich haltbare Grundlage bieten, die für die Gesundheit von Mutter und Kind sorgte; die Frauen der Mittelschicht, die ihren eigenen und den Körper ihres Kindes immer stärker in wissenschaftlichem Licht sahen, akzeptierten diese Argumentation bereitwillig. Die intensivierte Geburtsvorbereitung machte Patientinnen aus ihnen und lehrte sie, »sich selbst als Objekt zu sehen«.[115] Plötzlich waren diese ansonsten emanzipierten Frauen von Schmerz befreit; doch es wurde ihnen die zentrale Rolle im Drama der Geburt verweigert, die noch ihre Mütter und Großmütter gespielt hatten. Sie mußten sich nun Verfahren unterziehen, die ursprünglich dazu gedacht waren, die Hygiene zu erhöhen, aber schon bald in eine strenge Routine mündeten und Mutter und Kind genau jene Menschlichkeit verweigerten, die die Geburt im Krankenhaus eigentlich schützen und verstärken sollte.[116]

Die Betonung, die die Krankenhausgeburt auf die Trennung legte, begann mit dem Moment der Aufnahme. Die Frau wurde sofort in einen Rollstuhl gesetzt und von ihrem Begleiter weggeschoben. Was folgte, war das »prepping« – sie erhielt ein

Krankenhausnachthemd, man rasierte ihr die Schamhaare, gab ein Klistier, wies ihr ein Bett zu, sedierte und beobachtete sie, normalerweise völlig isoliert. Jetzt mußte sich ihr Körper nach der im Krankenhaus gültigen Zeit richten; wenn die Wehen zu langsam kamen, wurden sie im Regelfall eingeleitet. (Im zwanzigsten Jahrhundert kommen erstaunlich wenige Kinder am Wochenende zur Welt, wenn die Ärzte gewöhnlich frei haben.)[117] Sobald die Wehen einsetzten, wurden die Maßnahmen noch invasiver. Das Gefühl der Verletzlichkeit wurde bei der gebärenden Frau noch durch die sogenannte Lithotomie-Position verstärkt, »das Gesäß auf der Tischkante, die Beine weit gespreizt in der Luft, die Vagina völlig exponiert«.[118] Es wurden noch weitere technologische Prozesse angewandt, von denen keiner nachgewiesenermaßen den Vorgang der Geburt erleichterte, die aber bis zum heutigen Tag eingesetzt werden. In den Vereinigten Staaten kommt es beispielsweise in neunzig Prozent aller Geburten zum Dammschnitt. Fast ein Viertel aller amerikanischen Geburten erfolgt heutzutage durch Kaiserschnitt, der Körper und Geist der Mutter sogar noch weiter vom Vorgang der Entbindung trennt. Es gibt Spiegel, damit die werdende Mutter alles genau mitverfolgen kann. So wird die Agierende gleichzeitig zur Zeugin des Geschehens – die ultimative Erinnerung daran, daß bei der modernen, wissenschaftlichen Geburt letztlich nicht die Mutter selbst, sondern der Arzt das Kind zur Welt bringt.[119]

Mit dem Krankenhaus hörte die Geburt auf, ein Familienereignis zu sein. Die Rolle des Vaters reduzierte sich auf die des nervös Wartenden, der während der Wehen auf dem Gang hin und her läuft, das Neugeborene nur durch eine Trennwand aus Glas zu Gesicht bekommt und Mutter und Kind lediglich während begrenzter Besuchszeiten sehen kann. Doch auch der Kontakt zwischen Mutter und Kind wurde drastisch reduziert. Das Baby wurde nun vom Arzt an die Schwestern weitergereicht, die es wuschen und in Tücher hüllten – eine Art säkularer Taufe, die die Integration des Kindes symbolisierte, allerdings nicht in die

Familie oder die Gemeinschaft, sondern in eine Welt der Technologie, die so die Anerkennung für eine weitere Geburt einforderte.[120] Ab den zwanziger Jahren unseres Jahrhunderts wurde der Zugang der Mutter zu ihrem Säugling durch die Vorstellung von der »wissenschaftlichen Mutterschaft« gesteuert, die großen Wert auf genau geregelte Fütter- und Schlafenszeiten legte und weder die Mütter selbst noch das Stillen unterstützte. »Während die Kinderexperten dem Baby gegenüber sensibler wurden ... verhielten sie sich gegenüber der Mutter immer unsensibler.«[121]

Die Bemühungen der Frauen, die Natur mit Hilfe der Wissenschaft zu besiegen, begannen als Teil einer progressiven Anstrengung, gleichberechtigten Zugang zur Männerwelt der Arbeit, Bildung und politischen Macht zu gewinnen. Doch in den vierziger Jahren fingen manche Frauen an, »twilight sleep« und anästhetisierte Geburt zusammen mit anderen Grundlagen der wissenschaftlichen Mutterschaft wie zum Beispiel den pünktlichen Fütterzeiten in Zweifel zu ziehen. Margaret Mead verlangte von ihrem Arzt Benjamin Spock, er solle ihr dabei helfen, die Geburt ihrer Kinder so bewußt wie möglich mitzuerleben. Außerdem bestand sie darauf, ihre Kinder dann zu stillen, wenn diese danach verlangten.[122] Die gebildeten Frauen hatten als erste das Bild von der Mutter als Maschine verinnerlicht; in den fünfziger Jahren unseres Jahrhunderts allerdings begannen sie, sich über die fabrikähnlichen Zustände in den Entbindungsstationen zu beklagen. »Die Gynäkologie ist eine der modernsten und zugleich mittelalterlichsten, eine der freundlichsten und gleichzeitig grausamsten Disziplinen«, schrieb die Mutter dreier Kinder. »Die Frauen werden wie Schafe über das gynäkologische Fließband getrieben; sie werden mit Betäubungsmitteln vollgestopft und auf Tische geschnallt, während man ihre Kinder mit der Zange holt. Die heutigen Gynäkologen sind Geschäftsleute, die Babyfabriken leiten. Moderne Schmerzmittel und Methoden werden eingesetzt, um es dem Arzt leichter zu machen, nicht der Mutter.«[123]

Mittlerweile gab es auf beiden Seiten des Atlantiks Frauen der Mittelschicht, die sich für die von Grantley Dick Read propagierte »natürliche Geburt« einsetzten. Sie verzichteten aus Angst davor, daß das Gehirn des Säuglings geschädigt werden könnte, auf Betäubungsmittel und begannen, auf das zu hören, was Dr. Spock über flexiblere, vernünftigere Geburtsmethoden zu sagen hatte. Überzeugt davon, daß ihre eigenen und die Gefühle ihres Kindes wichtiger waren als die Meinung der Ärzte und Spezialisten für Kinderpflege, sagten sie den Doktrinen der wissenschaftlichen Mutterschaft den Kampf an.

Diese neue Einstellung brachte zwar die Ärzteschaft durcheinander, stellte aber letztlich keine Bedrohung für die konventionelle Ehe und Familie der Nachkriegszeit dar. Die Anhänger der Methoden von Read, Lamaze und Bradley waren alle darauf aus, der Geburt ihre Bedeutung als Familienritual wiederzugeben, das »Zusammengehörigkeitsgefühl« zu verstärken, das in der Zeit nach dem Krieg so hoch geschätzt wurde. Sie alle waren überzeugte Verfechter der konventionellen Kleinfamilie, in der die Geburt nach wie vor ausschließlich Sache der Frau war. Read nahm keine ledigen Väter in seine Vorbereitungskurse für die natürliche Geburt auf, und das, was die verheirateten Paare darin erfuhren, verstärkte die Geschlechtertrennung bei Geburt und Kindererziehung noch weiter. Dem Vater wurde so die Rolle des sekundären Elternteils zugewiesen.[124] Die Unterstützung des Vaters endete nach wie vor an der Rezeption; erst in den siebziger Jahren unseres Jahrhunderts wurde er auch in den Kreißsaal gelassen. Doch selbst nachdem diese letzte Hürde gefallen war, mußte sich der Vater geschlechterspezifischen Regeln unterwerfen, die ihn in die Zuschauerrolle verbannten und häufig ein Gefühl der Frustration und Entfremdung in ihm erzeugten. Die natürliche Geburt hatte zur Folge, daß den Frauen wieder eine zentrale Rolle im Drama der Entbindung zukam, aber sie gab dem

Vater keinerlei Symbole für seine Verbindung mit dem Neugeborenen an die Hand. Die Geburt wurde nach wie vor als weiblicher Initiationsritus definiert, der die Geschlechtertrennung sowie die Verbindung zwischen Geburt und Mutterschaft einerseits und die Trennung zwischen Zeugung und Vaterschaft andererseits betonte.

Viele Leute, die sich darüber bewußt waren, daß ein Krankenhausaufenthalt, auch wenn er so angenehm wie möglich gestaltet wird, unweigerlich entfremdend wirkt, begannen in den achtziger Jahren unseres Jahrhunderts eine Rückkehr zur Hausgeburt oder zur Geburt in eigenen Zentren, die dem Zuhause ähnelten, zu propagieren. Diese Bewegung, die noch durch den wieder verstärkten Einsatz von Hebammen unterstützt wird, setzt sich sowohl in Europa als auch in den Vereinigten Staaten weiter durch, hat aber für die meisten Frauen die hospitalisierte Version der Geburt als modernen Initiationsritus noch nicht verdrängt. In den Vereinigten Staaten finden nach wie vor mehr als fünfundachtzig Prozent der Entbindungen in Krankenhäusern und lediglich ein Prozent zu Hause statt. In Europa liegt der Prozentsatz der Hausgeburten höher, aber das symbolische Konstrukt der Mutterschaft hat sich auch hier nicht wesentlich verändert. Die wissenschaftliche Mutterschaft ist noch immer die verbreitetste Form. Robbie Davis-Floyd schätzt, daß siebzig Prozent aller amerikanischen Geburten sich an dem ausrichten, was sie das technokratische Modell nennt – die meisten Frauen bevorzugen nach wie vor die moderne Medizin als Hilfsmittel für diesen Initiationsritus.[125] Selbst wenn sie sich für Geburtszentren entscheiden, bestehen sie auf medizinischem Beistand, was bedeutet, daß die werdenden Mütter – egal, ob sie ihr Kind nun im grellen Licht des Kreißsaals oder im sanfteren Ambiente des Geburtszentrums zur Welt bringen – letztlich die Illusion der wahren Mutterschaft immer noch unter dem Zeichen der Wissenschaft erwerben.

Trotz all der örtlichen Verschiebungen hat sich in den vergangenen zwei Jahrhunderten, in denen aus der Geburt etwas wurde, das der Frau nicht mehr widerfährt, sondern ihr letztlich ihre Identität als erwachsene Frau verleiht, wenig geändert. Noch nie sind die Rituale um die Geburt so ausgeklügelt gewesen; noch nie hat die Geburt eine so zentrale Rolle in unserer Vorstellung davon gespielt, wie die Familie aussehen soll; noch nie wurde so viel Zeit und Mühe auf ihre Vorbereitung und die Erinnerung an sie aufgewendet. Doch sie bleibt weiterhin ein individueller Initiationsritus, der die junge Mutter trennt und ihre einzigartige Beziehung zum Kind unterstreicht. Natürlich litten manche Mütter auch in früheren Jahrhunderten unter postnatalen Depressionen, doch es gibt Hinweise darauf, daß der gegenwärtige Mangel an integrativen Ritualen zu einem überwältigenden Gefühl der Isolation führt, zu dem Eindruck, »verloren und allein« zu sein.[126] Die Männer nehmen wieder an der Geburt teil, doch primär als Zeugen, die Kamera schußbereit in der Hand. Es sind immer noch die Frauen, die der modernen Familie ihre anspruchsvollste Vorstellung liefern. Sie freuen sich darauf und blicken später mit einem Gefühl der Befriedigung zurück. Doch während des eigentlichen Initiationsritus fühlen sich viele von ihnen überfordert, so sehr, daß sie sich in destruktive Akte flüchten, die ihnen selbst und den Kindern schaden.

Die Frauen gebären nicht nur ihre Kinder, sondern auch die Vaterrolle ihres Mannes, ihre eigene Mutterrolle und die Familie selbst.[127] Wir sagen, ein junges Paar, das sein erstes Kind erwartet, »gründe eine Familie«. Wir feiern nicht nur Hochzeitstage, sondern auch Kindergeburtstage; letztere sind mittlerweile zu den wichtigsten Riten des Voranschreitens für moderne Familien geworden, Augenblicke, die den Familienkalender synchronisieren und Einheit symbolisieren. Kinderlose Paare werden als nicht vollständig empfunden, und von einer Familie mit erwachsenen Kindern sprechen wir, als sei sie nun keine Familie mehr.[128] Zwar nehmen beide Elternteile diese Veränderungen wahr, aber am stärksten ist die Frau vom sogenannten »empty nest syndrome« betroffen. Wenn die Kinder ausziehen, erlebt sie ein Gefühl des Verlusts, das kaum weniger schmerzlich ist als das Einsetzen der Wechseljahre, die bis vor noch nicht allzulanger Zeit als Verlust des Sinns in einem Frauenleben betrachtet wurden.[129]

In der Vergangenheit, als Geburt und Mutterschaft sich noch voneinander trennen ließen, konnte man sich mutterlose Familien und familienlose Mütter vorstellen. Damals wurde der Haushalt durch die Abwesenheit eines Patriarchen gefährdet; heute werden am häufigsten Familien ohne Mutter der Obhut des Staates übergeben. Vor dem neunzehnten Jahrhundert wurde das Sorgerecht für die Kinder, sogar für Säuglinge, immer dem Vater zugesprochen; heute wird die Verantwortung meist der Mutter überlassen.[130] Wir haben keine Probleme, uns vaterlose Familien vorzustellen, aber eine mutterlose Familie ist undenkbar. Im zwanzigsten Jahrhundert haben Gesetz, Psychologie und Sozialwissenschaften dazu geführt, daß das Band zwischen Mutter und Kind als primär erachtet wird. Die Mutter wird gelobt, wenn das Kind sich prächtig entwickelt; genauso wird sie gerügt, wenn es sich als schwierig entpuppt, denn noch nie zuvor hat die Mutterrolle innerhalb der westlichen Kultur einen so hohen Rang eingenommen.

Mutterstimme, Mutterlächeln und Mutterliebe wurden zum ersten Mal im Viktorianismus zu zentralen Symbolen. Etwa in der gleichen Zeit liegen jedoch auch die Wurzeln für die modernen Vorwürfe gegen die Mutter – offenbar sind Idealisierung und Dämonisierung doch nur die beiden Seiten derselben Münze. Damals wurde die Mutter auch zum ersten Mal zum Objekt ausgesprochener Nostalgie, besonders bei Söhnen, die sich gezwungen sahen, die Familie hinter sich zu lassen, um in einer unsicheren, zersplitterten Welt nach Erfolg zu suchen, welche die Ganzheit und Sicherheit, für die Mütter standen, so unerreichbar und deshalb so attraktiv erscheinen ließ. Auch die Töchter wurden von ihrer Mutter angezogen, jedoch auf andere Weise. Sie blieben im allgemeinen unter ihren Fittichen und erlebten sie eher als reale Person denn als idealisierte Ikone. Da heutzutage immer mehr Töchter sich für eine Karriere entscheiden, fällt es ihnen auch schwerer, die eigentliche Frau hinter dem mächtigen Bild der Mutterrolle zu entdecken. Es bereitet ihnen Probleme, in Bezug auf die Mutterrolle zwischen Phantasie und Realität zu unterscheiden – das gilt auch für sie selbst.[131]

Die Phantasievorstellungen über die Mutter haben sich proportional zu den wachsenden Komplexitäten und Schwierigkeiten der modernen Mutterrolle verstärkt. Im neunzehnten Jahrhundert, als Bedienstete und Verwandte noch größeren Anteil an der Erziehung der Kinder hatten, teilten sich Lob und Tadel auf mehrere Mutterfiguren auf. Die britische Oberschicht ist bekannt für ihre Liebe zu den »nannies« – den Kindermädchen –, projizierte jedoch genauso bereitwillig auch negative Gefühle auf sie.[132] Heutzutage ziehen die meisten Frauen ihre Kinder selbst auf und müssen sich deshalb auch eine stärkere Idealisierung oder Dämonisierung gefallen lassen. Je höher der Standard, den die Mütter für sich selbst aufstellen, desto eher haben sie mit Vorwürfen zu rechnen und desto eher müssen sie sich auch selbst Vorwürfe machen. Ann Dally drückt es folgendermaßen aus: »In unserer Zeit werden Frauen und Ehefrauen nicht mehr so stark idealisiert, aber die Idealisierung der Mutter hat bisher nie dagewesene Ausmaße angenommen. Als Folge sehen wir uns jetzt einer Krise der Mutterrolle gegenüber.«[133]

In einer Welt, der es immer mehr an einem Gefühl für den Raum mangelt, ist die Mutter zu einem Fixpunkt unserer geistigen Landschaft geworden. Sie muß immer für uns da sein, auch wenn sie körperlich abwesend ist. 1900 war es bereits schwierig geworden, sich einen Mutterersatz vorzustellen. Hymnen, die für den kurz vor dem Ersten Weltkrieg eingeführten Muttertag komponiert wurden, rühmten die einzigartige, zentrale Stellung der Mutter: »Wir finden keine zweite Mutter/Wir finden kein zweites Zuhause.«[134] Heute kehren die Europäer und Amerikaner zum

Sonntagsessen und an Weihnachten immer noch zur Mutter heim. Ihre Erinnerung wird in Ehren gehalten, ihr Grab am häufigsten besucht. Der Muttertag ist noch immer ein weit gewichtigerer Anlaß als der Vatertag, der in Nordamerika 1908 eingeführt wurde.[135] Die Ausbreitung des Muttertages im zwanzigsten Jahrhundert zeugt von der größeren symbolischen Kraft der Mutterschaft, die sich alle möglichen kommerziellen, religiösen und politischen Bewegungen zu eigen gemacht haben. Allzuoft geht der Wunsch, den Gedanken der Mutterschaft zu ehren, mit einer Vernachlässigung der Mühen von realen Müttern einher. Ein gutes Beispiel dafür ist das Naziregime: Auf der einen Seite erlegte es den Frauen schwere Bürden auf, auf der anderen sorgte es dafür, daß der Muttertag von allen gefeiert wurde. In Amerika geht eine ganz ähnliche Idealisierung in den gegenwärtigen Debatten um das Wohlergehen aller Hand in Hand mit der Vernachlässigung der elenden Lebensumstände, mit denen sich viele reale Mütter auseinandersetzen müssen.[136]

Innerhalb der modernen Gesellschaft gibt es keine der Mutter vergleichbare Rolle. Die Rolle von Ehefrau und Ehemann stehen durch die Möglichkeit zur Scheidung zur Disposition, und Väter haben die Chance, es noch einmal zu versuchen, wenn es bei den ersten Kindern, die sie in die Welt gesetzt haben, noch nicht so richtig geklappt hat.[137] Doch die Mutter bleibt auf ewig die Mutter der Kinder, die sie zur Welt gebracht hat, in einer Kultur, die Blutsbande als erstes Symbol der Dauerhaftigkeit privilegiert.[138] Die Mutterschaft wird als lebenslange Karriere erachtet, und die Kindererziehung, die früher als Reihe erlernter Aufgaben galt, wird jetzt als Instinkt verstanden, der Frauen so natürlich mitgegeben ist wie Männern der sexuelle Trieb.[139] Zwar ist der körperliche Aspekt der Kindererziehung leichter geworden, aber die psychologische und kulturelle Aufgabe der Mutter ist heute sehr viel schwieriger als früher. Nun kann sie ihre genau umrissenen Pflichten nicht mehr mit anderen teilen, nein, die moderne Mutterrolle erfordert, wie John Bowlby, der führende Verfechter der Mutter-Kind-Bindung 1951 schrieb, »Tag und Nacht Aufmerksamkeit, sieben Tage die Woche, dreihundertfünfundsechzig Tage im Jahr.«[140]

Einen großen Teil unseres Jahrhunderts verlangte die wahre Mutterschaft von den Frauen, daß sie zu Hause blieben, um die angeblich unzähligen Bedürfnisse ihrer Kinder zu befriedigen; auch heute noch, da die Frauen versuchen, gleichzeitig mit den ebenfalls hohen Anforderungen des Arbeitsplatzes fertigzuwerden, ist ihre Zeit und Anwesenheit zu Hause gefragter als die der Männer, sogar, wenn beide Eltern ein vergleichbares Einkommen haben. Nicht einmal die physische Trennung von Zuhause und Arbeit schafft für die Frauen automatisch dieselbe kognitive Distanz wie für die Männer. Mütter, die sich Tausende von Kilometern von zu Hause entfernt aufhalten, bleiben doch weiterhin verantwortlich dafür, daß der Haushalt jeden Tag weiterläuft. Studien belegen, daß sie eher zu Hause anrufen und sich größere Sorgen machen als die Männer.[141] Mütter sind geistig immer auf eine Art und Weise daheim, wie es Väter nie sind. Sie haben keinen Zugang zu den Ritualen, die es den Männern erlauben, geistige Distanz zu schaffen, denn es wird noch immer viel mehr Wirbel darum gemacht, wenn der Mann das Haus verläßt oder wieder nach Hause zurückkehrt. Im großen und ganzen unterstreichen sowohl die Symbole und Bilder des Zuhauses als auch die des Arbeitsplatzes den Anspruch des Mannes darauf, der Haupternährer zu sein; sie verdecken und löschen den Beitrag der Frau zur Arbeitswelt manchmal sogar aus. Obwohl die Arbeitsbedingungen sich für Männer und Frauen verändern, bleiben die kulturellen Konstrukte gleich; sie stärken das Bild, das der Realität entbehrt.

Heutzutage wird der Mutterrolle viel mehr rituelle Bedeutung beigemessen als der des Vaters. Paradoxerweise wurde die Geburt gerade dann zu einem so ausgeklügelten Initiationsritus, als die Fruchtbarkeitsrate zurückging und nur noch ungefähr ein Viertel des durchschnittlichen Frauenlebens mit Geburt und Kindererziehung zu tun hatte. In einer Ära, in der das gesamte Leben einer verheirateten Frau durch die Mutterrolle ausgefüllt wurde, bestand keine Notwendigkeit, diese grundlegende Funktion zu betonen. Heute jedoch fordert unsere Kultur, daß die Rolle geehrt wird, auch wenn das auf Kosten der Mütter selbst geht. Alle unsere privaten und öffentlichen Verherrlichungen der Mutterschaft – Geburts- und Jahrestage, Muttertag – spiegeln unser Bedürfnis, durch Symbole und Rituale ein Gefühl der Sorge und des Schutzes zu finden, das eine Mutter allein nie völlig befriedigen kann. Früher konnte die Gesellschaft sich an heiligen Müttern und exemplarischen Angehörigen der Gemeinschaft orientieren, um sich der dauerhaften Qualitäten der guten Mutterschaft zu versichern. Heute wenden wir uns an die Mütter selbst, die sich in der wenig beneidenswerten Position befinden, ein Ideal verwirklichen zu müssen, das sich so nicht verwirklichen läßt.

Unfähig, ihre eigene Fehlbarkeit zu akzeptieren, spüren viele Frauen eine Kluft zwischen der idealisierten Mutterrolle, die sie ausfüllen sollen, und den Realitäten dieser Rolle im Alltag. Die moderne Kultur hat so der Mutter noch eine weitere Aufgabe aufgebürdet: Sie muß sich selbst und anderen etwas präsentieren, das sie nie ganz sein kann. Noch nie zuvor hat dieser kulturelle Zwang so viel Zeit und Raum im Leben der Frau eingenommen. Noch nie zuvor hat die Mutterrolle für Mütter eine so große Last dargestellt.

DIE ERZIEHUNG DER VÄTER: FREMDE IN UNSERER MITTE

*Das Wichtigste, was ein Vater für seine Kinder tun kann, ist,
ihre Mutter zu lieben.*

Pater Theodore Hesburgh[1]

* * *

Väter nehmen einen ziemlich bescheidenen Platz in unserem symbolischen Universum ein – sie befinden sich immer an der Schwelle zum Familienleben, niemals in seinem Zentrum. Die Männer bezahlen für ihre Autonomie, indem sie Fremde in ihrem eigenen Zuhause bleiben. Als Randfiguren wirken sie manchmal bedrohlich, normalerweise jedoch erscheinen sie nur irgendwie fehl am Platze und ziemlich lächerlich im häuslichen Bereich. Folglich hat das Thema »Väter« bis jetzt eher Lachen als ernsthafte Diskussionen hervorgerufen. Den größten Teil unseres Jahrhunderts wurden Väter in Filmen, Büchern und Fernsehen satirisch abgetan. Auch bei den Gelehrten, denen es schwerfällt, die Vaterrolle genauso ernst zu nehmen wie die der Mutter, ist es den Vätern nicht viel besser ergangen. In Anzeigen und in den Medien sucht man vergebens nach glaubwürdigen Vaterfiguren. Väter werden als abwesend behandelt, selbst wenn sie anwesend sein sollten. Die illustrierten Warnungen vor dem Trinken und Rauchen während der Schwangerschaft, die man heutzutage an den Wänden von Bars und Restaurants sehen kann, stellen immer nur die Mutter dar, obwohl nachgewiesen ist, daß durch Rauch oder Alkohol geschädigte Spermien das Kind gefährden können. Unsere Kultur nimmt die Rolle des Vaters einfach nicht so ernst wie die der Mutter.[2]

Der Vater ist in den letzten paar Jahrzehnten stärker in den

285

Vordergrund getreten, doch das ist eher ein Nebenprodukt unserer starken Beschäftigung mit der Mutterrolle als unserer Anerkenntnis des Vaters. Irgendwann in den siebziger Jahren unseres Jahrhunderts entdeckten Medizinsoziologen plötzlich einen Fremden im Kreißsaal, und ab dieser Zeit erhöhte sich die Zahl der Studien über die Vaterschaft drastisch.[3] Als die Väter nach einem halben Jahrhundert wieder bei der Geburt anwesend sein durften, stellte sich heraus, daß diese neue Dimension der Vaterschaft den Vätern genauso fremd war wie den Forschern. Ende der achtziger Jahre wohnte die Mehrheit der Väter der Geburt ihrer Kinder bei, doch viele von ihnen empfanden sie als zermürbend und entfremdend und nicht als jenen beruhigenden Anfang, auf den die Verfechter dieser Art von Geburt gehofft hatten.[4]

Der Eindruck, den Väter von sich selbst haben, steht im Einklang mit dem Bild von der Vaterrolle, das in Amerika und Europa verbreitet ist. Allerdings handelt es sich dabei um ein sehr oberflächliches Bild, das bei weitem nicht die emotionale Kraft der zeitgenössischen Mutterfigur hat. Wie wir bereits gesehen haben, sind Mütter für alles Gute und Schlechte verantwortlich, das den Kindern widerfährt, wogegen von den Vätern nur wenig erwartet wird. Zwar ist in den letzten Jahren immer öfter von der Sorge über vaterlose Familien die Rede gewesen, aber auch diese Sorge hat eher noch das Bild vom Vater als Fremdem verstärkt. Wir unterschätzen den Wunsch der Männer, am Leben ihrer Kinder teilzuhaben, im selben Maße, wie wir die Rolle der Mutter überschätzen.[5] Die Historiker haben zu dieser falschen Einschätzung beigetragen, indem sie sich fast ausschließlich auf die Mutterrolle konzentrierten und die der Väter praktisch ignorierten.[6] Zwar dreht sich der größte Teil der aufgezeichneten Geschichte um Männer, aber in den Darstellungen der Vergangenheit kommen Väter entweder nicht vor oder sie werden auf idealisierte Weise beschrieben. Jegliche Vorstellung von der »guten Vaterschaft« scheint weit, weit in der Geschichte zurückzuliegen.

Heutzutage scheint die Panik über abwesende oder versagende Väter auf ihrem Höhepunkt angelangt zu sein, und das Gefühl von Verlust und Bedauern ist gewaltig. Doch bevor wir uns der gegenwärtig vorherrschenden Nostalgie hingeben, sollten wir uns daran erinnern, daß es den abwesenden Vater in der europäischen und amerikanischen Kultur seit dem frühen neunzehnten Jahrhundert gibt, als der Kult um die Vorfahren zum ersten Mal in seinem modernen Gewand auftauchte. Von dieser Zeit an haben die westlichen Gesellschaften immer nur darauf gehofft, daß die Vaterrolle erneuert würde oder frische Kraft erhielte. Doch diese Hoffnung hat sich trotz aller religiösen, gesellschaftlichen, wissenschaftlichen und psychologischen Ansätze und in letzter Zeit auch trotz der aufkeimenden Männerbewegung nicht erfüllt, hauptsächlich deshalb, weil die Vaterrolle als Problem betrachtet wird, das durch bewußte Bemühungen der Väter selbst zu lösen ist. Durch die Reduzierung auf die Ebene des einzelnen übersehen wir, wie sehr das Problem der Vaterrolle mit der politischen, wirtschaftlichen und kulturellen Struktur der modernen Welt verzahnt ist. Um Ann Dally zu paraphrasieren: Es hat immer schon Väter gegeben, aber die Vaterrolle ist nie eigens erfunden worden.[7]

Die Beziehung der Vaterrolle zum biologischen Akt der Zeugung ist weder fixiert noch universell gleich. Sie ist vielmehr ein gesellschaftliches Konstrukt, das sich nach den materiellen und kulturellen Bedingungen von Ort und Zeit richtet, in denen der jeweilige Vater angesiedelt ist. Die Anthropologin Carol Delaney meint dazu, Vater- und Mutterrolle »leiten sich nicht von der ›Tatsache‹ der Zeugung her, sondern stehen in engem Zusammenhang mit einer Theorie der Zeugung, und diese Theorie ist wiederum eingebettet in ein weiteres Korpus von Anschauungen über die Welt«.[8] Die moderne Kultur hat den Akt der Geburt im selben Maße mit der Mutterrolle überfrachtet, wie sie Zeugung und Vaterrolle voneinander getrennt hat. Heute ist der *genitor* nicht mehr automatisch der *pater*.

Historisch gesehen haben Mutter- und Vaterrolle in unserem symbolischen Universum die Plätze vertauscht. Wenn Europäer und Amerikaner vor dem neunzehnten Jahrhundert an Familie und Zuhause dachten, kamen ihnen fast ausschließlich Vaterfiguren in den Sinn. Heute stellen sich die Menschen Familie und Zuhause primär mit Hilfe von Mutterfiguren vor. Die Mütter sind immer für sie da, ein Fixpunkt in ihrer geistigen Landschaft, die Väter hingegen sind entweder abwesend oder werden nur vage wahrgenommen; sie sind Fremde in ihrem eigenen Zuhause. In unserer Kultur dienen Mutter- und Vaterfiguren dazu, das Vertraute und das Unbekannte zu symbolisieren. Mütter werden immer als nahe empfunden, Väter immer als fern. Zusammen stecken sie die Grenzen der Familie ab, doch keines der beiden Bilder entspricht den realen Menschen, die unsere Eltern sind.

Die Kulturgeschichte der westlichen Vaterrolle ist genauso komplex, unausgeglichen und verschlungen wie die der westlichen Mutterrolle. Bis zum vierzehnten Jahrhundert beachtete die christliche Ikonographie Josef als Vater ebensowenig wie Maria als Mutter. Bis zu diesem Zeitpunkt wurde er als seniler, gehörnter Ehemann gesehen, mit dem Künstler sich satirisch auseinandersetzten und über den das einfache Volk sich lustig machte. Ihm wurde sowohl die Eigenschaft des Heiligen als auch die Plausibilität als Vater verwehrt. Erst in der frühen Neuzeit entwickelte sich Josef als eine Vaterfigur, vor der die Menschen in katholischen Ländern Hochachtung hatten und der sie nacheiferten. Die Protestanten schenkten »heiligen Vätern« im allgemeinen weniger Beachtung, doch auch sie formten in derselben Zeit ihre eigenen Embleme der Vaterschaft aus dem Leben von Patriarchen ihrer gottesfürchtigen Gemeinschaften.[9] Die Reformer hoben die Vaterrolle auf eine bisher nie erreichte symbolische Ebene, als sie das Christentum zu der hebräisch-jüdischen monogenetischen Vorstellung von einem einzelnen männlichen Schöpfer zurückführten. Sie reinigten den Kosmos von der belebenden Anwesenheit mütterlicher Figuren, unter ihnen auch der Jungfrau Maria, und ließen nur noch Gott und sein Gegenstück auf der Erde, den gottesfürchtigen Vater, übrig.[10] Wahrscheinlich nie zuvor und mit Sicherheit nie mehr danach hat die Vaterrolle mehr symbolisches Gewicht besessen als zwischen dem sechzehnten und dem neunzehnten Jahrhundert.

In dieser Ära übernahmen patriarchalische Figuren sowohl nährende als auch schützende Funktionen. Bis zur Mitte des achtzehnten Jahrhunderts stellten sich die Menschen sogar bisweilen vor, daß Väter die Kinder zur Welt brachten. Geschichten über schwangere Männer kursierten zu einer Zeit, in der der männliche und der weibliche Körper noch immer als überbeziehungsweise unterlegene Version ein und derselben Form gesehen wurden, nicht als grundsätzlich verschieden.[11] Ein Haus ohne Hausvater war keine richtige Familie. Waisen definierten sich dadurch, daß sie keinen Vater hatten, und die Gastfreundschaft oblag eher den Männern als den Frauen.[12] Der lange Arm der Väter reichte über das Grab hinaus; sie konnten auch als Tote noch die Lebenden quälen.[13] Die Tatsache, daß ein Mann Haushaltsvorstand war, verlieh ihm das Recht auf die Vaterrolle, egal, ob er auch der Zeuger war. Normalerweise fiel der Aufstieg zum Haushaltsvorstand mit der Hochzeit zusammen, doch auch Junggesellen konnten aufgrund ihres Besitztums Vater werden. In der Sprache des achtzehnten Jahrhunderts hießen alle Angehörigen eines von einem Mann geführten Haushalts, egal, ob verwandt oder nicht, »seine Familie«.[14]

Nicht jeder Mann wurde ein Hausvater; viele überließen ihren Nachwuchs in einer Zeit, in der die reicheren Haushalte die Kinder ärmerer Familien aufnahmen, der Obhut anderer Männer. Doch weder Väter noch Mütter sahen offenbar ihre Identität dadurch bedroht, daß sie ihre Kinder weggaben. Ein besitzergreifender Charakter wurde als verderblich gesehen, und die gute Elternschaft hatte eher etwas mit extensiver als mit intensiver Fürsorge zu tun; sie umfaßte nicht nur die Mütter, sondern auch

die Väter. Die Väter hatten an allen nährenden und erziehenden
Funktionen teil, die wir heute mit der Mutterrolle in Verbindung
bringen. Sie überwachten das Stillen der Säuglinge und wußten,
wie man Kinder anzog und medizinisch versorgte. Im achtzehnten Jahrhundert kümmerten sich noch immer die Männer um den
größten Teil der Familienkorrespondenz. Die Männer hatten an
allen Dingen des Lebens und des Todes viel größeren Anteil als
heute. Belege aus zeitgenössischen Briefen und Tagebucheintra-
gungen zeigen, daß die Väter genausosehr von Krankheit oder
Tod ihrer Kinder beeinflußt wurden wie die Mütter.[15] Und wenn
die Unterzeichner der amerikanischen Unabhängigkeitserklärung
von ihrer Kindheit schrieben, erinnerten sie sich eher an ihre Väter
als an ihre Mütter.[16]

Natürlich variierte die väterliche Präsenz von Schicht zu
Schicht. Sie war am schwächsten ausgeprägt am oberen und am
unteren Ende der Skala, denn die Arbeitssuche trieb die Mittellosen in die Haushalte der Reicheren und somit weg von ihren
Familien, während die Väter der aristokratischen Schicht oft im
Militär oder als Beamte dienten und so von ihren Familien
getrennt wurden.[17] Auf der mittleren Ebene der Skala jedoch
hatten die Väter den stärksten Platz innerhalb der Familie inne.
Nicht nur Handwerker und Bauern, sondern auch Geschäftsleute
erledigten einen Großteil ihrer Arbeit im Haus, unterstützt von
ihren Frauen und Kindern. Bis zur Mitte des neunzehnten
Jahrhunderts bedeutete die Ehe auch partnerschaftliches Arbeiten, und der Beruf des Mannes durfte seine väterliche Verantwortung nicht beeinflussen. Wenn dies doch der Fall war, entschieden
sich die Männer der Mittelschicht nicht selten für den vorzeitigen
Ruhestand und machten so ganz klar, daß ihre Priorität im
häuslichen Bereich lag.[18]

Zeit und Ort des Hausvaters ließen sich nicht von denen seiner
Familie trennen. Solange der Lebensrhythmus von den Aufgaben
im Haushalt bestimmt wurde, gab es keinen Unterschied zwischen seiner Zeit und der Zeit seiner Frau, seiner Kinder und

Bediensteten. Sie aßen und beteten alle zusammen; sie standen zur gleichen Zeit auf und gingen auch gemeinsam ins Bett. Die Männer hatten kein Bedürfnis nach einem besonderen Rückzugsort, weil die Häuslichkeit keine Bedrohung ihrer Männlichkeit darstellte.[19] Sie fühlten sich in der Küche genauso wohl wie die Frauen, weil sie die Verantwortung für die Versorgung und Leitung des Haushalts hatten. Bis zum neunzehnten Jahrhundert richteten sich Koch- und häusliche Benimmbücher primär an sie, und sie widmeten sich der Ausstattung des Hauses im gleichen Maße wie der Gastfreundschaft.[20] Auch wenn der Hausvater abwesend war, war seine Gegenwart immer zu spüren.

Die zentrale Rolle der Vaterfigur in der frühen Neuzeit läßt sich zum Teil auf eine Reihe von Zeugungsritualen zurückführen, die den Zeuger auf eine Art und Weise in einen *pater* verwandelten, wie das heute nicht mehr der Fall ist. Die Tatsache der Zeugung allein konnte damals genausowenig einen gesellschaftlichen Vater aus dem Mann machen wie heute; unvermögende Männer erlangten oft nicht den Status eines *Paterfamilias,* welcher Haushaltsvorständen aufgrund der Fürsorge, die sie – sowohl vor, als auch nach der Geburt – geben konnten, garantiert war. Doch diese Trennung von Vater- und Zeugerrolle hatte auch ihre Vorteile für die Kinder der Armen, denen so keine Wahl blieb, als sich außerhalb ihrer leiblichen Familie eine Basis zu schaffen.

Die Vaterschaft begann mit der Zeugung; man ging allgemein davon aus, daß der Mann durch seinen Penis spürte, wann eine Befruchtung stattgefunden hatte. Dieser Glaube hielt sich in der Arbeiterschicht noch bis in unser Jahrhundert. Als sich ein Arzt in den neunziger Jahren des neunzehnten Jahrhunderts über die Behauptung eines Mannes, er wisse den Zeitpunkt der Zeugung, weil er sich damals krank gefühlt habe, lustig machte, wehrte sich der Vater: »Vielleicht lachen Sie, Doktor, aber ich weiß immer, wann es passiert, ohne daß meine Frau mir was davon sagt – warum auch nicht? Schließlich bin ich der Vater.«[21] Der aristotelischen Vorstellung von der Fortpflanzung folgend, die bis ins achtzehnte Jahrhundert vorherrschte, war der Mann der aktivere Part bei der Befruchtung, derjenige, der menschliches Leben schenkte, Verstand und Seele. Angeblich sorgte er für die größere Hitze, die für die Empfängnis nötig war, und guter Sex wurde mit erfolgreicher Befruchtung in Verbindung gebracht.[22] Noch gab es keinen Unterschied zwischen Sex und Fortpflanzung; folglich hielten die Männer sich für den Mittelpunkt des Zeugungsprozesses. Die Frau galt als passiv; sie lieferte lediglich das materielle Umfeld und war im wesentlichen so etwas wie ein Gefäß, in dem das Kind heranreifte. Nach Aussage von Carolyn Merchant betrachteten die Menschen damals »den Mann als Elternteil und die Frau als Brutkasten«.[23]

Nach allgemeiner Ansicht kam dem Vater die Hauptrolle bei der Formung des Kindes zu. William Harvey beispielsweise glaubte, das Fortpflanzungssystem funktioniere so, daß »die Frau Nachwuchs produziert, der wie der Vater ist«.[24] Die Stellung beim Geschlechtsverkehr bestimmte angeblich das Geschlecht des Kindes; die Verbindung zwischen Vater und Kind galt als viszeral, als seien sie Teil desselben Fleisches. Man ging davon aus, daß die natürliche Ähnlichkeit zwischen Vater und Kind genüge, um Männer zu identifizieren, die die Vaterschaft leugneten. Die Vaterschaft an sich war so transparent, daß bereits die Drohung, diese Methode zu ihrer Feststellung einzusetzen, ausreichte, die Männer dazu zu bringen, daß sie die Frauen heirateten, die sie geschwängert hatten.[25]

Belege aus alten Tagebüchern weisen darauf hin, daß die Väter der frühen Neuzeit sich sehr stark mit der Schwangerschaft auseinandersetzten, den Zustand der Mutter genauestens beobachteten und Ratschläge bezüglich der Ernährung und der körperlichen Betätigung erteilten.[26] Die Männer drückten ihre Einstellung gegenüber der Vaterschaft in Form der Couvade aus, die es in allen Kulturen gibt, in welchen die Männer die Schwangerschaft gleichberechtigt mit der Frau teilen.[27] Es gibt wenige schriftliche

Belege für diese Couvade, aber Berichte darüber, daß sie in der Arbeiterschicht in der Stadt wie auf dem Land praktiziert wurde, deuten darauf hin, daß sie ziemlich weit verbreitet gewesen sein muß. Es war immer wieder die Rede vom »husband's toothache« – den »Zahnschmerzen des Ehemannes« –, und manche Männer hatten so stark mit morgendlicher Übelkeit zu kämpfen, daß sie nicht in der Lage waren zu arbeiten.[28] Außerdem glaubten die Menschen, die Schmerzen der Mutter ließen sich auf den Vater übertragen. Während des Ersten Weltkrieges verkündete eine Frau im ländlichen Cheshire zum Beispiel: »Ach, mir geht's gut. Diesmal trägt J... [ihr Ehemann] das Kleine aus, und ihm geht's ziemlich schlecht.«[29]

Dieses »Mitleiden« der Männer wurde alles andere als wohlwollend von den Geistlichen der frühen Neuzeit aufgenommen, die das Leiden der Frau als Willen Gottes betrachteten. Doch ihre Meinung konnte sich nicht gegen das vorherrschende Verständnis vom Körper als offenem, verletzlichem Organismus durchsetzen, der dem Einfluß anderer Körper ausgesetzt war. Diese Vorstellung war in gebildeten Schichten sogar noch in der Mitte des achtzehnten Jahrhunderts weit verbreitet, als das wissenschaftliche Bild vom Körper als sich selbst regulierender Maschine vorherrschend wurde. Im sechzehnten und siebzehnten Jahrhundert hatten werdende Mütter noch die Möglichkeit, zur Jungfrau Maria zu beten oder mit den Reliquien von Mutterheiligen die Schrecken der Geburt abzuwehren, Protestanten wie Ann Platter jedoch hatten keine andere Wahl, als sich an Vaterfiguren zu wenden. »Ja, ich glaube an den wahren Gott; er wird mir helfen, das hier zu überstehen«, betete sie an den Allmächtigen. Offenbar hatte sie auch großes Vertrauen zu ihrem Ehemann Thomas, von dem wir wissen, daß er während der Geburt nicht von ihrer Seite wich.[30]

Thomas Platters Anwesenheit bei der Geburt ist jedoch eine Ausnahme; wie wir bereits gesehen haben, blieb die Entbindung bis Anfang des neunzehnten Jahrhunderts Sache der Frau. Und dennoch hatten die Väter der frühen Neuzeit so viel Interesse an der Schwangerschaft gezeigt, daß sie auch zum Zeitpunkt der Geburt nicht allzuweit entfernt sein wollten. Sie ließen die Hebamme und die Klatschweiber holen und bereiteten den Haushalt für die Geburt vor. Sobald sie sicher waren, daß sie alles in ihrer Kraft Stehende getan hatten, traten sie physisch, aber nicht notwendigerweise psychologisch, in den Hintergrund. Oliver Heywood beispielsweise zog sich 1683 in seine Kammer zurück, um inbrünstig zu beten, wie so viele werdende Väter damals.[31] Doch er blieb in Alarmbereitschaft für den Fall, daß die Geburt sich als schwierig herausstellen sollte und ein Arzt benötigt wurde. In dem Monat, in dem Mrs. Heywood sich von der Geburt erholte, sorgte er dafür, daß der Haushalt weiterlief, und danach nahm alles wieder seine alte Ordnung an.

Die Väter wohnten im allgemeinen der Entbindung nicht bei, aber sie waren das Zentrum der Aufmerksamkeit, während sie stattfand. Die Männer beteten zusammen mit ihren Freunden; wenn die Geburt jedoch ohne Komplikationen abzulaufen schien, gaben sie sich auch geselligeren Zeitvertreiben wie Essen und Trinken hin. In Schottland gab es für diesen Anlaß ein besonderes »groaning malt«, und überall folgte auf die Ankündigung der gelungenen Geburt eine Feier. An manchen Orten ließ man den Vater hochleben, an anderen bekam er einen speziellen »Geburtskuchen«, den man »kenno« nannte.[32] Das Neugeborene wurde ihm in den Arm gelegt, und er zeigte es den Gästen, die sich inzwischen versammelt hatten. Er trug es auch zum Taufbecken oder sorgte für die häusliche Taufe, wenn er nicht an die kirchliche Zeremonie glaubte. Bei einem solchen Anlaß »lädt der Vater seine Freunde und den Pfarrer zu sich nach Hause ein, um auf die Gesundheit der Frau im Kindbett zu trinken«. Betont wurden bei solchen Feiern nach der Geburt die Bedeutung des Vaters und die Abwesenheit der Mutter.[33] Das Ausmaß der Feierlichkeiten unterschied sich von Schicht zu Schicht; wenn es sich bei dem Kind um das Erstgeborene einer Landadelsfamilie handelte,

»leuchteten Freudenfeuer übers Land, Ochsen wurden gebraten, und man zog alle Register von Freudenfeiern, die damals für reiche Briten üblich waren«.[34] Bei den Armen wurde nicht viel Aufhebens um das Neugeborene gemacht, aber der frischgebakkene Vater konnte genau wie der frischgebackene Ehemann damit rechnen, daß seine Arbeitskollegen ihm dazu gratulierten, daß er seine Männlichkeit bewiesen hatte.

Nach der Geburt wurde das Kind, wenn schon nicht physisch, so doch symbolisch der Obhut der Männer übergeben und erhielt seine zweite Geburt von ihnen.[35] Im katholischen Europa war diese zweite Geburt in Form der Taufe institutionalisiert, ein Ritus des Übergangs von der Natur in die Kultur, der dadurch symbolisiert wurde, daß man den Säugling einem heiligen Vater reichte, der ihn wiederum seiner spirituellen Familie, den Paten, übergab. Die Katholiken glaubten, die Taufe garantiere ihnen einen Platz im Himmel, doch im sechzehnten und siebzehnten Jahrhundert waren die Menschen auch der Ansicht, daß sie dem Kind Gesundheit schenken und es vor bösen Geistern bewahren könne. Der Protestantismus wehrte sich gegen die magischen Dimensionen der Kindstaufe und bestand darauf, daß dieser spirituelle Ritus erst dann stattfand, wenn das Kind geistig dazu bereit war. So wurde die Taufe vielerorts, besonders im kolonialen Amerika, von der Kirche nach Hause verlegt, doch diese Veränderung hinderte viele der Gläubigen nicht daran, die alten Riten der Vaterschaft in der neuen Umgebung fortzuführen. Die Tatsache, daß die Menschen nun nicht mehr an die magische Wirkung der Taufe glaubten, brachte protestantische Väter vielmehr dazu, ihre Pflichten als Nährer und Heger der Familie noch ernster zu nehmen, denn nun hing die Rettung des Kindes von ihrer spirituellen Führung ab.[36] Die Vaterrolle erstreckte sich jetzt auf das ganze Leben des Kindes.

Im Europa und Nordamerika der frühen Neuzeit war die Mutterrolle ausschließlich als die der Gebärerin definiert und endete genau an dem Punkt im Leben einer Frau, an dem sie unserer Ansicht nach beginnt.[37] Die Vaterrolle hingegen begann dort, wo sie unserer Einschätzung nach enden würde. Heute kehrt der stolze Vater im Gegensatz zu früher, nachdem er seinen Kollegen ein paar Zigarren spendiert hat, wieder zu seinen normalen Pflichten als Ehemann und Brötchenverdiener zurück.

Die Historiker sind sich mittlerweile darüber einig, daß Männer ihre väterlichen Pflichten früher sehr ernst nahmen.[38] Die häuslichen Schriften des siebzehnten und achtzehnten Jahrhunderts richteten sich primär an sie, und sie kümmerten sich nicht nur um die medizinische und die Nahrungsversorgung, sondern auch darum, daß die Kinder von klein auf diszipliniert, kulturell und religiös erzogen wurden. »Das Band zwischen Vater und Kind galt als genauso eng und dauerhaft wie das zwischen Mutter und Kind«, schreibt Steven Ozment in *When Fathers Ruled*.[39] Die Beziehung des Vaters zu seinem Kind war nicht nur eng, sondern erstreckte sich auch auf den ganzen Tag. Es ist wesentlich, daß der Protestantismus die Vaterrolle als Arbeit definierte, als essentielle Dimension der innerweltlichen Askese, die der Mensch Gott schuldete. Luther selbst meinte: »Wenn ein Vater Windeln wäscht und andere niedere Dienste für sein Kind erledigt und ihn jemand deshalb einen weibischen Narren nennt ... lächelt Gott mit all seinen Engeln und anderen Geschöpfen.«[40]

Luthers Ausdrucksweise macht klar, daß die protestantische Vaterrolle sich nicht nur mit der Männlichkeit vereinbaren ließ, sondern sogar notwendig für sie war. Die Väter schenkten überdies allen Kindern, die sich in ihrer Obhut befanden, das Leben, nicht nur ihrem eigenen leiblichen Nachwuchs.[41] Auf den Plantagen des amerikanischen Südens nahmen die Sklaven den Namen ihres Herrn an und sahen sich selbst als Teil seiner Familie. Der Herr seinerseits sprach von seiner Familie »weiß und schwarz«.[42] In den Neuenglandstaaten der Kolonialzeit durfte kein Kind, nicht einmal die älteren Jugendlichen, ohne Vater sein. Sowohl in Nordamerika als auch in Europa verschärfte sich die

Einstellung der Menschen gegenüber ledigen und unehelichen Müttern, und es wurden Gesetze erlassen, die dafür sorgen sollten, daß es keine vaterlosen Familien gab. Natürlich wurde dieses Ideal nie ganz verwirklicht. Eine hohe Sterblichkeitsrate bei den Erwachsenen bedeutete, daß beispielsweise in England nur ein Drittel aller Kinder das heiratsfähige Alter erreichte, ohne den Vater verloren zu haben.[43] Die wirtschaftlichen Bedingungen zwangen viele Väter dazu, auf die Wanderschaft zu gehen, um Arbeit zu finden. Das hatte vielfach zu Folge, daß die Väter einfach verschwanden, aber damals war die Kommunikation auch noch so schwierig, daß die Männer einfach den Kontakt zu ihrer Familie verloren.[44] Die grimmige Realität hatte jedoch kaum eine Auswirkung auf das Ideal. Das Bild vom fürsorglichen Vater blieb bis weit ins neunzehnte Jahrhundert hinein zentral auch für das Bild der Familie.

Allerdings darf man diese Kultur des Hausvaters nicht romantisieren und muß betonen, daß das beschriebene System die Männlichkeit mancher Männer unterstützte, indem sie sie anderen verweigerte. In der auf Haushalten basierenden Wirtschaft des vorindustriellen Kapitalismus und der Sklaverei auf Plantagen reichte die Tatsache, daß man ein Kind gezeugt hatte, nicht aus, um einen Mann auch zu einem wahren Vater zu machen. In der vornationalen patriarchalischen politischen Ordnung, die sich selbst als Hierarchie fürsorglicher Väter mit dem Monarchen an der Spitze verstand, zählten nur männliche Haushaltsvorstände als wahre Väter.[45] Bis zum ausgehenden achtzehnten und frühen neunzehnten Jahrhundert war die wahre Vaterschaft etwas, das man fast nur durch Besitz erreichen konnte. Wem dies allerdings durch die rituelle Transformation gelang, der wurde in der Beziehung zu seinen Kindern bestätigt – ganz anders als der heutige Mann, dessen moderne demokratische Vaterrolle durch Unsicherheit und das Empfinden geprägt wird, keine richtige Beziehung zum Kind zu haben.

Die vaterbestimmte Welt der Vergangenheit erlebte im späten achtzehnten und frühen neunzehnten Jahrhundert mit der industriellen Revolution und den mit ihr einhergehenden politischen Umwälzungen einen Schock. Mitte des neunzehnten Jahrhunderts hatten Büro und Fabrik den Haushalt als Ort der Produktion ersetzt. Und selbst wenn die Familien immer noch an diesem neuen Ort zusammenarbeiteten, usurpierte der Chef oder der Vorarbeiter für gewöhnlich die Macht des Vaters. Im Lauf der Zeit nahm die Zahl der Familien, die noch zusammenarbeiteten, ab. In der Arbeiterschicht teilten die Menschen noch länger Arbeitsplatz und -zeit, in der Mittelschicht von Europa und Nordamerika jedoch war dies schon bald überhaupt nicht mehr üblich. Für sie war die einzige dem Manne würdige Arbeit nun die außer Hauses, die der Frau hingegen fand innerhalb des Hauses statt. Diese geschlechterspezifische Trennung der Arbeit machte der alten Vorstellung von der domestizierten Vaterrolle ein Ende. Jetzt hatte der männliche Zeugungsprozeß fast nur noch mit der materiellen Welt zu tun. In einem säkularen und wissenschaftlichen Zeitalter erschien der Gedanke an einen schwangeren Mann nun absolut unmöglich; dafür rühmte man die Männer immer häufiger dafür, daß sie im Bereich der Wirtschaft und der Politik etwas Neues geschaffen hatten. In der Ära von Marktwirtschaft und nationalem Staatswesen ging man davon aus, daß der Mann neue Ideen, Erfindungen und Nationen entwickelte. Seine Schöpfungskraft beschränkte sich jetzt auf die öffentliche Sphäre; er wurde nicht mehr als belebende Kraft des Familienlebens gesehen, statt dessen wurde ihm die Rolle des Ernährers für die Frauen und Kinder zugewiesen, die nun als Mittelpunkt der Familie galten.[46]

Die Frauen verloren ihrerseits die Verbindung zur Produktion und wurden ausschließlich mit der Fortpflanzung identifiziert. Die weibliche Schöpfungskraft hatte nun nur noch mit der Biologie zu tun. Nach Ansicht von Jacques-Louis Moreau sieht das so aus: »Wenn es stimmt, daß der Mann nur in bestimmten Augenblicken männlich ist, während die Frau ihr ganzes Leben lang weiblich ist, muß man dies primär diesem [uterinen] Einfluß zuschreiben; dieser Einfluß erinnert die Frau permanent an ihr Geschlecht und verleiht allen ihren Befindlichkeiten eine so deutliche Physiognomie.«[47] Die Frauen wurden nun als Gefangene ihres Körpers gesehen, während die Männer nach allgemeiner Ansicht mit dem Geist die Materie besiegten. Somit tat die erste Phase der kapitalistischen industriellen Revolution viel mehr, als die Väter physisch von ihrem Zuhause zu entfernen; wichtiger: Sie distanzierte sie symbolisch und siedelte sie in die Welt des Marktes um, aus der sie als Fremde zurückkehrten.

Die Französische und die Amerikanische Revolution hatte den ganz ähnlichen Effekt, die Väter im wörtlichen wie im symbolischen Sinn von ihrem Sockel zu stoßen. Das Staatswesen wurde nun nicht mehr als Hierarchie patriarchalischer Haushalte wahrgenommen. Neue Nationen betrachteten sich von nun an als vaterlose Familien und betonten horizontale Geschwisterbindungen gegenüber vertikalen väterlichen.[48] In den folgenden beiden Jahrhunderten konnte man sich Nationen praktisch nur als Verbände von jungen, männlichen Brüdern vorstellen, die ihre Mütter und Schwestern gegen rivalisierende Brüderverbände verteidigten. In der Französischen Revolution, so Lynn Hunt, »gab es in den neuen Repräsentationen der Republik nie einen Vater, und auch die Mütter waren, abgesehen von den sehr jungen, zum größten Teil abwesend. Die Eltern waren aus dieser Familie verschwunden, so daß die Brüder eine neue Welt schaffen und ihre jetzt verwaisten Schwestern beschützen konnten.«[49] Die Väter erhielten in der Familienromanze des neuen nationalen Staatswesens, dessen Geschlecht und Generationenstruktur sich bereits 1793 in dem französischen Ruf nach der *levée en masse* zeigte, eine Nebenrolle: »Junge Männer ziehen in den Kampf, Ehemänner schmieden Waffen und organisieren den Transportdienst, Ehefrauen und Töchter machen Zelte und Uniformen und arbeiten in Krankenhäusern; alte Männer feuern öffentlich den Patriotismus unserer Soldaten an.«[50] Wenn die Männer nun an die

Waffen gerufen wurden, dann eher als Söhne denn als Väter. Und wenn Väter kämpften, wurden sie zuerst sprachlich in »Jungen« umgewandelt.[51]

Die neue amerikanische Republik ließ den Vätern noch ein wenig Raum, allerdings nur als Gründerväter; vom frühen neunzehnten Jahrhundert an wurde die Vaterrolle der Vergangenheit höher eingeschätzt als die der Gegenwart. Das spiegelt das permanente Gefühl des Versagens, das die Väter seitdem verfolgt. Von den Müttern erwartete man, daß sie die Bürger der Zukunft heranzogen. Robert Griswold schreibt, daß das neue, modellhafte nationale Staatswesen »die Mutterrolle politisierte und die Vaterrolle an den Rand drängte«.[52] In der neuen Doktrin der »republikanischen Mutterschaft« hing der Patriotismus der Söhne von der mütterlichen Liebe ab.[53] Zwar wurden den Frauen anfangs noch die aktiven Bürgerrechte verwehrt, aber die neu entstandene Nation verlieh der Mutter begeistert die Rolle als Nährerin des bürgerlichen Geistes. In der neu gedachten Familie der viktorianischen Zeit waren die Männer für die Produktion zuständig und die Frauen für die Fortpflanzung. Der königliche Vater wurde durch das souveräne Vaterland ersetzt, eine Abstraktion, die die Einberufung realer Väter rechtfertigte – man schickte sie in Kriegszeiten an die Front und enthob sie so ihrer väterlichen Pflichten – und gleichzeitig der Frau die neue Rolle der imperialen und nationalen Mutterschaft zuwies.[54] Gegen Ende des neunzehnten Jahrhunderts waren die Monarchien und Kaiserreiche symbolisch genauso matrizentrisch geworden wie die Republiken.

Anfangs diente der hohe moralische Standard der patriotischen Mutterschaft dazu, den Ausschluß der Frauen aus der unmoralischen Politik zu rechtfertigen. Nationen, die sich als Familien mit einem großen »F« verstanden, ermöglichten ein rein männliches Militär und die Verweigerung des Frauenstimmrechts gleichermaßen. Schließlich machten sich die Feministinnen das Bild von der moralischen Weiblichkeit für ihre Argumentation um das

Frauenstimmrecht zunutze, doch selbst heutzutage noch dürfen Frauen im Militär nicht aktiv in das Kampfgeschehen eingreifen, weil das angeblich ihre weibliche Tugend unterminieren würde. Als Major Marie Rossi 1992 im Golfkrieg getötet wurde, gelang es ihrem Ehemann nur, ihre Tapferkeit auf traditionell geschlechtsspezifische Weise auszudrücken: »Ich betete um göttliche Führung für sie, damit sie ihre Kompanie kommandieren und ihre Truppen in die Schlacht führen könnte... Und ich betete zu unserem Herrn, daß er meiner süßen kleinen Frau beistehen möge.«[55]

Wir sind so daran gewöhnt, uns die Nation als große Familie vorzustellen, daß wir diese geschlechtsspezifische Sprache als selbstverständlich hinnehmen; als sie sich herausbildete, wurden die Veränderungen im Verständnis von Vater- und Mutterrolle jedoch durchaus wahrgenommen und auch angefochten. Es überrascht kaum, daß die Konservativen die Rolle der Väter verteidigten und die alte patriarchalische Hierarchie wieder herzustellen versuchten. Doch die Radikalen wehrten sich gegen die Definition von väterlichen Rechten und Pflichten durch rein öffentliche Begriffe. Im Gefolge der Amerikanischen und Französischen Revolution gab es viele Versuche, die neuen bürgerlichen Tugenden, die von männlichen Bürgern erwartet wurden, mit dem alten Gefühl häuslicher Pflichten zu verbinden.[56] In England sehnten sich Radikale wie William Cobbett danach, die alte Haushaltswirtschaft wiederzubeleben; die Väter sollten sich wieder für alle Aspekte des häuslichen Lebens, nicht nur für die Politik, interessieren. In den zwanziger und dreißiger Jahren des neunzehnten Jahrhunderts experimentierten Sozialisten und Feministinnen mit alternativen Haushalts- und Familienarrangements, die zu einer ausgeglicheneren Beteiligung sowohl am Privat- als auch am öffentlichen Leben führen sollten. Viele Frauen und Männer der Mittelschicht, die gerne Mutter- und Vaterrolle auf der Grundlage größerer Freiheit und Gleichheit neu organisiert hätten, fühlten sich von dieser Idee angezogen. Sie experimentierten mit Siedlungs- und Kinderpflegeformen, die die Frauen von der alleinigen Verantwortung für Kochen, Putzen und Kindererziehung entbinden würden, während die Männer Zeit und Raum erhalten sollten, um ihre bis dahin vorherrschende Rolle im häuslichen Leben wiederzuerlangen. Doch in den vierziger Jahren des neunzehnten Jahrhunderts waren diese Bewegungen genau wie der radikale Republikanismus, der die Pflicht der Öffentlichkeit gegenüber und die privaten Tugenden für vereinbar hielt, bereits wieder im Rückzug begriffen.

Von dieser Zeit an verstärkte die Doktrin der »getrennten Bereiche« die Ansicht, daß die Moral zu Hause angesiedelt und die amoralische Welt des Marktes und der Politik kein Ort für Frauen und Kinder war. Es war schwierig geworden, sich vorzustellen, daß Männer und Frauen auch nur denselben Raum und dieselbe Zeit teilten; Mitte des neunzehnten Jahrhunderts verließen die Männer zunehmend die Haushalte, und ihre Abwesenheit fiel auf. »Manchmal habe ich das Gefühl, daß es auf der Welt keine *Männer* mehr gibt, daß sie alle *Bürger* geworden sind«, beklagte sich eine amerikanische Ehefrau und Mutter, die weiter bemerkte: »Ihre Menschlichkeit scheint fest verschweißt mit ihrer Rolle als Leiter eines Unternehmens oder als Sekretär. Sie sind gute Treuhänder, Direktoren, Kassierer und Banker, aber äußerst gleichgültige Ehemänner und Väter.«[57]

Die Männer der Mittelschicht waren, am alten Standard des kleinen Hofes oder der Werkstatt gemessen, wo die Männer großen Anteil an der Versorgung und Aufrechterhaltung des Haushalts hatten, tatsächlich »gleichgültige« Ehemänner. Doch sie wurden ihrer neuen Rolle innerhalb der gerade erst entstandenen Marktwirtschaft, der des Hauptbrötchenverdieners, gerecht. Als solcher blieben sie weiter an der biologischen Fortpflanzung beteiligt, entsprachen aber nicht mehr der gesellschaftlichen Vaterrolle, die ihre eigenen Väter und Großväter ausgefüllt hatten. Die Ratgeber für das häusliche Leben und die Kindererziehung, die sich an die Männer gerichtet hatten, zielten nun ausschließlich auf die Frauen ab.

Die Rolle des Ehemannes, die jetzt von der häuslichen Arbeit abgelöst war, wurde zur primären Familienidentität des Mittelschichtmannes. Unter ihr ließ sich auch die Rolle des Vaters subsumieren. Die Eigenschaft des Ehemannes stellte die Verbindung des Mannes zu seinen Kindern auf eine Weise her, daß es schwierig, wenn nicht gar unmöglich wurde, sich einen unverheirateten Vater vorzustellen. Allerdings wurde diese Verbindung erst durch die Vermittlung der Mutter möglich, und die Väter der Mittelschicht wurden Fremde für ihre eigenen Kinder. Ein ehrwürdiger Viktorianer, der Reverend Sabine Baring-Gould, Vater von sechzehn Kindern, erkannte angeblich seine eigene Tochter bei einer Weihnachtsfeier der Kirche nicht: »Und wessen kleines Mädchen bist du?« soll er gefragt haben, worauf das Kind unglücklich antwortete: »Deins, Daddy.«[58] Baring-Gould stellte natürlich eine Ausnahme dar, aber es besteht kein Zweifel daran, daß der enge Kontakt, den die Väter früher zu ihren Kindern gehabt hatten, nun lockerer wurde. Gegen Ende des neunzehnten Jahrhunderts gingen die Väter der Arbeiterschicht viel vertrauter mit ihren Kindern um als die meisten Männer der Mittelschicht.[59]

Die Vaterschaftsriten, die die Väter früher von der Zeugung an mit ihren Kindern verbunden hatten, wurden von der Arbeiterschicht sowohl in der Stadt als auch auf dem Land weiter gepflegt, verschwanden aber in der Mittelschicht praktisch ganz. Letztere konnte sich einen schwangeren Mann nicht mehr vorstellen, denn die Wissenschaft hatte festgestellt, daß sich der Fortpflanzungsprozeß innerhalb des weiblichen Körpers abspielte. In den vierziger Jahren des neunzehnten Jahrhunderts entdeckte man die spontane Ovulation bei Tieren, die den Weg bereitete für die Entdeckung des menschlichen Ovums und die Erkenntnis, daß die Frau bei der Fortpflanzung eine unabhängige Rolle spielte. Obwohl der endgültige Beweis für den menschlichen Eisprung erst in den dreißiger Jahren unseres Jahrhunderts erbracht wurde, war die Wissenschaft bereits in den sechziger Jahren des neunzehnten Jahrhunderts zu dem Schluß gekommen, daß die Rolle des Vaters bei der Fortpflanzung damit endete, daß er das Sperma dazu beitrug. Von diesem Zeitpunkt an wurde die Mutter als voll und ganz für die Reproduktion verantwortlich erachtet.[60]

In dem Maße, wie sich die Ärzte stärker um die Geburtsvorbereitung kümmerten, zogen sich die Väter davon zurück. Die Rolle der werdenden Mutter wurde immer wichtiger, die des werdenden Vaters verschwand praktisch ganz. Die Tradition der Couvade, die es den Männern der Arbeiterschicht noch immer ermöglichte, ihre Vaterschaft zu symbolisieren, stellte für die Männer der Mittelschicht keine Alternative dar; oft wurden sie über den »Zustand« ihrer Frau erst kurz vor der Geburt unterrichtet.[61] Die Frauen wählten sich einen männlichen Arzt als Vertrauten; er hatte in den fünfziger Jahren des neunzehnten Jahrhunderts die Hebamme bei Mittelschichtsgeburten fast ganz verdrängt. Nun wurden die Männer in das Geburtszimmer gelassen, allerdings nur, »um der Ehefrau beizustehen, ihr Mut zuzusprechen und ihr während der Entbindung zu helfen; schließlich, um sie in der Erregung, ja vielleicht sogar Ekstase zu beruhigen, die sich oft nach der Geburt einstellt«.[62] Es wurde von Anfang an klargestellt, daß der Vater sich nicht deshalb im Geburtsraum aufhielt, weil er ein Recht dazu hatte, sondern weil man ihn hereingebeten hatte. Die Ärzte sprachen diese Einladung nur zögernd und auf Bitten der Frauen aus. »Der Ehemann kann dabei sein oder auch nicht, je nachdem, wie es der Frau lieber ist«, schrieb ein führender britischer Gynäkologe.[63]

Die Männer der Mittelschicht durften als Ehemann der Geburt beiwohnen, nicht als Vater. Sie hielten sich in ihrer neuen Rolle als Ernährer und als emotionale Stütze für die Mutter im Geburtszimmer auf, nicht, um das Kind als ihr eigenes in Empfang zu nehmen. In der Vergangenheit wurde das frisch entbundene Kind feierlich von der Mutter getrennt und dem Vater gereicht, der es wiederum seiner »zweiten Geburt« übergab. Nun wurde es sofort an die Mutterbrust angelegt. Dies war so etwas wie die Epiphanie der neuen Mutterrolle und sollte eine transformatorische Wirkung auf die Männer haben, sie in Väter verwandeln. Für viele Männer stellte sich der erwünschte Effekt tatsächlich ein, aber dieser kurze Augenblick war kein ausreichender Ersatz für den umfassenden Ritus des Übergangs, der früher der Vaterschaft eine symbolische Grundlage verliehen hatte.[64] Sie waren sich ihrer Vaterrolle nun nicht mehr so sicher, wie es noch frühere Generationen gewesen waren.

Die Vaterschaft hatte ihren öffentlichen Charakter verloren und war zu einem zutiefst privaten Augenblick geworden, der im Schlafzimmer, genauer gesagt im Ehebett, stattfand (das selbst zu einem Symbol für das Band zwischen Ehemann und Ehefrau geworden war). Es handelte sich dabei um einen rein sexuellen Akt, abgekoppelt von dem Instinkt des Nährens, der nun ausschließlich den Frauen zugeschrieben wurde. Die im engen Kreis verschickten Geburtsanzeigen ersetzten die öffentlichen Feiern, und selbst die Taufe, die in der zweiten Hälfte des neunzehnten Jahrhunderts wieder an Beliebtheit gewonnen hatte, war eine Familienangelegenheit, bei der die Mutter, nicht der Vater, im Mittelpunkt stand. Junge Väter konnten weder vor noch nach der Geburt auf die Unterstützung anderer Männer hoffen. Statt dessen mußte sich der werdende Vater die Sticheleien seiner Freunde gefallen lassen, die aus Angst, seine Gesellschaft zu verlieren, alles unternahmen, ihn vom Haus wegzulocken. Kein Wunder also, daß viele Männer, die die Rolle des werdenden Vaters als einsam und wenig lohnend empfanden, sich bereits darauf freuten, die Verbindungen mit ihren Freunden wieder herzustellen.[65]

Die Väter hatten den Müttern ihren Platz überlassen müssen und schienen sich auch nicht allzuviel daraus zu machen, denn wenn ein Mann sich zu sehr um die Kinder kümmerte, erwarb er sich den Ruf eines Weichlings und brachte sein Ansehen als Mann in Gefahr. Die alten Bräuche zur Feier der Vaterschaft reduzierten sich jetzt darauf, den Freunden Zigarren und Drinks zu spendieren. Der frisch gebackene Vater bekam also keine Geschenke mehr, sondern schenkte selbst, ganz, als müsse er sich sein Recht auf die Rückkehr in die Welt der richtigen Männer erst erwerben. Solche Bräuche unterstrichen die Fähigkeit des Mannes, für die Familie zu sorgen, trugen aber nur wenig dazu bei, eine Verbindung zu seinen Kindern herzustellen.

Die Unfähigkeit der biologischen Zeugung, auch ein deutlich konturiertes Vaterbild zu schaffen, trat noch klarer zutage, als die Geburt in unserem Jahrhundert zunehmend in die Krankenhäuser verlagert wurde. Die Männer konnten nur auf dem Gang auf und ab laufen, während die Frauen sich ihrem ultimativen Ritus des Übergangs unterzogen. Die nervösen Väter wurden von der Krankenhausroutine völlig in den Hintergrund gedrängt und plötzlich zum Ziel des Spotts. Dadurch distanzierten sie sich noch mehr von ihrer eigenen Vaterrolle. Die Erfahrungen, die der amerikanische Mann während der Entbindung im Krankenhaus machte, unterschieden sich kaum von denen, wie sie in den dreißiger Jahren des zwanzigsten Jahrhunderts in Großbritannien beschrieben wurden:

> Mutter, beide Großmütter, Krankenschwester und sogar der Arzt, ein Verräter seines eigenen Geschlechts ... sie alle scheinen grausames Vergnügen daran zu haben, dem Vater zu zeigen, was für ein übler Außenseiter er ist; sie gestatten ihm nur einen kurzen Blick auf seinen kleinen Sohn oder seine kleine Tochter und lassen ihn das winzige Bündel auch bloß einen Augenblick halten, während sie voller Angst darüber wachen, daß er das Baby nicht fallen läßt. Der Vater findet es unter diesen Umständen viel leichter, völlig in den Hintergrund zu treten, und so besteht die Gefahr, daß er bald schon völlig aus dem Bild verschwindet.[66]

Manche Männer der Arbeiterschicht symbolisierten ihre Vatergefühle weiterhin durch die Couvade, mußten aber feststellen, daß ihnen jetzt in ihren Schwiegermüttern eine Konkurrenz erwachsen war. Ein Mann aus Lancashire erinnerte sich daran, daß seine Schwiegermutter behauptete, sie leide unter »Schmerzen ... ›fühle‹ für ihre Tochter. Mich nannten sie einen großen Clown; es war alles meine Schuld.«[67] Das Auftreten großmütterlicher Couvade ist längst nicht so erstaunlich, wie es vielleicht klingen mag, denn mittlerweile hatten die Mütter aller Schichten an den Schwangerschaften und Ehen ihrer Töchter anteil; die noch neue Sitte der Geschenke für Braut und Baby, die zu einem rituellen Band zwischen den Frauen geworden war, drängte die Väter noch weiter an den Rand.[68]

Je mehr die Frauen die Männer daran erinnerten, daß ihr Geschlecht die Ursache weiblichen Leidens war, desto mehr empfanden die Männer ein tiefes Gefühl der Hilflosigkeit, das sie abschwächten, indem sie sich Mühe gaben, so gut wie möglich für ihre Familie zu sorgen – eine Rolle, die zwar ihre Funktion als Ehemann verbesserte, aber nicht notwendigerweise die Kluft zwischen ihnen und ihren Kindern schloß. Der Ruf nach »neuen Vätern«, der nach den zwanziger Jahren unseres Jahrhunderts auf beiden Seiten des Atlantiks zu hören war, stärkte das Band der Ehe, ohne das Bild der Väter als distanzierte Gestalten zu verändern, denn mittlerweile hatte sich die Vaterrolle in der Mittelschicht zu etwas entwickelt, das man am Abend, an Wochenenden und zu bestimmten Anlässen wie Weihnachten praktizierte.

Diese reduzierte Definition der Vaterrolle spiegelte sich im Gesetz, das im neunzehnten Jahrhundert begann, das Sorgerecht für Kinder ausschließlich den Müttern zuzusprechen.[69] Die Väter beschäftigten sich eher mit den größeren Kindern, die jetzt länger zu Hause blieben; die Mütter symbolisierten dieses Zuhause, bei ihnen sollten die Kinder bleiben. Ein zu enges Verhältnis zu den Kindern galt nun als unmännlich und führte auch dazu, daß die Reife des Vaters in Zweifel gezogen wurde.[70] In den zwanziger Jahren unseres Jahrhunderts begannen die Väter, an den Wochenenden und in den Ferien Zeit für die Familie zu finden. Dann verwandelten sie sich in Väter, mit denen man Spaß haben konnte, die in die Welt der Kinder eintauchten und sich ganz ähnlich wie die Kinder selbst verhielten.[71] In dieser Hinsicht benahmen sich die Väter ganz anders als die Mütter, die nur selten am Spiel der Kinder teilnahmen und feststellen mußten, daß Mann und Kinder darum kämpften, den größeren Teil ihrer Aufmerksamkeit zu erringen.[72]

Doch die meisten formalen Familienanlässe, die sich im neunzehnten Jahrhundert herausbildeten, betonten im Gegensatz zur Nähe, die von den Frauen erwartet wurde, die männliche Distanziertheit. Egal, ob der Vater am Kopfende des Tisches Platz nahm oder sich in sein Arbeitszimmer zurückzog – immer gab er sich als der Fremde im Haus, als mächtige, mysteriöse Gestalt, deren Autorität unartige Kinder und dreiste Bedienstete jederzeit disziplinieren konnte. Von den Vätern erwartete man, daß sie an allen Familienanlässen teilnahmen, aber ihre Rolle unterschied sich deutlich von der der Mütter. Bei Geburtstagen spielten sie die Rolle derjenigen, die die meisten Geschenke verteilten, was wiederum das Bild vom Versorger und Nährer verstärkte.[73] Noch weiter intensivierte sich dieses Bild durch die Weihnachtsriten der Mittelschicht, die mittlerweile ihre Geschenke nicht mehr den Armen, sondern den eigenen Kindern zukommen ließ.[74] Genau wie der gerade erst ersonnene Santa Claus schienen die Väter aus einer anderen Zeit und von einem anderen Ort zu kommen; sie hatten an einer Welt teil, vor der vorgeblich unschuldige Mittelschichtsfrauen und -kinder geschützt wurden.

In der Ikonographie der viktorianischen Genremalerei ist die Gestalt, die das Haus verläßt oder gerade hereinkommt, immer ein Vater oder ein Sohn. Wenn eine Frau auf der Schwelle erscheint, handelt es sich unweigerlich um eine gefallene Frau.[75] Die Botschaft, die solche Bilder und die täglichen, wöchentlichen, jährlichen Riten des Übergangs vermittelten, welche mittlerweile fester Bestandteil des Mittelschichtslebens geworden waren, besagte, daß die Welt nicht nur weit weg war, sondern auch moralisch korrumpiert. Mrs. Sarah Ellis machte sich Sorgen darüber, daß der Familie etwas Wertvolles verlorenginge, wenn die Männer nie da seien.[76] Sie hätte sich keine Sorgen zu machen brauchen, denn nur drei Jahrzehnte später war die Schwellenzeremonie sowohl in Europa als auch in Nordamerika zum Standard geworden. Am besten wird sie in dem amerikanischen Gedicht »Father Is Coming« – »Vater kommt heim« – eingefangen:

Es schlägt sechs, Vaters Arbeit ist getan.
Feg den Kamin, schür das Feuer
Und mach das Teewasser an.

Er kommt mit großen Schritten heran,
Er ist stärker als der Sturm.
Er spürt die Kälte nicht, nein, nein,
Sein Herz, es ist so warm.

Leis, leis! Ich hör jetzt seine Schritte;
Er ist durch das Tor im Garten.
Lauf, kleine Bess, mach auf die Tür,
Laß ihn nur nicht warten.
Ruf, Baby, ruf! und klatsch in deine Hände schnelle,
Denn Vater steht schon an der Schwelle.[77]

Eric Leed sagt, »ein Ankunftsritual etabliert Harmonien und kulturelle Bedeutungen nicht nur, sondern *schafft* diese Harmonien und Bedeutungen«.[78] Der Vater an der Schwelle definierte wie der Fremde am Tor die Grenze zwischen Zuhause und Welt. Schwellenriten drückten die männliche Ambivalenz aus und spiegelten die Spannung zwischen der Sehnsucht des Mannes nach seinem Zuhause und seiner Angst davor, zu stark mit der weiblichen Domäne in Verbindung gebracht zu werden. Ein junger Mann drückte diese Ambiguität ganz klar aus: »Zwei Kräfte wirken gleich stark auf mich ein [...] die zentripetale – die mich zu meinem Vater, meiner Mutter und meinen Freunden hinzieht, und die zentrifugale – die abstoßend wirkt und mich dazu treibt, Wohlstand und Ruhm in fremden Ländern zu suchen.«[79]

Die Riten des Nachhausekommens sorgten dafür, daß der

Mann der Mittelschicht sein Zentrum im Zuhause sah, aber auch dafür, daß er die symbolische Distanz wahrte, die für einen richtigen Mann von Welt nötig war. Die neue Marktwirtschaft und das nationale Staatswesen zwangen die Männer, sich von ihrem Zuhause und den Werten, die es repräsentierte, abzulösen. Die Riten beim Verlassen und Betreten des Hauses waren ein deutliches Anerkenntnis dieser Notwendigkeit. Sie führten nur das Bild weiter aus, das John Demos mit »Vater als Eindringling« untertitelte und das sich bis in unsere Zeit gehalten hat.[80]

Im neunzehnten Jahrhundert wurden die Männer der Arbeiterschicht längst nicht so oft mit den Schwellenritualen empfangen wie die der Mittelschicht. Die Arbeiterfamilien hingen noch immer sehr viel stärker von den Einkünften aller Mitglieder ab, so daß sie alle irgendwie mit der Welt draußen zu tun hatten. Der Wunsch nach einem »Familieneinkommen«, das ausreichte, damit ein Mann Frau und Kinder allein ernähren konnte, wurde Mitte des neunzehnten Jahrhunderts zum ersten Mal ausgesprochen, doch auch 1900 konnte sich nur eine Minderheit der Arbeiter diesen Wunsch erfüllen. Für viele wurde der Traum erst nach dem Zweiten Weltkrieg wahr.[81] Ausschließlich nach ihrer Fähigkeit beurteilt, für die Ernährung der Familie zu sorgen, waren die meisten Männer der Arbeiterschicht nach heutigen Maßstäben Versager, auch wenn sie nach traditioneller Ansicht innerhalb der engen Grenzen ihrer wirtschaftlichen Möglichkeiten als gute Väter galten.

Die besseren Ernährerfähigkeiten der Mittelschichtsmänner ließen ihre Vaterrolle in gewisser Hinsicht weniger problematisch erscheinen, aber sie wurden auch der Freuden der alten Vaterrolle beraubt. Die Männer der Elite versuchten, diesen Verlust durch ihren Status als Fabrikbesitzer, Gründer neuer Nationen oder Parteien oder als Vaterfiguren für die kolonisierten Völker in Afrika und Asien zu kompensieren. So waren diese Männer – egal, ob alleinstehend oder verheiratet, jung oder alt – in der Lage, sich ein starkes Gefühl der Vaterschaft zu bewahren, auch wenn ihre Karriere sie von ihren eigenen Kindern distanzierte.[82] Doch auch in der heroischen Zeit des industriellen Kapitalismus, der Gründung von Nationen und des Imperialismus im neunzehnten Jahrhundert war eine gewisse Sehnsucht nach der Vaterrolle zu spüren.

In der gleichen Zeit schlossen sich viele Männer den unterschiedlichsten Verbänden sowie militärischen und paramilitärischen Organisationen an, die es ihnen erlaubten, ihre Zeugungsphantasien durch ausgeklügelte Rituale, rein männliche Versionen der Geburt, auszuleben.[83] Diese viktorianischen Verbände und militärischen Organisationen waren symbolisch, wenn nicht sogar real, Männerfamilien, abgelöst von und komplementär zu den frauenzentrierten Familien der Zeit. Bis zum Anfang unseres Jahrhunderts war es völlig akzeptabel, wenn Männer ihre eigene Form der Häuslichkeit pflegten, miteinander aßen, wohnten und Urlaub machten. Heute sind diese Männerfamilien nur noch nostalgische Erinnerungen, die sich manche Männer wie zum Beispiel Robert Bly ins Gedächtnis rufen, die sich aber nicht mehr mit den Idealen der partnerschaftlichen Ehe und der Familienzusammengehörigkeit in Verbindung bringen lassen, wie wir sie kennen.[84] Die Männerunterkünfte und -verbände befanden sich bereits in den zwanziger Jahren unseres Jahrhunderts auf dem Rückzug, und Männerfreundschaften reduzierten sich immer mehr auf den gemeinsamen Ausgehabend. Die Männer der Arbeiterschicht hielten länger an ihren Versionen der Männerfamilien, der Gewerkschaft oder der Kneipe an der Ecke, fest, doch nach dem Zweiten Weltkrieg gaben auch sie diese Zuhause fern des eigenen Zuhauses auf und wurden genauso familien- und heimzentriert wie der Mann der Mittelschicht.[85]

Das Ideal der partnerschaftlichen Ehe, das sich nach den zwanziger Jahren unseres Jahrhunderts durchsetzte, hat den Frauen bessere Ehemänner beschert, es den Vätern aber nur noch schwerer gemacht, zu idealen Vätern zu werden. Die Mutterrolle wird weiterhin als so natürlich erachtet, daß man die Frauen für die harte Arbeit, die sie leisten, nicht eigens zu loben braucht. Wenn Männer jedoch gute Väter sind, werden ihre Leistungen deutlich hervorgehoben.[86] Wenn sie schlechte Väter sind, bestraft sie das Gesetz, aber selbst noch der schlechteste Vater läuft kaum jemals Gefahr, seine Männlichkeit aufs Spiel zu setzen. Sie riskiert er nur wirklich, wenn es ihm nicht gelingt, Beziehungen zu Frauen aufzubauen. Für die meisten Männer stellt immer noch die erwiesene Heterosexualität das Tor zur Männlichkeit dar, weil die alten Beweise für die Männlichkeit, zum Beispiel die Körperkraft, an Bedeutung verloren haben.[87]

In der zeitgenössischen westlichen Kultur kommen Männer ohne Kinder zurecht, aber nicht ohne Frauen. Sie wurden fast vollständig von Frauen aufgezogen und hängen stark von ihnen ab, deshalb neigen sie dazu, alle Frauen in Mütter zu verwandeln. Auch die Frauen beginnen ihr Leben in einer weiblichen Welt, aber anders als die Söhne sind die Töchter für die Fortpflanzung und die Versorgung der Kinder zuständig.[88] Frauen kommen in der westlichen Kultur ohne Frauen zurecht, jedoch nicht ohne Kinder. Eine kinderlose Frau fühlt sich auf eine Weise unvollständig, wie es ein kinderloser Mann nicht tut. Eine Studie, die herausfand, daß englische Männer ihre Unfruchtbarkeit als Schlag gegen ihre Eigenschaft als Ehemann, aber nicht gegen ihre Männlichkeit empfanden, stellt fest: »Da es für die Frau wichtig war, eine Mutter zu *sein,* war es wesentlich für den Ehemann, ein Vater zu *werden.*«[89] Ein Kind sichert die Verbindung des Mannes zu der Muttergestalt, von der er selbst sich hat lösen müssen, und es läßt auch seine »verlorene« Kindheit wiederaufleben, so daß er sich nun als Rivale seiner eigenen Kinder verstehen muß.[90] So hat die Vaterrolle in der zeitgenössischen westlichen Kultur den paradoxen Effekt, die Männer enger an die Frauen zu binden und sie gleichzeitig von ihren Kindern zu distanzieren.

Seit den zwanziger Jahren unseres Jahrhunderts wird die Forderung erhoben, daß die Männer sich stärker an der Erziehung ihrer Kinder, besonders ihrer Söhne, beteiligen sollen, die angeblich wegen der väterlichen Distanz immer mehr zu »Weichlingen« verkommen. Die Furcht vor der Verweichlichung ist die treibende Kraft hinter der neuen Vaterschaftsbewegung des zwanzigsten Jahrhunderts; sie betont jedoch auch vorgebliche Geschlechterdifferenzen, die die Abwesenheit des Vaters ursprünglich verursacht hatten.[91] Das Gerede von den »richtigen Männern« hat nur noch zu ihrer Distanzierung von der feminisierten häuslichen Sphäre beigetragen. Obwohl die Männer die besten Vorsätze haben, wieder eine engere Beziehung zu ihren Kindern zu finden, ist diese heute mehr denn je von der Beziehung der Männer zu ihren Ehefrauen abhängig. Die Mutterrolle ist zu einer lebenslangen Beschäftigung geworden, die Vaterrolle erscheint daneben wie ein Teilzeitjob. Seit dem Beginn unseres Jahrhunderts sind die Amerikaner sich darüber bewußt, daß »der vorstädtische Ehemann und Vater praktisch nur eine sonntägliche Einrichtung ist«.[92]

Die Väter buhlen als Konkurrenten ihrer eigenen Kinder um die Aufmerksamkeit der Mütter. Außerdem war im zwanzigsten Jahrhundert eine zunehmende Infantilisierung des männlichen Verhaltens festzustellen; die sogenannte »Jungenhaftigkeit« wird unter Männern immer mehr toleriert.[93] Im selben Maße wie der Trend zu partnerschaftlicher Ehe und Familienzusammengehörigkeit sich verstärkt hat, sind auch die Widersprüche zwischen guten Ehemännern und guten Vätern deutlicher geworden. Keiner der Bewegungen in unserem Jahrhundert, die die »neue Vaterschaft« propagierten, ist es gelungen, diese Widersprüche zu lösen.[94]

Heutzutage gehen zwar die Eheschließungsraten zurück, aber der moderne Kult um die Mutterrolle behauptet sich weiter, was sich in der gesamten westlichen Kultur in immer weiter steigenden Zahlen alleinerziehender Mütter niederschlägt, nicht nur bei den armen, sondern auch bei den wohlhabenderen Frauen, und zwar bei heterosexuellen wie lesbischen gleichermaßen. In den Vereinigten Staaten kommen heute fünfundzwanzig Prozent aller Kinder unehelich zur Welt, und wiederum nur bei der Hälfte von diesen Kindern ist der Vater offiziell bekannt. Der Anteil der unehelichen Kinder ist heute in allen westlichen Ländern höher als jemals seit dem achtzehnten Jahrhundert.[95] Doch nirgends ist eine Tendenz zum alleinerziehenden Vater festzustellen. Nur die Hälfte aller amerikanischen Kinder lebt heutzutage beim biologischen Vater. Alleinerziehende Mütter haben nach unserer Vorstellung so etwas wie eine tragische Dimension; alleinerziehende Väter sind Ziel unseres Spotts und geben Stoff ab für Film- und Fernsehkomödien.[96] Die Gesellschaft muß den alleinerziehenden Vater nicht ernst nehmen, weil ein Mann, der sich zu sehr nach Kindern sehnt, kein richtiger Mann ist.

Da es immer mehr Väter gibt, die versagen oder ganz abwesend sind, hat sich ein Verband von Moralisten und Sozialwissenschaftlern herausgebildet, die sich als Hüter der »Familienwerte« verstehen. Sie fordern immer strengere Maßnahmen gegen Männer, die ihre Vaterpflichten vernachlässigen, weil diese ihrer Meinung nach zusammen mit den alleinstehenden Müttern für das verantwortlich sind, was sie als Verfall der westlichen Familie verstehen.[97] Diese Bewegung läßt dabei allerdings außer acht, daß die Rolle des Geldverdieners in der neu strukturierten globalen Ökonomie des ausgehenden zwanzigsten Jahrhunderts auch für Männer der Mittelschicht nur noch schwer auszufüllen ist. Seit den siebziger Jahren unseres Jahrhunderts läßt sich ein mittlerer Lebensstandard nur mit zwei, manchmal sogar mehr Einkommen halten. Der Einzug der Frauen in gutbezahlte Positionen hat für viele Männer als Entschuldigung gedient, sich von der Rolle des Geldverdieners zu verabschieden.[98] Doch es gibt keinerlei Hinweise darauf, daß die Männer der Familie völlig entfliehen wollen. Ganz im Gegenteil: Alles weist darauf hin, daß die Ehe noch nie einen so hohen Stellenwert eingenommen hat und die Männer sich noch nie sehr nach einem Familienleben gesehnt haben.[99]

Diese Entwicklung verwundert nicht weiter, denn die meisten Bereiche, in denen die Männer früher ein ganz eigenes Gefühl der Kreativität entwickeln konnten – Männercolleges, Burschenverbände, das Militär –, sind heute keine ausschließlich männlichen Domänen mehr. Auch die Rollen in Wirtschaft und Politik, die früher das Bedürfnis des Mannes nach einer gesellschaftlichen Vaterrolle befriedigten, sind kein männliches Monopol mehr.[100] In einer immer rationalisierteren und bürokratisierteren Welt ist das Zuhause die einzige Sphäre, in der der Mann noch in die Vaterrolle schlüpfen kann, aber auch hier herrscht harter Wettbewerb, und die Kreativität des Mannes beschränkt sich innerhalb eines ansonsten feminisierten Haushalts im allgemeinen auf die Garage oder den Keller.[101]

Diese Situation trägt zu dem bei, was der Soziologe Frank Furstenberg den »Gute-Väter-schlechte-Väter-Komplex« nennt.[102] Natürlich wollen mehr Männer gute Väter sein, aber der Standard für die gute Vaterschaft, die umfassender ist als die Rolle des reinen Geldverdieners, muß sich am Standard der guten Mutterschaft messen lassen, der enorm gestiegen ist.[103] Der Versuch, einen gemeinsamen Maßstab für die Elternschaft einzuführen, ist ehrenhaft, aber die meisten Männer sind weniger darauf vorbereitet als die Frauen. Die Mädchen durchlaufen eine Sozialisierung in Richtung Elternrolle, die den Jungen verschlossen bleibt. Die jungen Frauen wachsen schon vor der Schwangerschaft in die Mutterrolle hinein, wogegen die Männer im Regelfalle im Augenblick der Geburt zum ersten Mal mit der Vaterrolle konfrontiert werden. Bemühungen, die Männer schon früher miteinzubeziehen, scheinen nur teilweise Erfolg gehabt und bei ihnen ein noch größeres Gefühl der Minderwertigkeit und Frustration erzeugt zu haben.[104] Seit den siebziger Jahren unseres Jahrhunderts ist die Anwesenheit des Vaters bei der Geburt fast schon obligatorisch, aber weil er nur dabei ist, um seiner Frau Beistand zu leisten, fühlt er sich meist an den Rand gedrängt oder manchmal auch völlig überflüssig. Das hat häufig zur Folge, daß die Bindung zwischen Vater und Kind vorübergehender Natur bleibt.[105]

Die Väter neigen dazu, sich bereits kurz nach der Geburt wieder in die alten Definitionen der Vaterrolle zurückzuziehen – sie überhäufen Mutter und Kind mit Aufmerksamkeit und materieller Unterstützung, doch um das zu schaffen, müssen sie noch länger arbeiten als zuvor und sind noch weniger verfügbar. Der Unwille der Männer, auch die großzügigsten Erziehungsurlaube, wie sie in Dänemark und Schweden möglich sind, in Anspruch zu nehmen, hat höchstwahrscheinlich mit dem Überdauern der alten Definition von der Vaterrolle zu tun, die die Männer hauptsächlich danach bewertet, wie gut sie für die Familie sorgen können. Daß sie ihre Rolle als Geldverdiener am besten ausfüllen können, wenn sie so bald wie möglich wieder mit der Arbeit anfangen, bedeutet, daß die des Vaters in den meisten westlichen Gesellschaften eine kurze Episode bleibt.[106]

Trotz bester Vorsätze sind die modernen Väter Luthers Vision vom windelwaschenden Papa, die nun fast schon ein halbes Jahrtausend alt ist, noch immer nicht gewachsen. Neuere Studien belegen, daß sich seit den sechziger Jahren unseres Jahrhunderts nicht viel in der Aufteilung der häuslichen Arbeit verändert hat; die meisten untergeordneten Aufgaben, die mit der Kindererziehung zu tun haben, fallen immer noch den Frauen zu.[107] Die sogenannten neuen Väter der achtziger und neunziger Jahre haben zwar ein besseres Image, aber es ist alles andere als sicher, daß sich ihre Verhaltensmuster wirklich verändert haben. Furstenbergs Ansicht, daß »die Väter der noch nicht allzu fernen Vergangenheit mehr taten, als man dachte, und die heutigen weniger, als wir meinen«, bestätigt sich in diesen Studien immer wieder.[108] Doch es wäre falsch, dieses Verhalten als böse Absicht zu interpretieren, weil die Männer sich ja bemühen, der gesellschaftlichen Definition von der guten Vaterrolle zu entsprechen, auch wenn diese ihre deutlichen Grenzen hat. Wenn es den Männern mißlingt, das Vorbild des guten Geldverdieners zu erreichen, geben sie nicht auf, sondern versuchen es mit einer neuen Frau und neuen Kindern noch einmal. In einer Zeit der einigermaßen unproblematischen Scheidung hat diese Option zu etwas geführt, was man als »Serienvaterschaft« bezeichnen könnte.[109]

Männer wollen Kinder, aber nicht unbedingt ihre eigenen. Für sie gehören Ehe und Vaterschaft zusammen.[110] Die Frauen sind in der Lage, Ehe und Mutterschaft voneinander zu trennen, oft unter großen Risiken für sich selbst. Heutzutage können sie alleinstehende Mütter sein und mehrere Ehen hintereinander führen, aber so etwas wie eine »Serienmutterschaft« ist für sie nicht möglich. Frauen, die ihre Kinder weggeben (und sei es nur in Tagesheime), riskieren nach dem neuesten Stand der juristischen Kontroversen möglicherweise den Verlust ihrer Mutterrolle. Männer, die ihre Kinder aufgeben, werden vielleicht als schlechte Väter verdammt, aber im Rahmen unserer gegenwärtigen Ansichten über Geschlecht und Generation ist ihre Männlichkeit nie in Gefahr.

Trotz aller Diskussionen um die neue Vaterrolle in unserem Jahrhundert schafft die westliche Kultur es nicht, sich eine Vaterrolle vorzustellen, die Leben schenken *und* ein Leben lang für die Kinder sorgen kann. Die gegenwärtigen Verfechter der Familienwerte behaupten gerne, unsere Probleme seien »im wesentlichen kulturell, nicht politisch oder wirtschaftlich«, aber ihre Lösungsvorschläge dringen nicht bis zum Kern der Sache vor, der in der modernen Kultur der Fortpflanzung selbst liegt.[111] Die Veränderung hat nicht nur mit dem Training der Eltern zu tun, sondern auch damit, die Ansichten zu wandeln, die zutiefst in der kapitalistischen Wirtschaft, dem nationalen Staatswesen und der wissenschaftlichen Sicht des Körpers verwurzelt liegen, welche den Sexualtrieb den Männern zuweist und den Nährinstinkt den Frauen. Diejenigen, die die Vaterrolle revitalisieren möchten, würden die ganze Last des Wandels gern einzelnen Männern aufbürden, doch letztlich läuft diese Veränderung auf eine völlige Umwälzung unseres gesellschaftlichen und politischen Systems hinaus, und mit einer solchen setzen sie sich nur ungern auseinander.

Aber es gibt Entwicklungen, die uns vielleicht zu einer solchen radikalen Neuorientierung zwingen werden. Aufgrund der sich herausbildenden globalen kapitalistischen Wirtschaft, des postnationalen Staates und der neuen Fortpflanzungstechnologien ist die Familie heutzutage kein Zufluchtsort mehr vor der herzlosen Welt, sondern unterliegt selbst immer mehr marktwirtschaftlichen und technologischen Kräften.[112] Sogar die Fortpflanzung wird kommerzialisiert: Männer verkaufen ihr Sperma, Frauen leihen anderen Frauen ihren Bauch. Selbst die ehemals sakrosankte Vorstellung von der Mutterschaft ist zunehmendem Druck ausgesetzt, weil die neuen Fortpflanzungstechnologien aus dem Fötus einen »ungeborenen Patienten« machen; das »ungeborene Kind« ist nun ein völlig neues kleines Wesen, das eine von der Mutter getrennte biologische und juristische Identität besitzt.[113]

In unserem zeitgenössischen Verständnis von der Fortpflanzung gilt das Ei als dem Spermium gleichgestellt, so daß die Frau das gleiche Recht am Kind hat wie der Mann. Doch wie Barbara Katz Rothman völlig richtig feststellt, droht dieses neue Verständnis, die Mutterschaft von der Mutterrolle zu trennen, ähnlich, wie Vaterschaft und Vaterrolle schon vor langer Zeit symbolisch voneinander gelöst wurden. Sobald der Ausdruck »to mother« wie »to father« einzig und allein zu einem biologischen oder genetischen Beitrag wird, werden Frauen zu »Vateräquivalenten«, und sie müssen sich mit der gleichen Fremdheit und Distanz auseinandersetzen wie die Männer.[114]

Die Technologie hat die unbeabsichtigte Wirkung gehabt, die männliche und weibliche Erfahrung der Geburt anzunähern; Mann und Frau wurden so in Beobachterrollen verwiesen. Die Medikalisierung der Fortpflanzung hat das Bild vom Arzt als »rituellem Ältesten« verstärkt, der unabhängig von Mutter und Vater einem Kind das Leben schenkt. Und das Potential dafür, daß medizinische und juristische Autoritäten den Platz von Vater und Mutter einnehmen könnten, ist gewaltig. Vielerorts haben Gesetze zum Thema Fötus- und Kindsmißhandlung bereits den

Staat in die ultimative Elternrolle erhoben. Mutterschaft und Vaterschaft sind so weit verändert worden, daß Rothman sie völlig zu Recht als »Hintergrundsfaktoren« bezeichnen kann. Es besteht durchaus die Möglichkeit, daß eines Tages Sperma und Ei als wertvoller für die Gesellschaft betrachtet werden als die Menschen, die aus ihnen entstehen.[115] Es gibt Stimmen, die uns dazu bringen wollen, daß wir uns im Namen des perfekten Kindes völlig auf die Natur konzentrieren und unsere Nährerfunktion vernachlässigen. Die Utopie von der perfekten Reproduktion, der Traum der Eugenikbewegung zu Beginn dieses Jahrhunderts, scheint in anderer Form wiederzukehren: Angeblich muß man nun die Kinder vor Eltern bewahren, die weder vor noch nach der Geburt richtig für sie sorgen können. Wir können uns jetzt vorstellen, die Kinder im Reagenzglas, im Brutkasten oder im Waisenheim zu perfektionieren, aber wir können uns immer noch nicht vorstellen, die Gesellschaft so weit zu perfektionieren, daß alle Eltern die Ressourcen haben, um ihre eigenen Nachkommen aufzuziehen.

Doch nicht alle Menschen haben den Gedanken aufgegeben, daß Männer und Frauen gleichermaßen an der Erziehung ihrer Kinder Anteil haben können. Die neuen Geburtsbewegungen, die in den sechziger Jahren unseres Jahrhunderts entstanden, haben versucht, Vaterschaft und Vaterrolle wieder so miteinander zu verbinden, daß dadurch Mutterschaft und Mutterrolle nicht voneinander getrennt werden.[116] Trotz der Mythen von Geschlecht und Generation, die Vater- und Mutterrolle als Gegensätze verstehen, haben sie versucht, Riten der Vaterschaft zu rekonstruieren, die den werdenden Vater symbolisch anerkennen und ihn zu einem Teil des Geburtsprozesses machen – eine Bemühung, die Hand in Hand geht mit dem Ansinnen, auch die Riten der Mutterschaft zu rekonstruieren, so daß die vielen unterschiedlichen Rollen, die Frauen in der zeitgenössischen Gesellschaft spielen, größere Anerkennung erfahren. Das ist natürlich keine leichte Aufgabe, aber es versteht sich von selbst, daß die Neugestaltung der Vaterrolle mit der der Mutterrolle einhergehen muß.

DER TOD UND KEIN ENDE

Wenn man die Toten als Mitglieder der Gesellschaft bewahrt,
sichert man auch das fortdauernde Leben der Lebenden.
Die Bestätigung für die Lebenden, daß es ein ewiges Leben gibt,
hängt davon ab, daß man die Toten am Leben erhält.

W. Lloyd Warner, The Family of God[1]

* * *

Totenkulte gehören angeblich anderen Zeiten und Orten an, aber trotzdem sind wir eine Kultur, die den Tod leugnet und alles symbolisch Mögliche tut, um unsere Toten am Leben zu halten. Darin unterscheiden wir uns von der Einstellung der Menschen im früheren Europa und Nordamerika, die Distanz zu den Toten hielten und deren Zusammentreffen mit den Lebenden auf bestimmte Zeiten und Orte beschränkten. Heutzutage sitzen wir unseren Verstorbenen mit einer Energie und Entschlossenheit im Nacken, die unsere Vorfahren als unziemlich, ja sogar frevlerisch erachtet hätten. Die Toten sind Teil unserer gedachten Großfamilie geworden und werden oft als nahe, manchmal sogar näher als die lebenden Angehörigen, wahrgenommen.

Praktisch alle bekannten Gesellschaften haben sich den Tod so zunutze gemacht, daß er dem Leben dient. Die Lebenden brauchen die Toten mindestens genausosehr wie die Toten die Lebenden. Heute sind die Toten überall; sie nehmen teuren Grund sowie die Zeit und den Raum der Lebenden in Anspruch. »Wir leben in einer Gesellschaft, in der Unternehmer den Raum auf einem um die Sonne kreisenden Mausoleum vermarkten«, schreibt Michael Kearl.[2] Monumente und Friedhöfe stellen einen wesentlichen Teil der modernen Landschaft dar. Sie sind, wie Lloyd Warner vor vielen Jahren bemerkt hat, ein »bedeutendes und sichtbares Symbol des Übereinkommens zwischen den Menschen, daß sie einander nicht sterben lassen werden«.[3] Doch wir stellen auch in unserem Zuhause Platz für die Toten zur Verfügung, denn wir verwandeln sie in Minimausoleen voller Fotos und Erinnerungsstücke an die Verstorbenen und weigern uns, sie ziehen zu lassen. Nur wenige sind allerdings so weit gegangen wie der Mann aus Boston, dem es gelang, die Leiche seiner Frau neun Jahre lang in seiner Wohnung zu verbergen. Durch die wachsende Beliebtheit des Kremierens wird es jedoch möglich, die Asche der Verblichenen Monate, ja Jahre im Haus aufzubewahren.[4]

In der ganzen westlichen Welt berichten immer wieder Leute von Kontakten mit den Toten, normalerweise mit verstorbenen Familienangehörigen. In den Vereinigten Staaten bestätigen vierzig Prozent der Erwachsenen solche Begegnungen, und die Zahlen in Europa sind ganz ähnlich.[5] Dabei handelt es sich nicht um Gruselfilmszenarien, sondern um die erahnte Gegenwart von verstorbenen Lieben, also von etwas, das Gillian Bennett die »guten Toten« genannt hat. Sie empfinden wir als bestätigend und tröstend. Ihre Anwesenheit nehmen wir gewöhnlich im häuslichen Umfeld wahr, wo wir bereitwillig Kontakt mit den Toten aufnehmen. Dabei handelt es sich übrigens um eine Praxis, die viel weiter verbreitet ist als die Menschen allgemein zugeben. Doch weder Erscheinungen noch Séancen sind Überbleibsel aus einem vorneuzeitlichen Glaubenssystem. Bei beiden handelt es sich um ganz und gar moderne Phänomene, die lediglich bis ins viktorianische Zeitalter zurückreichen und zusammenfallen mit der Herausbildung anderer moderner Formen gedachter Familien. »Der Glaube an das Übernatürliche ermöglicht die Fortsetzung von Beziehungen gegenseitiger Liebe – Eltern und Kind, Ehemann und Ehefrau –, selbst wenn einer der beiden durch örtliche Distanz oder sogar den Tod vom anderen getrennt ist«, schreibt Bennett.[6] In einer Studie über amerikanische Witwen stellte sich heraus, daß fast ein Fünftel von ihnen sich vorstellte, wieder mit dem toten Partner vereint zu sein. Sie erlebten dabei tatsächlich die Anwesenheit des Verstorbenen. Nach Meinung von Michael Kearl deutet die enorme Popularität von Medien und Geisterfotografie darauf hin, in welchem Maße die Toten weiterhin als signifikante andere für die Lebenden dienen.[7]

Wir unterscheiden uns von anderen Kulturen und sogar den früheren Formen unserer eigenen durch die Dinge, die die Toten für uns symbolisieren. Der Friedhof, früher ein Ort, an dem sich die Gemeinschaft versammelte, wird heute – außer am Memorial Day, also am Volkstrauertag – für Familienzusammenkünfte genutzt. In der Vergangenheit war er ein ausgesprochen öffentlicher und gemeinschaftlicher Ort gewesen, heute gilt er neben dem Zuhause als der privateste Raum der Gesellschaft. Die moderne »Stadt der Toten«, wie Warner sie nennt, ist ganz anders angelegt als die ländlichen Friedhöfe früherer Jahrhunderte. Im alten Dorf der Toten vermischten sich die Toten, wie sie es vorher im Leben getan hatten. Es gab nur wenige Familiengräber, und die meisten Leute wurden ohne Ansehen ihrer Herkunft begraben. Der moderne Friedhof, der sich Anfang des neunzehnten Jahrhunderts entwickelte, spiegelt eine völlig andere Geselligkeit. Er ist in Wege und Sektionen eingeteilt, die ganz ähnlich anmuten wie die Strukturierung von moderner Stadt und Vorstadt; er reproduziert nicht nur die Klassen- und ethnischen Unterschiede der modernen Gesellschaft, sondern auch die Begrenztheit des privaten Lebens. Von der viktorianischen Zeit an zeugten Familiengräber und -grüfte nicht nur von der wachsenden Bedeutung der Kernfamilie, sondern auch von den sich herausbildenden geschlechts- und generationenspezifischen Beziehungen, die für die protestantische Mittelschicht auf beiden Seiten des Atlantiks charakteristisch waren. Warner stellte fest, daß die Stadt der Toten in den fünfziger Jahren unseres Jahrhunderts nach den gleichen Vorgaben der Mittelschicht funktionierte wie die bürgerliche Stadt der Lebenden. Die Anlage der Gräber sowie die Inschriften reflektierten die besondere Anerkennung, die erwachsenen Männern entgegengebracht wurde, die Hingabe, die man von Frauen erwartete, und die Abhängigkeit und Unschuld von Kindern. Es kam gar nicht so selten vor, daß man die Toten wieder ausgrub; manchmal geschah dies aus religiösen Gründen, häufiger jedoch symbolisierte dieser Vorgang das veränderte Verständnis der Familie von sich selbst. Genauso wie die Menschen umzogen, um ihrem neuen Status gerecht zu werden, verlegten sie auch ihre Toten und gaben ihnen aus dem gleichen Grund neue, oft größere Gräber. Niemand fand das merkwürdig oder prahlerisch. Nein, so etwas erntete eher Lob: »Er macht das für seine Eltern. Das würde jeder anständige Amerikaner tun.«[8]

Es war nichts Neues, die Vorfahren zu ehren, aber das, was Warner beschrieb, war komplexer. Der Friedhof nahm nun einen Platz im Familienleben der modernen Europäer und Amerikaner ein, den er noch nie zuvor gehabt hatte, nicht nur wegen der Begräbnisse, die dort stattfanden, und auch nicht wegen der Besuche, die man den Gräbern abstattete, sondern viel wichtiger: als Raum für die symbolische Konstruktion der Familie selbst. In einer höchst mobilen, schnellen Welt waren die Toten in vielerlei Hinsicht besser für solche Zwecke geeignet als die Lebenden. In ihrem Zuhause, dem Grab, widerstand die Familie der Toten den Zeitläuften und räumlichen Veränderungen, die es so schwierig für die Familie der Lebenden machten, sich ein angemessenes Bild von sich selbst zu geben. Warner bemerkte, der Friedhof sei »ein Fixpunkt der Gesellschaft«, der in einer ansonsten unsicheren Welt Sicherheit verschaffe.[9] Doch noch sicherer war der domestizierte Himmel, der ebenfalls im neunzehnten Jahrhundert erfunden wurde und den Europäern und Amerikanern bis zum heutigen Tag gedachte Familien bietet, an denen sie sich orientieren können.

Geburt und Tod sind existentielle Momente, die alle Kulturen dazu verwenden, sich ein Bild von sich selbst zu machen. Im mittelalterlichen und frühneuzeitlichen Europa war der Augenblick des Sterbens der Dreh- und Angelpunkt des individuellen und des Familienlebens. Er war ein Anlaß, der eine Familienzusammenkunft erforderte. Die Geburt besaß keine vergleichbare Anziehungskraft; am Sterbebett versammelten sich die Familienangehörigen, das Ende des Lebens war zu dieser Zeit wichtiger als sein Beginn. Alle Jahre des Lebens wurden als gleich weit von der Ewigkeit entfernt erachtet, und alle, die Jungen wie die Alten, fühlten sich dem Tod nahe und wurden von den Sterbenden angezogen. Das Sterbebett war schicksalsträchtig, eine Quelle der Zeichen und Omen. Letzte Worte waren für die Überlebenden nicht nur aus praktischen Gründen wichtig, sondern auch aus symbolischen. Auf dem Sterbebett gaben die Patriarchen ihre letzten Weisungen, Erbschaften wurden geregelt und das Schicksal der nächsten Generation bestimmt.[10] Doch selbst wenn es keine Besitztümer gab, die man hätte verteilen können, und auch keine Autorität, die man hätte ausüben können, ging es doch zumindest um ein symbolisches Erbe. Ein guter Tod wurde als Zeichen der Gnade verstanden, ein Zeichen dafür, daß der Verstorbene sicher bei seinem Gott im Himmel angelangt war.

Bis zum neunzehnten Jahrhundert fand am protestantischen Sterbebett die letzte »heilige Unterhaltung« der Familienmitglieder statt, deren tägliche Version noch immer den Mittelpunkt des protestantischen Familienlebens darstellte. Die Protestanten hatten schon längst die letzten Riten der katholischen Kirche aufgegeben; keine anderen Rituale, Bilder oder Litaneien durften zwischen den Sterbenden und den Allmächtigen treten. Die protestantische Mittelschicht hatte genug Übung in dem, was sie das »tägliche Sterben« nannte – ein Vorgang, der oft in Tagebüchern aufgezeichnet wurde. William Gladstone bezeichnete das seine als »Buch, in dem das ganze wertvolle Geschenk der Zeit aufgezeichnet wurde«, denn er glaubte genau wie seine Zeitgenossen, daß das Leben in jedem Augenblick von Gott beendet werden konnte.[11] Durch die ständige Vorbereitung auf die Begegnung mit dem Schöpfer und die Teilnahme an so vielen Sterbeszenen waren sogar die noch jungen Menschen in der Lage, eine gekonnte Vorstellung zu liefern.

Vor dem neunzehnten Jahrhundert suchte sich der Tod seine Opfer in allen Altersgruppen, und die Kinder wurden schon früh mit dem Sterben vertraut gemacht. Verwaiste Säuglinge wurden im allgemeinen über dem Sarg der toten Mutter getauft.[12] Vielleicht war die Geburt ein dunkles Geheimnis, das die Menschen nach Alter und Familien trennte, aber der Tod war allen vertraut und ein Thema der »heiligen Unterhaltung«. Louisa Hawes beispielsweise begann mit ihrer Tochter Mary über den Tod zu sprechen, sobald diese acht war, um sie »auf die düsteren Realitäten des Lebens« vorzubereiten. Von diesem Zeitpunkt an waren Marys Geburtstage keine Momente der Erinnerung mehr, sondern Augenblicke, in denen man sich auf die »süße Erlösung vom Leben« freute.[13] Die Kinder spielten den Tod, bauten sich Spielzeugsärge, übten ihre letzten Worte und zahlten Beiträge an ihre eigenen Sterbevereine; schließlich waren sie verantwortlich für ihr Sterben.[14] In früheren Jahrhunderten hatte die Kirche von den Kindern verlangt, daß sie an Begräbnissen teilnahmen; später wurde diese Regel aufgehoben, doch man holte sie weiterhin ans Sterbebett und zur Totenwache, wo alle die Leiche noch einmal berührten oder küßten.[15] Die Menschen lauschten den letzten Worten von Kindern genauso aufmerksam wie denen von Erwachsenen, und sie wurden auf dieselbe Weise begraben wie sie.[16]

Die Symbole des Todes traten gerade dann ins Leben, wenn wir sie am wenigsten erwarten würden – bei der Geburt und bei der Hochzeit. Ereignisse, die uns dazu veranlassen, uns auf die Ursprünge zurückzubesinnen, brachten die früheren Generationen dazu, sich mit Zielpunkten und Bestimmungen zu befassen. Das Leichentuch war schon lange Bestandteil der Aussteuer, und auch der Bräutigam brachte sein Leichentuch in die Ehe mit. Mary Hughes' Hochzeitsnadel, eine Erinnerung an ihre beiden toten Geschwister, galt seinerzeit nicht als morbid, sondern als angemessene Ermahnung, daß erwachsene Frauen dem Tod gegenüber eine besondere Verantwortung hatten, denn schließlich waren sie es, die die Toten aufbahrten und sie für die Beerdigung wuschen und anzogen.[17] Die Frauen wurden symbolisch mit dem Körper identifiziert, die Männer mit der Seele. In der protestantischen Kultur galt der Körper als Gefängnis der Seele und mußte so schnell wie möglich beseitigt werden, um die Befreiung der Seele zu erleichtern.

Im siebzehnten und achtzehnten Jahrhundert waren Beerdigungen auf dem Lande eher eine Angelegenheit der Gemeinschaft als der Familie. In Wales war noch bis ins neunzehnte Jahrhundert die Sitte weit verbreitet, einen sogenannten »bidder« herumzuschicken, der Ort und Zeit der Beerdigung verkündete und darum bat, daß jeder Haushalt einen Vertreter entsandte. Genau wie bei Hochzeiten, bei denen ein Hochzeitslader im Ort herumging, waren auch hier Lebensmittel- und Geldgaben üblich, so daß die meisten Armen vor der Schande bewahrt wurden, in einem Armengrab beigesetzt zu werden. Die Höhe der Gaben wurde notiert, so daß man sich später revanchieren konnte und im Verlauf der Generationen eine gewisse Gerechtigkeit eintrat.[18] Die Totenwache wurde dem Verstorbenen auf ganz ähnliche Weise geschenkt wie dem Brautpaar die Hochzeit. Bei der Leiche zu sitzen war ein festlicher Anlaß, wobei »alle Freunde und Nachbarn des Verstorbenen« aßen, tranken, rauchten, beteten und sich selbst und der Leiche »kleine Streiche« spielten, um wach zu bleiben.[19] Der Verstorbene wurde kurz nach dem Tod noch als anwesend betrachtet. Die Leiche, die sich nach allgemeiner Ansicht in einem Zustand zwischen Leben und Tod befand, mußte umsorgt und »bewacht« werden, bis sie endgültig beigesetzt wurde.[20] Zu keinem anderen Zeitpunkt enthielt und vermittelte die Leiche eine solche Fülle von Botschaften oder weckte so starke Emotionen. Diejenigen, die zur Leiche kamen, waren mit Sterben und Tod vertraut und zeigten deshalb weder Furcht noch Ekel. Ausweichmanöver, wie sie in unserer Zeit so üblich sind, waren damals völlig unbekannt.

Am nächsten Tag gab es ein »walking funeral«, eine Beisetzung, bei der viele Menschen mit zur Kirche oder zum Friedhof marschierten; der Sarg wurde von der Familie aus dem Haus getragen und »der Gemeinschaft überantwortet, der er jetzt gehörte«. Nach einem kurzen Gottesdienst kehrten die Mitglieder der Gemeinschaft zu einer Mahlzeit ins Haus zurück. Nur der Adel veranstaltete private Beisetzungen, in denen der Sarg vom Leichenwagen zum Friedhof transportiert wurde. Für das einfache Volk war »eine private Beisetzung mit bezahlten Sargträgern, die man möglicherweise überhaupt nicht kannte, eine Greueltat gegenüber den gesellschaftlichen Instinkten sowie eine Verletzung der gemeinschaftlichen Sensibilität«.[21]

Genau wie bei Hochzeiten hatte die Gemeinschaft bei Beerdigungen Gelegenheit, sich ein Bild von sich selbst zu geben und sich in Abwesenheit eines ihrer Mitglieder neu zu definieren. Deshalb waren Beisetzungen wichtige Augenblicke der symbolischen Verhandlung zwischen Freunden, Nachbarn und Familienangehörigen. Sie waren eine Zeit der allgemeinen Beurteilung; eine geringe Beteiligung deutete auf Geringschätzung innerhalb der Gemeinschaft hin. »Was für ein armseliges Begräbnis er hatte; er war also doch nicht der Mann, für den ihn alle gehalten hatten«, hieß es in einem Fall.[22] Aber sie waren auch für Freunde und Familie des Verstorbenen ein Zeitpunkt, zu dem man die gemeinschaftlichen Beziehungen neu definierte. Die Größe der Mahlzeit, die nach der Beisetzung im Haus stattfand, konnte den Status erhöhen oder senken. Die positive Einschätzung ließ sich beeinflussen, indem man nach dem Gottesdienst ein großes Essen veranstaltete – eine Tradition, die sich mancherorts bis ins zwanzigste Jahrhundert hielt.[23] Edwin Grey erinnert sich, daß eine alte Frau bemerkte: »Es war alles sehr armselig, es gab nur Gebäck und ähnliches; tja, *ich* hab' drei Ehemänner beerdigt und alle mit Schinken.«[24]

Im siebzehnten und achtzehnten Jahrhundert lernten Protestanten, die irdischen Beziehungen nicht zu überschätzen und sie nicht mit dem göttlichen Vorbild zu verwechseln. »Familienfeiern konnten zum Aufbau eines kleinen Königreichs im Himmel beitragen«, schrieb ein Quäker aus Essex 1846 und betonte dabei, daß Feste kein Selbstzweck waren, sondern ein Mittel, um »sich auf den Aufbau des Himmels da droben zu freuen«.[25] Der Tod war kein Spiegel, den man dieser Welt vors Gesicht hielt, sondern ein Fenster, durch das man einen Blick ins Jenseits erhaschen konnte. Die Reformation hatte die Sakramente des Sterbens und die Vorstellung vom Fegefeuer in dem Glauben verbannt, daß die Lebenden nichts für die Toten tun können. Die Puritaner auf beiden Seiten des Atlantiks sprachen sich gegen Totenwachen aus und drängten, daß Beisetzungen so schlicht und schnell wie möglich durchgeführt wurden, »ohne jegliche Zeremonie«. Sie waren davon überzeugt, daß Rituale nach dem Tod »keinerlei Nutzen für die Toten haben ... und in vielerlei Hinsicht haben sie sich als schädlich für die Lebenden erwiesen«.[26] Sie verbannten Kerzen und Gebete für die Toten aus den Beisetzungsgottesdiensten und reduzierten sie zu einer Predigt, nach der die Leiche so schnell wie möglich in ein schlichtes Grab gelegt wurde, um das sich hinterher niemand mehr kümmerte.[27] Äußerliche Zeichen der Trauer galten als wiederauflebende Elemente des Heidentums oder des Papismus. Bis zur Mitte des neunzehnten Jahrhunderts gab es keine speziellen Sterbekleider, keine alljährlichen Besuche am Grab und keine Andenken an die Verschiedenen. Reverend Ralph Josselin erinnerte seine Gemeinde bei einer Beerdigungspredigt im Jahre 1651: »Gott möchte, daß wir die Toten vergessen... Dieses Vergessen bezieht sich nicht auf die Eigenschaften und Tugenden der Toten..., sondern auf ihre Person.«[28] Man sollte sich nicht an den einzelnen Menschen erinnern, sondern an die Werte, die er repräsentierte. Biographien und Lobreden beschäftigten sich ebenfalls nicht mit dem Individuum, sondern damit, wie die beschriebene Person als Typ war.

Im siebzehnten Jahrhundert war die protestantische Bilderstürmerei so weit fortgeschritten, daß es manchen schien, als »wäre bald nichts mehr übrig, um das Gedächtnis der Toten für

die Nachwelt zu bewahren«.[29] Im achtzehnten Jahrhundert lok-
kerte sich die antiritualistische Einstellung etwas, und die Protestanten auf beiden Seiten des Atlantiks begannen wieder, ihre
Gräber zu markieren. Trotzdem blieb ein zwiespältiges Gefühl
gegenüber der Memorialisierung; im frühen neunzehnten Jahrhundert glaubten Dissenter und Evangelikale noch immer, das
Gedächtnis der Toten solle »eher im liebenden Herzen« und im
Leben der Nachkommen bewahrt werden als durch Monumente.[30] Der Protestantismus wies die alten kommunalen Todesriten zurück, verbot aber die kollektiven Formen der Trauer
nicht. Im Puritanismus des siebzehnten Jahrhunderts und auch
später bei den Dissentersekten trauerte keine Familie allein. Die
Christen wurden gewarnt, daß es gefährlich sei, zu sehr um
Angehörige der Kernfamilie zu trauern, denn das war so etwas
wie ein Widerspruch gegen Gottes Entscheidung, sie zu sich zu
rufen.[31] In der Zeit der evangelikalen Erneuerung erstreckte sich
das gute Sterben auf eine größere Gemeinschaft. Kirchliche
Gemeinden, Hilfsverbände und utopische Gesellschaften beschäftigten sich alle intensiv mit den letzten Augenblicken ihrer
Mitglieder. Ihre letzten Worte wurden aufgezeichnet, und gutes
Sterben wurde öffentlich gemacht.[32]

Im frühen neunzehnten Jahrhundert wurden Geschichten vom
guten Sterben sowohl privat als auch öffentlich erzählt. Nachrufe
übergingen die Jugend des Verstorbenen und konzentrierten sich
auf seine letzten Tage. Biographen verfuhren ähnlich; sie maßen
den späteren Jahren viel mehr Bedeutung zu als den frühen und
beschäftigten sich eher mit dem Ende als mit den Ursprüngen. Die
Leiche interessierte die Protestanten nur wenig; sie gaben sich
keine Mühe, Haare oder andere Erinnerungsstücke aufzubewahren. Statt dessen wurde die Leiche so schnell und schlicht
begraben wie möglich. Es gab weder Gräber noch Erinnerungs-
gottesdienste, weil man davon ausging, daß der Verstorbene bei
Gott weilte.[33]

Das Bild des Menschen, an den die Familienangehörigen sich

erinnern wollten, wurde jedoch am ehesten nach seinem Ableben gefertigt. Totenmasken und Porträts, die unmittelbar nach dem Tod gemalt wurden, waren im späten achtzehnten und frühen neunzehnten Jahrhundert in Häusern der Mittelschicht weit verbreitet. Als die gerade erst erfundene Daguerrotypie es in den vierziger Jahren des neunzehnten Jahrhunderts ermöglichte, gleich nach dem Tode Bilder herzustellen, setzte die »Erinnerungsfotografie« die Tradition der Maler fort. So konnten die Familien sich an den Augenblick des Todes erinnern; manche versuchten, so nahe am Moment des Todes wie möglich mit der Leiche aufs Bild zu kommen. Southworth and Hawes warben 1846: »Wir fertigen Miniaturen von Kindern und Erwachsenen sofort, und von Verstorbenen entweder in unseren Räumen oder in Privatwohnungen.«[34]

Auf solchen Postmortem-Fotos posieren Ehefrauen neben ihren toten Männern (Männer mit toten Ehefrauen sind seltener zu finden) und Eltern mit toten Kindern. Diese Bilder wurden manchmal von Künstlern verwendet, die Familienporträts malen sollten, häufiger jedoch ließen Familien Karten mit Trauerrand anfertigen, die sie an Verwandte und Freunde verschickten. Solche Postmortem-Fotos waren fester Bestandteil des Familienalbums, denn der Augenblick unmittelbar nach dem Tod galt immer noch als das beste Bild des Toten. Meist handelt es sich dabei jedoch nicht um besonders schöne Fotos; in vielen Fällen setzte die Totenstarre schneller ein, als der Fotograf zur Stelle sein konnte. Die Körper wirkten starr und die Gesichter verzerrt; erst ab der zweiten Hälfte des neunzehnten Jahrhunderts machte man sich die Mühe, die Toten zu schminken und zu verschönern, damit sie lebendiger aussahen. In einer Kultur, die das gute Sterben hochschätzte, fühlten sich die Lebenden noch immer ganz wohl in Gesellschaft eines gerade erst Verschiedenen, und auch die häßlichen Dinge, die der Tod mit sich brachte, waren für sie kein Anlaß zu Ekel.

Das gute Sterben nahm im öffentlichen und privaten Leben des frühen neunzehnten Jahrhunderts einen nie dagewesenen Raum ein. Die alte Furcht vor dem Tod wurde nun fast schon durch Sehnsucht ersetzt. Im achtzehnten Jahrhundert hatte die Hölle aufgehört, lebhafte Realität zu sein, und alle konnten sich einen Platz im Himmel vorstellen. Der Inbegriff des guten Todes war kein heftiger Kampf mehr – die mittelalterliche Vorstellung eines Ringkampfes mit dem Tod –, sondern ein friedliches Dahinscheiden. Die Menschen dachten sich den Tod als schönen Geliebten, und die Hochzeit wurde zu seiner Metapher. Zur gleichen Zeit, als das Leichentuch aus der Aussteuer verschwand, wurde das Brautkleid zum Totengewand der Wahl.[35] Die Bilder dessen, was Philippe Ariès den »schönen Tod« genannt hat, spiegelten den Tod nicht unbedingt realistischer wider, aber sie gehörten zur Naturalisierung des Lebensprozesses in dieser Zeit und machten diese für den Betrachter, wenn schon nicht für die Gebärende oder den Sterbenden, attraktiver. In den gebildeten Schichten galt das Sterben nun als friedlicher Vorgang, ganz als lege man sich zum Schlafen hin, »ein leichter Übergang in einen glücklicheren Zustand, eine natürliche Metamorphose, die man hinnehmen, ja sogar willkommen heißen mußte«.[36] Die tiefe Trauer, der die Puritaner noch mißtraut hatten, war jetzt eine geschätzte Emotion, ein Mittel auf dem Weg zur Erlösung für die Überlebenden. Rituale konnten den Toten nicht mehr helfen, aber sie waren ein Gottesgeschenk für die Lebenden. »Ich denke gern, daß die Trennungen und die Trauer, die uns auferlegt sind, sowie die Besserung, zu der sie uns führen, uns dazu veranlassen, einander innig zu lieben, wenn wir wieder lieben«, erklärt der Vater in einem der amerikanischen »Trostromane«, die sich in den fünfziger Jahren des vorigen Jahrhunderts so gut verkauften.[37]

Noch immer wurde ein guter Tod als Zeichen für ein gutes Leben gedeutet, doch Mitte des Jahrhunderts kam es zu einer wesentlichen Bedeutungsverschiebung. Die Rollen der Sterbenden und der Lebenden verkehrten sich parallel dazu, daß der Tod naturalisiert und ästhetisiert wurde und die Aufmerksamkeit sich den Überlebenden zuwandte. Der Tod des Ich wurde weniger wichtig als der Tod des anderen, wobei der andere nun innerhalb der engen Grenzen der Kleinfamilie definiert wurde. Ariès beschreibt die Änderung folgendermaßen:

> Die Affektivität, die früher diffus gewesen war, konzentrierte sich nun auf jene wenigen vortrefflichen Wesen, deren Verschwinden man nicht hinnehmen konnte, und löste eine dramatische Krise aus: den Tod des anderen. Das war eine Revolution im Bereich der Gefühle, die genausoviel Bedeutung für die Geschichte hatte wie die damit verbundenen gedanklichen Umwälzungen in Politik, Industrie, Demographie und sozioökonomischen Bedingungen.[38]

Das Sterben war nun kein öffentliches Ereignis mehr, obwohl die letzten Augenblicke der Sterbenden noch immer sorgfältig aufgezeichnet, diskutiert und sogar in den örtlichen Zeitungen und religiösen Zeitschriften publiziert wurden. William Gladstone fand Berichte über den Tod seiner Schwester Anne fesselnd.[39] Der Tod war ein beliebtes Gesprächsthema innerhalb der Familie, und Kinder wie Erwachsene waren gleichermaßen damit vertraut. Wenn jemand starb, war das noch immer Anlaß für Familienzusammenkünfte, doch jetzt stand die Familie selbst im Mittelpunkt. Als Lucy Warren in den dreißiger Jahren des neunzehnten Jahrhunderts starb, spielte sie die Rolle der gehorsamen Tochter und sorgte sich mehr um den Kummer ihrer Eltern als um ihren eigenen Tod. Laut Aussage ihrer Mutter »wollte sie niemandem zur Last fallen« und sprach während ihres ganzen Todeskampfes nicht vom Sterben.[40] Der beste Tod war der, der die stärksten Gefühle innerhalb der Familie hervorrief; diese Siebzehnjährige schaffte es, daß sich die Familie auf ihren eigenen Verlust, nicht auf ihr Sterben konzentrierte. Die Warrens bemühten sich ihrerseits, ihre perfekte Liebe, nicht nur für Lucy, sondern auch füreinander, zu demonstrieren, weil sie, genau wie ihre Zeitgenossen, glaubten, daß »das Band der Familienliebe auf Erden noch viel stärker und dauerhafter wird, wenn ein Teil davon in den Himmel reicht«.[41]

Beschränkt auf den Kreis der Kleinfamilie, begann der Kummer der Überlebenden nun wichtiger zu werden als die Nöte des Sterbenden. »Die moderne Einstellung zum Tod ist eine Weiterführung der Affektivität im neunzehnten Jahrhundert«, schreibt Ariès.

> Die ultimative Inspiration dieser geschickten Affektivität bestand darin, den Sterbenden oder Kranken vor seinen eigenen Gefühlen zu schützen, indem man ihm bis zum Ende verheimlichte, wie ernst sein Zustand war. Und wenn der Sterbende das fromme Spiel durchschaute, ließ er sich darauf ein, um die anderen nicht zu enttäuschen. Die Beziehungen des Sterbenden zu den Menschen um ihn herum wurden nun durch die Hochachtung vor dieser Lüge aus Liebe bestimmt.[42]

Lucy Warrens Tod demonstriert, daß Sterbender und Familie in der Lage waren, im Augenblick der Trennung eine kollektive Präsentation der Familienzusammengehörigkeit zu schaffen.

Im frühen neunzehnten Jahrhundert beschränkten die Familien ihre Trauer auf den Augenblick des Todes. Das Sterben konnte sich länger hinziehen, doch sobald jemand für tot erklärt war, wurde die Leiche begraben, und die Erinnerung an den Verstorbenen überlebte nur in den Herzen und im Gedächtnis der noch Lebenden. Es gab keine Trauerzeit, keine »Unfähigkeit, die Vergangenheit zu bezwingen – die sich beispielsweise ausdrückte, indem man über Erinnerungen brütete, die Anwesenheit der Toten zu spüren meinte oder sich an Besitztümer festklammerte«, schreibt Peter Marris.[43] Doch nach den fünfziger Jahren des neunzehnten Jahrhunderts verwandelte sich der Augenblick des Todes in etwas Häßliches, und das Sterbebett verlor seine Anziehung. Die Trauer, die früher synonym mit Schmerz im allgemeinen verstanden wurde und sich auf die Zeit beschränkte, in der der Betroffene den Verlust als solchen empfand, entwickelte nun eine Eigendynamik und wurde zu einem Ritual, das sich über Monate, ja Jahre erstreckte.

Zum Teil hing die Desillusionierung hinsichtlich der Toten mit dem wachsenden Zusammenhang zwischen Medizin, Altern und Sterben in der zweiten Hälfte des Jahrhunderts zusammen. Die meisten Leute starben noch immer zu Hause, nur die absolut Mittellosen gingen dazu ins Krankenhaus; diejenigen, die es sich leisten konnten, starben im eigenen Bett, doch auch ihre letzten Augenblicke wurden von Ärzten überwacht, denen die Anwesenheit der Familie lästig war. Sobald Alter und Tod nach allgemeiner Ansicht zu etwas Natürlichem geworden waren, interpretierte man sie nur zu bereitwillig als Krankheiten. Das, was man früher als Willen Gottes und somit als heilig erachtet hatte, verwandelte sich nun in etwas Profanes, sogar Ekelerregendes.[44] Unsere modernen Tabus hinsichtlich des Sterbens, die letzlich gleichbedeutend mit einer Verleugnung des Todes sind, begannen sich Ende des neunzehnten Jahrhunderts zu entwickeln. Zu diesem Zeitpunkt wurde auch der Weg für die Hospitalisierung des Sterbens in diesem Jahrhundert geebnet. Den Viktorianern war die Gesundheit wichtiger als die Unsterblichkeit, was dazu führte, daß die Kluft zwischen Lebenden und Toten immer breiter wurde.[45] Sie mieden das Sterbebett und gaben die Tradition der Totenwache auf. Die Arbeiterschicht hielt bis ins zwanzigste Jahrhundert an diesen Bräuchen fest, erst dann fügte auch sie sich der Macht der Medizin und der Wissenschaft.

Die Medikalisierung gab dem Leben schärfere Konturen und eine neue Intensität, erzeugte jedoch auch, indem es sein Ende so deutlich markierte, um so stärkere Gefühle der Trennung und des Verlusts. In dem Wissen, daß die Toten nicht wiederkehren und ihre Schatten auf die Lebenden werfen konnten, begannen sie, ihrerseits die Toten zu verfolgen, sie auf den Friedhöfen zu besuchen und durch spiritistische Medien mit ihnen zu kommunizieren. Hin und her gerissen zwischen den widersprüchlichen Impulsen, den Toten aus dem Weg zu gehen und sie am Leben zu erhalten, verlagerten die Viktorianer die Betonung vom guten Tod auf die angemessene Beisetzung, den richtigen Friedhof und die geziemenden Zeichen der Trauer.

In dem Maße, wie das Sterben zu einer medizinischen Angelegenheit geworden ist, haben sich Europäer und Amerikaner innerlich davon distanziert. Das fing damit an, daß man die Kinder nicht mehr ans Sterbebett ließ. Die Kleinsten durften nun die Leiche nicht mehr ansehen, berühren oder küssen. Zwar erlaubte man ihnen weiterhin, an Beerdigungen teilzunehmen, aber sie waren die einzige Altersgruppe, der man die tiefe Trauer erließ; sie durften Weiß tragen und mußten sich nicht schwarz kleiden. In den achtziger Jahren des neunzehnten Jahrhunderts wurden Kinder selbst noch der Verpflichtung zur Anwesenheit bei Beerdigungen enthoben; im zwanzigsten Jahrhundert nahmen kleine Kinder im allgemeinen nicht mehr an Beisetzungen teil.[46] Kinder der Arbeiterschicht hatten noch bis weit ins zwanzigste Jahrhundert engen Kontakt zum Tod, aber die Mittelschicht tolerierte eine solche Nähe nicht mehr. Für sie war das Kind zum Lieblingssymbol des Lebens geworden, und bereits um 1900 trauerte man beim Tod eines Kindes stärker als beim Ableben eines Erwachsenen.[47] Die Fotos von Kindern wurden als erste retuschiert, um alle Hinweise auf einen schmerzhaften Tod zu beseitigen.[48]

Im Lauf der Zeit vergrößerte sich auch die Distanz der anderen viktorianischen Lebenssymbole, wie zum Beispiel der schwangeren Frau und der jungen Mutter, zum Tod. So wurde die Illusion eines großen Abstandes zwischen dem Beginn und dem Ende des Lebens geschaffen – wieder ein neuer Aspekt der Umkehrung sämtlicher Lebensabläufe, die bereits im Gange war.[49] Die Menschen bereiteten sich nicht mehr auf ihren Tod vor. Junge und alte Leute galten jetzt nicht mehr als gleich weit vom Tod entfernt, und um 1900 brachte man das Sterben fast ausschließlich mit dem Alter in Verbindung, obwohl die Sterblichkeitsrate aller Altersgruppen relativ hoch blieb. Solange man sich tagtäglich auf das Sterben vorbereitet hatte, hatte man die größte Angst vor dem plötzlichen Tod. Sobald die Menschen den Tod jedoch äußerlich und innerlich verdrängten, wurde der »natürliche Tod« – schnell, leicht, ohne Vorbereitung – zur bevorzugten Sterbeform der meisten.[50]

In unserem Jahrhundert ist der Tod zum großen Unbekannten geworden. Viele Erwachsene haben noch nie jemanden sterben sehen. Genau wie früher die Geburt in einem separaten Raum stattfand, naht nun auch der Tod unbeobachtet und auf leisen Sohlen heran. In den fünfziger und sechziger Jahren des neunzehnten Jahrhunderts bahrten noch die Frauen den Toten auf, doch schon bald darauf übernahmen diese Aufgabe berufsmäßige Bestatter. Mittlerweile wurde der Leichnam als unrein erachtet, und das Bürgertum sah lieber geschönte Repräsentationen der Toten als ihr reales Bild. Um 1900 hatten die Bestattungsunternehmer deshalb die Kunst, den Leichnam »lebendiger« erscheinen zu lassen, indem sie ihn schminkten und einbalsamierten, perfektioniert.[51]

Bis zum Ersten Weltkrieg war es noch Sitte, die Toten im Salon aufzubahren, dem einen Raum also, in dem Leben und Tod nebeneinander existieren durften. Manchmal wurde das Schlafzimmer des Toten genauso erhalten, wie es zur Stunde seines Todes gewesen war. Queen Victoria machte ein tägliches Ritual daraus, Prince Alberts Kleider bereitzulegen und sein Rasierwasser herzurichten, doch in den meisten Haushalten der Mittelschicht war nicht genug Platz für einen so intensiv betriebenen Kult, und so begnügte man sich mit einzelnen Kleidungsstücken, Haarlocken und Fotos.[52] Shepard Mount zum Beispiel ließ seine tote Enkelin Camille 1868 malen. Sie wird auf dem Bild dargestellt wie ein Engel, umhüllt von einer weißen Wolke. Im Vordergrund ist eine Uhr zu sehen, die in ihrer Sterbestunde stehenblieb. »Ich habe es rahmen und aufhängen lassen, damit alle es sehen und lieben können, denn – abgesehen von dem toten Kinde selbst – ist es nun der Liebling der Familie. Ach, wie doch alles vergänglich ist.«[53]

Jeder Salon wurde zu einer Galerie und einem Museum, doch jetzt zeigten die Gedächtnisfotos die Menschen nicht mehr im Augenblick des Todes, sondern so, wie die Familie sie zu

Lebzeiten gekannt hatte. »In jedem Heim gibt es ein Erinnerungsstück, ein heiliges Relikt, einen Ring, eine Locke glänzenden Haares, ein kaputtes Spielzeug, ein Buch, ein Bild, das man bewahrt und das vom Tod und einem Menschen kündet, der schon vor langer Zeit verschieden ist.«[54] Viktorianische Kinder waren immer wieder verblüfft über die bedrückende Atmosphäre des Salons, seine geisterhafte Stille und seine dunklen Geheimnisse. Er war die letzte Zuflucht des Unsäglichen, der einzige Ort des Hauses, in dem man nicht nur über die Toten sprechen konnte, sondern auch mit ihnen, denn der Salon wurde zum bevorzugten Veranstaltungsort für Séancen, die in den vierziger Jahren des neunzehnten Jahrhunderts zuerst in Nordamerika auftauchten und sich dann in der Mittelschicht auf beiden Seiten des Atlantiks rasch ausbreiteten.[55]

Der Salon blieb in den Wohnungen und Häusern der Mittelschicht ein liminaler Ort, bis der Herausgeber von *Ladies' Home Journal* 1910 verkündete, in modernen Häusern sei nur Platz für »Wohnzimmer«. In der Arbeiterschicht hatte der beste Raum des Hauses oder der Wohnung noch bis weit in unser Jahrhundert seine alte Funktion, doch daneben entwickelte sich seit 1885 die kommerzielle Leichenhalle, die anfangs nur für Durchreisende gedacht war und um 1900 bereits eine wichtige Rolle für die Mittelschicht spielte. Ab den dreißiger Jahren unseres Jahrhunderts nutzten die Angehörigen fast ausschließlich ihre sogenannten »slumber rooms« – die »Schlummerräume«.[56] Nun waren die Toten nicht nur aus den Wohnhäusern verdrängt, nein, die Betreiber der Leichenhallen spielten auch mit dem Gedanken, sie nicht mehr aufzubahren. Ein britisches Benimmbuch der Zeit empfahl, daß man die Toten »vor unnötiger Zurschaustellung bewahrte«. Wenn jemand dennoch darum bat, die Leiche noch einmal sehen zu dürfen, »läßt sich eine Weigerung immer ein wenig entschärfen, indem man sagt, daß der Verschiedene den Überlebenden am liebsten so im Gedächtnis bleiben würde, wie er im Leben war«.[57] Die Erinnerung konzentrierte sich nicht mehr auf die Sterbestunde des Betreffenden, sondern auf die frühen Jahre seines Lebens. In den dreißiger Jahren unseres Jahrhunderts erachtete man die Postmortem-Fotografie bereits als pervers, und aus den Alben tilgte man alle Hinweise auf den Tod.[58] Jetzt wollten die Menschen, daß man sich an sie erinnerte, wie sie gelebt hatten, nicht daran, wie sie gestorben waren.

Lange bevor das Sterben ins Krankenhaus und die Toten in die Leichenhalle verbannt wurden, war das gute Sterben schon durch die angemessene Beerdigung ersetzt worden. Wie wir bereits gesehen haben, maß die Mittelschicht des frühen neunzehnten Jahrhunderts der Beerdigung keine große Bedeutung zu. Sie zog es vor, ihre Trauer auf den Augenblick des Todes zu konzentrieren und alle Rituale zu verleugnen. »Die Wahrheit sieht folgendermaßen aus«, schrieb der amerikanische Reverend Orville Dewey 1825, »die Äußerlichkeiten der Trauer erscheinen mir belanglos und kindisch, wo es *echte* Trauer gibt; und wo es sie nicht gibt, sind sie Spott und Hohn«. Auch die britischen Evangelikalen wehrten sich bis in die fünfziger Jahre des neunzehnten Jahrhunderts gegen ausführliche Beisetzungsriten: »Wir zögern nicht, den gegenwärtigen Aufwand und die Feierlichkeiten bei Beisetzungen nicht nur als lächerlich, sondern auch als frevelhaft anzuprangern.«[59] Solche Proteste weisen allerdings darauf hin, daß sich die beschriebenen Rituale bereits durchzusetzen begannen. Mitte des Jahrhunderts hatten die Lebenden die Toten als Mittelpunkt der Aufmerksamkeit verdrängt – nur noch ihr Gefühl des Verlusts zählte. Was wir heute als »traditionelle Beisetzung« erachten, ist in Wahrheit eine Erfindung der Viktorianer. Der alte Holzsarg wurde durch einen reich verzierten ersetzt, und nun transportierte ein richtiger Leichenwagen, nicht mehr ein Karren, den Leichnam vom Haus zur Kirche und dann zum Ort der Beisetzung, wo eine eigens vorbereitete Gruft wartete. Sargträger, die sich aus Angehörigen der Familie und der Gemeinschaft rekrutierten, wurden von schwarz gekleideten

Profis verdrängt, die eine reibunglose Beisetzung sicherstellten und es der Familie ermöglichten, sich auf ihre verschiedenen Rollen zu konzentrieren, sich den Beobachtern als perfekte Familie zu präsentieren.[60]

Die kommerzialisierte Beisetzung war in variierenden Formen möglich, die unterschiedlich viel Geld kosteten. Schon bald etablierte sie sich als »Ritus des Übergangs *par excellence*, durch den sich finanzielle und gesellschaftliche Position behaupten ließen – ein weltliche Beurteilung, deren Ziel die Zurschaustellung weltlicher Pespektabilität war«.[61] Der Beisetzungsort, der früher nebensächlich gewesen war, erlangte jetzt große Bedeutung. Der alte Kirchhof mit seinem Durcheinander aus unmarkierten Gräbern, um die sich niemand kümmerte, genügte nun nicht mehr. Die Armen wurden zwar weiter dort beigesetzt, aber die Angehörigen der Mittelschicht zogen den »Friedhof« vor, der getrennt von der Kirche war und oft außerhalb des Ortes lag, weil dort mehr Platz zur Verfügung stand. Der erste von diesen »Friedhöfen« – Mount Auburn – wurde 1831 in Cambridge, außerhalb von Boston, angelegt. Schon bald gab es auf beiden Seiten des Atlantiks Hunderte neuer Friedhöfe unter weltlicher oder auch religiöser Verwaltung, auf denen die Familien der Mittelschicht einen ihrem gesellschaftlichen Status entsprechenden Grabplatz erwerben konnten. Die neuen Friedhöfe entstanden ungefähr zur gleichen Zeit wie das Konzept vom Hausbewohner der Mittelschicht und spiegelten perfekt die sich herausbildende gesellschaftliche Ordnung im Viktorianismus, die die Armen ausschloß und es den Angehörigen der Mittelschicht ermöglichte, sich ein Bild von sich selbst aufzubauen, das ihren Wünschen und finanziellen Möglichkeiten entsprach. In einer Anzeige der *London Times* von 1914 stand: »Familiengruft im besten Teil des Highgate Cemetery zu verkaufen.«[62]

Sobald der richtige Ort gefunden war, errichteten viele Leute Gräber – die bisweilen wie eine kleinere Version ihres eigenen Hauses aussahen –, welche sie als »ewiges Zuhause« bezeichneten;

hier konnten die Toten ihrer Meinung nach »zu Hause sein ...
zusammen mit ihren Freunden und ... gesegnet durch die
Zwiesprache mit ihnen«.[63] Die Familiengruft war tatsächlich das
ultimative Zuhause: Der Transport auf dem Schienenweg sowie
die neuen Methoden der Einbalsamierung, die während des
amerikanischen Bürgerkriegs entwickelt worden waren, machten
es möglich, die Verschiedenen auch über lange Distanzen anreisen
zu lassen. Zum ersten Mal überhaupt wurden Familienbeerdigun-
gen möglich; sie brachten die Familien im Tode näher zusammen,
als sie es im Leben gewesen waren. Die meisten viktorianischen
Familiengräber waren außerdem mit Friedhofsmöbeln ausgestattet – Bänken, Stühlen, ja sogar Tischen –, damit die Familie der
Lebenden sich dort zu Hause fühlte.[64]

In ländlichen Gebieten hielt sich der Brauch der alten »walking
funerals« bis zum Beginn unseres Jahrhunderts, und in vielen
armen städtischen Gebieten pflegte man außerdem weiter die
Tradition, daß die Mitglieder der Gemeinschaft einen Beitrag
leisteten, damit man die Toten geziemend auf den Weg ins Jenseits
schicken konnte. Doch im Lauf des neunzehnten Jahrhunderts
wandten sich auch die Armen immer stärker der kommerzialisierten Form der Beisetzung zu, um ihren Toten jenes bißchen Würde
ermöglichen zu können, das ihnen im Leben verwehrt worden
war.[65] Der Ort, an dem die Leiche begraben wurde, war ein
Indikator für die gesellschaftliche Position, denn die Klassentren-
nung in den Totenstädten spiegelte nur die Art und Weise, wie die
Städte der Lebenden sich strukturierten.

In den neuen Friedhöfen wurden die privaten Grabplätze von
den Familien besucht und gepflegt, wie es im alten kollektiven
Kirchhof nie geschehen war. Der Besuch im Friedhof wurde in
der zweiten Hälfte des neunzehnten Jahrhunderts zu einem festen
Bestandteil des Mittelschichtsonntags. Bis dieser Brauch in der
Zeit des Ersten Weltkriegs verschwand, verbrachten ganze Fami-
lien Stunden damit zu, mit den Toten zu sprechen, also genau die
Pflicht zu erfüllen, die man ihnen als Überlebenden auferlegt

hatte. In Nordamerika variierte der Tag, der im allgemeinen »Decoration Day« hieß, von Gebiet zu Gebiet, bestand jedoch gewöhnlich aus einer Familienzusammenkunft, während der man zuerst das Grab auf Vordermann brachte und dann ein Picknick veranstaltete, bei dem auch Lieder gesungen und Geschichten erzählt wurden.[66] Der moderne Friedhof war als angenehmer Ort gedacht, wo die Lebenden die gleiche Ruhe finden konnten, die die Toten ihrer Ansicht nach dort genossen. Die natürliche Umgebung verwies auf einen zeitlosen Ort, wo sich Gegenwart, Vergangenheit und Zukunft miteinander verbanden. Der Besuch auf dem Friedhof nahm in vielerlei Hinsicht den Familienurlaub vorweg. Es überrascht auch nicht weiter, daß die Anlage von Friedhöfen das Vorbild für städtische Orte der Erholung wie den New Yorker Central Park abgab, denn die Stadt der Toten spiegelte die Stadt der Lebenden und umgekehrt.[67]

Der Besuch auf dem Friedhof war nur ein Aspekt der zeitlich ausgedehnten Trauer, ein Brauch, der seinen Höhepunkt in den achtziger Jahren des neunzehnten Jahrhunderts hatte und sich bis nach dem Ersten Weltkrieg hielt. Früher hatte sich die Trauer ausschließlich auf das Gefühl des Schmerzes bezogen, aber Mitte des Jahrhunderts war daraus schon eine Vorstellung geworden, die Monate, ja Jahre dauern konnte und zu der besondere Kleidung und Gegenstände nötig waren. Vor dieser Zeit hießen alle Kleidungsstücke »weeds«; nun umfaßte der Ausdruck ausschließlich das schwarze Gewand, das man in auf die Bedürfnisse von Trauernden ausgerichteten Warenhäusern kaufen konnte.[68] Die Viktorianer trauerten zwar um bestimmte Personen des öffentlichen Lebens – Präsidenten und Monarchen –, aber nicht mehr für die Gemeinschaft im großen. Die gute Beisetzung und die geziemende Trauer waren auf die Familie beschränkt, und die Kleider- und Benimmvorschriften schufen eine strenge Trennung zwischen Familie und Freunden, auch wenn es sich um lebenslange Freunde handelte.[69]

Die Trauer konzentrierte sich jetzt ausschließlich auf das, was Philippe Ariès »jene wenigen vortrefflichen Wesen« nannte, »deren Verschwinden man nicht hinnehmen konnte«. Die Kleinfamilie verdiente die ausgeklügeltste Vorstellung; Onkel, Tanten und Cousins erhielten weniger Aufmerksamkeit. Man hielt sich strikt an die Regeln, egal, wie das Familienleben und die Gefühle der Betroffenen tatsächlich aussahen. Der rituelle Ausdruck des Familienverlusts war eher Sache der Frauen als der Männer. Man ging davon aus, daß sie am meisten darunter litten, wenn ein Kind oder ein Verwandter starb, und daß Männer durch den Verlust anderer Menschen weit weniger betroffen wurden. Folglich wurden die erwachsenen Frauen die Haupttrauernden der Familie, genauso wie sie in früheren Zeiten für die Aufbahrung der Leiche verantwortlich gewesen waren. Die Witwe, aber nicht der Witwer, durfte das Haus einen Monat lang nicht verlassen, sie mußte zwei Jahre lang Trauerkleidung tragen (im ersten Jahr sogar einen Schleier) und konnte nicht heiraten. Eine Frau trug volle Trauer für ihre Eltern, den Ehemann, die Kinder, die Enkel und die Geschwister; halbe Trauer trug sie nicht nur für Onkel, Tanten, Cousins und enge Freunde, sondern auch für die nächsten Verwandten ihres Mannes, selbst wenn sie sie nie persönlich kennengelernt hatte.[70]

Bevor der gute Tod durch die angemessene Beisetzung und die ausgedehnte Trauer ersetzt wurde, war die Trauer die Sache aller gewesen, aller Altersgruppen und Geschlechter, selbst die Bediensteten des Haushalts hatten daran Anteil gehabt. Die Männer wurden als erste wieder davon befreit, danach folgten Kinder und Bedienstete, so daß die erwachsenen Frauen das volle Gewicht der symbolischen Repräsentation tragen mußten. »Die Sitte der Trauer lastet viel schwerer auf Frauen als auf Männern«, hieß es 1889 in der Londoner *Women's World*. »Die Veränderungen an der Kleidung des Mannes sind so geringfügig..., daß praktisch die ganze Last der Trauerkleidung auf den Schultern der Frauen zu liegen scheint.«[71] Auf Postmortem-Fotos waren immer

Frauen mit toten Kindern und Ehemännern zu sehen. Wenn das Foto eine Frau zeigte, war sie allein abgebildet.[72] Ihre Trauer war Ausdruck der wahren Familiengefühle, und ihr Tod markierte das Ende des Familienzyklus. Eine Frau, die sich weigerte, ihre Pflicht zu tun, ging das Risiko ein, nicht nur ihre Respektabilität zu verlieren, sondern auch ihren Platz im Familienleben. Einer jungen englischen Witwe sagten die Nachbarn, »wenn ich keine Haube trüge, *bewiese das, daß wir nie verheiratet waren*«.[73]

Im allgemeinen wird das Entstehen aufwendiger Begräbnisse, üppig angelegter Friedhöfe und langer Trauerzeiten entweder als Statussucht der neuen Mittelschicht oder als Dienstbarmachung des Todes durch die sich herausbildende Beerdigungsindustrie interpretiert. In Wahrheit lieferte sie jedoch nur das, was die Familien selbst schon entwickelt hatten. Außerdem wurden Beerdigungen und Trauer grundsätzlich private Anlässe, die nicht sonderlich gut dazu geeignet waren, sich der Gesellschaft zu präsentieren. Die Familien waren mindestens genausosehr damit beschäftigt, sich selbst ein Bild von sich zu präsentieren wie der Welt im großen. Beisetzungen und lange Trauerzeiten dienten dazu, eine gedachte Familie zu schaffen, an der man sich orientieren konnte und die die absolute Liebe und Loyalität bewies, die ihre Mitglieder – so fürchteten die realen Familien – einander im wirklichen Leben nicht hatten geben können. Die Verdinglichung und Dienstbarmachung der Gefühle, für die die Beisetzungsindustrie sorgte, die sie aber nicht erfunden hatte, dienten dem unschätzbaren Zweck, die Kluft zwischen Ideal und Realität zu schließen, indem sie intensive Gefühle auf Objekte verlagerten, wo sie, so Grant McCracken, »immer in Reichweite waren, aber keine Gefahr darstellten«.[74]

Der Friedhof war so ein Ort, wo die gedachte Familie der Viktorianer in Reichweite war, ohne eine Gefahr darzustellen, doch da die Gesellschaft physisch immer mobiler wurde, blieb bald nur noch der Himmel selbst als absolut sicherer Ort.

Genauso wie die goldene Vergangenheit einen sicheren Fundus für die Familienideale darstellte, war auch der Traum von einer Wiedervereinigung der Familie im Jenseits eine sichere Zuflucht. In mancherlei Hinsicht erschien die Zukunft sogar noch attraktiver als Ort der gedachten Familien, weil sie, anders als die Vergangenheit, ein unbeschriebenes Blatt war.[75] Der Himmel hatte schon immer als Projektionsfläche gedient, aber bis zum neunzehnten Jahrhundert waren die Bilder, die auf ihn projiziert wurden, eher theozentrisch als anthropozentrisch. Das Leben, das die frühen Protestanten sich dort vorstellten, war »ein Leben, frei nicht nur von den Qualen der Erde, sondern von allem Irdischen. Sorgen, Krankheit, Tod und Arbeit hören auf, und Freunde, Familie, Veränderungen und menschliches Verstehen sind völlig unwichtig.« Im Himmel des siebzehnten und achtzehnten Jahrhunderts waren alle Spuren der menschlichen Zeit und des menschlichen Raums transzendiert. Die Erlösten waren – so glaubten die Menschen damals – mit der ewigen Verehrung Gottes beschäftigt, dessen Anwesenheit sämtliche zeitlichen und räumlichen Erfordernisse überflüssig machte, darunter auch die Familie selbst. Der Himmel war ein ewiger Sabbat, eine große Gemeinde, zeitlose Zeit und ortloser Raum, in dem die banalen Arrangements des menschlichen Lebens jegliche Bedeutung verloren.[76] Alan Macfarlane hat es folgendermaßen ausgedrückt: »Der Tod war das Ende alles Vorstellbaren.«[77]

Das einfache Volk war im siebzehnten und achtzehnten Jahrhundert wohl immer noch in der Lage, sich einen Himmel und eine Hölle vorzustellen, die von realen Gestalten bevölkert wurden, aber der Protestantismus betrachtete solche Phantasien als krassen Aberglauben, wahrer Christen nicht wert. Nach ihrem Glaubenssystem

…dominiert im Himmel Gott. Auf der Erde machen Veränderung, Wachstum und Verfall alles unbeständig. Da im Himmel nur das Perfekte existiert, besteht keine Notwendigkeit zur Veränderung. Auf der Erde lenken Arbeit, die Suche nach Wissen und Familienbindungen unsere Aufmerksamkeit von Gott ab. Im Himmel müssen die Heiligen nicht arbeiten. Weil die Erwählten Gottes unmittelbares Wissen erhalten, bleibt ihnen sogar die Mühe des Forschens und des Lernens erspart. Auch die Familien stehen den himmlischen Meditationen nie im Weg.[78]

Wie die Reformer es sahen, gab es im Himmel keine Notwendigkeit für eine Familie; sie konnte nur zwischen dem Gläubigen und Gott stehen. Calvin verkündete, daß sogar die Ehepartner »auseinandergerissen werden«.[79] Die Puritaner legten besonderen Wert auf die flüchtige Natur der Familienbande in Anwesenheit des Allmächtigen. Der anglikanische Bischof Joseph Hall drückte es im sechzehnten Jahrhundert folgendermaßen aus: »Wenn wir uns vor dem glorreichen Thron Gottes im Himmel treffen, muß alle Achtung vor unseren früheren irdischen Verbindungen aufhören und eingehen in Seine himmlische Präsenz, in die göttliche Liebe und die ewiglich gesegnete Erfüllung des Allmächtigen.« Er betonte, daß »die Natur keinen Platz in der Herrlichkeit hat; hier gibt es keine Achtung vor dem Blut oder vor der Ehe; diese gröbere Bekanntschaft und Freude ist etwas für das Paradies der Türken und nichts für den Himmel der Christen«.[80] Noch in der Mitte des neunzehnten Jahrhunderts konnten amerikanische Protestanten behaupten, ein Ehemann wäre »so verzückt von unserem Herrn Jesus, daß [seine Frau] Ewigkeiten an seiner Seite weilen könnte, bevor er auf die Idee käme, sie anzusehen«.[81]

Ende des achtzehnten Jahrhunderts lockerte sich diese radikale Trennung von Himmel und Erde etwas. Unter dem Einfluß von Emanuel Swedenborg, William Blake und anderen Romantikern wurde der Himmel allmählich anthropozentrischer, sinnlicher und dynamischer. In der Mitte des folgenden Jahrhunderts trat die Liebe zur Familie dann schon erfolgreich in Wettstreit mit der Liebe zu Gott. Ehe und Elternschaft waren ein Ersatz für Gottes ewige Liebe geworden und hatten den Status von – wie Anthony Giddens es nennt – »reinen Beziehungen« erlangt, Beziehungen, die auf »Vertrauen« gründen, das sich »nur durch einen Prozeß der gegenseitigen Eröffnung mobilisieren läßt« und außerhalb der

symbolischen Aktion der beteiligten Parteien durch nichts aufrecht erhalten wird.[82] Wenn man bedenkt, wie schwierig »reine
Beziehungen« sind, verwundert es nicht, daß die Viktorianer
einen sicheren Raum für ihre unerwiderte Liebe in ihrem
Zuhause, in den Friedhöfen und im Himmel suchten. Dort
konnten sie genau jene symbolischen Interaktionen aufrecht
erhalten, die im wirklichen Leben so schwierig oder sogar unmöglich waren.

Im neunzehnten Jahrhundert konnte man sich die intimsten
Aspekte des Familienlebens auch jenseits des Grabes vorstellen.
Die Romantiker hatten sogar die Kühnheit besessen, die Sexualität auf einen Ort zu projizieren, der bis dahin keine körperliche
Existenz besessen hatte. Aber die Swedenborgischen und Blake-
schen Visonen von der ultimativen reinen Beziehung – wahre
Liebe außerhalb der Ehe – gingen noch einen Schritt weiter als das,
was die Viktorianer bereit waren mitzumachen. Nach der Mitte
des neunzehnten Jahrhunderts durfte der Sex nur durch die
Himmelstür, wenn er einen Trauschein vorweisen konnte. Nun
war eine umfassendere, anthropomorphischere Vision des Himmels zugelassen, aber nur, wenn sie zuerst domestiziert wurde.[83]
Der Himmel war Ende des neunzehnten Jahrhunderts ein weit
konventionellerer Ort als der, den die Romantiker sich zu Beginn
dieses Jahrhunderts vorgestellt hatten.

Der Himmel in der Mitte des neunzehnten Jahrhunderts war
wie der Friedhof eine Projektion der Welt, wie die Mittelschicht
sie sich wünschte. Der Himmel wurde räumlich als geschäftige
Stadt mit Straßen und städtischen Einrichtungen wie Schulen und
Konzertsälen, aber auch mit voneinander getrennten Unterkünften dargestellt. Das eine große Haus des Allmächtigen machte
Einfamilienhäusern Platz, sobald man den Himmel nicht mehr als
eine große Gemeinde verstand, sondern als viele verschiedene
Familiengruppen, die ihre Frömmigkeit im häuslichen Umfeld
und nicht in der Kirche praktizierten. Der Himmel wurde zur
ultimativen Familienzusammenführung, eine Vision, die jene

störten, welche immer noch einer theozentrischeren Vorstellung anhingen. Ein anglikanischer Geistlicher meinte dazu: »Jene frommen Damen wollten in den Himmel gelangen, aber nicht wie der heilige Paulus, ›der sich wünschte zu sterben, um bei Christus zu sein‹, sondern um mit ihrem ›John‹ oder ›Roy‹ zusammen zu sein, inmitten all der alten irdischen Sinnesfreuden.«[84]

Sobald man sich die himmlische Stadt als ihrem irdischen Gegenstück so ähnlich vorstellte, wurde es möglich, sich eine Kommunikation, vielleicht sogar ein Hin und Her, zwischen irdischer und jenseitiger Stadt vorzustellen. Der wachsende Einfluß des Spiritualismus in den vierziger und fünfziger Jahren des neunzehnten Jahrhunderts spiegelte das verringerte Gefühl der Distanz zwischen den Lebenden und den Toten, ein Gedanke, der in früheren Jahrhunderten unvorstellbar gewesen wäre. Spiritualisten glaubten, wie es in einem Grabspruch von 1893 heißt, daß »der Tod nur eine Veränderung des Zustands ist« und daß, soweit das die Familien betraf, die Lebenden und die Toten im selben räumlichen und zeitlichen Kontinuum existierten.[85] In dem Maße, wie Himmel und Erde jetzt als räumlich ähnlicher gesehen wurden, erachtete man sie auch zeitlich als vergleichbar. Früher hatten sich die Christen den Himmel als einen endlosen Sabbat vorgestellt, als Ewigkeit jenseits des Spektrums der normalen Zeit. Nun jedoch war der Himmel ein temporaler Ort, ein Ort, an dem es Veränderung, Wachstum und Fortschritt gab.

In der Mitte des neunzehnten Jahrhunderts hörte der Himmel auf, ein Ort der Ruhe, Verehrung und Betrachtung des Göttlichen zu sein und erhielt statt dessen alle Attribute der bürgerlichen Ethik harter Arbeit und unablässigen Strebens. Er war zu einem Ort geworden, an dem man die Projekte vollenden konnte, die man im Leben nicht mehr geschafft hatte, sozusagen zu einer Verlängerung der Lebenszeit. Sogar die neuen Bezeichnungen für den Himmel – »afterlife«, »Leben nach dem Tode«, und »everlasting life«, »ewiges Leben« – wiesen auf eine zeitliche Kontinuität hin, die es noch nicht gegeben hatte, als Zeit und Ewigkeit zwei voneinander unabhängige Reiche gewesen waren und Himmel und Erde räumlich getrennt. Mitte des neunzehnten Jahrhunderts hatte sich die Vorstellung von der zeitlichen Kontinuität so sehr durchgesetzt, daß die Menschen sich das Jüngste Gericht, also ein Ende der Zeit, nicht mehr vorstellen konnten.[86] Das Leben, das früher als »kurze Zwischenstation« in der Unendlichkeit der Ewigkeit gegolten hatte, war nun selbst ewig geworden. Jene Aspekte des Lebens, die frühere Generationen als flüchtig erachtet hatten – Sexualität, Familie, Arbeit –, wurden nun als von Gott bestimmt begriffen, als Mittel, um das Göttliche sowohl in diesem Leben als auch im nächsten zu erfahren.

Gott wurde in den Hintergrund gedrängt, und die Rolle Christi reduzierte sich auf die des »Türstehers« an der Himmelspforte. Er unterschied sich ansonsten nicht mehr von den Familienangehörigen und Freunden, die jetzt die himmlische Stadt bevölkerten. Die himmlischen Familien dienten demselben Zweck wie früher die Heilige Familie: Sie lieferten die symbolische Bestätigung, die Archetypen, die das irdische Familienleben selbst nicht liefern konnte, an denen es sich jedoch ausrichten mußte. Nun sorgten die irdischen Familien für ihre eigenen Archetypen, die, auf das Leben nach dem Tode projiziert, jenen Trost brachten, an dem es in diesem Leben mangelte. Diese gedachten Familien existierten in einer Zeit und in einem Raum, der immun war gegen die Mächte, welche das Familienideal im Hier und Jetzt unerreichbar machten, und sie boten sowohl eine Legitimierung des Ideals als auch für die Familie die Möglichkeit, ihr Gefühl der Zusammengehörigkeit zu verstärken, indem sie in Form von Séancen symbolisch mit den Verstorbenen verkehrten. Colleen McDannell und Bernhard Lang beschreiben es folgendermaßen: »Die feine Grenze zwischen Himmel und Tod ließ sowohl die Vorstellung von einem Himmel zu, der eine perfektionierte Erde war, als auch von einer Hoffnung, daß die Erde die Zustände im Himmel imitieren würde.«[87]

Die Puritaner des siebzehnten Jahrhunderts hatten die Eheleute ermutigt, einander zu lieben, ihr Herz aber für Gott aufzusparen, denn der Tod machte allen menschlichen Beziehungen ein Ende, auch der Ehe.[88] Im neunzehnten Jahrhundert trat die menschliche Liebe an die Stelle der göttlichen. Der gute Christ mußte sich nicht mehr mit dem Gedanken beschäftigen, bei seinem Tode die Familie aufzugeben – im Gegenteil: Er bewegte sich lediglich »von einem Zuhause voller Liebe zu einem anderen. Die verschiedenen Familienangehörigen wiederzutreffen war nun wichtiger als die Vereinigung mit Gott.«[89] Die Viktorianer stellten sich himmlische Kleinfamilien vor, die in Einfamilienhäusern wohnten, welche sich wiederum in einem Gebiet befanden, das den neuen Gartenstädten verdächtig ähnlich war.

Das gute Familienleben, das ehemals ein Schritt zur Erlösung gewesen war, galt jetzt als Folge dieser Erlösung. Im Himmel war alles besser. Häuser verfielen nicht, alle Kinder benahmen sich wie kleine Engel, und Liebespaare trennten sich nie. Ariès schreibt, der Himmel sei nun weniger »ein himmlisches Zuhause gewesen als das irdische Zuhause, das man vor der Bedrohung der Zeit rettete«.[90] Im letzten Viertel des neunzehnten Jahrhunderts war die anthropomorphe Vorstellung vom Paradies so weit verbreitet, daß Mark Twain sich bereits über »den kleinen zehn-Cent-Himmel in der Größe von Rhode Island« lustig machen konnte.[91] Mangels einer konkreteren Vision von der Zukunft dieser Welt begnügten sich die Amerikaner und Briten der Mittelschicht mit dem, was Ann Douglas ihr »himmlisches Pensionärsdorf« genannt hat.[92]

Im zwanzigsten Jahrhundert ist die Vorstellung vom Himmel immer wieder aktualisiert worden, um mit dem technologischen Fortschritt mithalten zu können, doch das Paradies ist heute im wesentlichen noch so, wie die Viktorianer es sich dachten: ein Ort, an den sich die idealisierten Familien vor den Problemen der realen Familien zurückziehen können. 1980 sagten einundsiebzig Prozent der befragten Amerikaner, sie glaubten an einen Himmel, in dem diejenigen, die ein gutes Leben gelebt hätten, belohnt würden. Die Europäer dachten ganz ähnlich. Katholiken hielten länger an theozentrischen Vorstellungen fest als Protestanten, aber im zwanzigsten Jahrhundert dachten auch sie sich den Himmel als Ort, an dem »Gott eine Person sein wird, die bereit ist, sich in den Arm nehmen zu lassen, an dem die Individuen ihre Persönlichkeit behalten, Familien sich wiedertreffen und die irdischen Aktivitäten fortgesetzt werden«.[93] Im ausgehenden zwanzigsten Jahrhundert nehmen die Theologen allmählich Abstand von der Vorstellung, daß der Himmel ein realer Ort ist; sie betrachten ihn lieber als Symbol, hinter dem sich tiefere Wahrheiten verbergen. Doch die anthropomorphische Vision des Paradieses, zu deren Aufbau sie ursprünglich beigetragen hatten, wird im einfachen Volk aufrechterhalten durch Berichte über todesähnliche Erlebnisse und Filme, die für das Weiterleben einer ausgesprochen viktorianischen Version der ewigen Liebe und der wiedervereinten Familie sorgen, auch und gerade angesichts der zerbrechlichen und fragmentierten persönlichen Beziehungen in einer deutlich nachviktorianischen Ära.

Unsere symbolische Interaktion mit den Toten hat sich verändert. Der Friedhofsbesuch, der im neunzehnten Jahrhundert zur Familientradition wurde, ist heute schwieriger, weil die Familien oft in alle vier Winde verstreut sind. Die Zeiten, zu denen ganze Gemeinschaften Familiengräber besuchten – Ostern, Allerheiligen beziehungsweise Allerseelen, Decoration Day und Memorial Day – wurden durch eigene Familienzusammenkünfte ersetzt, die oft an einem Grab der Vorfahren oder doch in seiner Nähe stattfinden.[94] Doch wir haben auch neue Wege gefunden, die Toten am Leben zu erhalten. Die moderne Technologie hat nicht nur für die Lebenden die Überbrückung von Raum und Zeit erleichtert, sondern auch die Kluft zwischen Lebenden und Toten, wenn schon nicht zwischen den Lebenden und den Sterbenden, geschlossen. Kryogenetiker frieren Leichen ein in der Hoffnung, daß eines Tages die tödlichen Krankheiten, an denen sie gestorben sind, besiegt werden und man die Betreffenden wieder in ein gesünderes Leben zurückholen kann.[95]

Die meisten Familien ziehen jedoch weniger wissenschaftliche Methoden vor, um die Toten am Leben zu erhalten. Das Zuhause ist, so Mary Douglas, eine »Erinnerungsmaschine« geworden, die nicht nur Platz für die Lebenden, sondern auch für die Toten bietet.[96] Dabei helfen die moderne Fotografie und die Videotechnologie, die es uns erlauben, lebendige Bilder von den Verstorbenen zu bewahren. »Ich bringe an Jahrestagen keine Blumen ans Grab«, erklärte eine Engländerin Gillian Bennett. »Ich stelle sie statt dessen im Haus neben das Bild der Betroffenen und sage mir: ›Sie sind hier. Hier bei mir.‹«[97] Solche Ikonen erlauben es uns, ja sie zwingen uns sogar dazu, »unsere Aufmerksamkeit auf die toten Familienangehörigen und die damit einhergehende verlorene Identität zu konzentrieren. Auf diese Weise verwandelt sich die persönliche Erinnerung in eine objektive und zwingende gesellschaftliche Tatsache.«[98] Gillian Bennett stellte fest, daß die Anwesenheit der Toten bei den Frauen der Mittelschicht, die sie interviewte, die weibliche Identität bestätigte und sie noch enger an ihr Zuhause band. »Ich bin jetzt schon fünfundvierzig Jahre hier«, sagte eine von ihnen. »Ich würde nur ungern weggehen, weil ich immer das Gefühl habe, daß meine Mutter und mein Vater hier sind.«[99]

Obwohl sich Anlage und Architektur der Friedhöfe im ausgehenden zwanzigsten Jahrhundert deutlich verändert haben, fungieren sie immer noch als Totenstädte. »Die gegenwärtige Besessenheit davon, alles sauber zu halten, kein langes Gras und auch keine schiefen Grabsteine hinzunehmen und die Beisetzung als Abfallbeseitigungsproblem zu behandeln, spiegelt ein tiefes Unbehagen der Gesellschaft«, argumentiert James Curl ganz ähnlich wie Geoffrey Gorer mit seiner Kritik am britischen Umgang mit dem Tod und Nancy Mitford mit ihren Äußerungen über die amerikanische Variante. Er fügt hinzu: »Der Tod ist noch nie eine saubere Angelegenheit gewesen; es ist unsinnig, etwas

Sauberes daraus machen und ihn vom Leben und den Lebenden trennen zu wollen.«[100] Doch solche Kritik schenkt der Tatsache keine Beachtung, daß die Toten auch die Lebenden aufrechterhalten. Die Aufmerksamkeit und Fürsorge, die wir unseren Friedhöfen schenken, spiegeln die Tatsache, daß wir heute auf sehr viel freundlicherem Fuße mit den Toten verkehren als frühere Generationen, die die Gräber noch vom Gras überwuchern und die Grabsteine verfallen ließen.

Doch unser Hauptproblem liegt nicht bei den Toten, sondern bei den Sterbenden, für die es in der modernen Gesellschaft keine Rolle gibt. Diejenigen, die dem Tod am nächsten stehen, nämlich die älteren Leute, werden behandelt, als seien sie gesellschaftlich tot. Diese Methode, mit unserer Furcht vor dem Sterben umzugehen, haben wir von den Viktorianern ererbt. Seit der viktorianischen Ära müssen immer mehr alte Leute in gesellschaftlicher Isolation auf ihr Ende warten. Die Erfindung des modernen Lebens mit seiner Prämisse, daß Langlebigkeit sich garantieren läßt, wenn nur die richtigen medizinischen Mittel angewandt werden, ermutigt uns, den Tod aus unserem Gesichtsfeld und somit auch aus unserem Denken zu verbannen. Heutzutage ist der Tod eines Kindes oder eines jungen Ehepartners fast undenkbar; auf so etwas sind wir nicht vorbereitet, es erschüttert die kleine Welt der Überlebenden, wie nichts sonst es könnte. Doch mit dem Tod älterer Menschen rechnet man, ja man wartet sogar auf ihn; allzuoft verdammen wir sie zu einem gesellschaftlichen Tod, bevor sie auch körperlich das Zeitliche segnen. So berauben wir sie des erfüllten Lebens und des guten Sterbens, auf die sich frühere Generationen verlassen konnten, selbst wenn sie mit weit weniger Jahren gesegnet waren als wir.

Doch vielleicht müssen sich unsere Verhaltensweisen wieder einmal verändern. Gewalttätigkeiten unter Jugendlichen und Aids haben in Altersgruppen, die sich bis dahin praktisch als unsterblich betrachteten, zu einem neuen Bewußtsein vom Tod geführt. Die Hospizbewegung der letzten Jahrzehnte hat die Lebenden und die Sterbenden einander näher gebracht als sie es seit dem frühen neunzehnten Jahrhundert jemals gewesen sind, und die Kontroverse über die Sterbehilfe hat eine ganze Reihe von ehedem als Tabu betrachteten Themen wieder in den Vordergrund gerückt.[101] Zwar sterben vier Fünftel aller Amerikaner im Krankenhaus, aber Umfragen deuten darauf hin, daß die meisten von ihnen lieber zu Hause, unter Bedingungen, auf die sie und ihre Familie Einfluß haben, sterben würden. In den beiden letzten Jahrzehnten haben Menschen, die sich ansonsten nicht aufs Sterben vorbereitet hatten, angefangen, sich Gedanken über ihr Testament zu machen. Heute fixiert ein Fünftel der erwachsenen Amerikaner den letzten Willen schriftlich, und etwa neunzig Prozent aller Amerikaner sagen, sie legten keinen Wert darauf, daß besondere Maßnahmen ergriffen würden, um ihr Leben zu verlängern.[102]

Aus der bewußten Beschäftigung mit dem Tod ist ein Vorbereitetsein auf den Tod geworden – vielleicht befinden wir uns an einem Wendepunkt, der ebenso wichtig ist wie der, der vor mehr als einem Jahrhundert die Lebenden von den Sterbenden trennte. Wenn wir wollen, können wir die Sterbenden genauso zu einem Teil unseres Leben machen, wie es die Toten gewesen sind. Doch dazu müssen wir unsere Mythen und Bilder von einem Familienleben überholen, das in der Vergangenheit einen großen Teil seiner Kontinuität aus den Toten bezogen hat.

TEIL IV

Neue Zeiten, neue Orte: Mythen und Rituale für eine globale Ära

DIE NEUGESTALTUNG UNSERER WELTEN

Mythen übermitteln Werte und Erwartungen, die sich immer wieder entwickeln ... aber zum Glück nicht so unverbrüchlich sind, daß sie sich nicht wieder verändern ließen.

Marina Warner, Six Myths of Our Times[1]

* * *

Im Dezember 1990 verkündete die *New York Times* mit ziemlich deutlicher Erleichterung, daß »sogar in der Hektik der Neunziger die Abendessenszeit der Familie gehört«. Eine telefonische Umfrage bei Familien mit Kindern unter achtzehn Jahren hatte ergeben, daß achtzig Prozent der Befragten am Abend zuvor gemeinsam gegessen hatten; sechsundvierzig Prozent hatten während der Woche sieben gemeinsame Mahlzeiten eingenommen. Selbst diejenigen, die nicht so oft zusammen hatten essen können, sagten, sie wünschten, sie hätten es tun können. »Fast alle Befragten erklärten, das gemeinsame Abendessen stelle einen Ruhepunkt nach der Hektik des Tages dar. Ohne, sagten viele, würden sie sich nicht mehr wie eine Familie fühlen.«[2] Zwei Jahre später jedoch berichtete das *Times*-Magazin über eine andere Studie, die zu weit weniger erfreulichen Ergebnissen über die gemeinsamen Familienzeiten gekommen war. Wenn man die Familien nicht nur befragte, sondern beobachtete, stellte man fest, daß sich nur ungefähr ein Drittel der Familien mit Kindern tatsächlich jeden Abend zu einem gemeinsamen Essen versammelten.[3]

Die Leute in der Telefonumfrage hatten die Interviewer nicht bewußt in die Irre geführt, sondern sprachen einfach nur über die idealen und nicht die realen Familien, mit denen sie wirklich zusammenlebten. Sie waren unfähig, zwischen den beiden zu unterscheiden. Familienmahlzeiten und -ferien gehören so sehr zur modernen Mythologie, daß wir große Schwierigkeiten haben, uns ihnen objektiv zu nähern. Wenn wir sie jedoch auf reine Fakten und Zahlen reduzieren, verlieren wir ihre Bedeutung und Funktion im modernen Familienleben aus dem Blick. Die Tatsache, daß Amerikaner gern glauben würden, sie setzten sich öfter an den gemeinsamen Essenstisch, als sie es wirklich tun, sagt uns mehr als jede Statistik. Sie spiegelt das weit verbreitete Gefühl, daß es nie genug Zeit für die Familie gibt, und dieses Gefühl ist nach Meinung der meisten Amerikaner »die Hauptbedrohung für amerikanische Familien«.[4]

Wenn man den Leuten so zuhört, die den Untergang der Familie verkünden, möchte man meinen, daß die realen Familien sich alle auflösen und die sogenannten »Familienwerte« kurz davor stehen, ausgerottet zu werden. Wir leben in der Tat in einer harten Zeit für die realen Familien, doch das hat zu einer erstaunlichen Kreativität derjenigen geführt, die partnerschaftliche und fürsorgliche Beziehungen mit denen aufrechterhalten wollen, welche sie als Familie betrachten. Seit 1970 ist der Anteil der bei einem alleinerziehenden Elternteil lebenden Kinder von zwölf auf siebenundzwanzig Prozent gestiegen. Im selben Vierteljahrhundert hat sich auch der Anteil der alleinlebenden Personen von dreizehn auf fast sechsundzwanzig Prozent erhöht. Solche Zahlen könnten alarmierend wirken, aber sie sagen uns noch nicht alles: Sie verraten uns zum Beispiel nichts über die Verbindungen zwischen den beiden Gruppen, die sich in derselben Zeit herausgebildet haben. Das, was wir heutzutage »paraparenting« nennen und was in der Arbeiterschicht sowie bei Minderheitsgruppen schon längst gang und gäbe ist, wird nun zunehmend auch von der Mittelschicht praktiziert. Familien werden also auf allen gesellschaftlichen Ebenen flexibler, sie zerbrechen nicht.[5]

Die Menschen ersinnen sowohl neue ideale als auch reale

Familien. Die alten Bilder und Rituale verändern sich, wenn neue entstehen. Wir haben gesehen, wie die gedachten Vater- und Mutterrollen sich wandeln. Der Lebenszyklus macht gerade eine gewaltige Neuritualisierung durch, und Aspekte des Familienlebens, denen noch vor zwei Jahrzehnten keine Beachtung geschenkt worden war, haben jetzt ihren angemessenen Symbolismus. Als Hallmark 1958 die erste Scheidungskarte herausbrachte, wollte niemand sie kaufen. Das Unternehmen versuchte es Mitte der Siebziger erneut, aber es gab immer noch keinen Markt dafür. Heute jedoch ist der Verkauf erfolgreich, und allmählich bilden sich sogar Scheidungsfeiern heraus. Außerdem gibt es nun Zeremonien für schwule und lesbische Beziehungen, und auch andere Stationen des Lebens, die früher unbeachtet blieben, wie zum Beispiel die Wechseljahre, werden mit Ritualen bedacht.[6]

Die heutigen idealen Familien sind nicht mehr auf den realen Raum und die reale Zeit beschränkt. Heutzutage verlieben sich die Menschen auch im Cyberspace oder sie trauern dort. So erhält der alte Gedanke von der Gnade der Fremden eine völlig neue Bedeutung.[7] Männer wie Frauen erkennen die Wichtigkeit von Ritualen in ihrem Leben immer deutlicher. Ronald Grimes, einer der Hauptvertreter der gegenwärtigen Ritualrenaissance, erinnert sich, daß er als junger Mann voller Verachtung auf Rituale reagierte. »Doch dann habe ich erkannt, wie sehr ich sie brauchte, und ich begann, sie zu kultivieren.«[8] Robert Fulghum leitete in seiner Zeit als unitaristischer Pastor unzählige Zeremonien, entdeckte ihren Wert für sein eigenes Leben jedoch erst, als er schon über Fünfzig war: »Das war, als hätte ich gerade die verlegte Brille auf meiner Nase gefunden«, schreibt er. »Ähnlich ist es mir mit meiner Suche nach einem Verständnis der Rituale ergangen. Sie waren die ganze Zeit direkt vor meiner Nase.«[9]

Selbst die wohlhabendsten Gesellschaften leiden heute unter dem, was wir »Zeitmangel« nennen. In ihrem neuen Buch *The Over-*

worked American demonstriert Juliet Schor, daß Erwachsene in Amerika 1992 durchschnittlich einen Monat länger arbeiteten als noch 1969.[10] Die Hauptlast dieser verlängerten Arbeitszeit tragen die Frauen; dazu kommt der erhöhte Anteil der Kinderarbeit, besonders von Teenagern. Und schlimmer noch: Witold Rybczynski meint, daß sogar unsere Freizeit stärker reglementiert wird und sich so ihrem Wesen nach immer mehr der Arbeit angleicht.[11] Forscher, die sich mit dem Phänomen der Zeit befaßt haben, sagen uns, daß die Familien die großen Verlierer im Wettbewerb um die knappen Tage, Stunden und Minuten sind. Zum ersten Mal in diesem Jahrhundert begann die Zeit, die die Amerikaner auf die Hausarbeit verwendeten, in den siebziger Jahren zu fallen, doch immer noch beklagen sich die Eltern, daß sie nicht genug Zeit für ihre Kinder haben und noch weniger füreinander. Die aktuellste Studie über die Familienzeit in Amerika ergab, daß die Väter an Wochentagen durchschnittlich nur acht Minuten mit ihren Kindern redeten. Bei den Müttern war es auch nicht viel besser – sie schafften elf Minuten tägliche Unterhaltung. Und es stellte sich heraus, daß Mütter, die zu Hause blieben, auch nicht besser abschnitten als arbeitende Frauen.[12]

Europäer arbeiten zwar weniger lang und haben mehr Urlaub, aber auch sie kennen das Phänomen des Zeitmangels. Eine transnationale Studie über Väter ergab, daß sie pro Tag durchschnittlich nur fünfundvierzig Minuten im selben Raum wie ihre kleinen Kinder verbrachten; bei den älteren Kindern war es noch weniger Zeit. Am Wochenende und in den Ferien waren die Eltern länger mit ihren Kindern zusammen, aber selbst dann war die Ausbeute noch ziemlich gering.[13] Wie wir bereits gesehen haben, gehören Vor- und Nachmittag schon lange Schule und Arbeit. Heute ist zusätzlich noch der Abend in Gefahr, weil beide Eltern spät von der Arbeit nach Hause kommen und nur noch wenig Zeit ist, bevor diese zu Bett gehen. Nach Aussage neuerer Untersuchungen verschieben sich die Bettgehzeiten der Kinder allerdings auch nach hinten.[14]

Im Rückblick können wir feststellen, daß die Familien seit den sechziger Jahren immer größerem Zeitdruck ausgesetzt sind und immer mehr Einflüsse auf ihren privaten Raum einwirken. Die bereits ziemlich veschwommene Grenze zwischen öffentlicher und privater Zeit, zwischen öffentlichem und privatem Raum läuft Gefahr, vollends aufgelöst zu werden, weil sich dort mehr und mehr zeitaufwendige Freizeithilfen wie Radio, Fernsehen oder Videorekorder beziehungsweise Computer befinden. Seit den neunziger Jahren ist jedes Haus sein eigenes Unterhaltungs- und Kommunikationszentrum. Zeitsparende Geräte wie Waschmaschine und Trockner haben einen großen Teil der Arbeit, die vor eineinhalb Jahrhunderten außer Hauses verlegt wurde, wieder dorthin gebracht und daraus einen höchst geschäftigen Ort gemacht, der eher einem präindustriellen Haushalt ähnelt als dem Zuhause der viktorianischen Ära.[15] »Damals sollte das Zuhause ein Ort der Ruhe sein«, schreibt John Demos. »Jetzt muß es Unterhaltung bieten. Seinerzeit gab es die wahre Frau, die Hüterin häuslicher Werte… Jetzt hingegen haben wir die Gestalt der totalen Frau – die nicht nur den Haushalt ordentlich führt und versucht, ihrem Mann an die Hand zu gehen, sondern auch, so gut es geht, sinnlich und selbstbewußt ist.«[16] Heute hat die Frau ohne die Hilfe von Bediensteten eine viel größere Last zu tragen als jemals zuvor.

Der Druck, der auf Familienzeit und -raum ausgeübt wird, hat jedoch zu wesentlichen kulturellen Neuerungen geführt. Die Menge der verfügbaren Zeit ist kleiner geworden, aber die kulturelle Forderung nach qualitativ hochwertiger gemeinsamer Zeit hat sich erhöht. Europäer wie Amerikaner gleichermaßen wünschen sich ein behaglicheres Zuhause, und wenn sich dieser Wunsch nicht verwirklichen läßt, schaffen sich immer mehr ein zweites Zuhause an, um ihr Bedürfnis nach qualitativ hochwertigem Raum zu befriedigen. Seit den siebziger Jahren denken sich die Familien auf eine Art und Weise neu, die sowohl neue Zeiten als auch neue Räume erfordert. Als Folge davon haben sich neue

Mythen und Rituale entwickelt, die die alten in Frage stellen, ohne sie völlig zu ersetzen.

Wir befinden uns augenblicklich inmitten der intensivsten Periode gesellschaftlicher und kultureller Umwälzungen seit der ersten Ära industrieller und demokratischer Revolution vor zweihundert Jahren. Die Muster des Familienverhaltens sind großen Veränderungen unterworfen, das gleiche gilt für die Familienkultur. Die gegenwärtige Debatte über Familienwerte ist Ausdruck dieses historischen Moments. Selbsternannte Verfechter der Familienwerte behaupten, das einzig brauchbare Konzept zu präsentieren, wie eine Familie aussehen kann, doch letztlich sind sie im Moment nur die am lautesten hörbaren Stimmen innerhalb einer Diskussion, die Jahrhunderte zurückreicht – die Diskussion über die Bedeutung des komplexen und widersprüchlichen Prozesses der menschlichen Fortpflanzung. Wir sollten uns davor hüten zu glauben, daß diejenigen, die den größten Raum in den Medien einnehmen, auch das letzte Wort zu dem Thema haben. Die gegenwärtige Suche nach Familienwerten ist bedeutend komplexer und das Ergebnis alles andere als sicher.

Sogar jene Fakten des Lebens, die nach Meinung früherer Generationen unerschütterlich waren, sind im letzten Vierteljahrhundert unsicher und umstritten geworden. Das begann in den siebziger Jahren, als sich neue Variationen des Einschulungsalters, der Ehe, der Familienformation und des Ruhestands herausbildeten. Noch in der Mitte des neunzehnten Jahrhunderts beispielsweise hatte man frühreife Kinder unterdrückt, jetzt jedoch ermutigt man intelligente Kinder, Klassen zu überspringen und vorzeitig ins College einzutreten. Doch jetzt sind es nicht nur die Wunderkinder, sondern auch alle anderen, die einen »Vorsprung« erhalten sollen.[17] Die Ära des »Superkindes« hat begonnen, die manche auch als die Generation des »gehetzten Kindes« verdammen. Zum erstenmal kommt der Gedanke auf, daß vielleicht die Kindheit selbst verschwinden könnte.[18]

Auch die Pubertät ist nach Ansicht vieler in Gefahr: Seit den siebziger Jahren verhalten sich die jungen Leute immer erwachsener. Teenager scheinen nicht nur sexuell schneller reif zu werden, sie werden auch schon zeitiger in die Konsumkultur integriert, die früher den älteren Jugendlichen und Erwachsenen vorbehalten war. Um sich Autos, Ferien und Kleidung leisten zu können, fangen junge Leute schon bald mit dem Arbeiten an und brechen dafür manchmal sogar die Schule ab. Die jungen Leute maßen sich nicht nur die Freiheiten der Erwachsenen an, sondern übernehmen auch Erwachsenenpflichten. Die deutliche Zunahme von Teenagerschwangerschaften seit den siebziger Jahren sowie die Weigerung vieler unverheirateter junger Mütter, ihre Kinder zur Adoption freizugeben, hat zum Schreckbild von Kindern geführt, die selbst Kinder haben.[19]

Seit den siebziger Jahren hat sich auch die strikte zeitliche Reglementierung der höheren Bildung etwas gelockert. Viele ältere Menschen (vor allem Frauen) kehren an die Universitäten zurück, so daß sich dort eine viel heterogenere Altersstruktur als früher präsentiert. Mittlerweile hat sich auch der Begriff »Jugendlicher« auf die über Zwanzigjährigen ausgedehnt.[20] Das Alter, mit dem die jungen Leute ins Berufsleben eintreten, heiraten oder eine Familie gründen, verschiebt sich nach oben, weil immer mehr junge Frauen und Männer die traditionellen Markierungen des Erwachsenenalters hinauszögern. In den sechziger Jahren bezeichnete man einen Achtzehn- bis Zweiundzwanzigjährigen als »jungen Mann«; seit den achtziger Jahren kann es durchaus vorkommen, daß ein Vierzigjähriger dieses Attribut erhält.[21]

Die sogenannte »Identitätskrise« ist nicht mehr auf die Pubertät beschränkt, sondern zu einer Metapher für das Leben in jeder Phase geworden.[22] Heutzutage organisieren wir unser Leben viel mehr um Krisen als um die Normalität herum; möglicherweise ist das gar keine so schlechte Strategie in einer Ära, in der die Kontinuität von der – beruflichen wie privaten – Veränderung abgelöst worden ist.[23] Doch das erfordert auch neue Mythen und

Rituale, um mit dem Gefühl der Isolation und Belastung fertig zu werden. Nur vor diesem Hintergrund können wir verstehen, wie sich unser Leben in den vergangenen zwanzig Jahren gewandelt hat.

Auch die Bedeutung des Erwachsenseins selbst hat sich verändert. Stanley Brandes, ein Berkeleyer Anthropologe, hat diese Entdeckung in den siebziger Jahren gemacht, als er sich selbst mit dem Herannahen seines vierzigsten Geburtstags auseinandersetzen mußte.

Zum erstenmal im Leben hatte ich ein unsicheres Gefühl hinsichtlich meines Alters. Vor allen Dingen stellte die Zahl Vierzig für mich so eine Art Wendepunkt voller unerfüllter Ambitionen und ernsthaft eingeschränkter Möglichkeiten dar. Natürlich konnte ich auf das zurückblikken, was andere vielleicht als wesentliche Leistungen im Berufs- und Familienleben erachteten, aber irgendwie verblaßte all das angesichts meines drohenden vierzigsten Geburtstages, an dem sich zwangsläufig Turbulenzen ergeben würden.

Angeregt durch seine eigenen Ängste, begann Brandes so viele Bücher wie möglich über die Midlife Crisis zu lesen, in denen stand, daß man mit fünfzig und sechzig, aber auch schon mit dreißig, besonders gefährdet sei. Diskussionen mit Freunden erbrachten keine zufriedenstellende Übereinstimmung darüber, welches Alter als das kritischste zu betrachten sei. So erkannte Brandes, daß die Bedeutung des Alters »Vierzig« sich dramatisch gewandelt hatte. Das, was die Menschen früher als den Beginn des Alters gesehen hatten, galt jetzt als Anfang der mittleren Lebensphase. Außerdem verlagerte sich die Bedeutung dieses Alters deutlich von den Männern auf die Frauen. Offenbar steckte jedoch kein biologischer Faktor hinter dem, wie diese Generation jenes Alter begriff.[24] Neuere Forschungen haben gezeigt, daß das numerische Alter keinerlei Indikator für die geistigen oder körperlichen Qualitäten ist, die man traditionell mit bestimmten Lebensphasen assoziiert.[25] Statt dessen stellten Brandes und andere fest, daß die menschliche Entwicklung erstaunlich flexibel ist.[26]

In den neunziger Jahren hat die mittlere Lebensphase ihre Zeitlosigkeit verloren und ist zu einer der veränderlichsten und vieldeutigsten Perioden des Erwachsenenlebens geworden. Der Wandel in der Lebenslänge, der beruflichen Laufbahn und den Familienbeziehungen brachte Männer wie Frauen dazu, sich nach Symbolen umzusehen, die dem mittleren Lebensalter Sinn verliehen. Das führte unter anderem dazu, daß plötzlich auch die Geburtstage der Erwachsenen Bedeutung bekamen. Die Menschen begannen, die runden Geburtstage zu feiern; sogar die Älteren, die bisher nicht darauf aus gewesen waren, eigens auf ihr Alter hinzuweisen, formten diese Anlässe nun zu Augenblicken kollektiver Festlichkeit um. Wahrscheinlich wäre es den meisten Erwachsenen lieber gewesen, ihre Geburtstage zu vergessen, aber sie mußten feststellen, daß sie nun unversehens auf Daten wie den Vierzigsten fixiert waren, den die Leute mit immer größerer Bedeutung unterlegten.[27] Brandes meint dazu: »Seit der vierzigste Geburtstag für den Eintritt in die mittlere Lebensphase steht, können die Leute sich im Hinblick auf andere klarer definierte Altersgruppen situieren. Er ist zu einer Art Verankerung geworden, zu einem Referenzrahmen, den wir in der immer differenzierteren Altersstruktur unserer Gesellschaft wohl brauchen.«[28]

In den siebziger Jahren wurde aus dem mittleren Lebensalter etwas, in das man hineinwuchs; es hörte auf, ein Zustand zu sein. Manche Frauen traten gegen die biologische Uhr an und bekamen Babys, solange es noch ging, doch mehr Frauen denn je blieben auch unverheiratet. Die Ehe wurde nun nicht mehr von den zeitlichen Normen beherrscht, die in den fünfziger und sechziger Jahren dominierten, als die Anzahl der verheirateten Frauen den höchsten Stand in der ganzen Geschichte des Westens erreichte. In den Achtzigern schließlich folgten nur noch vierzig Prozent der Frauen der Abfolge von Arbeit, Heirat, Kinderkriegen und Hausfrauendasein, die noch in der Generation ihrer Mütter die Norm gewesen war.[29] Viele von ihnen lebten nun mit einem Mann zusammen, ohne mit ihm verheiratet zu sein, und bekamen auch uneheliche Kinder. Obwohl die meisten von ihnen irgendwann dann doch heirateten, gab es keinen Konsens mehr über das richtige Alter. Umfragen ergaben, daß sich in den achtziger Jahren nur noch vierzig Prozent der Befragten über einen »idealen« Zeitpunkt für die Ehe einig waren, während es in den sechziger Jahren noch neunzig Prozent gewesen waren.[30] Die wachsende Zahl der Zweitehen nach den siebziger Jahren, die sich durch die steigenden Scheidungsraten ergab, macht die Frage des Timings nur noch komplexer. Das mittlere Lebensalter, das früher mit stabilen Ehen und einer großen Kinderschar assoziiert wurde, ist heute eine Zeit schmerzlicher Scheidungen und flügge gewordener Kinder – also kein zeitloser Zustand mehr, sondern eine Periode hektischer Veränderungen. Laut Umfragen der achtziger Jahre hat sich die Zeit, die die meisten Leute als Blüte des Lebens betrachten, vom mittleren zum jungen Erwachsenenalter verschoben.[31]

Auch das Ruhestandsalter ist in Bewegung geraten: Mehr und mehr Menschen, besonders Männer, entscheiden sich dafür, vor dem fünfundsechzigsten Lebensjahr mit dem Arbeiten aufzuhören.[32] Die Frauen hingegen, die in der Vergangenheit ihre eigene Lebenszeit meist der der Männer unterordneten, sind heute aktiver am außerhäuslichen Arbeitsleben beteiligt, so daß die Frage des Ruhestands oft zu einer Verhandlungssache wird bei Paaren, in denen beide Partner berufstätig sind.[33] Mit der Arbeit aufzuhören ist heute, ähnlich wie die Entscheidung, mit ihr zu beginnen, vorbehaltlich und nicht endgültig; viele ältere Leute gehen einer Teilzeitbeschäftigung nach.

Ähnlich wie die mittlere Lebensphase ist auch das Alter selbst heute kein Zustand mehr, sondern etwas, in das man hineinwächst. Das hat zum Teil mit der stark erhöhten Langlebigkeit, aber auch mit der Verbesserung der Lebensumstände für ältere Menschen zu tun: Seit den sechziger Jahren haben sie ein höheres Einkommen und genießen angenehmere Lebensumstände sowie eine bessere Gesundheit als jede andere Generation vor ihr. In den achtziger Jahren verkündete Peter Laslett, das Alter bestünde letztlich nicht aus einer Phase, sondern aus zweien. Er nennt sie das Dritte und Vierte Alter. Sein »Drittes Alter« umfaßt die sogenannten »jungen Alten« – Menschen in den Sechzigern und Siebzigern, die in der Lage sind, ein aktives, unabhängiges Leben im Ruhestand zu führen. Zu seinem »Vierten Alter« gehören die »alten Alten«, das heißt diejenigen, deren Abhängigkeit von anderen und mangelnde Aktivität zum traditionellen Klischee des Alters passen.[34] Doch selbst diese Unterscheidung scheint nun für Leute wie Gail Sheehy, die von einem »zweiten Erwachsenenalter« sprechen und die kreativen Möglichkeiten betonen, welche allen älteren Menschen offenstehen, noch zu strikt zu sein.[35]

Wir sind an einem Punkt angelangt, an dem das numerische Alter kein verläßlicher Indikator für die Lebensumstände mehr ist.[36] Nicht nur das Timing, sondern auch die Abfolge unserer Lebenszeiten ist unsicher geworden. Viele Menschen verhalten sich nicht mehr ihrem Alter gemäß; die augenscheinlich natürlichen Gesetze des Alterns werden sowohl durch die Sozialwissenschaften als auch durch die Medizin in Frage gestellt.[37] In einer Zeit, in der die Menschen erkennen, daß das Alter kein verläßlicher Indikator für die geistigen und körperlichen Fähigkeiten eines Menschen ist, wird die Kluft zwischen den sich selbst bewahrheitenden Bildern vom Alter und dem tatsächlichen Alter immer größer. Zu den schlüssigsten Feststellungen von Gail Sheehy gehört die große Disparität zwischen dem numerischen Alter der Menschen und ihrer Einschätzung des eigenen Alters. Sie fand heraus, daß Männer wie Frauen sich im Schnitt acht bis zehn Jahre jünger fühlen, als sie tatsächlich sind.[38]

Wie erklären wir uns diese Veränderungen? Sie sind mit Sicherheit von genau den Institutionen beeinflußt worden, die das Alter in der Vergangenheit als Maßstab für Bereitschaft und Kompetenz verwendeten und die diesen Maßstab jetzt aufgeben. Viele Schulen zum Beispiel sind heute eher bereit, Schüler aufgrund ihrer Leistungen, nicht aufgrund ihres Alters, zu fördern. Unter dem wachsenden Druck der Konkurrenz im In- und Ausland scheinen auch die großen Unternehmen die Praxis, die Dienstältesten zu befördern, aufzugeben und dafür die Begabtesten, unabhängig vom Alter, zu unterstützen. Und die modernen nationalen Staatswesen, deren Gesetze ehemals vielen Bürgerrechten und -pflichten das Alter zugrunde legten, scheinen sich ebenfalls davon zu trennen, weil immer mehr Stimmen gegen die Altersdiskriminierung laut werden.[39] Wir sind an dem Punkt angelangt, an dem nicht einmal mehr das Militär eine ausschließliche Angelegenheit von jungen Männern ist. Heutzutage können nicht nur Frauen in fast allen Bereichen dienen, nein, auch das Altersspektrum der Diensttuenden ist deutlich größer geworden. Im Golfkrieg von 1991 bestand die Armee der Alliierten zum überwiegenden Teil aus Soldaten mittleren Alters.[40]

Wir wachsen augenblicklich in das hinein, was manche die »postmoderne Ära des Alterns« nennen. Alle sind, unabhängig vom Alter, angehalten, sich selbst in einem permanenten Zustand des Werdens zu befinden.[41] Man verlangt von uns, daß wir uns umschulen lassen und »Recycling« betreiben – ein Wort, das ein ganz und gar unlineares Verständnis vom Leben andeutet. Nun sind die Frauen nicht mehr die einzigen, die sich anpassen und wandeln müssen und gezwungen werden hinzunehmen, daß sie relative Wesen sind. Auch die Männer müssen sich jetzt verschiedene Optionen freihalten und sich flexibel den neuen Anforderungen der modernen globalen Wirtschaft stellen. Gail Sheehy gab ihren erwachsenen Lesern 1981 genau den gleichen Rat, den man früher Kindern gab: »Einer der schlimmsten Fehler im mittleren Lebensalter ist, sich über eine einzige Quelle der Identität zu definieren.«[42] In ihrem neuesten Buch hat Sheehy die Vorstellung von der Vorhersagbarkeit völlig aufgegeben und verficht die Ansicht von der Flexibilität mit noch größerer Energie. Sie erklärt, daß »die erfolgreichsten und gesündesten Menschen unserer Zeit jetzt *multiple Identitäten* entwickeln, die sich nebeneinander führen und abrufen lassen, wenn die Umstände sich ändern«.[43]

Heute wenden sich viele Europäer und Amerikaner von der linearen Vorstellung des neunzehnten Jahrhunderts, von der Lebensreise, ab und kehren zu den alten Quellen von Ritual und Symbol zurück, um sich alternative Chronotypen zu konstruieren, die mit den neuen zeitlichen Unsicherheiten fertig werden. Die beiden Gruppen, die seit den sechziger Jahren auf diesem Gebiet Pionierarbeit geleistet haben, sind die jüngeren und die älteren Leute. Das überrascht nicht, denn genau sie sind es, für die die Haupteinrichtungen der Gesellschaft sowohl im wörtlichen als auch im übertragenen Sinn keine Zeit gehabt haben. Nach dem engen Stundenplan der Kindheit befinden sich die jungen Leute in einem, wie die Gesellschaft es nennt, »prekären Alter«, einer Interimsperiode; die Ängste dieser Zeit haben sich noch dadurch erhöht, daß man unter »Jugend« seit den sechziger Jahren auch noch Menschen über Dreißig versteht. Die parallel dazu ansteigende Langlebigkeit hat die älteren Menschen in eine ähnliche zeitliche Unsicherheit versetzt. Soziologen nennen das die »rollenlose Rolle«: Die alten Menschen müssen sich mit ihrem biologischen Schicksal auseinandersetzen, letztlich sinnlos gegen den unvermeidlichen Verfall ihres Körpers ankämpfen, ohne jeglichen transzendenten Sinn.[44]

Die Riten und Symbole des Alterns, die sich früher zu Beginn des Lebens häuften, verlagerten sich auf die älteren Menschen. Ruheständlergemeinschaften haben ihre eigenen Initiationsriten entwickelt, die dazu dienen, Neuankömmlinge zu integrieren. Noch schneller verbreitet sich das, was Elizabeth Colson »Riten der Alterssolidarität« genannt hat. Beispielsweise veranstalten Altenzentren kollektive Geburtstagspartys: Die Mitglieder feiern nicht ihr individuelles Älterwerden, sondern das allumfassende Symbol des »guten Alters«. Bei solchen beliebten Feiern kommen all jene, die in einem Monat Geburtstag haben, sowie ihre Familien und Freunde zusammen. Jedes Geburtstagskind erhält

Applaus, aber die Feier hat eher etwas mit der Gemeinschaft als mit dem einzelnen zu tun, eher mit dem Alter an sich als mit den jeweiligen anwesenden Lebensaltern. Indem die alten Menschen ihre Geburtstage zusammenlegen, »feiern sie ihren eigenen Status und versichern sich selbst und anderen, daß es schön ist, alt zu sein«.[45] So wird aus dem Alter, das die Menschen früher voneinander trennte und isolierte, nun etwas Einendes, Tröstendes. Das Alter entwickelt sich zu einer »Jahreszeit«, die sich über Raum und Zeit hinaus erstreckt, vorwärts und rückwärts, und alle Menschen von sechzig bis neunzig umfaßt. Zusammen bilden die alten Menschen unterschiedlichsten Alters einen Verband, der sie durch die schweren Zeiten begleitet und ein Vorbild für andere abgibt.

Es überrascht nicht, daß die Frauen den größten Beitrag dazu geleistet haben, das Alter neu zu denken. Barbara Myerhoff, die sich als erste mit der kulturellen Kreativität der älteren Menschen beschäftigt hat, stellt fest, daß »Männer, als Gruppe gesehen, ausgelaugter und demoralisierter als Frauen wirken«. Die Männer, die sie in den sechziger Jahren beobachtete, blieben passiv und nahmen die Degeneration nach dem Ausstieg aus dem Beruf als unausweichlich hin – eine Vorstellung, die sich schon mehr als hundert Jahre hielt. Die Frauen hingegen machten sich ohne viel Aufhebens daran, das Alter zu etwas Positivem zu gestalten und nicht nur ihrem eigenen, sondern auch dem Leben ihrer Partner neuen Sinn zu verleihen.[46]

Im selben Maße wie die alten Chronotypen in Frage gestellt wurden, wurde das Verhältnis der westlichen Kultur zum Raum durch die neue globale Wirtschaft unterminiert, die zur größten Völkerwanderung seit dem neunzehnten Jahrhundert geführt und gleichzeitig die Grenzen zwischen Öffentlich und Privat verschoben hat. So haben sich wiederum die festen Bedeutungen des Begriffs »Zuhause« verändert.[47] Seit den siebziger Jahren unseres Jahrhunderts ist das Haus keine Zuflucht mehr, sondern wieder ein höchst geschäftiger Ort. Es wird ständig von Leben durchpulst. Die Eltern beklagen, daß es wenig mehr als ein kurzer Zwischenstopp ist für die Kinder, während die Kinder selbst ihre berufstätigen Eltern kaum jemals zu Gesicht bekommen. »Wir haben nie Zeit, uns richtig zu treffen – wir sehen uns immer nur zwischen Tür und Angel«, sagen die Bewohner der amerikanischen Vororte.[48] Aber die Situation ist in Schweden nicht viel anders, wo Rita Tornborg fragt: »Gibt es in der Welt noch andere Leute, die so vom häuslichen Leben besessen sind wie wir, die die gleichen wirtschaftlichen Opfer bringen und unter ähnlichen geistigen Qualen leiden? Den Haushalt in Ordnung zu halten ist eine Ganztagsbeschäftigung, um die sich der Bürger in den wenigen Stunden zwischen Arbeit und Schlaf kümmern muß.«[49]

Ein Hausbesitzer kann sich nur selten entspannen, und das wachsende Bewußtsein über alle möglichen Gefahren – von der häuslichen Gewalt bis zu den Toxinen, die in unseren Küchenschränken und Kellern lauern – hat den Mythos vom Haus als Zufluchtsort stark in Mitleidenschaft gezogen.[50] Die Frauenbewegung hat uns auf manche der falschen Unterscheidungen zwischen privatem und öffentlichem Leben aufmerksam gemacht, und die Umweltschützer versuchen uns davon zu überzeugen, daß wir unser Zuhause als Teil der größeren Welt verstehen müssen, die wir wie unser eigentliches Zuhause behandeln sollen, wenn wir auf diesem kleinen Planeten überleben wollen. Folglich wird aus unserem alten Zuhause, einem Ort der Rückkehr, immer mehr ein Ausgangspunkt für die neuen sozialen Bewegungen, die aus der Welt einen besseren Ort zum Leben machen wollen.

In dem Maße, wie unser Zuhause geschäftiger wird, fördert die Wirtschaft unser Bedürfnis nach einem Zuhause fern unseres eigentlichen Zuhauses. Familien gehen heute mehr aus als noch vor zwanzig Jahren. An jeder Ecke scheint es ein »Familienrestaurant« zu geben, und alle bieten den Gästen ihre eigene Version der »gutbürgerlichen Küche«.[51] Fast jedes Produkt läßt sich verkaufen, wenn man es in Verbindung mit einem Symbol für das gute Zuhause bringt – von Suppen (hausgemacht) bis Videos (»home entertainment«).[52] Hotels und Urlaubsorte preisen ihre häusliche Atmosphäre auf ganz ähnliche Weise und weiten so ihren Kundenstamm vom Alleinreisenden auf die ganze Familie aus. Der Erfolg von Disneyland läutete die Ära des kommerzialisierten »Familienurlaubs« ein, und heutzutage locken sogar Las Vegas und Club Med ihre Gäste mit dem Versprechen, Spaß für die ganze Familie zu bieten.[53] Die Touristen unserer Zeit suchen nicht nur nach allem Komfort, den sie zu Hause besitzen, sondern auch nach einer authentischeren Version dessen, was sie zurückgelassen haben. So unterschiedliche Gebäude wie Lincolns Holzhütte und die Landsitze englischer Lords ziehen Millionen von Menschen an, die ganz versessen darauf sind, einen Blick auf das häusliche Leben zu erhaschen, das es ihrer Meinung nach tatsächlich einmal gegeben hat. Das Geschäft mit der sogenannten »Heimat« und der Nostalgie blüht.[54]

Wenn wir könnten, würden wir alle Orte in ein Zuhause fern unseres eigenen Zuhauses verwandeln. In den beiden letzten Jahrzehnten hat sich ein deutlicher Trend zur Domestizierung von Büro- und Arbeitsplätzen abgezeichnet; wir statten sie mit warmen Farben und Fotos von der Familie aus. Große Unternehmen versuchen, eine *corporate identity* um diese heimeligen Arbeitsplätze herum aufzubauen. So stellen sie sich selbst und der Welt da draußen als glückliche Familien dar. Doch diesen Räumen mangelt es an der einen Eigenschaft, die aus einem Ort erst ein Zuhause macht, nämlich an der Kontrolle des Ortes über die Zeit. Zwar ist die Definition des Zuhauses immer flexibler geworden, aber den Menschen fällt es nach wie vor schwer, sich am Arbeitsplatz oder anderen öffentlichen Orten zu Hause zu fühlen. Es ist kein Zufall, daß die Attraktivität des Arbeitens in den eigenen vier Wänden in den beiden letzten Jahrzehnten gewaltig zugenommen hat. Immer mehr Leute arbeiten heute auf Teilzeit- oder Ganztagsbasis von ihrem eigenen Zuhause aus.

Zwar hat diese Verschiebung des Arbeitsortes einige der größten logistischen Probleme der typischen Familie gelöst, aber die Leute haben nach wie vor das Gefühl, nie genug Zeit oder Raum für die Familie als solche zu haben.[55]

Zum Teil als Reaktion auf das Bedürfnis nach einem Ort für die Familie hat sich das Zuhause auch innerhalb des Hauses verschoben und seinen festen Platz in der Küche gefunden. In der Arbeiterschicht hat sich das Familienleben letztlich nie wirklich daraus entfernt, doch für die Mittelschicht stellt diese Verschiebung eine wichtige Veränderung dar, die letzte Phase dessen, was mit dem viktorianischen Salon begann und sich in den Wohn- und Familienzimmern des frühen zwanzigsten Jahrhunderts fortsetzte. Das Zuhause innerhalb des Hauses bleibt matrifokal, so fest wie eh und je um die Frauen herum konzentriert, auch wenn diese inzwischen Zugang zur größeren Welt draußen haben. Die Frauen befinden sich jetzt in ständiger Bewegung, doch die modernen Haushaltsgeräte haben auch heute ihre grundsätzliche Identifikation mit dem Zuhause nicht verändert.[56] Viele Einrichtungen wie das Telefon haben es den Frauen eher erschwert als erleichtert, sich von den häuslichen Verpflichtungen zu distanzieren. Selbst wenn sie von zu Hause weg sind, fühlen sie sich im Gegensatz zu den Männern ständig in Bereitschaft.

Raum und Zeit der Frauen stehen weiterhin auf eine Art und Weise zur Disposition der Familie, wie Raum und Zeit der Männer es nicht tun. Die Kinder von heute erheben uneingeschränkten Anspruch auf ihr Schlafzimmer und verwandeln oft Keller oder Speicher in eine eigene Welt.[57] Auch die Väter können sich in die Garage zurückziehen, doch die Mütter haben keinen Raum für sich allein, jetzt, da die Küche zum neuen Familienzimmer geworden ist. Einen gewissen Privatbereich haben sie im elterlichen Schlafzimmer, doch das ist nun für die Sinnenfreuden reserviert und somit kein Rückzugsort mehr.[58] Das zeitgenössische vorstädtische Haus hat sich geöffnet und ist zu einer Bühne für alle Arten von Aktivitäten geworden – Arbeit, Schule und Erholung. Über vierzig Millionen Amerikaner arbeiten zumindest zum Teil außerhalb des Hauses; die Anzahl der sogenannten »Telependler«, die bereits bei ungefähr sieben Millionen liegt, soll sich bis Ende des Jahrhunderts noch gewaltig erhöhen. Die Vizepräsidentin einer Bank, die ihr häusliches Büro zwei Tage pro Woche mit ihrem vierjährigen und ihrem achtzehnmonatigen Kind teilt, bemerkt, daß sie »im Büro eine einzige Funktion [hat]... Daheim bin ich Mutter und Bankerin ... und das ist ganz schön anstrengend.«[59]

In dem Maße, wie der öffentliche Dienst schrumpft und gute Jobs immer schwieriger zu bekommen sind, wird das Zuhause selbstausbeuterischer, besonders für Frauen. Früher bestand ihre Aufgabe darin, das Zuhause Mann und Kindern zu präsentieren. Heute präsentieren sie es auch sich selbst, sogar, wenn das für sie bedeutet, daß sie eine zweite »Schicht« mit den damit verbundenen geistigen und körperlichen Belastungen arbeiten müssen. »Wilder Wein und Geißblatt reichen nicht aus, um die Schwingungen zu dämpfen und zu verbergen, die die Häuser erschüttern«, schreibt Rita Tornborg.

> Weil drinnen der Fernseher und das Radio und der Kassettenrekorder und der Rührbesen laufen, die Geschirrspülmaschine zischt und rauscht, die Waschmaschine vor sich hin blubbert, die Stereoanlage dröhnt, der Hund der Kinder jault und der Mixer Teig für gesundes Brot knetet, das alle im Stehen essen, weil die Menschen in Eile sind.[60]

Und inmitten dieses ganzen Chaos steht die Mutter, das symbolische Zentrum des hektischen Haushalts.

Die Sehnsucht nach dem Zuhause wird immer größer, nicht kleiner. Früher bewohnten die Europäer hauptsächlich Wohnungen, doch zwei Jahrzehnte der konservativen Privatisierungspolitik haben sie fast alle in eifrige Hausbesitzer verwandelt. In den Vereinigten Staaten erachten achtzig Prozent der Erwachsenen das »traditionelle Einfamilienhaus mit Garten als idealen Ort zum

Leben«, obwohl die tatsächliche Zahl der Hausbesitzer in den achtziger Jahren leicht zurückging. Der Wunsch nach einem eigenen Haus rangiert vor einer glücklichen Ehe und einem interessanten Beruf.[61]

In der westlichen Gesellschaft muß man das Haus immer noch verlassen, um zu beweisen, daß man erwachsen ist, und man muß ein Zuhause besitzen, um diesen begehrten Status nicht wieder zu verlieren. Doch der Vorrat an Wohnungen und Häusern, die sich als Zuhause eignen, ist begrenzt, und junge Leute (besonders Männer) leben nun länger im Haus ihrer Eltern als noch vor zwanzig Jahren.[62] Manche dieser »boomerang kids« beneiden die älteren Hausbesitzer, die sich an ihren Häusern festklammern, weil diese ihnen psychologische und wirtschaftliche Sicherheit geben. Sie fürchten den Moment, an dem sie ausziehen müssen, auch wenn das für sie größere Bequemlichkeit bedeuten würde.[63] Diese verstärkte Fixierung auf das Zuhause ist nicht verwunderlich in einer Periode der globalen wirtschaftlichen Entwurzelung, bisher nie dagewesener Wanderbewegungen und zahlloser Menschen, die nicht in ihrem Heimatland leben. Weil so viele von uns nicht nach Hause zurückkehren können, wächst die nostalgische Sehnsucht nach Wurzeln überall.[64]

Viele Menschen müssen sich nicht nur um die Kinder kümmern, die wieder nach Hause kommen, sondern auch um ihre inzwischen alt gewordenen Eltern. Neuere Studien haben ergeben, daß das Band zwischen den Generationen ziemlich stark ist; sie widerlegen die Ansicht, amerikanische Familien beschäftigten sich nicht mehr mit den Alten. Nur ungefähr sechs Prozent der alten Menschen leben in Alten- oder Pflegeheimen; dabei handelt es sich oft um die extrem Langlebigen (häufig Frauen), die alle ihre Verwandten überlebt haben.[65] In dem Maße, wie die staatliche Unterstützung im Zuge von Sparmaßnahmen reduziert wird, muß die Familie selbst die immer schwerere Last tragen, die die Sorge für die älter werdende Bevölkerung darstellt. Der größte Teil der Arbeit fällt dabei den Frauen zu, die sich um die Kranken und Alten kümmern müssen und so zu lebenslangen Bereitern eines Zuhauses werden.[66] Die Zahl der alten Menschen, die zu Hause sterben wollen, wird immer höher und die Aufgabe der Frauen entsprechend immer anspruchsvoller. Die Viktorianer domestizierten als erste Geburt und Tod, aber sie hatten Bedienstete, ledige Tanten und pflichtbewußte Töchter, die ihnen dabei helfen konnten, sich um die Jungen und die Alten zu kümmern. Im heutigen Haushalt ohne Bedienstete jedoch werden die Frauen von der Familie bis an die Grenzen ihrer Kraft gefordert. Sie leiden immer unter Zeitmangel und haben nie einen Ort für sich selbst, auch wenn gerade kein Kind krank und kein Alter pflegebedürftig ist.

Es hat immer eine gewisse Spannung zwischen den funktionalen Erfordernissen des Hauses und dem symbolischen Trost des Zuhauses bestanden. Die vorneuzeitlichen Europäer und Amerikaner wandten sich anderen Orten zu, um Behaglichkeit zu finden, und wir tun es ihnen gleich. In den letzten Jahren haben besonders die Amerikaner immer länger gearbeitet, um sich einen Zweitwohnsitz leisten zu können, der den größten Teil des Jahres unbewohnt bleibt. Michael Ann Williams hat in den Hügeln von North Carolina Menschen getroffen, die die Häuser ihrer Kindheit verlassen, um in modernen Wohnungen zu leben. Diese Bewegung steht im Einklang mit der Tradition, jede Generation umzuziehen; neu ist lediglich, daß die alten Häuser nicht mehr verkauft werden. Heutzutage bleiben sie unbewohnt, manchmal verfallen sie sogar. Williams hat festgestellt, daß die Betreffenden »vom Wohnwagen gleich daneben, von einem Farmhaus auf der anderen Straße oder von einem modernen Haus in der Stadt aus einen Blick darauf haben« und nur hin und wieder auf einen persönlichen Besuch oder zu einer Familienzusammenkunft dorthin zurückkehren.[67] Das Wochenend- oder Ferienhaus dient einem ganz ähnlichen Zweck für die Bewohner der Städte und Vorstädte. Dabei handelt es sich um ein teueres und zeitaufwendiges Mekka für die in alle Winde verstreute Familie, um ein Symbol des Zuhauses sogar für jene, die niemals Zeit haben, dort zu sein. Eine Studie über New Yorker mit Häusern in Vermont ergab, daß die meisten von ihnen verheiratet sind und Kinder haben. Sie sehen ihren Zweitwohnsitz als »idealen [Ort], um mit den Kindern zusammen zu sein«. Dort glauben sie ihnen das bieten zu können, was sie offenbar in der Stadt nicht schaffen. »Hier ist der Ort, an dem man Familiendramen ausleben und die ungestörte Übernahme von Rollen innerhalb der Familie gestatten kann«.[68] Amy Cross, die sich mit Sommerhäusern in Nordamerika befaßt hat, kommt zu dem Schluß, daß die Menschen zu ihnen einen stärkeren emotionalen Bezug haben als zu ihrem eigentlichen Wohnsitz. »Dabei handelt es sich weniger um die Vorstellung vom Grundeigentum, sondern eher um einen gedanklichen Zustand, der sich sozusagen einpacken und bewegen läßt – egal, ob in die Wälder oder ans Meer. Viele von uns reisen mit der Erinnerung an einen perfekten Ort durchs Leben, der immer auf unsere Rückkehr wartet.«[69] Solche Sommerresidenzen erfreuen sich auch in ganz Europa großer Beliebtheit. In Schweden ist »die Reise in den Sommer für viele Menschen auch eine Reise durch die Zeit, zurück in die Kindheit.«[70] Dort haben sich solche Kindheitszuhause im letzten Vierteljahrhundert zum Teil einer eigenen Lebensart entwickelt.

Das Sommerhaus wird zum einzigen Fixpunkt in Raum und Zeit. Die Fotos und Filme, die man dort macht, werden in den langen Wintermonaten betrachtet; sie sind eine unschätzbare symbolische Ressource für Familienmitglieder, die sich vielleicht erst im nächsten Sommer wiedersehen. Im späten zwanzigsten Jahrhundert ist unser Familienleben hektischer geworden, und die Haushalte wirken weniger wohnlich, weil nun sowohl Männer als auch Frauen immer länger arbeiten und immer weiter pendeln, um sich ein Wochenend- oder Sommerhäuschen leisten zu können. In vielen westlichen Ländern stehen zahlreiche solcher Häuser heute den größten Teil des Jahres leer, während die Obdachlosen auf der Straße bleiben.

Nach Schätzung des britischen Soziologen Jan Bernardes gibt es ungefähr zweihundert unterschiedliche Arrangements, die Europäer und Amerikaner heutzutage als legitime »Familie« erachten.[71] Manche sehen diese Diversifikation als neuere Entwicklung, doch es liegt auf der Hand, daß die Variation immer schon Teil der westlichen Familiengeschichte gewesen ist. Deshalb erstaunt es um so mehr, welche Macht die Vorstellung von »Der Familie« nach wie vor auf die moderne Phantasie ausübt.[72] Dieses Ideal des Familienlebens erhält unsere Wirtschaft aufrecht und beherrscht unsere Politik; sie macht uns zu Geiseln der »Kulturkriege«, die gegenwärtig im Namen der Familie geführt werden. Wenn die selbsternannten Hüter der Familienwerte sich mit der westlichen Gesellschaft befassen, entdecken sie wenig anderes als Chaos und Verfall. Die emotionale Attraktivität dieser Einstellung ist enorm, doch sie verschleiert die Vielfalt der Familienformen und macht es denen schwer, die sich nicht in eine einzige, enge Definition der Familie fügen wollen.

Auf der anderen Seite dieser Debatte befinden sich viele, die das ganze Gerede von Familienwerten aus Frustration rätselhaft und bedrückend finden. Während die Bewegung für die Propagierung der Familienwerte systematisch die greifbaren Probleme mißachtet, mit denen reale Familien zu kämpfen haben, unterschätzen ihre Gegner oft die Kraft von Zuhause und Familie als sinn- und troststiftenden Einheiten. Moderne Familien leiden unter einem Mangel an Zeit, Raum und Geld, doch gleichzeitig werden sie auch von einem Mangel an kulturellen Ressourcen bedroht. Sie finden die Vielfalt und Komplexität, mit der sie sich alltäglich auseinandersetzen müssen, weder in den Medien noch in den Weisheiten jener Sozialwissenschaften wieder, die uns eigentlich mit der Wahrheit über das Familienleben versorgen sollen, tatsächlich aber Normen aufstellen, welche nichts mit der gegenwärtigen Realität zu tun haben.[73]

Wir haben alle großen Anteil daran, jede Familie mit den Dingen zu versorgen, die sie braucht, um ihre dringendsten

Bedürfnisse zu befriedigen, darunter ein angemessenes Einkommen, Zeit und Raum. Genauso wichtig ist es, daß wir allen Familien Bildung und Gesundheitsversorgung garantieren. Es muß flexible Arbeitsbedingungen geben, nicht nur für die wenigen Angehörigen der Großunternehmen, sondern für alle, die Zeit für die Familie brauchen. Es ist höchste Zeit, daß unsere Gesetze sich mit der Vielfalt der Familienarrangements auseinandersetzen. Sie müssen so verändert werden, daß sie nicht nur heterosexuelle, sondern auch partnerschaftliche lesbische und schwule Beziehungen unterstützen. Unser Gesundheits-, Wohnungs- und Rentensystem muß ebenfalls den neuen Realitäten des Alters angepaßt werden. Die Familien, in denen wir leben, können nicht mehr länger als Privatsache betrachtet werden; ihnen kommt die höchste Priorität in unseren Gedanken über das öffentliche Wohlergehen zu.

Genauso wichtig ist die kulturelle Umstrukturierung, die die Schaffung neuer Sprachen, Symbole und Rituale umfassen muß. Es ist an der Zeit, ein für allemal das Idol »Der Familie« aufzugeben und das große Spektrum der Familien anzunehmen, an denen wir uns tatsächlich orientieren. Die Mainstream-Kultur muß sich die Kreativität, die wir überall um uns herum sehen, erst erschließen. Sie propagiert Bilder von Familie und Zuhause, die weder mit der Realität noch mit den Vorstellungen der meisten Menschen zu tun haben. Es wird Zeit, daß wir den Reichtum unserer zeitgenössischen Familienkultur erkennen und die Möglichkeiten erforschen, die sie uns allen, unabhängig von Schicht, Rasse oder Geschlecht, eröffnen. Auch die Männer müssen sich nun an der Schaffung von Mythen und Ritualen beteiligen, und zwar nicht, wie Robert Bly es sieht, isoliert von den Frauen, sondern zusammen mit ihnen.[74] Kein Mann und keine Frau kann es sich leisten, passiver Beobachter zu bleiben; die Familien, an denen wir uns orientieren, sind Verantwortung aller. Wir müssen versuchen, neue Familienkulturen aufzubauen, die kein Geschlecht und keine Altersgruppe über Gebühr belasten und auch die Kreativität keiner Schicht oder ethnischen Gruppe vernachlässigen. Die Männer müssen sich endlich bereit erklären, ihren Teil der nötigen kulturellen Arbeit zu übernehmen, und die Frauen müssen ihnen dazu den entsprechenden Raum geben.

Ich habe kein Patentrezept für die Zukunft der Familie; wenn ich es hätte, würde ich damit allem widersprechen, woran ich bezüglich des Familienlebens glaube. Im Gegensatz zu den Verfechtern der Familienwerte, die ihre Erkenntnisse gern allen anderen aufdrängen würden, bin ich dafür, daß unsere Familienkultur variabel, flexibel und offen bleibt für die Anregungen aller, die an ihrer Zukunft mitwirken.[75] Diese Demokratisierung sollte sich auf Familien aller Art, auf schwule, lesbische und heterosexuelle gleichermaßen, erstrecken und ethnische und rassische Gruppen in dem Verständnis zusammenbringen, daß wir, egal, welche Unterschiede bestehen, alle an der alten Suche nach nährenden, schützenden und stützenden Beziehungen beteiligt sind. Wenn die Geschichte uns etwas lehren kann, dann das, daß es niemals eine einzige Familienform gegeben hat, die das menschliche Bedürfnis nach Liebe, Trost und Sicherheit hätte befriedigen können. Deshalb müssen unsere Rituale, Mythen und Bilder für die ständige Veränderung offen sein. Sie dürfen sich nie einer orthodoxen Anschauung unterwerfen oder nur dem Interesse einer einzigen Schicht, eines einzigen Geschlechts oder einer einzigen Generation dienen. Wir müssen erkennen, daß wir uns unsere Familienwelten selbst schaffen und daß es unsere Aufgabe ist, die Verantwortung für diese Schöpfungen zu übernehmen.

ANMERKUNGEN

Einleitung

1 Jane Collier, Michelle Rosaldo, Sylvia Yanagisako, »Is There a Family? New Anthropological Views«, in *Rethinking the Family: Some Feminist Questions,* Hrsg. Barrie Thorne und Marilyn Yalom (New York: Longman, 1982), S. 34.

2 Ebd., S. 35.

3 Ebd., S. 38.

4 Zum Thema symbolische Systeme vgl. Tamotsu Shibutani, »Reference Groups as Perspectives«, in *American Journal of Sociology* 9, Nr. 5 (März 1955), S. 564.

5 Edward T. Hall, *The Dance of Life: The Other Dimensions of Time* (New York: Anchor Books, 1983); ders., *The Silent Language* (Garden City, N. Y.: Doubleday, 1959).

6 Vgl. Jenna Weissman Joselit, *The Wonders of America: Reinventing Jewish Culture, 1880–1950* (New York: Hill and Wang, 1994); zur katholischen Familienkultur vgl. Colleen McDannell, *The Christian Home in Victorian America, 1840–1900* (Bloomington: Indiana University Press, 1986), S. 85–91, 116–23, 150–55; Micaela Di Leonardo, *The Varieties of Ethnic Kinship, Class, and Gender among California's Italian Americans* (Ithaca, N. Y.: Cornell University Press, 1986).

Teil I

Der Mythos vergangener Familien

1 Witold Rybczynski, *Home: A Short History of an Idea* (New York: Penguin, 1987), S. 9.

2 David Lowenthal, *The Past Is a Foreign Country* (Cambridge: Cambridge University Press, 1985), S. 122.

3 Zu amerikanischen Vorstellungen über Gemeinschaft vgl. Thomas Bender, *Community and Social Change in America* (New Brunswick, N. J.: Rutgers University Press, 1978), Kap. 1 und 2; über Schweden vgl. Orvar Löfgren und Jonas Frykman, *Culture Builders: A Historical Anthropology of Middle-Class Life* (New Brunswick, N. J.: Rutgers

University Press, 1987), S. 59–60; über Deutschland vgl. Mack Walker, *German Home Towns, Community, State, and General Estates, 1640–1871* (Ithaca, N. Y.: Cornell University Press, 1971) und Alon Confino, *Nation as a Local Metaphor: Württemberg, the German Empire, and National Empire, 1871–1918* (Chapel Hill: University of North Carolina Press, erscheint demnächst); über England vgl. Robert Colls und Philip Dodd, Hrsg., *Englishness: Politics and Culture, 1880–1920* (London: Croom Helm, 1986) und Anthony P. Cohen, *The Symbolic Construction of Community* (London: Routledge, 1985).

 4 Eugene Rochberg-Halton, *Meaning and Modernity: Social Theory in the Pragmatic Attitude* (Chicago: University of Chicago Press, 1986), S. 188; Stephanie Coontz, *The Way We Never Were: American Families and the Nostalgia Trap* (New York: Basic Books, 1992), Kap. 1.

 5 Arlene Skolnick, *Embattled Paradise: The American Family in an Age of Uncertainty* (New York: Basic Books, 1991), S. 47, 50–51, 77–78.

 6 Paula Fass, *The Damned and the Beautiful: American Youth in the 1920s* (New York: Oxford University Press, 1977).

 7 Zit. in Coontz, *The Way We Never Were*, S. 12.

 8 David Lowenthal, »Past Time, Present Time«, in *Geographical Review* 65, Nr. 1 (1975), S. 2–3; John Demos, »Images of the American Family, Then and Now«, in *Changing Images of the Family*, Hrsg. Virginia Tufte und Barbara Myerhoff (New Haven, Conn.: Yale University Press, 1970), S. 49–50; Löfgren und Frykman, *Culture Builders*, S. 39.

 9 Zit. in Walter Houghton, *The Victorian Frame of Mind 1830–1870* (New Haven, Conn.: Yale University Press, 1957), S. 344; über die weitere Verbreitung von nostalgischen Gefühlen bei Männern vgl. Fred Davis, *Learning for Yesterday: A Sociology of Nostalgia* (New York: Free Press, 1979), S. 54.

10 Colleen McDannell, *The Christian Home in Victorian America, 1840–1900* (Bloomington: Indiana University Press, 1986), S. 5.

11 Alex Shoumatoff, *The Mountain of Names: A History of the Human Family* (New York: Simon & Schuster, 1985), S. 213–24; vgl. auch Anthony Richard Wagner, *English Genealogy* (Oxford: Clarendon Press, 1972), S. 3–4, 397–407.

12 Mary Jo Maynes, »The Contours of Childhood: Demography, Strategy, and Mythology of Childhood in French and German Lower-Class Adults«, in *The European Experience of Declining Fertility, 1850–1970: The Quiet Revolution*, Hrsg. John Gillis, David Levine und Louise Tilly (Oxford: Basil Blackwell, 1992), S. 101–24.

13 John Hajnal, »European Marriage Patterns in Perspective«, in *Population in History: Essays in Historical Demography*, Hrsg. D. V. Glass und D. E. C. Eversley (London: Edward Arnold, 1965) und Hajnal, »Two Kinds of Pre-Industrial Household Systems«, in *Population and Development Review* 8, Nr. 3 (1982), S. 449–94; Wally Seccombe, *A Millenium of Family Change: Feudalism to Capitalism in Northwestern Europe* (London: Verso, 1992), Kap. 3; David Herlihy, *Medieval Households* (Cambridge: Cambridge University Press, 1985), Kap. 1–3.

14 Zit. in Alan Macfarlane, *The Origins of English Individualism* (Oxford: Basil Blackwell, 1978), S. 75.

15 Zit. in Laurel Thatcher Ulrich, *A Midwife's Tale: The Life of Martha Ballard, Based on Her Diary, 1785–1812* (New York: Vintage, 1991), S. 281.

16 Hajnal, »Two Kinds of Pre-Industrial Household Systems«, S. 449–94.

17 David Herlihy argumentiert völlig zu Recht, daß das westliche Familiensystem »die Chancen des armen Mannes, eine Frau zu bekommen und Nachkommen zu zeugen« erhöhte, doch diese Aussage gilt nur für die Antike und die Welt der Germanen. *Medieval Households*, S. 158.

18 Lawrence Stone, *The Family, Sex, and Marriage in England, 1500–1800* (New York: Harper & Row, 1977), S. 58–64.

19 Peter Laslett, *Family Life and Illicit Love in Earlier Generations* (Cambridge: Cambridge University Press, 1977), S. 169; vgl. auch Illana Krausman Ben-Amos, *Adolescence and Youth in Early Modern England* (New Haven, Conn.: Yale University Press, 1994), S. 48.

20 Herlihy, *Medieval Households*, S. 159.

21 Ben-Amos, *Adolescence and Youth in Early Modern England*, S. 69.

22 John Gillis, *Youth and History: Tradition and Change in European Age Relations, 1750 to the Present* (New York: Academic Press, 1975), S. 5–12, 21–26.

23 Laslett, *A Fresh Map of Life: The Emergence of the Third Age* (Cambridge, Mass.: Harvard University Press, 1991), Kap. 3; E. A. Wrigley/Roger Schofield, *The Population History of England, 1541–1871: A Reconstruction* (Cambridge, Mass.: Harvard University Press, 1981), Kap. 8; zu amerikanischen Zahlen vgl. Stone, *The Family, Sex, and Marriage in England*, S. 609; Seccombe, *A Millennium of Family Change*, S. 225–26.

24 John Gillis, *For Better, For Worse: British Marriages, 1600 to the Present* (New York: Oxford University Press, 1985), Kap. 1–2.

25 Ulrich, *A Midwife's Tale*, S. 138, 152–67; Gillis, *For Better, For Worse*, Kap. 4.

26 Ulrich, *A Midwife's Tale*, S. 138, 147, 155, 160.

27 Naomi Tadmore, »›Family‹ and ›Friend‹ in *Pamela:* A Case Study in the History of the Family in Eighteenth-Century England«, in *Social History* 14, Nr. 3 (Okt. 1989), S. 289–306.

28 Zur Sprache der Familie vgl. Raymond Williams, *Key Words,* überarb. Aufl. (New York: Oxford University Press, 1983); Petrus Spierenberg, *The Broken Spell: A Cultural and Anthropological History of Preindustrial Europa* (New Brunswick, N. J.: Rutgers University Press, 1991), S. 283; Jean-Louis Flandrin, *Families in Former Times: Kinship, Household, and Sexuality* (New York: Cambridge University Press, 1979), S. 4–10. Zur Sprache von Haushalt und Zuhause vgl. Orvar Löfgren, »Family and Household: Images and Realities: Cultural Change in Swedish Society«, in *Households: Comparative and Historical Structure of the Domestic Group,* Hrsg. R. Netting, R. Wilk und E. Arnould (Berkeley: University of California Press, 1984), S. 457–58; Lawrence Stone/Jeanne C. Stone, *An Open Elite? England, 1540–1880,* gek. Ausg. (New York: Oxford University Press, 1986), S. 212.

29 Mechal Sobel, *The World They Made Together: Black and White Values in Eighteenth-Century Virginia* (Princeton, N. J.: Princeton University Press, 1987); Herbert G. Gutman, *The Black Family in Slavery and Freedom, 1750–1925* (New York: Random House, 1977).

30 Sobel, *The World They Made Together,* S. 167.

31 Eugene Genovese, *Roll, Jordan, Roll: The World the Slaves Made* (New York: Vintage, 1976), Buch 1; Gutman, *The Black Family.*

32 Robert Darnton, *The Great Cat Massacre and Other Episodes in French Cultural History* (New York: Vintage, 1985).

33 Sobel, *The World They Made Together,* S. 167ff.

34 Shoumatoff, *The Mountain of Names,* S. 213f.

35 Vgl. dazu Mircea Eliade, *Myth and Reality* (New York: Harper & Row, 1974), S. 34.

36 Zum Thema moderner Kult um die Ursprünge vgl. Barry Schwartz, »The Social Context of Commemoration: A Study in Collective Memory«, in *Social Forces* 61, Nr. 2 (Dez. 1982), S. 374–402.

37 Alan Macfarlane, *The Family Life of Ralph Josselin* (New York: W. W. Norton, 1970), S. 83.

38 Keith Wrightson, *English Society, 1580–1680* (New Brunswick, N. J.: Rutgers University Press, 1982), S. 44–51; Ben-Amos, *Adolescence and Youth in Early Modern England,* S. 54–69.

39 Laut Wrightson *(English Society)* waren die Bezeichnungen »Freund« und »Verwandter« austauschbar (S. 55); Macfarlane, *The Family Life of*

Ralph Josselin, Kap. 10; Ralph Houlbrooke, *English Family Life, 1576–1716. An Anthology from Diaries* (Oxford: Basil Blackwell, 1989), S. 219–20.

40 Zur Sprache der Freundschaft vgl. Ellen Rothman, *Hearts and Hands: A History of Courtship in America* (Cambridge, Mass.: Harvard University Press, 1987), S. 36; Macfarlane, *The Family Life of Ralph Josselin,* S. 150.

41 Zit. in Edmund Morgan, *The Puritan Family: Essays on Religion and Domestic Relations in Seventeenth-Century New England* (New York: Harper & Row, 1966), S. 52.

42 Zit. ebd., S. 49.

43 Irene Quenzler Brown, »Death, Friendship, and Female Identity during New England's Second Great Awakening«, in *Journal of Family History* 12, Nr. 4 (1987), S. 367–87.

44 Vgl. Leslie Moch, *Moving Europeans: Migration in Western Europe since 1650* (Bloomington: Indiana University Press, 1992), S. 58.

45 Ulrich, *A Midwife's Tale,* S. 128–29.

46 Ebd., S. 218–19.

47 James Fentress/Chris Wickham, *Social Memory* (Oxford: Basil Blackwell, 1992), Kap. 3.

48 Michael Ann Williams, *Homeplace: The Social Use and Meaning of Folk Dwellings in Southwestern North Carolina* (Athens: University of Georgia Press, 1993), S. 48–49.

49 Felicity Heal, *Hospitality in Early Modern England* (Oxford: Clarendon Press, 1990).

50 Stone/Stone, *An Open Elite?,* S. 212.

51 Ulrich, *A Midwife's Tale,* S. 91–94.

52 E. M. Forster, *Marianne Thornton: A Domestic Biography 1797–1887* (New York: Harcourt, Brace, and Co., 1956), S. 32; vgl. auch Robert Fishman, *Bourgeois Utopias: The Rise and Fall of Suburbia* (New York: Basic Books, 1987), S. 51–62.

53 Natalie Zemon Davis, »Ghosts, Kin, and Progeny: Some Features of Family Life in Early Modern France«, in *The Family,* Hrsg. Alice Rossi, Jerome Kagan, Tamara Hareven (New York: W. W. Norton, 1978), S. 92.

54 Williams, *Key Words,* S. 140–42.

55 Ulrich, *A Midwife's Tale,* S. 281–82.

56 Zit. in Fentress/Wickham, *Social Memory,* S. 14.

57 Zit. in Morgan, *The Puritan Family,* S. 20.

58 Stone, *The Family, Sex, and Marriage in England,* S. 56.

59 Zur gegenteiligen Ansicht vgl. David Popenoe, »American Family Decline, 1960–1990«, in *Journal of Marriage and the Family* 55, Nr. 3 (Aug. 1993), S. 527–42.

60 Marina Warner, *Six Myths of Our Time: Little Angels, Little Monsters, Beautiful Beasts, and More* (New York: Vintage, 1994), S. 20.

Zu Hause bei fremden Familien

1 Judith Stacey, »Good Riddance to ›The Family‹: A Response to David Popenoe«, in *Journal of Marriage and the Family* 55, Nr. 3 (Aug. 1993), S. 545.

2 David Popenoe, »A New Familism: Renewing Families, the Responsive Community«, in *Current* Nr. 150 (Febr. 1993), S. 36; Popenoe, »The Family Condition of America: Cultural Change a Public Policy«, in *Values and Public Policy*, Hrsg. Henry J. Aaron, Thomas E. Mann/ Timothy Taylor (Washington D. C.: Brookings Institution, 1994), S. 97.

3 Popenoe, »The Family Condition of America«, S. 97.

4 David Popenoe, »American Family Decline, 1960–1990«, in *Journal of Marriage and the Family* 55, Nr. 3 (Aug. 1993), S. 528.

5 Mark Mellman, Edward Lazarus/Allan Rivlin, »Family Time, Family Values«, in *Rebuilding the Nest, A New Commitment to the American Family*, Hrsg. David Blankenhorn, Steven Bayme/Jean Bethke Elshtain (Milwaukee: Family Service America Press, 1990), S. 74–75; Zahlenmaterial zur Ehe vgl. Andrew J. Cherlin, *The Changing American Family and Public Policy* (Washington, D. C.: Urban Institute Press, 1988), S. 4; zu dem Wert, der auf Ehe und Elternrolle gelegt wird, vgl. Dennis K. Orthner, »The Family in Transition«, in Blankenhorn/Bayme/Elshtain, *Rebuilding the Nest*, S. 95, 103.

6 Marion Roberts, *Living in a Man-made World* (London: Routledge, 1991), S. 9–10.

7 Mellman/Lazarus/Rivlin, »Family Time, Family Values«, S. 83.

8 David Herlihy, *Medieval Households* (Cambridge, Mass.: Harvard University Press, 1985), S. 3.

9 Ebd., S. 19–27.

10 Clarissa Atkinson, *The Oldest Vocation: Christian Motherhood in the Middle Ages* (Ithaca, N. Y.: Cornell University Press, 1991), S. 10–11.

11 John Boswell, *Same-Sex Unions in Premodern Europe* (New York: Vintage, 1994), S. 111.

12 Vgl. dazu Gilbert Meilaender, »A Christian View of the Family«, in Blankenhorn/Bayme/Elshtain, *Rebuilding the Nest*, S. 133–48.

13 Wayne A. Meeks, *The First Urban Christians. The Social World of the Apostle Paul* (New Haven, Conn.: Yale University Press, 1983).

14 Zit. in Peter Brown, *The Body and Society: Men, Women, and Sexual Renunciation in Early Christianity* (New York: Columbia University Press, 1988), S. 435.

15 Karl Barth, zit. ebd., S. 138–39.

16 Carol Delaney, *The Seed and the Soul: Gender and Cosmology in Turkish Village Society* (Berkeley: University of California Press, 1991), S. 8–24.

17 Zit. in Herlihy, *Medieval Households*, S. 22.

18 Atkinson, *The Oldest Vocation*, Kap. 3; Boswell, *Same-Sex Unions*, S. 118–21.

19 Atkinson, *The Oldest Vocation*, S. 102–15.

20 Yi-Eu Tuan, *Space and Place: The Perspective of Experience* (Minneapolis: University of Minnesota Press, 1977), S. 182.

21 Zit. von David E. Sopher aus »The So-Called Letter to Diogetus«, in »The Landscape of Home: Myth, Experience, Social Meaning«, in *The Interpretation of Ordinary Landscapes*, Hrsg. D. W. Meinig (New York: Oxford University Press, 1979), S. 135.

22 Gwen Kennedy Neville, *Kinship and Pilgrimage: Rituals of Reunion in American Culture* (New York: Oxford University Press, 1987), S. 17.

23 Victor Turner/Edith Turner, *Image and Pilgrimage in Christian Culture: Anthropological Perspectives* (New York: Columbia University Press, 1988), S. 15.

24 John Bossy, »Blood and Baptism: Kinship, Community, and Christianity in Europe from the Fourteenth to the Seventeenth Centuries«, in *Sanctity and Security: The Church and the World*, Hrsg. D. Baker (Oxford: Basil Blackwell, 1973), S. 129–44.

25 John Bossy, *Christianity in the West, 1400–1700* (New York: Oxford University Press, 1985), Kap. 2.

26 Ebd., S. 58.

27 Dorothy Owen, *Church and Society in Medieval Lincolnshire* (Lincoln: Lincolnshire Local History Society, 1971), S. 124–27.

28 Herlihy, *Medieval Households*, Kap. 2–4.

29 Agnes Heller, *Everyday Life* (London: Routledge and Kegan Paul, 1984), S. 239.

30 Donald Gifford, *The Farthest Shore: A Natural History of Perception* (New York: Vintage, 1991), S. 71–72.

31 Das gilt immer noch für die islamische, ländliche Türkei; vgl. dazu auch Delaney, *The Seed and the Soul*, S. 59.

32 Bossy, *Christianity in the West*, S. 15–18; Bossy, »Blood and Baptism«, S. 133–37; Louis Haass, »Social Connections between Parents and Godparents in Late Medieval Yorkshire«, in *Medieval Prosopography* 10, Nr. 1 (1989), S. 1–21.

33 Mary Ann Clawson, *Constructing Brotherhood: Class, Gender, and Fraternalism* (Princeton, N. J.: Princeton University Press, 1989), S. 34 ff.

34 John Boswell, *The Kindness of Strangers: The Abandonment of Children in Western Europe from Late Antiquity to the Renaissance* (New York: Pantheon, 1988), S. 110; vgl. auch Kap. 4–5.

35 Zur Hilfe durch die Nachbarn vgl. Keith Wrightson, *English Society, 1580–1680* (New Brunswick, N. J.: Rutgers University Press, 1982), S. 54–57; Lynn Lees, *Solidarities of Strangers: The English Poor Law and the People, 1700–1948* (New York: Cambridge University Press, 1997); Katherine A. Lynch, »Some Long-term Continuities in the History of the Western Family: Individual, Family, and Community Relations«, in *The History of Marriage and the Family in Western Society*, Hrsg. Roderick Phillips (Toronto: Canadian Scholars Press, 1995).

36 Clawson, *Constructing Brotherhood*, S. 30–34; John Gillis, *Youth and History: Continuity and Change in European Age Relations, 1750 to the Present* (New York: Academic Press, 1975), S. 21–26.

37 Peter Laslett, »Family, Kinship, and Collectivity as Systems of Support in Pre-Industrial Europe: A Consideration of the ›Nuclear-Hardship‹ Hypothesis«, in *Continuity and Change* 3, Nr. 2 (1988), S. 153–75.

38 Marc Bloch, *Feudal Society*, Bd. 1 (London: Routledge and Kegan Paul, 1962), Teil 3.

39 Atkinson, *The Oldest Vocation*, S. 118, 137.

40 Ebd., S. 192.

41 Ebd., S. 153, 160–61.

42 Bloch, *Feudal Society*, Teil 3.

43 Bossy, *Christianity in the West*, S. 7–10.

44 Ebd., S. 11.

45 Thomas Cole, *The Journey of Life: A Cultural History of Aging in America* (Cambridge: Cambridge University Press, 1992), Kap. 1; Steven Ozment, *When Fathers Ruled: Family Life in Reformation Europe* (Cambridge, Mass.: Harvard University Press, 1983).

46 Atkinson, *The Oldest Vocation*, S. 194, 202–4.

47 Bossy, *Christianity in the West*, S. 95.

48 Ferdinand Mount, *The Subversive Family: An Alternative History of Love and Marriage* (London: Jonathan Cape, 1982), S. 27.

49 Edmund Morhgan, *The Puritan Family: Essays on Religion and Domestic Religion in Seventeenth-Century New England* (New York: Harper & Row, 1966), Kap. 1–2.

50 Zit. in Charles Taylor, *Sources of the Self: The Making of Modern Identity* (Cambridge, Mass.: Harvard University Press, 1989), S. 226.

51 Ebd., S. 227.

52 Gordon Schochet, *The Authoritarian Family and Political Attitudes in Seventeenth-Century England: Patriarchialism in Political Thought* (New Brunswick, N. J.: Transaction Books, 1988).

53 Lyndal Roper, *The Holy Household: Women and Morals in Reformation Augsburg* (Oxford: Clarendon Press, 1989), Kap. 1.

54 Atkinson, *The Oldest Vocation*, S. 201, 214.

55 Sobel, *The World They Made Together*, Teil 1; Eugene Genovese, Roll, Jordan, Roll: The World the Slaves Made (New York: Vintage, 1976).

56 Cole, *The Journey of Life*, Teil 1.

57 Neville, *Kinship and Pilgrimage*, S. 21.

58 Barry Levy, *Quakers and the American Family: British Quakers in the Delaware Valley, 1650–1765* (New York: Oxford University Press, 1988), Teil 1.

59 Colleen McDannell/Bernhard Lang, *Heaven: A History* (New Haven, Conn.: Yale University Press, 1988), Kap. 6; zur Einschätzung des Zuhauses durch die amerikanischen Puritaner vgl. Marilyn Chandler, *Dwelling in the Text: Houses in American Fiction* (Berkeley: University of California Press, 1991), S. 6–7.

60 Cole, *The Journey of Life*, Kap. 2.

61 Bossy, *Christianity in the West*, S. 34, 117–18.

62 Keith Thomas, *Religion and the Decline of Magic* (New York: Scribner's, 1971), S. 70–73.

63 Mary Douglas, »The Idea of Home: A Kind of Space«, in *Home: A Place in the World*, Hrsg. Arien Mack (New York: New York University Press, 1993), S. 261–81.

64 Zu den sich verändernden Wahrnehmungen von öffentlich und privat vgl. Lyn Lofland, *A World of Strangers: Order and Action in Urban Public Space* (New York: Basic Books, 1973).

65 John Gillis, *Youth and History*, S. 21–25; John Demos, *A Little Commonwealth. Family Life in Plymouth Colony* (New York: Oxford University Press, 1970), S. 77–78.

66 Zit. in David Flaherty, *Privacy in Colonial New England* (Charlottes-ville: University Press of Virginia, 1972), S. 75; vgl. auch Maxine de Wetering, »The Popular Concept of ›Home‹ in Nineteenth-Century America«, in *Journal of American Studies* 18, Nr. 1 (April 1984), S. 18.

67 Leonore Davidoff/Catherine Hall, »The Architecture of Public and Private Life: English Middle-Class Society in a Provincial Town, 1750–1850«, in *The Pursuit of Urban History*, Hrsg. D. Fraser/A. Sutcliffe (London: Edward Arnold, 1983), S. 340–41.

68 Raymond Oldenburg, *The Great Good Place* (New York: Paragon House, 1991), S. 12–13.

69 J. E. Christopher Hill, *Society and Puritanism in Pre-Revolutionary England* (London: Secker & Warburg, 1964), S. 443–81.

70 Atkinson, *The Oldest Vocation*, S. 234–35.

71 William Gouge, *Of Domesticall Duties* (1622), zit. nach John Demos, »Images of the Family, Then and Now«, in Demos, *Past, Present, and Personal* (New York: Oxford University Press, 1986), S. 27 (meine Hervorhbg.).

72 Zit. in Laurel Thatcher Ulrich, *Good Wives: Image and Reality in the Lives of Women in Northern New England, 1650–1750* (New York: Vintage, 1980), S. 3.

73 Ebd.

74 John Lyons, *The Invention of the Self: The Hinge of Consciousness in the Eighteenth Century* (Carbondale: Southern Illinois University Press, 1978), S. 43.

75 David Lowenthal, *The Past Is a Foreign Country* (Cambridge: Cambridge University Press, 1985), S. 198.

76 Peter Berger, *The Sacred Canopy: Elements of a Sociological Theory of Religion* (New York: Anchor, 1967), S. 37–38.

77 Zum Thema Stadt als lebende Erinnerung vgl. Eugene Rochberg-Halton, *Meaning and Modernity: Social Theory in the Pragmatic Attitude* (Chicago: University of Chicago Press, 1986), Kap. 9; zur Verwendung von Landschaften als Erinnerungshilfen vgl. James Fentress/Chris Wickham, *Social Memory* (Oxford: Basil Blackwell, 1992), S. 92 ff.; zur Tradition des »beating the bounds« vgl. Bob Bushaway, *By Rite: Custom, Ceremony, and Community in England, 1700–1800* (London: Junction Books, 1982), S. 25.

78 Die erste Diagnose stammte von Johannes Hofer (1688), zit. in Lowenthal, *The Past Is a Foreign Country*, S. 10.

79 J. E. Christopher Hill, *The World Turned Upside Down: Radical Ideas during the English Revolution* (Harmondsworth, Engl.: Penguin, 1975).

80 Clifford Clark, *The American Family Home, 1800–1860* (Chapel Hill: University of North Carolina Press, 1986), S. 12–13; Edit Fel/Tamas Hofer, *Bäuerliche Denkweise in Wirtschaft und Haushalt* (Göttingen: Otto Schwartz, 1972), S. 338. Die französische Arbeiterschicht sieht ihren Wohnraum immer noch als funktional; vgl. Pierre Bourdieu, *Distinction: A Social Critique of Judgment and Taste* (London: Routledge, Kegan Paul, 1984), S. 379.

81 Zum Thema Geister s. Gillian Bennett, *Traditions of Belief: Women and the Supernatural* (London: Penguin, 1987), Kap. 6; Theo Brown, *The Fate of the Dead: A Study of Folk Eschatology in the West Country after the Reformation* (Ipswich, Engl.: D. S. Brewer, 1979).

82 Michael Ann Williams, *Homeplace: The Social Use and the Meaning of the Folk Dwelling in Southwestern North Carolina* (Athens: University of Georgia Press, 1991), S. 58.

83 Henry Glassie, *Passing the Time in Balleymenone: Culture and History of an Ulster Community* (Philadelphia: University of Pennsylvania Press, 1982), S. 342.

84 Williams, *Homeplace*, S. 47.

85 Glassie, *Passing the Time in Balleymenone*, S. 238.

86 Clark, *The American Family Home*, S. 12–16; Fel/Hofer, *Bäuerliche Denkweise*, S. 339.

87 Gillis, *Youth and History*, S. 14–18.

88 John Gillis, *For Better, For Worse: British Marriages, 1600 to the Present* (New York: Oxford University Press, 1985), S. 150–59; zum Thema amerikanische Hochzeiten vgl. Ellen K. Rothman, *Hands and Hearts: A History of Courtship in America* (Cambridge, Mass.: Harvard University Press, 1987), Kap. 2; Williams *Homeplace*, S. 48–49.

89 Gillis, *For Better, For Worse*, S. 76–81, 211–19; Edward P. Thompson, *Customs in Common: Studies in Traditional Popular Culture* (London: Merlin, 1991), Kap. 7.

90 R. L. Winstanley, Hrsg., *The Ansford Diary of James Woodford*, Bd. 1 (o.O., 1980), S. 20.

91 Berger, *Sacred Canopy*, S. 112.

92 Taylor, *Sources of the Self*, S. 211.

93 David Kunzle, »William Hogarth: The Ravaged Child in the Corrupt City«, in *Changing Images of the Family*, Hrsg. Virginia Tufte/Barbara Myerhoff (New Haven, Conn.: Yale University Press, 1979), S. 99–140. Das unschuldigere Bild von den Kindern begann sich im ausgehenden achtzehnten Jahrhundert herauszubilden; vgl. dazu James Steward, *The New Child: British Art and the Origins of Modern Childhood,*

1730–1830 (Berkeley: University Art Museum and Pacific Film Archive, 1995), Kap. 8.

Leben und Tod als kurze Zwischenstation

1 John Bender/David E. Wellbery, Hrsg., *Chronotypes: The Construction of Time* (Stanford, Kal.: Stanford University Press, 1991), S. 4.

2 Thomas R. Cole, *The Journey of Life: A Cultural History of Aging in America* (Cambridge: Cambridge University Press, 1992), S. XXX.

3 Zu einer vollständigen Diskussion der Chronotypen s. John Bender/David E. Wellbery, Hrsg., *Chronotypes: The Construction of Time*, S. 1–15. Die Vorstellung von der Lebenszeit als Vektor der Zeit verdanke ich Eviatar Zerubavel.

4 Barbara Adam, »Perceptions of Time«, in *Companion Encyclopedia of Anthropology*, Hrsg. Tim Ingold (London: Routledge, 1994), S. 515.

5 Zygmunt Bauman, *Mortality, Immortality, and Other Life Strategies* (Stanford, Kal.: Stanford University Press, 1992), S. 142, 163.

6 Cole, *The Journey of Life*, S. 5 (Hervorhebg. v. Cole).

7 Zit. ebd., S. 6.

8 Ebd. S. 7–8.

9 Ebd. S. XXVIII–XXX.

10 Ebd., S. XXVII.

11 David Cheal, »Relationships in Time: Ritual, Social Structure, and the Life Course«, in *Studies in Symbolic Interaction* 9 (1988), S. 101.

12 Andrew J. Weigert/Ross Hastings, »Identity, Loss, Family, and Social Change«, in *American Journal of Sociology* 82, Nr. 6 (Mai 1977), S. 1175–76.

13 Eviatar Zerubavel, *The Fine Line: Distinctions in Everyday Life* (New York: Free Press, 1991), S. 1.

14 Eviatar Zerubavel, *Hidden Rhythms: Schedules and Calendars in Social Life* (Chicago: University of Chicago Press, 1981); Zerubavel, *The Seven Day Circle: The History and Meaning of the Week* (New York: Free Press, 1985).

15 Jacques LeGoff, *Time, Work, and Culture in the Middle Ages* (Chicago: University of Chicago Press, 1980), S. 29–57; Edward P. Thompson, »Time, Work-Discipline, and Industrial Capitalism«, in ders. *Customs in Common: Studies in Traditional Popular Culture* (London: Merlin, 1991), S. 352–403; David S. Landes, *Revolution in Time: Clocks and*

the Making of the Modern World (Cambridge, Mass.: Harvard University Press, 1983).

16 Zit. in Theodore Zeldin, *An Intimate History of Humanity* (New York: Harper Collins, 1995), S. 351.

17 Zit. in Cole, *The Journey of Life*, S. 4.

18 Ebd., S. 15.

19 Donald Gifford, *The Farthest Shore: A Natural History of Perception* (New York: Vintage, 1991), S. 71–72.

20 R. Porter/D. Porter, *In Sickness and in Health: The British Experience, 1650–1850* (Oxford: Basil Blackwell, 1988), S. 77.

21 Colleen McDannell/Bernard Lang, *Heaven: A History* (New York: Vintage, 1990), Kap. 7–9.

22 David Lowenthal, *The Past is a Foreign Country* (Cambridge: Cambridge University Press, 1985), S. 20–34.

23 Jacques LeGoff, *History and Memory,* engl. v. Steven Rendall/Elizabeth Chamar (New York: Columbia University Press, 1992), S. 68–80.

24 Gifford, *The Farthest Shore*, S. 72.

25 Zum Thema Gegenwart in der Vergangenheit vgl. Robert Muchembled, *Popular Culture and Elite Culture in France, 1400–1700,* engl. v. Lydia Cochrane (Baton Rouge: Louisiana University Press, 1985), S. 48.

26 Henry Glassie, *Passing the Time in Balleymenone: Culture and History of an Ulster Community* (Philadelphia: University of Pennsylvania Press, 1982), S. 353.

27 Carlo Cipolla, *Clocks and Culture, 1300–1700* (London: Collins, 1957); Cole, *The Journey of Life*, S. 11.

28 Jeremy Rifkin, *Time Wars: The Primary Conflict in Human History* (New York: Henry Holt, 1984), S. 77.

29 Anthony Giddens, *Modernity and Self-Identity: Self and Society in the Late Modern Age* (Stanford, Kal.: Stanford University Press, 1991), S. 16–17.

30 Zit. in *Notes and Queries,* 6. Serie, Bd. 5 (15. April 1882), S. 234–35.

31 *Reports and Transactions of the Devonshire Association,* 1917.

32 Winifred Foley, *A Child in the Forest* (London: Hutchinson, 1978), S. 133.

33 Stanley Brandes, *Forty: The Age and the Symbol* (Knoxville: University of Tennessee Press, 1985), S. 16, 94–95.

34 George Bourne, *Memoirs of a Surrey Labourer* (London: Duckworth, 1907), S. 8.

35 Wally Seccombe, *A Millenium of Family Change: Feudalism to Capitalism in Northwestern Europe* (London: Verso, 1992), S. 42–43, 188; Thomas Held, »Rural Retirement Arrangements in Seventeenth to Nineteenth Century Austria«, in *Journal of Family History* 7, Nr. 3 (Herbst 1982), S. 227–54.

36 Zum Thema Variation von Lebensläufen s. Harvey J. Graff, *Conflicting Paths. Growing Up in America* (Cambridge, Mass.: Harvard University Press, 1995), Kap. 3; zu Europa s. Illana Krausman Ben-Amos, *Adolescence and Youth in Early Modern England* (New Haven, Conn.: Yale University Press, 1994).

37 Held, »Rural Retirement Arrangements«, S. 227–54.

38 Zit. aus Ben-Amos, *Adolescence and Youth in Early Modern England* S. 32, vgl. auch Arthur Imhof, »Life-Course Patterns of Women and Their Husbands, Sixteenth to Twentieth Century«, in: *Human Development and the Life Course*, Hrsg. Aage B. Sorensen et al. (Hillside, N. J.: Erlbaum, 1985).

39 John Gillis, *Youth and History: Continuity and Change in European Age Relations, 1750 to the Present* (New York: Academic Press, 1975), S. 103.

40 Joseph Kett, »Curing the Disease of Precocity«, in *Turning Points: Historical and Sociological Essays on the Family*, Hrsg. John Demos/ Sarane Boocock (Chicago: Chicago University Press, 1977), S. 191–94.

41 Cole, *The Journey of Life*, S. 8.

42 Ebd., S. 33.

43 Philippe Ariès, *Centuries of Childhood: A Social History of Family* (New York: Vintage, 1965), Kap. 1 (dt.: dtv, München 1978); Ben-Amos, *Adolescence and Youth in Early Modern England*, S. 10–11.

44 Ben-Amos, *Adolescence and Youth in Early Modern England*, S. 34.

45 Zum Konzept der »Überreife« s. Michael Kearl, *Endings: A Sociology of Death and Dying* (New York: Oxford University Press, 1989), S. 34.

46 Ben-Amos, *Adolescence and Youth in Early Modern England*, S. 37.

47 Zit. ebd., S. 23.

48 John Bossy, *Christianity in the West, 1400–1700* (New York: Oxford University Press, 1985), S. 97; Keith Thomas, *Religion and the Decline of Magic* (New York: Scribner's, 1971), S. 603–6.

49 Cole, *The Journey of Life*, S. 24–28.

50 Ben-Amos, *Adolescence and Youth in Early Modern England*, S. 23–27.

51 Zum Thema Lebensplanung s. Peter Berger/Brigitte Berger/Hansfried Kellner, *The Homeless Mind: Modernization and Consciousness* (New York: Vintage, 1973), S. 72–77.

52 Seccombe, *A Millenium of Family Change*, Kap. 3–4; Daniel Scott Smith, »Old Age and the ›Great Transformation‹: A New England Case Study«, in *Aging and the Elderly*, Hrsg. S. Spicker/K. Woodward/ D. van Tassel (Atlantic Highlands, N. J.: Humanities Press, 1978), S. 285–302.

53 Natalie Zemon Davis, »Ghosts, Kin, and Progeny: Some Features of Family Life in Early Modern France«, in *The Family*, Hrsg. Alice Rossi/Jerome Kagan/Tamara Hareven (New York: W. W. Norton, 1978), S. 87–114.

54 Ben-Amos, *Adolescence and Youth in Early Modern England*, S. 15.

55 Sogar bei den Protestanten setzte diese Veränderung der Einstellung sehr allmählich und unregelmäßig ein; s. Philip Greven, *The Protestant Temperament: Child-Rearing, Religious Experience, and the Self in Early America* (Chicago: University of Chicago Press, 1977).

56 Bossy, *Christianity in the West*, S. 109–12.

57 Porter/Porter, *In Sickness and in Health*, S. 77.

58 Thomas Cole, »The ›Enlightened‹ View of Aging: Victorian Morality in a New Key«, in *What Does It Mean to Grow Old?* Hrsg. Thomas Cole/ Sally Gadow (Durham, N.C.: Duke University Press, 1986), S. 120.

59 David D. Hall, *Worlds of Wonder, Days of Judgment: Popular Religious Belief in Early New England* (New York: Alfred A. Knopf, 1989), Kap. 5.

60 John Walzer, »A Period of Ambivalence: Eighteenth Century American Childhood«, in *The History of Childhood*, Hrsg. Lloyd de Mause (New York: Psychiatry Press, 1974), S. 358.

61 William Gladstone, *The Gladstone Diaries*, Bd. 1, Hrsg. M. Foot (Oxford: Clarendon Press, 1968), S. IXX, 218.

62 Cole, *The Journey of Life*, S. 113.

63 Zit. in Porter/Porter, *In Sickness and in Health*, S. 251.

64 Hall, *Worlds of Wonder*.

65 Norbert Elias, *The Loneliness of Dying*, engl. v. Edmund Jephcott (Oxford: Basil Blackwell, 1985), S. 75.

66 Ruth Richardson, *Death, Dissection and the Destitute* (Harmondsworth, Engl.: Penguin, 1988), S. 272–81; Thomas Laqueur, »Bodies, Death, and Pauper Funerals«, in *Representations* 1, Nr. 1 (Febr. 1983), S. 109–26.

67 Elias, *The Loneliness of Dying*, S. 75.

Teil II
Eine selbstgeschaffene Welt

1 Gerald Handel/Robert D. Hess, *Family Worlds: A Psychological Approach to Family Life* (Chicago: University of Chicago Press, 1971), S. 1.

2 Zum Thema symbolische Reiche s. Tamotsu Shibutani, »Reference Groups as Perspectives«, in *American Journal of Sociology* 60, Nr. 5 (März 1955), S. 564; David Unruh, »The Nature of Social Worlds«, in *Pacific Sociological Review* 22, Nr. 3 (Juli 1980), S. 271–96; Benita Luckmann, »The Small Life-Worlds of Modern Man«, in *Phenomenology and Sociology*, Hrsg. Thomas Luckmann (Harmondsworth, Engl.: Penguin, 1978), S. 275–90; Lyn Lofland, *A World of Strangers: Order and Action in Urban Public Space* (New York: Basic Books, 1973).

3 Peter Berger, *The Sacred Canopy: Elements of a Sociological Theory of Religion* (New York: Doubleday, 1967), S. 6; Peter Berger/Brigitte Berger/Hansfried Kellner, *The Homeless Mind: Modernization and Consciousness* (New York: Vintage, 1974), S. 66.

4 Berger, *The Sacred Canopy*, S. 28.

5 Thomas Clarkson, *A Portraiture of Quakerism*, 3 Bde. (London: Longman, 1806), Bd. 1, S. 296–97.

6 Ebd., Bd. 2, S. 30–41.

7 Mary P. Ryan, *The Empire of the Mother: American Writing about Domesticity* (New York: Haworth, 1982), S. 27.

8 Michael Curlin, »A Question of Manners: Status and Gender in Etiquette and Courtesy«, in *Journal of Modern History* 57, Nr. 3 (Sept. 1985), S. 395–423.

9 Clarkson, *A Portraiture of Quakerism*, Bd. 1, S. 317–56, Bd. 2, S. 3–43; vgl. auch J. W. Frost, *The Quaker Family in Colonial America* (New York: St. Martin's Press, 1973); Barry Levy, *Quakerism and the American Family: British Quakers in the Delaware Valley, 1650–1765* (New York: Oxford University Press, 1988), S. 60–61.

10 Clarkson, Bd. 1, S. 312, 322–23; zur Sprache der Quäker, vgl. Richard Bauman, *Let Your Words Be Few: Symbolism of Speaking and Silence among Seventeenth Century Quakers* (Cambridge: Cambridge University Press, 1983), Kap. 2 und 4.

11 Ryan, *The Empire of the Mother*, S. 23.

12 Leonore Davidoff/Catherine Hall, *Family Fortunes: Men and Women of the English Middle Class, 1780–1850* (London: Hutchinson, 1987), Kap. 4 und 7.

13 Steven Ruggles, *Prolonged Connections: The Rise of the Extended Family in Nineteenth Century England and America* (Madison: University of Wisconsin Press, 1987).

14 Davidoff/Hall, *Family Fortunes*, Kap. 5–6.

15 Ebd., S. 221; Ryan, *The Empire of the Mother*, S. 138–39

16 Davidoff/Hall, *Family Fortunes*, S. 219–21.

17 Zit. ebd., S. 222.

18 Zum Thema Quäker s. Levy, *Quakerism and the American Family*, S. 70–75, 243–50; vgl. auch Davidoff/Hall, *Family Fortunes*, S. 216–21.

19 Henry Makepeace Thackeray, »De Juvenete«, in *Roundabout Papers* (London: Smith, 1869), S. 232.

20 John Stuart Mill, »Spirit of the Age«, in ders., *Essays in Politics and Culture*, Hrsg. Gertrude Himmelfarb (Garden City, N. Y.: Doubleday, 1963), S. 3.

21 Henry Stowell, »The Age We Live In«, in *Exeter Hall Lectures*, Bd. 6 (London, 1850–51), S. 45–46.

22 Zit. in Walter Houghton, *The Victorian Frame of Mind* (New Haven, Conn.: Yale University Press, 1957), S. 66.

23 Matthew Arnold, »On the Modern Element in Literature« (Vortrag, gehalten 1856 in Oxford), in *Essays by Matthew Arnold* (London, 1914), S. 468 (Hervorhebung v. Arnold).

24 Walter Pater, »Coleridge«, zit. in Houghton, *The Victorian Frame of Mind*, S. 64.

25 John Stuart Mill, *The Letters of John Stuart Mill*, Bd. 2, Hrsg. Hugh Elliott (London: Longman, 1910), S. 359.

26 Baptistische Quelle des frühen neunzehnten Jahrhunderts, zit. in Ryan, *The Empire of the Mother*, S. 67.

27 Ebd., S. 80–102; vgl. auch Deborah Valenze, *Prophetic Sons and Daughters: Female Preaching and Popular Religion in Industrial England* (Princeton, N. J.: Princeton University Press, 1989), Kap. 1–3.

28 *Mother's Monthly Journal* (1836), zit. in Ryan, *The Empire of the Mother*, S. 101.

29 John Gillis, *Youth and History, Continuity and Change in European Age Relations, 1750 to the Present* (New York: Academic Press, 1975), Kap. 3; Joseph Kett, *Rites of Passage: Adolescence in America, 1790 to the Present* (New York: Basic Books, 1977), S. 199–204; E. Anthony Rotundo, *American Manhood: Transformations in Masculinity from the Revolution to the Modern Era* (New York: Basic Books, 1993), S. 61–74.

30 Ryan, *The Empire of the Mother*, Kap. 3.

31 Mark Carnes, *Secret Ritual and Manhood in Victorian America* (New Haven, Conn.: Yale University Press, 1989).

32 J. F. C. Harrison, *The Second Coming: Popular Millenialism, 1780– 1850* (New Brunswick, N. J.: Rutgers University Press, 1979), S. 22, 28, 166–73.

33 Zum Thema Mormonen und Antinomisten, s. John Gillis, *For Better, For Worse: British Marriages, 1600 to the Present* (New York: Oxford University Press, 1985), S. 219–24.

34 Spencer Klaw, *Without Sin: The Life and Death of the Oneida Community* (New York: Allen Lane, 1993).

35 Owen zit. in Barbara Taylor, *Eve and the New Jerusalem: Socialism and Feminism in the Nineteenth Century* (New York: Vintage, 1983), S. 48.

36 Zit: ebd., S. 34; weitere Informationen zu den owenitischen Vorstellungen von der Familie s. Gillis, *For Better, For Worse*, S. 224–28.

37 Zum Thema verwandtschaftliche Beziehungen in der Arbeiterschicht, s. Michael Anderson, *Family Structure in Nineteenth Century Lancashire* (Cambridge: Cambridge University Press, 1971), Kap. 8 und 10; Stephanie Coontz, *The Social Origins of Private Life: A History of American Families, 1600–1900* (London: Verso, 1988), Kap. 8; Wally Seccombe, *Weathering the Storm: Working-Class Families from the Industrial Revolution to the Fertility Decline* (London: Verso, 1993), S. 64–69.

38 Ruggles, *Prolonged Connections*, Kap. 8 und 10; Coontz, *The Social Origins of Private Life*, Kap. 9.

39 Davidoff/Hall, *Family Fortunes*, S. 364–69.

40 Charles Taylor, »The Politics of Recognition«, in *Multiculturalism: Examining the Politics of Recognition*, Hrsg. Amy Gutman (Princeton, N. J.: Princeton University Press, 1992), S. 31–37.

41 Zum Thema wachsende Idealisierung, besonders von Müttern, s. Orvar Löfgren/Jonas Frykman, *Culture Builders: A Historical Anthropology of Middle-Class Life* (New Brunswick, N. J.: Rutgers University Press, 1987), S. 118–25; s. auch Jonathan Gathorne-Hardy, *The Rise and Fall of the British Nanny* (London: Hodder and Stoughton, 1972).

42 Zu dieser Glaubenskrise s. Houghton, *The Victorian Frame of Mind*, S. 58–60.

43 Baldwin Brown, *The Home Life: In the Light of Its Divine Idea* (London, 1866); Charles Kingsley, *Letters and Memories of His Life* (London, 1877), beide zit. ebd., S. 347; s. auch Clifford Clark, *The*

American Family Home, 1800–1860 (Chapel Hill: University of North Carolina Press, 1986), S. 29–30.

44 Berger, *The Sacred Canopy,* S. 37–38.

45 Alain Corbin, »Backstage«, in *A History of Private Life,* Bd. 4, Hrsg. Michelle Perrot (Cambridge, Mass.: Harvard University Press, 1990), S. 465.

46 Eine Diskussion des gegenwärtigen Phänomens findet sich in Mark Slouka, *War of the Worlds: Cyberspace and the High-Tech Assault on Reality* (New York: Basic Books, 1995), Kap. 5.

47 Arlene Skolnick, »Public Images, Private Realities: The American Family in Popular Culture and Social Science«, in *Changing Images of the Family,* Hrsg. Virginia Tufte/Barbara Myerhoff (New Haven, Conn.: Yale University Press, 1979), S. 297–315.

48 Viviana Zelizer, *Pricing the Priceless Child: The Changing Social Value of Children* (New York: Basic Books, 1985), Kap. 1.

49 Peter Knobel, »Rites of Passage: Jewish Rites«, in *The Encyclopedia of Religion,* Bd. 12 (New York: Macmillan, 1987), S. 393; Lesley Hargreaves, »The Rites of Passage of Baptism, Marriage, and Death in Shotten Colliery« (B. A.-Arbeit, Leeds University, 1982), S. 37–39.

50 Jenna Weissman Joselit, *The Wonders of America: Reinventing Jewish Culture, 1880–1950* (New York: Hill and Wang, 1994), Kap. 3; J. D. C. Fisher, *Confirmation Then and Now* (London: Society for the Propagation of Christian Knowledge, 1978), S. 138–42.

51 Joan Kron, *Home-Psych: The Social Psychology of Home and Decoration* (New York: Crown, 1983), S. 17–18, 148–52.

52 Joan Busfield/Michael Paddon, *Thinking about Children: Sociology and Fertility in Post-War Britain* (Cambridge: Cambridge University Press, 1977), S. 134–66.

53 Lois Banner, »The Meaning of Menopause: Aging and Its Historical Contexts in the Twentieth Century«, in Working Papers, Center for Twentieth-Century Studies, University of Wisconsin at Milwaukee (Herbst-Winter 1989–90), S. 21–23; zur Angst vor nachsichtigen Großeltern im Amerika des achtzehnten Jahrhunderts s. John Demos, *Past, Present, and Personal: The Family and the Life Course in American History* (New York: Oxford University Press, 1986), S. 153–54.

54 Maurice Aughulon, *Marianne into Battle. Republican Imagery and Symbolism in France, 1789–1880* (Cambridge: Cambridge University Press, 1981); Marina Warner, *Monuments and Maidens: The Allegory of the Female Form* (London: Pan Books, 1985).

55 Einer der Brüder Goncourt, zit. in Anne Martin-Fugier, »Bourgeois Rituals«, in *A History of Private Life*, Bd. 4, Hrsg. Michelle Perrot (Cambridge, Mass.: Harvard University Press, 1990), S. 322.

56 Zur sich wandelnden Definition von »Familie« s. Raymond Williams, *Key Words*, überarb. Ausg. (New York: Oxford University Press, 1983), S. 131–34.

57 K. C. Phillips, *Language and Class in Victorian England* (Oxford: Basil Blackwell, 1984), S. 160–72; Julie M. Gricar, »How Thick Is Blood? The Social Construction and Cultural Configuration of Kinship« (Doktorarbeit, Columbia University, 1990), S. 82–84, 271–72.

58 Benedict Anderson, *Imagined Communities: Reflections on the Origin and Spread of Nationalism* (London: Verso, 1983).

59 Alexander Shoumatoff, *The Mountain of Names: A History of the Human Family* (New York: Simon & Schuster, 1985), S. 123.

60 Martin-Fugier, »Bourgeois Rituals«, S. 324–25.

61 Corbin, »Backstage«, S. 457.

62 Gricar, »How Thick Is Blood?«, S. 276–82.

63 Zum Thema Familienbibeln s. Colleen McDannell, *The Christian Home in Victorian America, 1840–1900* (Bloomington: Indiana University Press, 1986), S. 39–40, 103–4; s. auch Katherine Grier, *Culture and Comfort: People, Parlors, and Upholstery, 1850–1930* (Amherst: University of Massachusetts Press, 1988), S. 8–15.

64 Shoumatoff, *The Mountain of Names*, S. 213–24; Anthony Richard Wagner, *English Genealogy* (Oxford: Clarendon Press, 1972), S. 401.

65 Shoumatoff, *The Mountain of Names*, S. 214.

66 Lawrence Stone/Jeanne C. Stone, *An Open Elite? England, 1540–1880*, gek. Ausg. (New York: Oxford University Press, 1986), Teil 3.

67 Keith Thomas, *Religion and the Decline of Magic* (New York: Scribner's, 1971), S. 642.

68 Corbin, »Backstage«, S. 545–47.

69 Marcel Pagnol, *My Father's Glory; and, My Mother's Castle* (London: Picador, 1991).

70 Corbin, »Backstage«, S. 530–31; Löfgren/Frykman, *Culture Builders*, S. 78–79; Gricar, »How Thick Is Blood?« S. 57; Marvin B. Susman, »Pet/Human Bonding: Applications, Conceptual and Research Issues«, in *Pets and Family*, Hrsg. Marvin Sussman (New York: Haworth Press, 1985), S. 1–30; Marc Shell, »The Family Pet«, in *Representations*, Nr. 15 (Sommer 1986), S. 121–53.

71 Corbin, »Backstage«, S. 530.

72 Zum Thema Amerika s. Karen Halttunen, *Confidence Men and Painted Women: A Stud of Middle Class Culture in America 1830–1870* (New Haven, Conn.: Yale University Press, 1982), Kap. 6; zum Thema Dramatisierung des Mittelschichtlebens in Schweden s. Löfgren/Frykman, *Culture Builders*, S. 126–43; Clark, *The American Family Home*, S. 42; McDannell, *The Christian Home in Victorian America*, S. 88–89; zum Thema Theatralität der Viktorianer generell, s. Nina Auerbach, *Private Theatricals: The Lives of the Victorians* (Cambridge, Mass.: Harvard University Press, 1990).

73 Jeanne Boydston, *Home and Work: Housework, Wages, and the Ideology of Labor in the Early Republic* (New York: Oxford University Press, 1992), S. 149.

74 Ohne nähere Ang. zit. in Martin-Fugier, »Bourgeois Rituals«, S. 270.

75 Zit. in Jennie Calder, *The Victorian Home* (London: Batsford, 1977), S. 145 (Hervorhebung v. Calder).

76 Martha Vicinus, *Independent Women: Work and Community for Single Women, 1850–1920* (Chicago: University of Chicago Press, 1985).

77 Martin-Fugier, »Bourgeois Rituals«, S. 330–31. Neuere Forschungen haben ergeben, daß die Frauen die Geschichtenerzähler der Familie sind, obwohl die Geschichten selbst meist von männlichen »Helden« handeln; Peter Martin/Gunhild Hagestad/Patrick Diedrich, »Family Stories: Events (Temporarily) Remembered«, in *Journal of Marriage and the Family* 50 (Mai 1988), S. 533–41.

78 Harriet Blodgett, *Centuries of Female Days: Englishwomen's Private Diaries* (New Brunswick, N. J.: Rutgers University Press, 1988), S. 37–40, 57–58.

79 Martin-Fugier, »Bourgeois Rituals«, S. 266.

80 Steven Stowe, *Intimacy and Power in the Old South: Ritual in the Lives of the Planters* (Baltimore: Johns Hopkins University Press, 1987), S. 3–4, 90–96.

81 Stephen Papson, »From Symbolic Exchange to Bureaucratic Discourse: The Hallmark Greeting Card«, in *Theory, Culture, Society* 3, Nr. 2 (1986), S. 99–111; William B. Waits, *The Modern Christmas in America: A Cultural History of Gift Giving* (New York: New York University Press, 1993), Kap. 4–5.

82 Martin-Fugier, »Bourgeois Rituals«, S. 263–64.

83 Susan Sontag, *On Photography* (New York: Delta, 1972), S. 9 (dt.: Hanser, München, 1989); s. auch Eugene Rochberg-Halton, *Meaning and Modernity: Social Theory in the Pragmatic Attitude* (Chicago: University of Chicago Press, 1986), S. 166–67, 170; Gunhild Hagestad,

»Dimensions of Time and the Family«, in *American Behavioral Scientist* 29, Nr. 6 (Juli/Aug. 1986), S. 689.

84 David Cheal, *The Gift Economy* (London: Routledge, 1988), S. 7.

85 Martin-Fugier, »Bourgeois Rituals«, S. 264–65.

86 Margaret Deland, »Christmas Giving«, in *Harper's Bazaar* 38 (Dez. 1904), zit. in William B. Waits, *The Modern Christmas in America: A Cultural History of Gift Giving* (New York: New York University Press, 1993), S. 71; zur symbolischen Bedeutung von Weihnachten heute s. Theodore Caplow, »Rule Enforcement without Visible Means: Christmas Gift Giving in Middletown«, in *American Journal of Sociology* 89, Nr. 6 (Mai 1984); S. 1306–23; Caplow, »Christmas Gifts and Kin Networks«, in *American Soc Review* 47, Nr. 3 (Juni; 1982), S. 383–92.

87 Gwen Neville, *Kinship and Pilgrimage: Rituals of Reunion in American Protestant Culture* (New York: Oxford University Press, 1987), Kap. 3.

88 Theodore C. Humphrey/Linda Humphrey, Hrsg., »*We Gather Together*: Food and Festival in American Life« (Ann Arbor, Mich.: UMI Research Press, 1988), S. 20–25; zum Thema Familienrituale generell s. David Cheal, »Relationships in Time: Ritual, Social Structure, and the Life Course«, in *Studies in Symbolic Interaction* 9 (1988), S. 83–109. Meist hielten die Frauen Verwandtschaft zusammen und die Erinnerungen aufrecht; vgl. dazu Micaela di Leonardo, »The Female World of Cards and Holidays: Women, Families, and the Work of Kinship«, in *Signs* 11, Nr. 3 (1987), S. 440–53; Carolyn J. Rosenthal/Victor Marshall, »Generational Traumas of Family Ritual«, in *American Behavioral Scientist* 31, Nr. 6 (Juli/Aug. 1988), S. 669–84.

89 Shoumatoff, *The Mountain of Names*, S. 12–13, 218.

90 Martine Segalen, *Historical Anthropology of the Family* (Cambridge: Cambridge University Press, 1986), S. 100.

Zeit(en) für die Familie

1 Michael Young, *The Metronomic Society: Natural Rhythms and Human Timetables* (Cambridge, Engl.: Cambridge University Press, 1986), S. 100.

2 Edward T. Hall, *Dance of Life: The Other Dimensions of Time* (New York: Anchor Books, 1983). S. auch Eviatar Zerubavel, *Hidden Rhythms: Schedules and Calendars in Social Life* (Chicago: University of Chicago Press, 1981).

3 David Harvey, *The Post-Modern Condition: An Enquiry into the Origins of Cultural Change* (Oxford: Basil Blackwell, 1989), Kap. 16.

4 David Cheal, »Relationships in Time: Ritual, Social Structure, and the Life Course«, in *Studies in Symbolic Interaction* 9 (1988), S. 101; s. auch Gunhild Hagestad, »Dimensions of Time and the Family«, in *American Behavioral Scientist* 29, Nr. 6 (Juli–Aug. 1986), S. 679–94.

5 Andrew J. Weigert/Ross Hastings, »Identity, Loss, Family, and Social Change«, in *American Journal of Sociology* 82, Nr. 6 (Mai 1977), S. 1175–76.

6 Martin Kohli, »The World We Forgot: A Historical Review of the Life Course«, in *Later Life: The Social Psychology of Aging*, Hrsg. Victor Marshall (Beverly Hills, Kal.: Sage, 1986), S. 271–303.

7 John Gillis, *Commemorations: The Politics of National Identity* (Princeton, N. J.: Princeton University Press, 1994), S. 3–24; s. auch Michael Kammen, *Mystic Chords of Memory: The Transformation of Tradition in American Culture* (New York: Alfred A. Knopf, 1991); Mona Ozouf, *Festivals and the French Revolution* (Cambridge, Mass.: Harvard University Press, 1988), Kap. 7; Zerubavel, *Hidden Rhythms*, Kap. 3.

8 Kohli, »The World We Forgot«, S. 280–82.

9 Leonard Cain, »Aging and the Law«, in *Handbook on Aging and Social Sciences*, Hrsg. Robert Binstock/Ethel Scanas (New York: Van Nostrand Reinhold, 1976), S. 342–68.

10 Joseph Kett, *Rites of Passage: Adolescence in America, 1790 to the Present* (New York: Basic Books, 1977), Teil 2; John Gillis, *Youth and History: Continuity and Change in European Age Relations, 1750 to the Present* (New York: Academic Press, 1975), Kap. 2–3.

11 Gerald Gruman, »The Cultural Origins of Present-Day ›Ageism‹: The Modernization of the Life Cycle«, in *Aging and the Elderly*, Hrsg. S. Spicker/K. Woodward/D. van Tassel (Atlantic Highlands, N. J.: Humanities Press, 1978), S. 360.

12 John Modell/Frank F. Furstenberg Jr./Theodore Herschberg, »Social Change and Life Course Development in Historical Perspective«, in *Journal of Family History* 1, Nr. 1 (Herbst 1976), S. 7–32; Michael Anderson, »The Emergence of the Modern Life Cycle in Britain«, in *Social History* 10, Nr. 1 (Jan. 1985), S. 69–87.

13 Anderson, »The Emergence of the Modern Life Cycle«, S. 85–87; Thomas R. Cole, *The Journey of Life: A Cultural History of Aging in America* (Cambridge: Cambridge University Press, 1992), Teil 3.

14 Peter Laslett, »Societal Development and Aging«, in *Handbook of Aging and the Social Sciences*, Hrsg. R. Binstock/E. Shanas (New York: Van Nostrand Reinhold, 1985), S. 199–230.

15 Cole, *The Journey of Life*, Kap. 5.

16 Don Gifford, *The Farther Shore: A Natural History of Perception, 1798–1984* (New York: Vintage Books, 1991), S. 73.

17 Der Terminus wurde im Englischen zum ersten Mal 1770 verwendet; s. Theodore Zeldin, *An Intimate History of Humanity* (New York: HarperCollins, 1995), S. 351.

18 Thomas Cole, »Aging, Meaning, and Well-being: Musings of a Cultural Historian«, in *International Journal of Aging and Human Development* 19, Nr. 4 (1984), S. 332–34; Gruman, »Cultural Origins of Present-Day ›Ageism‹«, S. 365–70.

19 Cole, *The Journey of Life*, Kap. 9.

20 W. Andrew Achenbaum, »The Aging of ›The First New Nation‹«, in *Our Aging Society: Paradox and Promise*, Hrsg. Alan Pifer/Lydia Bronte (New York: W. W. Norton, 1986), S. 21.

21 Peter Laslett, *A Fresh Map of Life: The Emergence of the Third Age* (Cambridge, Mass.: Harvard University Press, 1991), Kap. 3; zum Jugendkult am Ende des Jahrhunderts s. Robert Wohl, *The Generation of 1914* (Cambridge, Mass.: Harvard University Press, 1979), Kap. 6.

22 Cole, *The Journey of Life*, S. 80.

23 Gruman, »Origins of Present-Day ›Ageism‹«, S. 363.

24 Zur Umbenennung der Unterkünfte für alte Leute in »Heime« s. Cole, *The Journey of Life*, S. 204 ff.

25 Zit. ebd., S. 144; s. auch Susan Tamke, »Human Values and Aging: The Perspective of the Victorian Nursery«, in Spicker/Woodward/van Tassel, *Aging and the Elderly*, S. 63–87.

26 Im siebzehnten Jahrhundert wurden eher Frauen mittleren Alters als Hexen stigmatisiert, nicht ältere. Im neunzehnten Jahrhundert wurden Hexen dann ausschließlich als »alte Tanten« beschrieben; s. John Demos, *Entertaining Satan: Witchcraft and the Culture of Early New England* (New York: Oxford University Press, 1987), S. 391–92.

27 Gruman, »Origins of Present-Day ›Ageism‹«, S. 363.

28 John Gillis, »Vanishing Youth: The Uncertain Place of the Young in a Global Age«, in *Young* 1, Nr. 1 (April 1993), S. 5–12.

29 Gillis, *Youth and History*, Kap. 4.

30 John Gillis, *For Better, For Worse: British Marriages, 1600 to the Present* (New York: Oxford University Press, 1985), Kap. 9.

31 Frank F. Furstenberg Jr./Andrew Cherlin, *The New American Grand-parenthood: A Place in the Family, A Life Apart* (New York: Basic Books, 1986); Gunhild Hagestad, »The Family: Women and Grand-parents as Kin-Keepers«, in Pifer/Bronte, *Our Aging Society*, S. 141–160.

32 Ozouf, *Festivals and the French Revolution.*

33 Mrs. Taylor, *Practical Hints to Young Females on the Duties of a Wife, a Mother, and a Mistress of a Family* (1815), zit. in Leonore Davidoff/Catherine Hall, *Family Fortunes: Men and Women of the English, Middle Class, 1780–1850* (London: Hutchinson, 1987), S. 176 (Hervorhbg. von Davidoff/Hall).

34 Zit. in Lynn Mahoney, »›Order and Method‹: Visions of Housework in American Cookery Books, 1800–1860« (Seminararbeit, Rutgers University, Mai 1990), S. 17.

35 Mrs. Sarah Ellis, *Women of England, Their Social Duties and Domestic Habits* (London: Rischer, 1838), S. 55–56.

36 Harvey, *The Post-Modern Condition*, S. 202.

37 Margaret Visser, *The Rituals of Dinner: The Origins, Evolution, Eccentricities, and Meaning of Table Manners* (New York: Grove and Weidenfeld, 1991), S. 117, 277–80.

38 Zit. in Barbara Carson, *Ambitious Appetites: Dining, Behaviour, and Patterns of Consumption in Federal Washington* (Washington, D. C.: American Institute of Architects Press, 1990), S. 122.

39 Visser, *The Rituals of Dinner*, S. 281.

40 Carson, *Ambitious Appetites*, S. 29.

41 Chevalier, zit. in Harvey Levenstein, *Paradox of Plenty: A Social History of Eating in Modern America* (New York: Oxford University Press, 1993), S. 8. Die Tradition des stummen, hastigen Essens hat im ländlichen Irland und Wales überdauert; s. Henry Glassie, *Passing the Time in Balleymenone: Culture and History of an Ulster Community* (Philadelphia: University of Pennsylvania Press, 1982), S. 358–60.

42 Charles Dickens, *American Notes for General Circulation* (1842), zit. in John Kasson, *Rudeness and Civility: Manners in Nineteenth-Century America* (New York: Hill and Wang, 1990), S. 186.

43 Visser, *The Rituals of Dinner*, S. 159.

44 Ebd., S. 29–48; Davidoff/Hall, *Family Fortunes*, S. 385–86.

45 Zit. in Kasson, *Rudeness and Civility*, S. 187.

46 Visser, *The Rituals of Dinner*, S. 82, 147–49.

47 Ebd., S. 82.

48 Levenstein, *Paradox of Plenty*, S. 20.

49 Wolfgang Schivelbusch, *Disenchanted Night: The Introduction of Light in the Nineteenth Century* (Berkely: University of California Press, 1988), S. 158–62; Visser, *The Rituals of Dinner*, S. 160.

50 Carson, *Ambitious Appetites*, Kap. 3; K. C. Phillips, *Language and Class in Victorian England* (Oxford: Basil Blackwell, 1984), S. 24–27.

51 James Bossard/Eleanor Bell, *Ritual in Family Living: A Contemporary Study* (Philadelphia: University of Pennsylvania Press, 1950), S. 100.

52 Leonore Davidoff, »The Rationalization of Housework«, in *Dependence and Exploitation in Work and Marriage*, Hrsg. Diana Leonard Baker/Sheila Allen (London: Longman, 1976), S. 124–35; Carson, *Ambitious Appetites*, S. 74–75; Visser, *The Rituals of Dinner*, S. 159–60.

53 Hugh McLeod, *Religion and the People of Western Europe* (Oxford: Oxford University Press, 1981), S. 109.

54 Zit. in Levenstein, *Paradox of Plenty*, S. 20.

55 H. Thompson (1880), zit. in Stephen Mennell, *All Manners of Food: Eating and Taste in England and France from the Middle Ages to the Present* (Oxford: Basil Blackwell, 1985), S. 206.

56 Visser, *The Rituals of Dinner*, S. 345–46.

57 Levenstein, *Paradox of Plenty*, S. 163.

58 Nils-Arvid Bringeus, »Beten bei Tisch«, in *Sozialkultur der Familie*, Hrsg. A. C. Bimmer/I. Weber-Kellerman (Giessen, 1982), S. 58–79.

59 Eine Diskussion darüber, wie zeitliche Regelmäßigkeit zur Reifikation beiträgt, befindet sich in Zerubavel, *Hidden Rhythms*, S. 42–43 und in Davidoff, »The Rationalization of Housework«, S. 124–37. Zum Kontrast zwischen den Eßgewohnheiten von französischer Arbeiter- und Bürgerschicht s. Pierre Bourdieu, *Distinction: A Social Critique of the Judgement of Taste* (London: Routledge and Kegan Paul, 1984), S. 195–202.

60 Visser, *The Rituals of Dinner*, S. 49; *New York Times*, 5. Dez. 1990.

61 Ellen Ross, *Love and Toil: Motherhood in Outcaste London* (New York: Oxford University Press, 1993), S. 31–36.

62 Kasson, *Rudeness and Civility*, S. 206–7.

63 Zit. in Visser, *The Rituals of Dinner*, S. 240. Zur didaktischen Qualität viktorianischer Familienessen s. Bringeus, »Beten bei Tisch«, S. 70.

64 Zum Ritualismus s. T. Jackson Lears, *No Place for Grace: Antimodernism and the Transformation of American Culture, 1880–1920* (New York: Pantheon, 1981), S. 194–96.

65 Marcel Proust, *Remembrance of Things Past*, zit. in Visser, *The Rituals of Dinner*, S. 29; zur Verbindung von Erinnerung und Essen s. Sidney

Mintz, *Sweetness and Power: The Place of Sugar in Modern History* (New York: Vintage, 1985), S. 87–94

66 Shlomo Deshen, »Domestic Observance: Jewish Practice«, in *The Encyclopedia of Religion*, Bd. 4 (New York: Macmillan, 1987) S. 401–2; s. auch Jenna Weissman Joselit, *The Wonders of America; Reinventing Jewish Culture, 1880–1950* (New York: Hill and Wang, 1994), Kap. 5.

67 In vielen britischen Familien der Arbeiterschicht mangelte es bis nach dem Zweiten Weltkrieg an Kochutensilien. Sie ließen das Sonntagsessen beim Bäcker kochen, wo sie auch das Brot kauften; Mennell, *All Manners of Food*, S. 219.

68 Anne Murcott, »›It's a Pleasure to Cook for Him‹: Food, Mealtimes, and Gender in some South Wales Households«, in *The Public and Private*, Hrsg. Eva Gamarreikow (London: Heinemann, 1983), S. 87; Michael Bird/Pam Mills, »What People Eat«, in *New Society* (21. Dez. 1972), S. 684–85.

69 *New York Times*, 5. Dez. 1990.

70 Juliet Shor, *The Overworked Americans: The Unexpected Decline of Leisure* (New York: Basic Books, 1991), Kap. 1; Witold Rybczynski, *Waiting for the Weekend* (New York: Viking, 1991), S. 19–20, 223–34.

71 Barbara Myerhoff, »Rites and Signs of Ripening: The Intertwining of Ritual, Time, and Growing Older«, in *Age and Anthropological Theory*, Hrsg. David Kertzer/Jennie Keith (Ithaca, N. Y.: Cornell University Press, 1984), S. 306; s. auch Carolyn J. Rosenthal/Victor Marshall, »Generational Transmission of Family Ritual«, in *American Behavioral Scientist* 31, Nr. 6 (Juli–Aug. 1988), S. 669–84.

72 Zu anderen Dimensionen dieses symbolischen Prozesses, s. Benedict Anderson, *Imagined Communities: Reflections on the Origins and Spread of Nationalism* (London: Verso, 1983).

73 Diese Neigung zur Übertreibung spiegelt sich darin, daß fünfundachtzig Prozent aller Erwachsenen behaupten, sie könnten sich daran erinnern, als Kinder immer zusammen mit der ganzen Familie gegessen zu haben. »The Struggle to Keep Family Time Quality Time«, in *New York Times*, 5. Dez. 1990.

74 Lewis zit. in »The Struggle to Keep Family Time Quality Time«, in *New York Times*, 12. Mai 1988; s. auch Visser, *The Rituals of Dinner*, S. 97.

75 Schivelbusch, *Disenchanted Night*, S. 157–86.

76 Helene R. Roberts, »Marriage, Redundancy, or Sin: The Painter's View of Women in the First Twenty-five Years of Victoria's Reign«, in *Suffer*

and Be Still: Women in the Victorian Age, Hrsg. Martha Vicinus (Bloomington: Indiana University Press, 1973), S. 45–76.

77 John Demos, *Past, Present, and Personal: The Family and the Life Course in American History* (New York: Oxford University Press, 1986) S. 60–61; David Roberts, »The Paterfamilias of the Victorian Governing Class«, in *The Victorian Family,* Hrsg. Richard Wohl (London: Croom Helm, 1978), S. 64.

78 Der Ausdruck »quality time« – »qualitativ hochwertige gemeinsame Zeit« – wurde zum ersten Mal in den fünfziger Jahren unseres Jahrhunderts verwendet, aber die Vorstellung davon reicht bis in die viktorianische Ära zurück; s. Robert Griswold, *Fatherhood in America: A History* (New York: Basic Books, 1993), S. 202–3.

79 Bossard/Boll, *Ritual in Family Living,* S. 101.

80 In Familien, in denen beide Elternteile verdienen, hat sich die Bettgehzeit in den letzten Jahrzehnten zwei bis drei Stunden nach hinten verschoben; »The Battle of Bedtime: Children Won«, in *New York Times,* 1. März, 1990.

81 Zit. in Demos, *Past, Present, and Personal,* S. 61.

82 Karen Hausen, »Mothers, Sons, and the Sale of Symbols and Goods: The ›German Mother's Day‹, 1923–33«, in *Interests and Emotions: Essays on the Study of Family and Kinship,* Hrsg. Hans Medick/David Sabean (Cambridge: Cambridge University Press, 1984), S. 371–413; Leigh Eric Schmidt, *Consumer Rites: The Buying and Selling of American Holidays* (Princeton, N. J.: Princeton University Press, 1995), Kap. 5.

83 Vivien Hughes, *A London Child of the 1870s* (Oxford: Oxford University Press, 1977), S. 71.

84 Rybczynski, *Waiting for the Weekend,* S. 71–74.

85 Ebd., S. 71.

86 Colleen McDannell, *The Christian Home in Victorian America, 1840–1900* (Bloomington: Indiana University Press, 1986), S. 93.

87 Rybczynski, *Waiting for the Weekend,* S. 75–76, 105–7, 138; »Social Changes in Britain: The Full Survey«, in *New Society* (27. Dez. 1962), S. 29.

88 Rybczynski, *Waiting for the Weekend,* S. 230.

89 Davidoff, »The Rationalization of Housework«, S. 134–35; Kasson, *Rudeness and Civility,* S. 206–7.

90 D. A. Reid, »The Decline of Saint Monday, 1766–1876«, in *Past and Present,* Nr. 71 (Mai 1976), S. 76–101.

91 Bossard/Boll, *Ritual in Family Living,* S. 94, 160.

92 A. K. Hamilton Jenkins, *Cornish Homes and Customs* (London: Dent, 1934), S. 184.

93 John A. Pimlott, *The Englishman's Christmas: A Social History* (Atlantic Highlands, N. J.: Humanities Press, 1978), S. 71–72; die Schilderung eines Mummenschanzes im achtzehnten Jahrhundert findet sich in *The Ansford Diary of James Woodforde*, Bd. 2, Hrsg. R. L. Winstanley (o. O., 1979), S. 86–87. In Cornwall verschwand der Brauch der Verkleidung erst mit dem Ersten Weltkrieg; A. K. Hamilton Jenkins, *Cornish Homes and Customs* (London: Dent, 1934), S. 184.

94 Bob Bushaway, *By Rite: Custom, Ceremony, and Community in England, 1700–1800* (London: Junction Books, 1982), S. 24–25, 38–42, 149–59; s. auch Robert Malcolmson, *Popular Recreation in English Society, 1700–1850* (Cambridge: Cambridge University Press, 1973), S. 27.

95 Robert Myers, *Celebrations: The Complete Book of American Holidays* (Garden City, N. Y.: Doubleday, 1972), S. 342–43.

96 Noch 1874 bemerkte Henry Ward Beecher: »Für mich ist Weihnachten ein fremder Tag«; zit. in Philip Snyder, *December 25th: The Joys of Christmas Past* (New York: Dodd Mead, 1985), S. XIII; s. auch Pimlott, *The Englishman's Christmas*, Kap. 7.

97 *Notes and Queries*, 1. Serie, Bd. 12 (20. Okt. 1855), S. 298. Ein Ort, an dem die Bedeutung des Weihnachtsfestes im neunzehnten Jahrhundert wuchs, war Neufundland; s. Gerald Sider, »Christmas Mumming and the New Year in Ouport Newfoundland«, in *Past and Present* 71 (Mai 1976), S. 115–25.

98 Oliver Heywood, zit. in Hugh Cunningham, *Leisure in the Industrial Revolution, 1780–1880* (London: Croom Helm, 1980), S. 101–2.

99 Die paternalistischen Riten hielten sich auf dem Land länger; s. Pamela Horn, *Labouring Life in the Victorian Countryside* (Dublin: Gill and Macmillan, 1976), S. 158. Riten der Arbeiterschicht werden in Eileen Yeo, »Culture and Constraint in Working-Class Movements«, in *Popular Culture and Class Conflict, 1590–1914*, Hrsg. Steven Yeo/ Eileen Yeo (Brighton, Engl.: Harvester, 1981), S. 155–86, diskutiert.

100 Zit. in Pimlott, *The Englishman's Christmas*, S. 89.

101 Pimlott argumentiert, das neue Weihnachten sei eine »im wesentlichen christlich-sozialistische Einrichtung« gewesen, die eher die Wohltätigkeit betonte als wirkliche gesellschaftliche Veränderungen; ebd., S. 88.

102 George Buday, *The History of the Christmas Card* (London: Spring Books, 1964), S. 8, 44, 137–52, 187–88; zu amerikanischen Praktiken s. William B. Waits, *The Modern Christmas in America* (New York: New York University Press, 1993), Kap. 1–5; Schmidt, *Consumer Rites,* Kap. 3.

103 Hughes, *A London Child of the 1870s,* S. 28–29.

104 »Santiclaus« wurde in *Notes and Queries,* 5. Serie, Bd. 11 (25. Jan. 1879), S. 66 als neuer Brauch beschrieben.

105 J. M. Golby/A. M. Purdue, *The Making of Modern Christmas* (Athens: University of Georgia Press, 1986), S. 105.

106 Hugh F. Martyndale, *A Familiar Analysis of the Calendar of the Church of England* (London, 1830), S. 267 (Hervorhebg. v. Martyndale).

107 Pimlott, *The Englishman's Christmas,* S. 94.

108 Ebd., S. 110.

109 *Notes and Queries,* 2. Serie, Bd. 6 (25. Dez. 1858), S. 535 (Hervorhebg. im Original).

110 Eine Diskussion verschiedener Arten von Zeit findet sich in Zerubavel, *Hidden Rhythms,* S. 111–13; s. auch Adam Kuper, »The English Christmas and the Family: Time out and Alternative Realities«, in *Unwrapping Christmas,* Hrsg. Daniel Miller (Oxford: Clarendon Press, 1993), S. 157–75.

111 Zur Wahrnehmung vergangener Weihnachtsfeste, s. Raymond Firth, *Symbols: Public and Private* (Ithaca, N. Y.: Cornell University Press, 1973), S. 219; Waits, *The Modern Christmas in America,* Kap. 2.

112 Charles Dickens, *Sketches by Boz,* zit. in Golby/Purdue, *The Making of Modern Christmas,* S. 13.

113 *Notes and Queries,* 2. Serie, Bd. 4 (26. Dez. 1857), S. 507.

114 Zit. in Gavin Weightman/Steve Humphries, *Christmas Past* (London: Sidgwick and Jackson, 1987), S. 88.

115 Clement A. Miles, *Christmas in Ritual and Tradition, Christian and Pagan* (London: T. Fisher Unwin, 1912), S. 18, 27, 360. Pfingsten war ursprünglich wichtiger für Kinder; s. J. Barlow Brooks, *Lancashire Bred, An Autobiography* (Oxford: Church Army Press, o. J.), S. 103–4.

116 Pimlott, *The Englishman's Christmas,* Kap. 10; Golby/Purdue, *The Making of Modern Christmas,* S. 73–75.

117 Roberts, »The Paterfamilias of the Victorian Governing Class«, S. 64; Weightman/Humphries, *Christmas Past,* S. 138–53.

118 James Anthony Froude, *The Nemesis of Faith* (London: Chapman, 1849), S. 104. Dickens bemerkte: »Glückliches, glückliches Weih-

nachten, das uns die Verblendung unserer Kindertage wiederbringen kann«, Charles Dickens, *The Christmas Books*, Bd. 1, Hrsg. M. Slater (Harmondsworth, Engl.: Penguin, 1971), S. IX.

119 Leslie Bella, *The Christmas Imperative: Leisure, Family, and Women's Work*, (Halifax, Nova Scotia: Fernwood Publishing, 1992).

120 Daß Männer sich als Frauen verkleideten, blieb in den Weihnachtsfeiern der britischen Arbeiterschicht weiter Tradition; s. Weightman/Humphries, *Christmas Past*, S. 50–53.

121 Zit. in Joselit, *The Wonders of America*, S. 229–43.

122 Myers, *Celebration*, S. 276–83; Mary Ryan, *Cradle of the Middle Class: The Family in Oneida County, New York, 1770–1865* (Cambridge: Cambridge University Press, 1981), S. 146.

123 Phyllis Bourne, »Going to the Countryside«, in *Cassell's Family Magazine* (1875), S. 489–91; »Surviving Vacation (It's a Family Battle)«, in *New York Times*, 1. Aug. 1991; zum Thema zeitgenössische »Rückzugsorte« s. Rybczynski, *Waiting for the Weekend*, Kap. 7.

124 Zum Thema amerikanische Sommerkommunen s. Gwen Neville, *Kinship and Pilgrimage: Rituals of Reunion in American Protestant Culture* (New York: Oxford University Press, 1987), Kap. 5.

125 John K. Walton, »The Demand for Working-Class Seaside Holidays in Victorian England«, in *Economic History Review*, 2. Serie, Bd. 24, Nr. 2 (Mai 1989), S. 249–65; s. auch John Burnett, *Destiny Obscure* (Harmondsworth, Engl.: Penguin, 1984), S. 249.

126 John Clarke/Chas Critcher, *The Devil Makes Work: Leisure in Capitalist Britain* (Urbana: University of Illinois Press, 1985), S. 171.

127 Gary Cross, Hrsg., *Worktowners at Blackpool: Mass-Observation and Popular Leisure in the 1930s* (London: Routledge, 1990), S. 37–70.

128 Ebd., S. 40, 153, 157–58.

129 Ebd., S. 57.

130 Rybczynski, *Waiting for the Weekend*, Kap. 7.

131 »A Summer Place«, in *New York Times*, 7. Aug. 1986. Ungefähr dreizehn Prozent der befragten Kanadier kehren jedes Jahr in dasselbe Sommerhaus zurück.

132 Dr. Mathild B. Canter, zit. in »Surviving Vacation (It's a Family Battle)«.

133 »›Having a Great Time‹: Americans on Vacation«, in *New York Times*, 6. Juni, 1990; s. auch *Americans on Vacation*.

134 Susan Sontag, *On Photography* (New York: Delta, 1972), S. 9 (dt.: Hanser, München 1989); s. auch Eugene Rochberg-Halton, *Meaning and Modernity: Social Theory in the Pragmatic Attitude* (Chicago: University of Chicago Press, 1986), S. 166–67, 170.

135 Amy Willard Cross, *The Summer House: A Tradition of Leisure* (Toronto: HarperCollins, 1992), S. 125, 135.

136 Joan Busfield/Michael Paddon, *Thinking about Children: Sociology and Fertility in Post-War Britain* (Cambridge: Cambridge University Press, 1977), S. 114–40.

137 Nils-Arvid Bringeus, »Bitte keine Feier, oder Das Fest als Trauma«, in *Hessische Blätter für Volks- und Kulturforschung* 7, Nr. 8 (1978), S. 36–44; Jane Alexander, »Private Fiesta« , in *New Society* (21. Dez. 1972), S. 676; J. M. Pimlott, »... But Once a Year«, in *New Society* (20. Dez. 1962), S. 9; Orvar Löfgren, »The Great Christmas Quarrel and Other Swedish Traditions«, in *Unwrapping Christmas,* Hrsg. Daniel Miller (Oxford: Clarendon Press, 1993), S. 217–34.

Unvergleichliches Zuhause

1 Susan Groag Bell, *Between Worlds: Czechoslovakia, England, America* (New York: Dutton, 1991), S. 226.

2 Henry Glassie, *Passing the Time in Balleymenone: Culture and History of an Ulster Community* (Philadelphia: University of Pennsylvania Press, 1982), S. 405.

3 E. M. Forster, *Marianne Thornton: A Domestic Biography, 1797–1887* (New York: Harcourt, Brace, and Co., 1956), S. 32.

4 Robert Fishman, *Bourgeois Utopias: The Rise and Fall of Suburbia* (New York: Basic Books, 1987), S. 56.

5 Leonore Davidoff/Catherine Hall, *Family Fortunes: Men and Women of the English Middle Class, 1780–1850* (London: Hutchinson, 1987), S. 358–62; Clifford Clark Jr., *The American Home, 1800–1960* (Chapel Hill: University of North Carolina Press, 1986), S. 11–12.

6 Zur katholischen Kultur des Zuhauses s. Colleen McDannell, *The Christian Home in Victorian America, 1840–1900* (Bloomington: Indiana Universithy Press, 1986), Kap. 3.

7 Doreen M. Rosman, *Evangelicals and Culture* (London: Croom Helm, 1984), S. 114; Maxine de Wetering, »The Popular Concept of ›Home‹ in Nineteenth-Century America«, in *Journal of American Studies* 18, Nr. 1 (April 1984); Davidoff/Hall, *Family Fortunes,* Kap. 7; Gwendolyn

Wright, *Building the Dream: A Social History of Housing in America* (New York: Pantheon, 1981), Teil 3.

8 Gwen Neville, *Kinship and Pilgrimage: Rituals of Reunion in American Protestant Culture* (New York: Oxford University Press, 1987), S. 20.

9 Ann Douglas, *The Feminization of American Culture* (New York: Alfred A. Knopf, 1977), S. 223–26; Colleen McDannell/Bernhard Lang, *Heaven: A History* (New York: Vintage, 1988), S. 273–75.

10 Clark, *The American Home,* S. 25; Wetering, »The Popular Concept of ›Home‹«, S. 6–15.

11 *The Family Circle and Parlor Annual,* zit. in Clark, *The American Home,* S. 31; s. auch McDannell, *The Christian Home in Victorian America,* S. 19 ff.

12 Marilyn Chandler, *Dwelling in the Text: The House in American Fiction* (Berkeley: University of California Press, 1991), S. 4–6.

13 Orvar Löfgren, »Family and Household: Images and Realities: Culture Change in Swedish Society«, in *Households, Comparative and Historical Structures of the Domestic Group,* Hrsg. R. Netting, R. Wilk, E. Arnould (Berkeley: University of California Press, 1984), S. 458.

14 Shelly Errington, »Making Progress on Borobadur: An Old Monument in a New Order« (Thesenpapier zur »The Culture of Ruins«-Konferenz, Center for Cultural Studies, University of California at Santa Cruz, 25. Jan. 1992); s. auch Benedict Anderson, *Our Imagined Communities, Reflections on the Origin and Spread of Nationalism* (London: Verso, 1983), Kap. 10; David Sopher, »The Landscape of Home: Myth, Experience, Social Memory«, in *Interpretation of Ordinary Landscapes,* Hrsg. D. W. Meinig (New York: Oxford University Press, 1979), S. 130–46; Sopher, »The Structuring of Space and Place Names and Words for Space«, in *Humanistic Geography: Prospects and Problems,* Hrsg. D. Ley/M. S. Samuels (Chicago: Maaroufa Press, 1978), S. 262–63.

15 Hermann Bausinger, »Auf dem Wege zu einem neuen aktiven Heimatverständnis«, in *Heimat heute,* Hrsg. Hans-Georg Wehling (Stuttgart: Kohlhammer, 1984), S. 11–15; s. auch Bausinger, *Folk Culture in a World of Technology* (Bloomington: Indiana University Press, 1990), S. 54–55; Alon Confino, *Nation as Local Metaphor: Württemberg, the German Empire, and National Memory, 1871–1918* (Chapel Hill: University of North Carolina Press, erscheint demnächst); in den Vereinigten Staaten läßt sich die Diskussion über ein spezifisch jüdisches Zuhause bis zu den achtziger Jahren des neunzehnten Jahrhunderts zurückverfolgen; sie hat sich im Lauf der Zeit noch intensiviert;

Jenna Weissman Joselit, *The Wonders of America: Reinventing Jewish Culture, 1880–1950* (New York: Hill and Wang, 1994), Kap. 4.

16 Zit. in Löfgren, »Family and Household«, S. 463.

17 Samuel Sloan, *City Homes, Country Homes, and Church Architecture,* zit. in Clark, *The American Home,* S. 24.

18 Zit. in Margery Spring Rice, *Working Class Women,* 2. Aufl. (London: Virago, 1981), S. 16.

19 Chandler, *Dwelling in the Text,* S. 15.

20 Sopher argumentiert, das »Englische ist nicht nur, was den Umfang des Begriffs ›Zuhause‹ anbelangt, ungenau, sondern auch, was den Inhalt betrifft, so daß sich darunter die ganze ›Familie‹ subsumieren läßt – bisweilen sogar Verwandtschaft und Nachbarn.« Er behauptet, daß die romanischen Sprachen in dieser Hinsicht weniger flexibel sind; »The Structuring of Space«, S. 130–31, 136.

21 Zum Thema »Zuhause« als Symbol, s. McDannell, *The Christian Home in Victorian America,* S. 45; Patrick Wright, *On Living in an Old Country: The National Past in Contemporary Britain* (London: Verso, 1985), S. 10–11.

22 Zit. in Clark, *The American Home,* S. 110.

23 Mrs. E. B. Duffey, *What Women Should Know* (1873), zit ebd., S. 46.

24 Davidoff/Hall, *Family Fortunes,* S. 358.

25 Zur Vorliebe amerikanischer Frauen für die Stadt s. Margaret Marsh, »From Separatism to Togetherness: The Social Construction of Domestic Space in American Suburbia, 1840–1915«, in *Journal of American History* 76, Nr. 2 (Sept. 1989), S. 509–10; dazu, wie Londoner Frauen die Stadt nutzten, s. Erika Rappaport, *The West End and Women's Pleasure: Gender and Commercial Pleasure in London, 1860–1914* (Princeton, N. J.: Princeton University Press, erscheint demnächst).

26 M. J. Daunton, *House and Home in the Victorian City: Working-Class Housing, 1850–1914* (London: Edward Arnold, 1983), S. 194; Daunton, »Public Place and Private Space; The Victorian City and the Working-Class Household«, in *Pursuit of Urban History,* Hrsg. D. Fraser/Anthony Sutcliffe (London: Edward Arnold, 1983), S. 212–18.

27 Marsh, »From Separatism to Togetherness«, S. 506–9.

28 Jesse Peck, *The True Woman* (New York, 1857), zit. in Jeanne Boydston, *Home and Work: Housework, Wages, and the Ideology of Labor in the Early Republic* (New York: Oxford University Press, 1990), S. 146; s. auch Wetering, »The Popular Concept of ›Home‹«, S. 25; Sopher, »The Structuring of Space«, S. 132–33.

29 J. Douglas Porteus, »Home: The Traditional Core«, in *Geographical Review* 66, Nr. 4 (Okt. 1976), S. 65 ff.; Clare Cooper, »The House as Symbol«, in *Design and Environment* 3 (1972), S. 30–37; Clare Cooper Marcus, *House as Mirror of Self* (Berkeley: Conari Press, 1995).

30 Daunton, *House and Home*, S. 3, 14–15, 25.

31 Anthony Vidler, *The Architectural Uncanny: Essays on the Modern Unhomely* (Cambridge, Mass.: MIT Press, 1992), Kap. 1.

32 Zu Wien s. Robert Rotenberg, *Time and Order in Metropolitan Vienna* (Washington, D. C.: Smithsonian Press, 1992).

33 Henry Cleaveland/William und Samuel Backus, *Village and Farm Cottages* (1856), zit. in McDannell, *The Christian Home in Victorian America*, S. 25; Antoine Prost, »Public and Private Spaces in France«, in *A History of Private Life*, Bd. 5, Hrsg. P. Ariès/G. Duby (Cambridge, Mass.: Harvard University Press, 1991), S. 1–143.

34 John Ruskin, *Sesame and Lilies* (1864), zit. in Walter Houghton, *The Victorian Frame of Mind, 1830–1870* (New Haven, Conn.: Yale University Press, 1957), S. 343.

35 Baldwin Brown, *Young Men and Maidens: A Pastoral for the Times* (London, 1871), zit. in Houghton, *The Victorian Frame of Mind*, S. 345.

36 Zit. in Clark, *The American Home*, S. 29.

37 Mary Gay Humphreys, »The Parlour«, in *Decorator and Furnisher* (1883), zit. in Mary W. Blanchard, »Oscar Wilde's America: The Aesthetic Movement and the Hidden Life of the Gilded Age, 1876–1893« (Doktorarbeit, Rutgers University, 1994), S. 278. Erscheint demnächst in der Yale Press.

38 Glassie, *Passing the Time in Balleymenone*, S. 404–5.

39 Dennis Chapman, *The Home and Social Status* (London: Routledge and Kegan Paul, 1956), S. 17–19.

40 Clark, *The American Home*, S. 123.

41 Andrew Achenbaum, *Old Age in the New Land: The American Experience since 1780* (Baltimore: Johns Hopkins University Press, 1978), Kap. 4; zur Entstehung der Altenheime s. Carole Haber, *Beyond Sixty-five: The Dilemma of Old Age in America* (New York: Cambridge University Press, 1983), Kap. 5.

42 Clark, *The American Home*, S. 128; John Morley, *Death, Heaven, and the Victorians* (Pittsburgh: University of Pittsburgh Press, 1971), Kap. 4–5.

43 McDannell/Lang, *Heaven*, S. 264–73.

44 Zum sich wandelnden Verständnis von der Natur s. Keith Thomas, *Man and the Natural World: A History of Modern Sensibility* (New

York: Pantheon, 1983); Orvar Löfgren/Jonas Frykman, *Culture Builders: A Historical Anthropology of Middle-Class Life* (New Brunswick, N. J.: Rutgers University Press, 1987), Kap. 2.

45 Winifred Foley, *A Child in the Forest* (London: Hutchinson, 1978), S. 144 (Hervorhebg. v. Foley).

46 Chapman, *The Home and Social Status*, S. 17–21; Clark, *The American Home*, Kap. 1.

47 Fishman, *Bourgeois Utopias*, S. 70.

48 Gervase Wheeler, *The Choice of Dwelling* (London: John Murray, 1871), S. 128–29.

49 Clark, *The American Home*, S. 19; McDannell, *The Christian Home in Victorian America*, S. 23–25.

50 Wheeler, *The Choice of Dwelling*, S. 207; Kenneth Ames, »Meaning in Artifacts: Hall Furnishings in Victorian America«, in *Journal of Interdisciplinary History* 9 (Sommer 1978), S. 19–46; zum Thema Besuche s. Leonore Davidoff, *The Best Circles: Society, Etiquette, and the Season* (London: Croom Helm, 1973), S. 42–47.

51 Jeffries, *Hodge and His Masters* (1880), zit. in K. C. Phillips, *Language and Class in Victorian England* (Oxford: Basil Blackwell, 1984), S. 60.

52 Chapman, *The Home and Social Status*, S. 19; Clark, *The American Home*, S. 41; Alison Ravetz, »The Victorian Coal Kitchen and Its Reformers«, in *Victorian Studies* 11, Nr. 4 (Juni 1968), S. 435–60.

53 Witold Rybczynski, *Home: A Short History of an Idea* (New York: Viking Penguin, 1986), S. 20.

54 Wheeler, *The Choice of Dwelling*, S. 217–18; Chapman, *The Home and Social Status*, S. 96.

55 Zit. in Clark, *The American Home*, S. 82.

56 Anne Martin-Fugier, »Bourgeois Rituals«, in *A History of Private Life*, Bd. 4, Hrsg. Michelle Perrot (Cambridge, Mass.: Harvard University Press, 1990), S. 280.

57 Wheeler, *The Choice of Dwelling*, S. 208.

58 Barry Schwartz, »The Social Psychology of Privacy«, in *American Journal of Sociology* 73, Nr. 6 (Mai 1968), S. 741–52.

59 Yi-Fu Tuan, »Place: An Experiential Perspective«, in *Geographical Review* 56, Nr. 2 (April 1975), S. 154; Christa Pieske, »Wandschmuck im bürgerlichen Heim um 1870«, in *Wohnen im Wandel*, Hrsg. L. Niethammer (Wuppertal: Hammer, 1979), S. 260.

60 Chapman, *The Home and Social Status*, S. 19. In den fünfziger Jahren unseres Jahrhunderts hatte das Schlafzimmer die größte Bedeutung

414

erlangt, und erst seit ziemlich kurzer Zeit machen sich wieder mehr Architekten ernsthafte Gedanken auch über die Küche.

61 Clark, *The American Home*, S. 35.

62 Eliza Warren, *A Young Wife's Perplexities* (1886), zit. in Jennie Calder, *The Victorian Home* (London: Batsford, 1977), S. 108.

63 Wheeler, *The Choice of Dwelling*, S. 210.

64 Leonore Davidoff, »The Rationalization of Housework«, in *Dependence and Exploitation in Work and Marriage*, Hrsg. Diana Leonard Barker/Sheila Allen (London: Longman, 1976), S. 124–38; Christine Hardyment, *A History of Domestic Arrangements* (London: Viking, 1992), Kap. 9–10.

65 Sopher, »The Structuring of Space«, S. 135–37; Eric Leed, *The Mind of the Traveller* (New York: Basic Books, 1991), Kap. 8; Hermann Bausinger, *Folk Culture in a World of Technology*, engl. v. Elke Dettmer (Bloomington: Indiana University Press, 1990), Kap. 2.

66 Zit. in Chandler, *Dwelling in the Text*, S. 2.

67 Beide Ausdrücke bürgerten sich erst in den siebziger und achtziger Jahren des neunzehnten Jahrhunderts ein.

68 Zit. in Chandler, *Dwelling in the Text*, S. 27, 40.

69 Sopher, »The Structuring of Space«, S. 136.

70 Früher hatte das Wort »housekeeper« jemanden bezeichnet, der zu Hause blieb. Zur Etymologie von »housework«, s. Ruth Schwartz Cowan, *More Work for Mother* (New York: Basic Books, 1983), S. 17–18.

71 Die Entwicklung von Ausdrücken wie »homely« läßt sich anhand des *Oxford English Dictionary* nachverfolgen. Zu »hominess« und »comfort« s. Rybczynski, *Home*, Kap. 2.

72 Zit. in Davidoff/Hall, *Family Fortunes*, S. 178.

73 Naomi Tadmor, »›Family‹ and ›Friend‹ in *Pamela*: A Case Study in the History of Family in Eighteenth-Century England«, in *Social History*, 14, Nr. 3 (Okt. 1989), S. 289–306.

74 Cobbe, *The Duties of Women* (1881), zit. in Calder, *The Victorian Home*, S. 103.

75 Clark, *The American Home*, S. 32.

76 Calder, *The Victorian Home*, S. 117.

77 John Gillis, »Ritualization of Middle-Class Life in Nineteenth-Century Britain«, in *International Journal of Politics, Culture, and Society* 3, Nr. 2 (Winter 1989), S. 224–27.

78 Davidoff/Hall, *Family Fortunes*, S. 178.

79 John Gillis, *For Better, For Worse: British Marriages, 1600 to the Present* (New York: Oxford University Press, 1985), S. 75, 124.

80 Davidoff, *The Best Circles*, S. 42; dazu, wie Warenhäuser um die Jahrhundertwende ihre heimelige Atmosphäre nutzten, um Kundinnen anzulocken, s. Erika Rappaport, »Selling the City: The Promotion of Women's Pleasure in London's West End, 1909–1914« (Thesenpapier, am 10. Dez. 1991 beim Rutgers Center for Historical Analysis eingereicht), S. 32–35.

81 Ellen Rothman, *Hands and Hearts: A History of Courtship in America* (Cambridge, Mass.: Harvard University Press, 1987), S. 172–75.

82 James Anthony Froude, *The Nemesis of Faith* (London: John Chapman, 1849), S. 104.

83 Zu kontrastierenden männlichen und weiblichen Ansichten über die Ehe s. Rothman, *Hands and Hearts*, Kap. 10; zur männlichen Nostalgie gegenüber dem Zuhause ihrer Kindheit s. Calder, *The Victorian Home*, S. 151; zum sich wandelnden Vaterbild s. John Demos, *Past, Present, and Personal: The Family and the Life Course in American History* (New York: Oxford University Press, 1986), Kap. 3.

84 Zit. in Peter Gay, *The Bourgeois Experience: Victoria to Freud*, Bd. 1 (New York: Oxford University Press, 1984), S. 102.

85 Sopher, »The Structuring of Space«, S. 144–46; Leed, *The Mind of the Traveller*, S. 221.

86 Zu den Ursprüngen der Familienzusammenkunft im neunzehnten Jahrhundert s. Neville, *Kinship and Pilgrimage*, Kap. 3; McDannell, *The Christian Home in Victorian America*, S. 135–40; Michael Ann Williams, *Homeplace: The Social Use and Meaning of the Folk Dwelling in Southwestern North Carolina* (Athens: University of Georgia Press, 1991), S. 130ff.

87 Zit. in Clark, *The American Home*, S. 4.

88 Neville, *Kinship and Pilgrimage*, Teil 2–3.

89 Zit. in Williams, *Homeplace*, S. 135.

90 Sopher, »The Structuring of Space«, S. 136.

91 John Ware, *Home Life in America* (1864), zit. in Wetering »The Popular Concept of ›Home‹«, S. 13.

92 Zit. in Tamara Hareven, »The Home and the Family in Historical Perspective«, in *Home: A Place in the World*, Hrsg. Arien Mack (New York: New York University Press, 1993), S. 235.

93 Zit. in Orvar Löfgren, »The Sweetness of Home: Class, Culture, and Family Life in Sweden«, in *Ethnologia Europaea* 14 (1984), S. 49.

94 Sopher, »The Structuring of Space«, S. 146.

95 Christema Nippert-Eng, *Home and Work: Negotiating Boundaries in Everyday Life* (Chicago: University of Chicago Press, 1996).

96 Zit. in Houghton, *The Victorian Frame of Mind*, S. 343; s. auch McDannell, *The Christian Home in Victorian America*, S. 22.

97 William B. Chisholm, zit. in T. Jackson Lears, *No Place for Grace: Antimodernism and the Transformation of American Culture, 1880–1920* (New York: Pantheon, 1981), S. 192; s. auch Asa Briggs, *Victorian Things* (London: B. T. Batsford, 1988), Kap. 2; zu unterschiedlichen Kommunikationsformen s. Yi-Fu Tuan, *Segmented Worlds and Self: Group Life and Individual Consciousness* (Minneapolis: University of Minnesota Press, 1982), Kap. 6; zur sich wandelnden Priorität der Sinne s. Alain Corbin, »Backstage«, in *A History of Private Life*, Bd. 4, Hrsg. Michele Perrot (Cambridge, Mass.: Harvard University Press, 1990), S. 457–547.

98 Clark, *The American Home*, S. 26; Kenneth Clark, *The Gothic Revival: An Essay in the History of Taste* (London: Constable, 1950).

99 W. J. Loftie, *A Plea for Art at Home* (1876), zit. in Briggs, *Victorian Things*, S. 213.

100 McDannell, *The Christian Home in Victorian America*, S. 2.

101 Baldwin Brown, *The Home Life: In the Light of Its Divine Idea* (London, 1866), zit. in Houghton, *The Victorian Frame of Mind*, S. 347; s. auch Clark, *The American Home*, S. 29–30.

102 G. K. Chesterton, *The Autobiography of G. K. Chesterton* (New York: Sheed and Ward, 1936), S. 20.

103 McDannell, *The Christian Home in Victorian America*, Kap. 3.

104 Joselit, *The Wonders of America*, Kap. 4; Marion Kaplan, *The Making of the Jewish Middle Class: Women, Family, and Identity in Imperial Germany* (New York: Oxford University Press, 1991), Kap. 2.

105 Peter Thornton, *Authentic Decor: The Domestic Interior, 1620–1920* (London: Weidenfeld and Nicolson, 1984), S. 221.

106 Karen Halttunen, »From Parlour to Living Room: Domestic Space, Interior Decoration, and the Culture of Personality«, in *Consuming Visions: Accumulation and Display of Goods in America, 1880–1920*, Hrsg. Simon Bronner (New York: W. W. Norton, 1989), S. 159.

107 Davidoff, *Best Circles*, S. 42–46; Clark, *The American Home*, S. 42–45.

108 Halttunen, »From Parlour to Living Room«, S. 165; Clark, *The American Home*, S. 132 ff.

109 Chapman, *The Home and Social Status*, S. 113.

110 Zit. in John Burnett, *Destiny Obscure* (Harmondsworth, Engl.: Penguin, 1984), S. 225.

111 Alwyn Rees, *Life in a Welsh Countryside* (Cardiff: University of Wales Press, 1975), S. 46. Ein ganz ähnlicher Bericht findet sich in Glassie, *Passing the Time in Balleymenone*, S. 338–43.

112 Chapman, *The Home and Social Status*, S. 112.

113 Glassie, *Passing the Time in Balleymenone*, S. 342.

114 Williams, *Homeplace*, S. 85.

115 Clark, *The American Home*, S. 144; Thornton, *The Domestic Interior*, S. 113–16.

116 Christina Hardyment, *Dream Babies: Child Care from Locke to Spock* (London: Jonathan Cape, 1983), Kap. 3–4.

117 Chapman, *The Home and Social Status*, S. 96.

118 Ebd., S. 27–31; Clark, *The American Home*, S. 201 ff.

119 Davidoff, »The Rationalization of Housework«, S. 147–51; Clark, *The American Home*, S. 204.

120 Clark, *The American Home*, S. 215.

121 Zit. in Stephen Mennell, *All Manners of Food, Eating and Taste in England and France from the Middle Ages to the Present* (Oxford: Basil Blackwell, 1985), S. 264.

Teil III
Das perfekte Paar

1 Ernest Cassirer, *The Philosophy of Symbolic Form* (New Haven: Yale University Press, 1955), S. 38–39; (dt.: Akad. Buchgesellschaft, Darmstadt 1997).

2 Peter Berger/Hansfried Kellner, »Marriage and the Construction of Reality«, in *Diogenes*, Nr. 46 (1964), S. 5; zum Fortdauern der Assoziation von Ehe mit Reife und Erfolg s. Enid Nemy, »Society Looks Askance at the Family of One«, in *New York Times*, 28. Febr. 1991.

3 John Boswell, *Same-Sex Unions in Premodern Europe* (New York: Vintage, 1995), S. 178.

4 Judith Wallerstein/Sarah Blakeslee, *Second Chances: Men, Women, and Children a Decade after Divorce* (New York: Ticknor and Fields, 1989).

5 Jonathan Rosen, »Rewriting the End: Elisabeth Kubler-Ross«, in *New York Times Magazine* (22. Jan. 1995), S. 25. Weitere Belege s. Kenneth Gergen, *The Saturated Self: Dilemmas of Identity in Contemporary Life* (New York: Basic Books, 1991), S. 71–72.

6 Colleen McDannell/Bernhard Lang, *Heaven: A History* (New York: Vintage, 1988), S. 303–11.

7 Boswell, *Same-Sex Unions*, S. XXI–XXII.

8 Edmund Morgan, *The Puritan Family: Essays on Religion and Domestic Relations in Seventeenth-Century New England* (New York: Harper & Row, 1966), S. 54.

9 Boswell, *Same-Sex Unions*, S. 262–82.

10 John Gillis, *For Better, For Worse: British Marriages, 1600 to the Present* (New York: Oxford University Press, 1985), S. 123–24; Hans Medick, »Village Spinning Bees: Sexual Culture and Free Time among Rural Youth in Early Modern Germany«, in *Interest and Emotion: Essays on the Study of Family and Kinship*, Hrsg. Hans Medick/David Sabean (Cambridge: Cambridge University Press, 1984), S. 317–39; Edward Shorter, *The Making of the Modern Family* (New York: Basic Books, 1975), Kap. 4.

11 Ellen Rothman, *Hearts and Hands: A History of Courtship in America* (Cambridge, Mass.: Harvard University Press, 1987), S. 23.

12 Zit. in ebd., S. 23.

13 Ebd., S. 27–29; Gillis, *For Better, For Worse*, S. 125–30.

14 Illana Krausman Ben-Amos, *Adolescence and Youth in Early Modern England* (New Haven, Conn.: Yale University Press, 1994), S. 237.

15 Ebd., Kap. 5–6.

16 Gillis, *For Better, For Worse*, S. 24.

17 Joseph Lawson, *Letters to the Young in Pudsey during the Last Sixty Years* (Stannington, Engl., 1887), S. 13–14.

18 Martine Segalen, *Love and Power in the Peasant Family: Rural France in the Nineteenth Century*, engl. v. Sarah Matthews (Oxford: Basil Blackwell, 1980), S. 16.

19 John Gillis, »From Ritual to Romance: Toward an Alternative History of Love«, in *Emotion and Social Change: Toward a New Psychohistory*, Hrsg. Carol Z. Stearns/Peter N. Stearns (New York: Holmes & Meier, 1988), S. 90–92.

20 Ebd.

21 Roger Lowe, *The Diary of Roger Lowe*, Hrsg. William Sachse (New Haven, Conn.: Yale University Press, 1938), S. 37.

22 Zur Erinnerungsfunktion von Marktplätzen s. Jean-Christophe Agnew, *Worlds Apart: The Market and the Theatre in Anglo-American Thought, 1550–1750* (Cambridge: Cambridge University Press, 1986), S. 17–40.

23 David Jenkins, *The Agricultural Community of South-West Wales at the Turn of the Twentieth Century* (Cardiff: University of Wales Press, 1971), S. 147.

24 Lawson, *Letters to the Young*, S. 15.

25 Rothman, *Hearts and Hands*, S. 48–50.

26 Trefor Owen, »West Glamorgan Customs«, in *Folk-Life* 3 (1965), S. 47.

27 *Rural Economy in Yorkshire in 1641, Being the Farming and Account Books of Henry Best of Elmswell in East Riding*, Surtees Society, Nr. 33 (1857), S. 116–17.

28 W. Barnes, »The Diary of William Whiteway«, in *Proceedings of the Dorset Natural History and Archeological Field Club* 13 (1892), S. 59.

29 Boswell, *Same-Sex Unions*, S. 15; Gillis, *For Better, For Worse*, S. 43–45.

30 Vgl. A. Percival Moore, »Marriage Contracts or Espousals in the Reign of Queen Elizabeth«, in *Reports and Papers of the Associated Architectural Societies of 1909*, S. 290–91.

31 F. J. Furnivall, *Child-Marriages, Divorces, and Ratifications in the Diocese of Chester* (London, 1897), S. XLVIII.

32 Zit. in Peter Laslett, *The World We Have Lost* (New York: Scribner's, 1971), S. 143–44.

33 Barnes, »The Diary of William Whiteway«, S. 59.

34 *Rural Economy in Yorkshire*, S. 116–17.

35 David Hackett Fischer, *Albion's Seed: Four British Folkays in America* (New York: Oxford University Press, 1989), S. 81; Morgan, *The Puritan Family*, S. 32–33; Rothman, *Hearts and Hands*, S. 29–30.

36 Barnes, »The Diary of William Whiteway«, S. 59.

37 Gillis, *For Better, For Worse*, S. 43.

38 *Rural Economy in Yorkshire*, S. 116–17.

39 Zit. in Gillis, *For Better, For Worse*, S. 57–60.

40 Owen, »West Glamorgan Customs«, S. 52.

41 »Choice Notes«, in *Notes and Queries* (London, 1859), S. 265. S. auch *Notes and Queries*, 4. Serie, Bd. 2 (10. Okt. 1868), S. 434; (7. Nov. 1868), S. 450. Auch amerikanische Eltern waren bei der Hochzeit ihrer Töchter nicht dabei; s. Rothman, *Hearts and Hands*, S. 76–77.

42 Zit. in Gillis, *For Better, For Worse*, S. 98–99.

43 Trefor Owen, *Welsh Folk Customs* (Cardiff: National Museum of Wales, 1978), S. 161–62; s. auch Gillis, *For Better, For Worse*, S. 153–55.

44 Gillis, *For Better, For Worse*, S. 155–58.

45 A. Craig Gibson, »Ancient Custom and Superstition in Cumberland«, in *Transactions of the Historic Society of Lancashire and Cheshire*, 10 (1857–58), S. 103; R. U. Sayce, »Popular Enclosures and the One-

Night House«, in *Montgomerydhire Collections* 47, Teil 2 (1942), S. 109–17.
46 W. Crooke, »Lifting the Bride«, in *Folk-Lore* 12 (1902), S. 228–29.
47 R. Blakeborough, »A Country Wedding a Century Ago« (Blakeborough MSS, Sheffield University Library).
48 Zum Thema »petting stones« s. Gillis, *For Better, For Worse,* S. 65–66.
49 Blakeborough, »A Country Wedding«.
50 Margaret Baker, *Discovering the Folklore and Customs of Love and Marriage* (Aylesbury, Engl.: Shire Publications, 1974), S. 50.
51 Tom Minors, »Quaint Marriage Customs in Old Cornwall«, in *Old Cornwall,* Bd. 1, S. 23–24; zum Thema amerikanische Zeremonien s. David Hackett Fischer, *Albion's Seed: Four British Folkways in America* (New York: Oxford University Press, 1989), S. 82.
52 Rothman, *Hearts and Hands,* S. 74.
53 Der Ausdruck »newlyweds« tauchte 1918 zum ersten Mal auf; s. *Oxford English Dictionary,* 2. Aufl., Bd. 10.
54 Kirchenbänke wurden im achtzehnten Jahrhundert eher nach Häusern als nach Familien verteilt; John Demos, *Past, Present and Personal: The Family and the Life Course in American History* (New York: Oxford University Press, 1986), S. 29.
55 Zit. in Rothman, *Hearts and Hands,* S. 83.
56 Zit. ebd., S. 81.
57 Ebd., S. 82–83.
58 Ebd., S. 74.
59 »Diary of the Journey of the Most Illustrious Philip Julius, Duke of Stettin-Pomerania through England, 1602«, in *Transactions of the Royal Historical Society,* Bd. 6 (1892), S. 65.
60 Gillis, *For Better, For Worse,* S. 76–81; Edward P. Thompson, »The Sale of Wives«, in ders. *Customs in Common: Studies in Traditional Popular Culture* (New York: New Press, 1991), S. 404–66.
61 Zum Thema Ehedisziplin der Quäker, s. Barry Levy, *Quakers and the American Family: British Settlement in the Delaware Valley* (New York: Oxford University Press, 1988), S. 72–80.
62 Zit. in Barbara Taylor, *Eve and the New Jerusalem: Socialism and Feminism in the Nineteenth Century* (New York: Pantheon, 1983), S. 225; Eileen Yeo, »Robert Owen and Radical Culture«, in *Robert Owen: Prophet of the Poor,* Hrsg. S. Pollard/J. Salt (London: Macmillan; 1971), S. 98; Yeo, »Culture and Constraint in Working-Class Movements«, in *Popular Culture and Class Conflict, 1590–1914:*

Explorations in the History of Labour and Leisure, Hrsg. Eileen Yeo/Stephen Yeo (Brighton, Engl.: Harvester, 1981), S. 155–86.

63 Gillis, *For Better, For Worse,* S. 225–27.

64 Zit. in Taylor, *Eve and the New Jerusalem,* S. 213.

65 Berger/Kellner, »Marriage and the Construction of Reality«, S. 208.

66 Zum Thema Weihnachtsromantik s. Tony Bennett, »Christmas and Ideology«, in ders., *Popular Culture* (Milton-Keynes, Engl.: Open University Press, 1985), S. 65; s. auch Colin Bell, *Middle-Class Families: Social and Geographical Mobility* (London: Routledge and Kegan Paul, 1968), S. 94.

67 Beth L. Bailey, *From Front Porch to Back Seat: Courtship in Twentieth-Century America* (Baltimore: Johns Hopkins University Press, 1988), S. 13–16.

68 Gillis, *For Better, For Worse,* S. 283.

69 Francesca Cancian, *Love in America: Gender and Self-Development* (Cambridge: Cambridge University Press, 1987), S. 16–29; Rothman, *Hearts and Hands,* S. 105–6.

70 Steven M. Stowe, *Intimacy and Power in the Old South: Ritual in the Lives of the Planters* (Baltimore: Johns Hopkins University Press, 1987), S. 90–91, 96; Karen Lystra, *Searching the Heart: Women, Men, and Romantic Love in Nineteenth-Century America* (New York: Oxford University Press, 1989), Kap. 1; über die Verwendung als Beweismittel bei Gericht s. Ginger Frost, *Promises Broken: Courtship, Class, and Gender in Victorian England* (Charlottesville: University Press of Virginia, 1995), Kap. 1–2.

71 Zit. in Lystra, *Searching the Heart,* S. 23.

72 Orvar Löfgren/Jonas Frykman, *Culture Builders: A Historical Anthropology of Middle-Class Life* (New Brunswick, N. J.: Rutgers University Press, 1987), S. 119–23.

73 Gillis, *For Better, For Worse,* S. 278, 287.

74 Zit. in Lystra, *Searching the Heart,* S. 195–96.

75 Boswell, *Same-Sex Unions,* S. 15.

76 Frost, *Promises Broken,* Kap. 5–6.

77 Zit. in Rothman, *Hearts and Hands,* S. 166.

78 Zit. ebd., S. 174.

79 Gillis, *For Better, For Worse,* S. 286–87; Rothman, *Hearts and Hands,* S. 279.

80 Aus »Pilot Questionnaire on Marriage, 1947«, Family Planning Box 3c (Mass Observation Archive, Sussex University, England).

81 Ebd.

82 Zur Frage, wie gleiche Symbole unterschiedlichen Zwecken dienen können, s. Miki Tanikawa, »Japanese Weddings: Long and Lavish (Boss Is Invited)«, in *New York Times,* 26. Febr. 1995.

83 »Pilot Questionnaire on Marriage«.

84 Zit. in Rothman, *Hearts and Hands,* S. 172.

85 Ebd., S. 310–11; Gillis, *For Better, For Worse,* S. 292–93.

86 Rothman, *Hearts and Hands,* S. 161.

87 Ebd., S. 168–70; Gillis, *For Better, For Worse,* S. 294–95.

88 Gillis, *For Better, For Worse,* S. 284.

89 Ebd., S. 311; Rothman, *Hearts and Hands,* S. 175.

90 Gillis, *For Better, For Worse,* S. 293.

91 Mark Carnes, *Secret Ritual and Manhood in Victorian America* (New Haven, Conn.: Yale University Press, 1989); Jeffrey Weeks, *Sex, Politics, Society: The Regulation of Sexuality since 1800* (London: Longman, 1981), Kap. 3 und 11; George Chauncey, *Gay New York: Gender, Urban Culture, and the Making of the Gay Male World, 1890– 1940* (New York: Basic Books, 1994), Teil 1–2.

92 Cancian, *Love in America,* S. 25 ff.; Lilian Faderman, *Odd Girls and Twilight Lovers: A History of Lesbian Life in Twentieth-Century America* (New York: Columbia University Press, 1991), Kap. 1–2; Carroll Smith-Rosenberg, »The Female World of Love and Ritual: Relations between Women in Nineteenth-Century America«, in Smith-Rosenberg, *Disorderly Conduct: Visions of Gender in Victorian America* (New York: Oxford University Press, 1985), S. 53–76.

93 Elaine Tyler May, *Great Expectations: Marriage and Divorce in Post-Victorian America* (Chicago: University of Chicago Press, 1980); Cancian, *Love in America,* Kap. 3.

94 Bailey, *From Front Porch to Back Seat,* S. 25–56; Stephanie Coontz, *The Way We Never Were: American Families and the Nostalgia Trap* (New York: Basic Books, 1992), Kap. 8; Gillis, *For Better, For Worse,* Kap. 9; Paula Fass, *The Damned and the Beautiful: American Youth in the 1920s* (New York: Oxford University Press, 1977), Kap. 3–6.

95 Coontz, *The Way We Never Were,* Kap. 8.

96 Zur Geschichte der Freundschaft s. Theodore Zeldin, *An Intimate History of Humanity* (New York: HarperCollins, 1995), S. 325–26.

97 Boswell, *Same-Sex Unions,* S. 262–78.

98 Gillis, *For Better, For Worse,* S. 285–86.

99 Ebd., S. 277.

100 John Modell, *Into One's Own: From Youth to Adulthood in the United States, 1920–1975* (Berkeley: University of California Press, 1989), S. 6–16; Gillis, *For Better, For Worse*, Kap. 10.

101 Gillis, *For Better, For Worse*, S. 286.

102 Rothman, *Hearts and Hands*, S. 310.

103 Linda Wells, »The Wedding«, in *New York Times Magazine* (14. Febr. 1988), S. 65, 78; Georgia Dullea, »Three-Day Weddings Join the Marriage Season«, in *New York Times*, 9. Juni 1986; »A Family Affair: Paying for the Wedding«, in *New York Times*, 27. Juni 1991.

104 Robert Brain, *Friends and Lovers* (New York: Basic Books, 1976), S. 246.

105 Lillian Rubin, *Just Friends: The Role of Friendship in Our Lives* (New York: Harper & Row, 1985).

Aus Frauen werden Mütter

1 Ann Dally, *Inventing Motherhood: The Consequences of an Ideal* (London: Burnett Books, 1982), S. 17.

2 »Disillusioned Town Reviles Woman Accused of Killings«, in *New York Times*, 5. Nov. 1994, s. auch Susan Chira, »Murdered Children: In Most Cases, a Parent Did It«, ebd.

3 Dana Raphael, »Matrescence, Becoming a Mother: An ›Old/New‹ Rite of Passage«, in *Being Female: Reproduction, Power, and Change*, Hrsg. Dana Raphael (The Hague: Mouton, 1975), S. 65–71.

4 Robbie E. Davis-Floyd, *Birth as an American Rite of Passage* (Berkeley: University of California Press, 1992), S. 13, 38.

5 Sogar innerhalb der relativ widerstandsfähigen amerikanischen Bevölkerung war die Anzahl der Waisen ziemlich hoch. Vgl. dazu Richard Wertz/Dorothy Wertz, *Lying-in: A History of Childbirth in America* (New York: Free Press, 1977), S. 3; Peter Laslett, *Family Life and Illicit Love in Earlier Generations* (Cambridge: Cambridge University Press, 1977), Kap. 4.

6 Shari Thurer, *Myths of Motherhood: How Culture Reinvents the Good Mother* (Boston: Houghton Mifflin, 1994), S. 213.

7 Ebd., S. 177; Elisabeth Badinter, *Mother Love: Myth and Reality: Motherhood in Modern History* (New York: Macmillan, 1981), S. 48; Valerie Fildes, *Wetnursing: A History from Antiquity to the Present* (Oxford: Basil Blackwell, 1988), Kap. 6–8.

8 Fildes, *Wetnursing*, Kap. 8.

9 Leonore Davidoff/Catherine Hall, *Family Fortunes: Men and Women of the English Middle Class, 1780–1850* (Chicago: University of Chicago Press, 1987), S. 222–23.

10 Ellen Ross, *Love and Toil: Motherhood in Outcast London, 1870–1918* (New York: Oxford University Press, 1993), S. 133–37.

11 Carl Chinn, *They Worked All Their Lives: Women of the Urban Poor in England, 1880–1839* (New York: St. Martin's Press, 1988), Kap. 2–4; Michael Anderson, *Family Structure in Nineteenth-Century Lancashire* (Cambridge: Cambridge University Press, 1971), Teil 3.

12 Illana Krausman Ben-Amos, *Adolescence and Youth in Early Modern England* (New Haven, Conn.: Yale University Press, 1994), S. 2.

13 John Boswell, *The Kindness of Strangers: The Abandonment of Children in Western Europe, Late Antiquity to the Renaissance* (New York: Pantheon, 1988), S. 11.

14 Dally, *Inventing Motherhood*, S. 17.

15 Laura Thatcher Ulrich, *Good Wives: Image and Reality in the Lives of Women in Northern New England, 1650–1750* (New York: Vintage, 1980), S. 158.

16 Jacques Gelis, *History of Childbirth: Fertility, Pregnancy, and Birth in Early Modern Europe* (Cambridge Polity, 1991), S. 105.

17 Zum Thema »kleine Mütter« s. Elizabeth Roberts, *A Woman's Place: An Oral History of Working-Class Women, 1890–1940* (Oxford: Basil Blackwell, 1984), S. 24–25, 173; Chinn, *They Worked All Their Lives*, S. 26–36; zum familiären Zusammenleben von Schwarz und Weiß auf amerikanischen Plantagen mit Sklaven s. Mechal Sobel, *The World They Made Together: Black and White Values in Eighteenth-Century Virginia* (Princeton, N. J.: Princeton University Press, 1987), Kap. 10; zu den nährenden Fähigkeiten der Männer s. Davidoff/Hall, *Family Fortunes*, S. 329–35.

18 Eine ausführlichere Diskussion findet sich in Kap. 9.

19 Keith Thomas, *Religion and the Decline of Magic* (New York: Scribner's, 1971), Kap. 2–3.

20 Clarissa Atkinson, *The Oldest Vocation: Christian Motherhood in the Middle Ages* (Ithaca, N. Y.: Cornell University Press, 1991), S. 137.

21 Caroline Walker Bynum, »Jesus and Mother and Abbot as Mother: Some Themes in Twelfth-Century Cistercian Writing«, in dies., *Jesus as Mother: Studies in the Spirituality of the High Middle Ages* (Berkeley: University of California Press, 1983), S. 110–59; zur Fortsetzung dieses Trends s. David Leverenz, *The Language of Puritan Feeling: An*

Exploration in Literature, Psychology, and Social History (New Brunswick, N. J.: Rutgers University Press; 1980).

22 Atkinson, *The Oldest Vocation,* S. 115, 143.

23 Steven Ozment, *When Fathers Ruled: Family Life in Reformation Europe* (Cambridge, Mass.: Harvard University Press, 1983); Thurer, *Myths of Motherhood,* S. 166–67; Mary Ryan, *The Empire of Mother: American Writing about Domesticity, 1830–1860* (New York: Haworth, 1982), S. 18–22.

24 Atkinson, *The Oldest Vocation,* S. 232; Thurer, *Myths of Motherhood,* S. 157.

25 Atkinson, *The Oldest Vocation,* S. 232.

26 Zum Thema Macht der Hebammen s. Gelis, *History of Childbirth,* S. 105–10.

27 Christina Larner, *Witchcraft and Religion,* S. 84.

28 Atkinson, *The Oldest Vocation,* S. 220.

29 Thurer, *Myths of Motherhood,* S. 90.

30 Davis-Floyd, *Birth as an American Rite of Passage,* S. 1–2.

31 Gelis, *History of Childbirth,* S. 65.

32 Wertz/Wertz, *Lying-in,* S. 23.

33 Zum Thema Initiationsriten im allgemeinen s. Arnold van Gennep, *Rites of Passage* (Chicago: University of Chicago Press, 1960).

34 Zum Thema Riten des Wandels s. David Cheal, »Relationships in Time: Ritual, Social Structure, and the Life Course«, in *Studies in Symbolic Interaction* 9 (1988), S. 98.

35 Audrey Eccles, *Obstetrics and Gynecology in Tudor and Stuart England* (Kent, Ohio: Kent State University Press, 1982), S. 24–26, 60; Angus McClaren, *Reproductive Rituals: The Perception of Fertility in England from the Sixteenth to the Nineteenth Century* (London: Methuen, 1984), Kap. 1–2.

36 McLaren, *Reproductive Rituals,* S. 13–30; Gelis, *History of Childbirth,* S. 47–56 und Kap. 6.

37 Gelis, *History of Childbirth,* S. 58.

38 Alan Macfarlane, *The Family Life of the Reverend Ralph Josselin* (New York: W. W. Norton, 1970), S. 81–91.

39 Gelis, *History of Childbirth,* S. 67 ff.; in den amerikanischen Totenlisten des achtzehnten Jahrhunderts finden sich viele Kleinkinder, die starben, ohne einen Namen erhalten zu haben. Sandra Brant/Elissa Cullman, *Small Folk: A Celebration of Childhood in America* (New York: E. P. Dutton, 1980), S. 43.

40 Thurer, *Myths of Motherhood,* S. 171.

41 Atkinson, *The Oldest Vocation*, S. 193.

42 Gelis, *History of Childbirth*, S. 70–75.

43 Thomas, *Religion and the Decline of Magic*, S. 508, 516.

44 Ralph Josselin bediente sich dieser Ausdrucksweise, die sich in der Oberschicht bis zum ausgehenden achtzehnten Jahrhundert hielt; Macfarlane, *The Family Life of the Reverend Ralph Josselin*, S. 84–85; vgl. auch Judith S. Lewis, *In the Family Way: Childbearing in the English Aristocracy, 1760–1860* (New Brunswick, N. J.: Rutgers University Press, 1986), S. 72; Madeleine Riley, *Brought to Bed* (South Brunswick, N. J.: A. S. Barnes, 1968), S. 4.

45 Eccles, *Obstetrics and Gynecology in Tudor and Stuart England*, S. 45–47, 60–65; Ann Oakley, *The Captured Womb: A History of the Medical Care of Pregnant Women* (Oxford: Basil Blackwell, 1984), S. 22–24.

46 Gelis, *History of Childbirth* S. 45.

47 Zum Thema aristokratische Frauen s. Lewis, *In the Family Way*, S. 52–54, 156–58.

48 Van Gennep, *Rites of Passage*, S. 41.

49 Eccles, *Obstetrics and Gynecology in Tudor and Stuart England*, S. 94–95; Adrian Wilson, »Participant or Patient? Seventeenth-Century Childbirth from the Mother's Point of View«, in *Patients and Practitioners: Lay Principles of Medicine in Pre-Industrial Societies*, Hrsg. Roy Porter (Cambridge: Cambridge University Press, 1985), S. 135; Wertz/Wertz, *Lying-in*, Kap. 1.

50 Lewis, *In the Family Way*, S. 151; Wilson, »Participant or Patient?«, S. 135; Edward Shorter, *The Making of the Modern Family* (New York: Basic Books, 1975), S. 145; Eccles, *Obstetrics and Gynecology in Tudor and Stuart England*, S. 92; Gelis, *History of Childbirth*, S. 97–98, 130–32.

51 Wilson, »Participant or Patient?« S. 132–35; Shorter, *The Making of the Modern Family*, S. 48–56; Ralph Houlbrooke, *English Family Life, 1576–1716: An Anthology from Diaries* (Oxford: Basil Blackwell, 1989), S. 129–30; Wertz/Wertz, *Lying-in*, S. 12–14.

52 Shorter, *The Making of the Modern Family*, S. 293–94.

53 Wilson, »Participant or Patient?« S. 133–36.

54 Gelis *History of Childbirth*, S. 38, 155; Lisa Cody, »The Politics of Body Contact: The Discipline of Reproduction in Britain, 1688–1834« (Doktorarbeit, University of California at Berkeley, 1993), Schluß.

55 Nigel Lowe, »The Legal Status of Father: Past and Present«, in *The Father Figure*, Hrsg. L. McKee/M. O'Brien (London: Tavistock, 1982), S. 26–28; Riley, *Brought to Bed*, S. 68, 105–13.

56 Wertz/Wertz, *Lying-in*, S. 20–23; Wilson, »Participant or Patient?« S. 129–30; Shorter, *The Making of the Modern Family*, S. 38–39; Gelis, *History of Childbirth*, S. 134–35.

57 Riley, *Brought to Bed*, S. 3–4; Lewis, *In the Family Way*, S. 72.

58 Zit. in Wertz/Wertz, *Lying-in*, S. 21.

59 Gelis, *History of Childbirth*, S. 163.

60 Ruth Bloch, »American Feminine Ideals in Transition: The Rise of the Moral Mother, 1785–1815«, in *Feminist Studies* 4, Nr. 2 (1978), S. 101–26; Badinter, *Mother Love*, Teil 1.

61 Gelis, *History of Childbirth*, S. 183.

62 Alan Macfarlane, *The Family Life of Ralph Josselin* (New York: W. W. Norton, 1970), S. 88.

63 Eccles, *Obstetrics and Gynecology in Tudor and Stuart England*, S. 83; Joseph Illick, »Childrearing in Seventeenth-Century England and America«, in *The History of Childhood*, Hrsg. Lloyd deMause (New York: Psychohistory Press, 1974), S. 307; *Notes and Queries*, 5. Serie (14. Sept. 1878), S. 205 und (28. Sept. 1878), S. 255–26.

64 Wilson, »Participant or Patient?« S. 137.

65 Macfarlane, *The Family Life of Ralph Josselin*, S. 88–89; Houlbrooke, *English Family Life*, S. 131; zum Thema Volksbräuche s. John Brand, *Observations on Popular Antiquities* (London: Chatto and Windus, 1877), S. 340–41.

66 Gelis, *History of Childbirth*, S. 195.

67 Houlbrooke, *English Family Life*, S. 130–31; B. Midi Berry/Roger Schofield, »Age of Baptism in Preindustrial England«, in *Population Studies* 25 (1971), S. 453–63; Thomas, *Religion and the Decline of Magic*, S. 36–7, 56.

68 Gelis, *History of Childbirth*, S. 188.

69 Wilson, »Participant or Patient?« S. 138.

70 Eccles, *Obstetrics and Gynecology in Tudor and Stuart England*, S. 95–97; Wilson, »Participant or Patient?« S. 137–38; Lewis, *In the Family Way*, S. 194–99; van Gennep, *Rites of Passage*, S. 48; Gelis, *History of Childbirth*, S. 188–94.

71 Linda Pollock, *Forgotten Children: Parent-Child Relations from 1500 to 1900* (Cambridge: Cambridge University Press, 1983), S. 215; Eccles, *Obstetrics and Gynecology in Tudor and Stuart England*, S. 14, 98.

72 Wilson, »Participant or Patient?« S. 138; Lewis, *In the Family Way*, S. 195–97.

73 Thomas, *Religion and the Decline of Magic*, S. 15, 38–39; David

Cressy, »Thanksgiving and the Churching of Women in Post-Reformation England«, in *Past and Present* 141 (Nov. 1993), S. 115.

74 Zit. in Thomas, *Religion and the Decline of Magic*, S. 60.

75 Cressy, »Thanksgiving and the Churching of Women«, S. 123–32.

76 Peter Rushton, »Purification or Social Contract? Ideologies of Reproduction and the Churching of Women after Childbirth«, in *The Public and Private*, Hrsg. Eva Gamarnikow et al. (London: Heinemann, 1983), S. 124–31.

77 Cressy, »Thanksgiving and the Churching of Women«, S. 115.

78 Brand, *Observations on Popular Antiquities*, S. 228.

79 Wertz/Wertz, *Lying-in*, S. 5–10.

80 Lewis, *In the Family Way*, S. 201–2; Adrian Wilson, »The Ceremony of Childbirth and Its Interpretation«, in *Women as Mothers in Pre-Industrial England*, Hrsg. Valerie Fildes (London: Routledge, 1990), S. 92.

81 Pollock, *Forgotten Children*, S. 111–13; Boswell, *Same-Sex Unions*, S. 428–34.

82 Thurer, *Myths of Motherhood*, S. 186.

83 Wertz/Wertz, *Lying-in*, S. 79–80.

84 Lewis, *In the Family Way*, S. 72: »All our mothers and grandmothers, used in due course to become *with child* or as Shakespeare has it, *round-wombed* … but it is very well known that no female, above the degree of chambermaid or laundress, had been with child these ten years past … nor is she ever *brought to bed* or *delivered* but merely at the end of nine months, has an accouchement; antecedent to which she informs her friends that at a certain time she will be confined.«

85 Zit. ebd.

86 Wertz/Wertz, *Lying-in*, S. 79.

87 Ludmilla Jordanova, »Naturalizing the Family: Literature and the Biomedical Sciences in the Late Eighteenth Century«, in dies., *Languages of Nature: Critical Essays on Science and Literature* (London: Free Association Press, 1986), S. 105.

88 Lewis, *In the Family Way*, S. 53–54.

89 Ebd.; Pollock, *Forgotten Children*, S. 36; John Conquest, *Letters to a Mother, on the Management of Herself and Her Children in Health and Disease* (London: Longman, 1848), S. 39–46; Shorter, *The Making of the Modern Family*, S. 145.

90 Wertz/Wertz, *Lying-in*, S. 80.

91 Zit. in Mary Poovey, »Scenes of an Indelicate Character: The Medical Treatment of Victorian Women«, in Catherine Gallagher/Thomas

Laqueur, *The Making of the Modern Body* (Berkeley: University of California Press, 1987), S. 157.

92 Pollock, *Forgotten Children*, S. 204–8; in der Arbeiterschicht wurden Geburt und Tod noch bis in unser Jahrhundert miteinander in Verbindung gebracht; s. Mary Chamberlain/Ruth Richardson, »Life and Death«, in *Oral History* 11, Nr. 1 (Frühjahr 1983), S. 31–43.

93 J. Jill Suitor, »Husbands' Participation in Childbirth: A Nineteenth-Century Phenomenon«, in *Journal of Family History* 6 (1981), S. 278–93; Shorter, *The Making of the Modern Family*, S. 294; Lewis, *In the Family Way*, S. 177–83; J. H. Walsh, *A Manual of Domestic Economy Suited to Families Spending from 100 to 1000 a Year* (London, 1857), S. 558.

94 Wertz/Wertz, *Lying-in*, S. 85–87.

95 Ebd., S. 65.

96 Zit. in Poovey, »Scenes of an Indelicate Character«, S. 157.

97 John H. Miller, »›Temple and Sewer‹: Childbirth, Prudery and Victoria Regina«, in *The Victorian Family*, Hrsg. A. S. Wohl (London: Croom Helm, 1978), S. 34–36; Riley, *Brought to Bed*, S. 122–23.

98 Lewis, *In the Family Way*, S. 58–59, 71–72; Miller, S. 35–39; Jan Lewis, »Mother's Love: The Construction of an Emotion in Nineteenth-Century America« (Vortrag, gehalten beim Pittsburgh Symposium, Juli 1988).

99 Zit. in Pollock, *Forgotten Children*, S. 206.

100 Zit. in Miller, »›Temple and Sewer‹«, S. 35; andere literarische Repräsentationen finden sich in Riley, *Brought to Bed*, S. 28–29.

101 Jordanova, »Natural Facts«, S. 50 ff.; Thurer, *Myths of Motherhood*, S. 199–200.

102 Conquest, *Letters to a Mother*, S. 93; Fildes, *Women as Mothers*, S. 401.

103 Zit. in Riley, *Brought to Bed*, S. 5.

104 Lewis, *In the Family Way*, S. 73–74.

105 Miller, »›Temple and Sewer‹«, S. 37–38.

106 David Cheal, *The Gift Economy* (London: Routledge, 1988), S. 99–100.

107 James Obelkevich, *Religion and Rural Society: South Lindsey, 1825–1875* (Oxford: Clarendon Press, 1976), S. 127–30.

108 Rushton, »Purification or Social Contract?« S. 118–23; David Clark, *Between Pulpit and Pew: Folk Religion in a North Yorkshire Fishing Village* (Cambridge: Cambridge University Press, 1982), S. 114–23.

109 Suitor, »Husbands' Participation in Childbirth«, S. 284–87; Miller, »Temple and Sewer«, S. 36.
110 Zit. in Pollock, *Forgotten Children*, S. 205; s. auch Riley, *Brought to Bed*, S. 115–24.
111 Zit. in Wertz/Wertz, *Lying-in*, S. 106.
112 Ebd., Kap. 4.
113 Ebd., S. 133–35.
114 Zit. in Davis-Floyd, *Birth as an American Rite of Passage*, S. 51.
115 Wertz/Wertz, *Lying-in*, S. 168.
116 Ebd., S. 173.
117 Gelis, *History of Childbirth*, S. 272.
118 Davis-Floyd, *Birth as an American Rite of Passage*, S. 123.
119 Zur Bedeutung von Spiegeln, s. ebd., S. 132–35.
120 Ebd., S. 68–69.
121 Thurer, *Myths of Motherhood*, S. 255.
122 Wertz/Wertz, *Lying-in*, S. 180–82.
123 Leserbrief, *Ladies' Home Journal* (Mai 1958), zit. ebd., S. 172.
124 Wertz/Wertz, *Lying-in*, S. 185.
125 Davis-Floyd, *Birth as an American Rite of Passage*, S. 282.
126 Eine Zusammenfassung findet sich ebd., S. 41–43.
127 Ebd., S. 38.
128 Joan Busfield/Michael Paddon, *Thinking about Children: Sociology and Fertility in Post-War Britain* (Cambridge: Cambridge University Press, 1977), S. 134–56.
129 Carroll Smith-Rosenberg, »Puberty to Menopause: The Cycle of Femininity in Nineteenth-Century America«, in Smith-Rosenberg, *Disorderly Conduct: Visions of Gender in Victorian America* (New York: Oxford University Press, 1985), S. 182–96; Gail Sheehy, *The Silent Passage: Menopause* (New York: Random House, 1992).
130 Lowe, »The Legal Status of Father«, S. 28–42.
131 Orvar Löfgren/Jonas Frykman, *Culture Builders: A Historical Anthropology of Middle-Class Life* (New Brunswick, N. J.: Rutgers University Press, 1987), S. 118–25; Nancy Friday, *My Mother/My Self: A Daughter's Search for Identity* (New York: Delacorte: 1977; dt.: Fischer, Frankfurt 1997).
132 Jonathan Gathorne-Hardy *The Rise and Fall of the British Nanny* (London: Hodder and Stoughton, 1972).
133 Dally, *Inventing Motherhood*, S. 17.
134 John Gillis, *For Better, For Worse: British Marriages, 1600 to the Present* (New York: Oxford University Press, 1985), S. 253; zur

Bedeutung von Symbolen der Mutter als Nährerin s. Joan Brumberg, *Fasting Girls: The Emergence of Anorexia Nervosa as a Modern Disease* (Cambridge, Mass.: Harvard University Press, 1988), Kap. 5.

135 Leigh Schmidt, »The Humbug of Modern Ritual: The Invention of Father's Day« (Thesenpapier, Davis Center of Princeton University, Nov. 1994).

136 Karen Hausen, »Mothers, Sons, and the Sale of Symbols and Goods: The ›German Mother's Day‹ 1923–33«, in *Interest and Emotion: Essays on the Study of Family and Kinship*, Hrsg. Hans Medick/ David Sabean (Cambridge: Cambridge University Press, 1984), S. 371–414.

137 Frank F. Furstenberg Jr., »Good Dads – Bad Dads: Two Faces of Fatherhood«, in *The Changing American Family and Public Policy*, Hrsg. Andrew Cherlin (Washington, D. C.: Urban Institute Press, 1988), S. 193–216.

138 Barbara Katz Rothman, *Recreating Motherhood: Ideology and Technology in a Patriarchical Society* (New York: W. W. Norton, 1989), S. 32.

139 Ornella Moscucci, *The Science of Women: Gynaecology and Gender in England, 1800–1929* (Cambridge: Cambridge University Press, 1990), S. 15–40.

140 Zit. in Dally, *Inventing Motherhood*, S. 101.

141 Christema Nippert-Eng beschäftigt sich gerade in bezug auf den zeitgenössischen amerikanischen Kontext mit dieser Frage.

Die Erziehung der Väter: Fremde in unserer Mitte

1 *The Harper Book of Quotations*, 3. Aufl. (New York: HarperCollins, 1993), S. 155.

2 Trotz neuerer Erkenntnisse, daß die Gesundheit des Fötus vom Zustand des Spermiums beeinflußt wird, wird immer noch die Mutter für eventuelle Schäden des Fötus verantwortlich gemacht. Eine Analyse der Tatsache, daß die Kultur in diesem Bereich stärker ist als die Medizin, findet sich in Cynthia Daniels, »Between Father and Fetuses: The Social Construction of Male Reproduction and the Politics of Fetal Harm«, (Thesenpapier, Treffen der American Political Science Association, 1993), s. auch Daniels, *At Women's Expense: State Power and the Politics of Fetal Rights* (Cambridge, Mass.: Harvard University Press, 1993).

25 John Gillis, »From Ritual to Romance: Toward an Alternative History of Love«, in *Emotion and Social Change: Toward a New Psychohistory*, Hrsg. Carol Z. Stearns/Peter N. Stearns (New York: Holmes & Meier, 1988), S. 90–96.

26 Tagebucheinträge von Ralph Josselin und John Dee in *English Family Life, 1576–1716*, Hrsg. Ralph Houlbrooke (Oxford: Basil Blackwell, 1988), S. 104–5; Linda Pollock, Hrsg., *A Lasting Relationship: Parents and Children over Three Centuries* (London: Fourth Estate, 1987), S. 31 ff., 204–6; Audrey Eccles, *Obstetrics and Gynecology in Tudor and Stuart England* (Kent, Ohio: Kent State University Press, 1982), S. 45–47, 60–65; Ann Oakley, *The Captured Womb: A History of the Medical Care of Pregnant Women* (Oxford: Basil Blackwell, 1984), S. 22–24; Judith Scheid Lewis, *In the Family Way: Childbearing in the English Aristocracy, 1760–1860* (New Brunswick, N. J.: Rutgers University Press, 1986), S. 124–33.

27 Cody, »The Politics of Body Contact«, S. 387; Schilderungen dessen, was gut und gerne Couvade sein könnte, finden sich in Pollock, *A Lasting Relationship*, S. 31 ff.; Houlbrooke, *English Family Life*, S. 102.

28 A. W. Smith, »An Introduction to East London Folklore«, in *East London Papers* 2, Nr. 2 (Okt. 1959), S. 64; Norman Dennies, F. Henriques, C. Slaughter, *Coal Is Our Life* (London: Tavistock, 1956), S. 210; *Folk-Lore* 42 (1931), S. 293; Fletcher Moss, *Folk-Lore: Old Customs and Talk of My Neighbors* (Manchester, Engl., 1898), S. 7.

29 *Folk-Lore* 29 (1918), S. 320.

30 Steven Ozment, *When Fathers Ruled: Family Life in Reformation Europe* (Cambridge, Mass.: Harvard University Press, 1983), S. 110.

31 Houlbrooke, *English Family Life*, S. 130.

32 Madeleine Riley, *Brought to Bed* (South Brunswick, N. J.: A. S. Barnes, 1968), S. 107–8.

33 Zit. in Trefor Owen, *Welsh Folk Customs* (Cardiff: National Museum of Wales, 1978), S. 146.

34 Aus einem Trollope-Roman, zit. nach Riley, *Brought to Bed*, S. 8.

35 In der Türkei gibt es kein Äquivalent zur Taufe, denn die Moslems glauben, daß die zweite, höhere Geburt durch den Tod kommt; Delaney, *The Seed and the Soil*, S. 60.

36 Thurer, *Myths of Motherhood*, S. 162.

37 Laurel Thatcher Ulrich, *Goodwives: Image and Reality in the Lives of Women in Northern New England, 1650–1750* (New York: Vintage, 1980); Thurer, *Myths of Motherhood*, S. 186.

38 Griswold, *Fatherhood in America*, Kap. 2; Demos, *Past, Present, and Personal*, S. 45; E. Anthony Rotundo, *American Manhood: Transformations in Masculinity from the Revolution to the Modern Era* (New York: Basic Books, 1993), Kap. 1.

39 Ozment, *When Fathers Ruled*, S. 132.

40 Zit. ebd., S. 8.

41 John Boswell, *The Kindness of Strangers: The Abandonment of Children in Western Europe from Late Antiquity to the Renaissance* (New York: Pantheon, 1988), Kap. 12.

42 Eugene D. Genovese, *Roll, Jordan, Roll: The World the Slaves Made* (New York: Vintage, 1972), S. 70–75.

43 Peter Laslett, *Family Life and Illicit Love in Earlier Generations* (Cambridge: Cambridge University Press, 1977), S. 162.

44 Zur Frage, wie viele Kinder laut den Scheidungslisten im Frankreich des ausgehenden achtzehnten Jahrhunderts verlassen wurden, s. Roderick Phillips, *Putting Asunder: A History of Divorce in Western Society* (Cambridge: Cambridge University Press, 1989), S. 175–84.

45 Wenn David Herlihys Studien über das Europa der frühen Neuzeit stimmen, konnten zwei Drittel bis drei Viertel aller Familien ihre Kinder nicht selbst aufziehen; *Medieval Households*, S. 159.

46 Rotundo, *American Manhood*, Kap. 7.

47 Zit. in Lynn Hunt, »The Unstable Boundaries of the French Revolution«, in *A History of Private Life*, Bd. 4, Hrsg. Michelle Perrot, übers. v. Arthur Goldhammer (Cambridge, Mass.; Harvard University Press, 1990), S. 44; s. auch Thurer, *Myths of Motherhood*, Kap. 6; Ornella Moscucci, *The Science of Women: Gyneacology and Gender in England, 1800–1929* (Cambridge: Cambridge University Press, 1990).

48 Lynn Hunt, *Politics, Culture, and Class in the French Revolution* (Berkeley: University of California Press, 1984), Kap. 1; zum Thema brüderliche Bindungen s. George L. Mosse, *Nationalism and Sexuality: Middle-Class Morality and Sexual Norms in Modern Europe* (Madison: University of Wisconsin Press, 1985).

49 Hunt, »The Unstable Boundaries of the French Revolution«, S. 25.

50 Zit. in Geoffrey Best, *War and Society in Revolutionary Europe, 1778–1870* (Leicester, Engl.: Leicester University Press, 1982), S. 103.

51 Zur wachsenden Glorifizierung der Jugend und zur Vereinnahmung des Jungenalters durch erwachsene Männer s. Rotundo, *American Manhood*, S. 257–59.

52 Griswold, *Fatherhood in America*, S. 13.

53 Anfangs wurde den Frauen die Rolle der republikanischen Ehefrau zugewiesen, die ihre partnerschaftliche Stellung als Gefährtin der republikanischen Männer betonte. Doch als die Männer begannen, diese als zu radikal wahrzunehmen, wurde die Rolle der republikanischen Mutter erfunden. Zu dieser Verschiebung s. Jan Lewis, »Motherhood and the Construction of the Male Citizen in the United States, 1750–1850«, in *Construction of the Self*, Hrsg. George Levine (New Brunswick, N. J.: Rutgers University Press, 1992), S. 143–64; Jan Lewis, »The Republican Wife: Virtue and Seduction in the Early Republic«, in *William and Mary Quarterly*, 3. Serie, 64, Nr. 4 (Okt. 1987), S. 689; s. auch Hunt, »The Unstable Boundaries of the French Revolution«, S. 43–44.

54 Mary Ryan, *The Empire of Mother: American Writing about Domesticity* (New York: Haworth, 1982).

55 Zit. in John Gillis, »Vanishing Youth: The Uncertain Place of the Young in a Global Age«, in *Young: Nordic Journal of Youth Research* 1, Nr. 1 (Febr. 1993), S. 4.

56 Hunt, »The Unstable Boundaries of the French Revolution«; s. auch Elisabeth Badinter, *Mother Love: Myth and Reality: Motherhood in Modern History* (New York: Macmillan, 1981), S. 257 ff.; Jan Jewis, »Women and the Political Culture of Antebellum America« (Thesenpapier, Philadelphia Center for Early American History, Mai 1988).

57 Zit. in William H. Thayer, *Pastor's Wedding Gift* (Boston, 1854), S. 41. Ich verdanke dieses Zitat Stephen Frank, »›Their Own Proper Task‹: The Construction of Meanings for Fatherhood in Nineteenth-Century America« (unveröff. Thesenpapier, 1992), S. 70.

58 Zit. in David Roberts, »The Paterfamilias of the Victorian Governing Class«, in *The Victorian Family*, Hrsg. Anthony Wohl (London: Croom Helm, 1978), S. 60; zum Thema Vater als Fremder s. Demos, *Past, Present, and Personal*, S. 48 ff.

59 Trevor Lummis, »The Historical Dimension of Fatherhood: A Case Study«, in McKee/O'Brien, *The Father Figure*, S. 43–56.

60 Laqueur, »Orgasm, Generation, and the Politics of Reproductive Biology«, S. 24 ff.; s. auch Wertz/Wertz, *Lying-in*, S. 82; und Moscucci, *The Science of Women*, S. 29–40.

61 Wertz/Wertz, *Lying-in*, S. 79.

62 J. Jill Suitor, »Husbands' Participation in Childbirth: A Nineteenth-Century Phenomenon«, in *Journal of Family History* 6, Nr. 3 (Herbst 1981), S. 284.

63 Ebd., S. 284; Miller, »›Temple and Sewer‹«, S. 34–35; Riley, *Brought to Bed*, S. 113–23.

64 Pollock, *Forgotten Children*, S. 205; Riley, *Brought to Bed*, S. 5.

65 James Obelkevich, *Religion and Rural Society. South Lindsey 1825– 1875* (Oxford: Clarendon Press, 1976), S. 128–30.

66 Zit. in Frank Howard Richardson, »Fatherhood«, in *The Mother's Encyclopaedia*, brit. Ausg., Hrsg. Len Chaloner (London: Allen and Unwin, 1939), S. 217.

67 Mündl. Interview mit einem 1910 geborenen Arbeiter, Mr. D.2.P. Akte in der Elizabeth Roberts Oral History Collection, Lancaster University, England. Ich danke Elizabeth Roberts dafür, daß sie mir ihre Forschungsergebnisse zur Verfügung gestellt hat.

68 David Cheal, *The Gift Economy* (London: Routledge, 1988), S. 99– 100.

69 Nigel Lowe, »The Legal Status of Fathers: Past and Present«, in McKee/O'Brien, *The Father Figure*, s. 26–42; Griswold, *Fatherhood in America*, S. 29–30.

70 Die wachsende Beschäftigung mit der Homosexualität zu dieser Zeit untersucht Jeffrey Weeks, *Coming Out: Homosexual Politics in Britain from the Nineteenth Century to the Present* (London: Quartet, 1990); s. auch Rotundo, *American Manhood*, S. 278 ff.

71 Demos, *Past, Present, and Personal*, S. 50–51; und Griswold, *Fatherhood in America*, Kap. 6. Zu Beginn unseres Jahrhunderts wurden britische Väter oft wie das größte Kind der Familie behandelt; Standish Meachem, *A Life Apart* (London: Thames & Hudson, 1977), S. 117– 18; Chinn, *They Worked All Their Lives*, S. 62. Die wachsende Akzeptanz von jungenhaftem Verhalten bei erwachsenen Männern wird auch von Rotundo in *American Manhood*, S. 257, erwähnt.

72 Dies wird durch eine Studie von Urlaubern in Blackpool, England, betont: *Wortowners in Blackpool: Mass-Observation and Popular Leisure in the 1930s*, Hrsg. Gary Cross (London: Routledge, 1990).

73 Gillis, »Ritualization«, S. 227–30; Roberts [mündl. Interview], S. 72.

74 John A. Pimlott, *The Englishman's Christmas: A Social History* (Atlantic Highlands, N. J.: Humanities Press, 1978), Kap. 10; J. M. Golby/A. W. Purdue, *The Making of Modern Christmas* (Athens: University of Georgia Press, 1986), S. 73–75, 88. In den dreißiger Jahren unseres Jahrhunderts hieß es, »manche Eltern erfreuten sich mehr an ihm [Santa] als die Kinder«; C. Winifred Harley, »Santa Claus«, in Chaloner, *The Mother's Encyclopaedia*, S. 525.

75 Helene R. Roberts, »Marriage, Redundancy, or Sin: The Painter's View of Women in the First Twenty-five Years of Victoria's Reign«, in *Suffer and Be Still: Women in the Victorian Age*, Hrsg. Martha Vicinus (Bloomington: Indiana University Press, 1973), S. 45–76; s. auch Robert Wheaton, »Images of Kinship«, in *Journal of Family History* 12, Nr. 4 (1987), S. 401–2; Christa Pieske, »Das Bild der Familie im Wandschmuck des 19. Jahrhunderts«, in *Sozialkultur der Familie*, Hrsg. A. C. Brimmer/I. Weber-Kellerman (Giessen, 1982), S. 89–113; Davidoff, L'Esperance/Newby, S. 151–59.

76 Mrs. Sarah Ellis, *Women of England, Their Social Duties and Domestic Habits* (London: Fischer, 1838), S. 55.

77 Aus Mary Howitt, *The Children's Hour* (Jan. 1868), zit. in Demos, *Past, Present, and Personal*, S. 52–53.

78 Leed, *The Mind of the Traveler*, S. 87.

79 Zit. in Rotundo, *American Manhood*, S. 58.

80 Demos, *Past, Present, and Personal*, S. 60–61.

81 Louise Tilly/Joan Scott, *Women, Work, and Family* (New York: Holt, Rinehart and Winston, 1978), Teil 2; Wally Seccombe, *Weathering the Storm: Working-Class Families from the Industrial Revolution to the Fertility Decline* (London: Verso, 1993), S. 146–55.

82 Patrick Joyce, *Work, Society, and Politics: The Culture of the Factory in Later Victorian England* (Brighton, Engl.: Harvester Press, 1980), Kap. 4; J. A. Mangan/James Walvin, *Manliness and Morality: Middle-Class Masculinity in Britain and America, 1800–1940* (Manchester, Engl.: Manchester University Press, 1987).

83 In der zweiten Hälfte des neunzehnten Jahrhunderts stellten diese für die meisten Männer der Mittelschicht und viele Arbeiter ein Zuhause jenseits des eigenen Zuhauses dar. Zu ihren Ritualen s. Mary Ann Clawson, *Constructing Brotherhood: Class, Gender, and Fraternalism* (Princeton, N. J.: Princeton University Press, 1989), Kap. 2–5; Mark Carnes, *Secret Rituals and Manhood in Victorian America* (New Haven, Conn.: Yale University Press, 1989); Rotundo, *American Manhood*, Kap. 4.

84 Robert Bly, *Iron John: A Book about Men* (Reading, Mass.: Addison-Wesley, 1990; dt.: Kindler, München 1991).

85 Griswold, *Fatherhood in America*, Kap. 6; *Constructing Brotherhood*, Kap. 7.

86 Thurer, *Myths of Motherhood*, S. 287.

87 David Owens, »The Desire to Father: Reproductive Ideologies and Involuntarily Childless Men«, in McKee/O'Brien, *The Father Figure*, S. 82.

88 S. Nancy Chodorow, *The Reproduction of Mothering: Psychoanalysis and the Sociology of Gender* (Berkeley: University of California Press, 1978).

89 Owens, »The Desire to Father«, S. 82.

90 Martin Richards, »How Should We Approach the Study of Fathers?« in *The Father Figure*, Hrsg. L. McKee/M. O'Brien (London: Tavistock, 1982), S. 68–70.

91 Zur wachsenden Angst vor Effeminiertheit von den neunziger Jahren des neunzehnten Jahrhunderts an s. Rotundo, *American Manhood*, S. 276–83; Griswold, *Fatherhood in America*, S. 171–83.

92 Aus *Harper's Bazaar* (1900), zit. in Demos, *Past, Present, and Personal*, S. 61.

93 Demos, *Past, Present, and Personal*, S. 62; zur Psychodynamik der männlichen Rivalität gegenüber ihren Kindern s. Richards, »How Should We Approach the Study of Fathers?«, S. 70 ff. Zur Jungenhaftigkeit von Männern des zwanzigsten Jahrhunderts s. Rotundo, *American Manhood*, S. 257–58; Chinn, *They Worked All Their Lives*, S. 52.

94 Griswold, *Fatherhood in America*, Kap. 9–11; zu den aktuellsten Daten s. David Blankenhorn, *Fatherless America: Confronting Our Most Urgent Social Problem* (New York: Basic Books, 1995); Susan Chira, »War over Role of American Fathers«, in *New York Times*, 19. Juni 1994.

95 Laslett, *Family Life and Illicit Love*, Kap. 3; Stephanie Coontz, *The Way We Never Were: American Families and the Nostalgia Trap* (New York: Basic Books, 1992), Kap. 10.

96 Demos, *Past, Present, and Personal*, S. 41–67; E. Anthony Rotundo, »American Fatherhood: A Historical Perspective«, in *American Behavioral Scientist* 21 (1985), S. 7–25.

97 Zur aktuellsten Diskussion dieser Position s. David Popenoe, »Family Decline in America«, in *Rebuilding the Nest: A New Commitment to the American Family*, Hrsg. David Blankenhorn, Steven Bayme/Jean Bethke Elshtain (Milwaukee: Family Service America Press, 1990), S. 39–52; zu einer kritischen Bewertung der neuen Familienwertebewegung s. Judith Stacey, »The New Family Values Crusaders«, in *The Nation* (25. Juli – 1. Aug. 1994), S. 119–22.

98 Barbara Ehrenreich, *The Hearts of Men: American Dreams and the Flight of Men from Commitment* (Garden City, N. Y.: Anchor Books, 1983).

99 Die aktuellsten Untersuchungsergebnisse finden sich in Mark Mellman,

Edward Lazarus/Allan Rivlin, »Family Time, Family Values«, in Blankenhorn, Bayme/Elshtain, *Rebuilding the Nest*, S. 73–92.

100 Diese gut bezahlten Stellungen machen nur ungefähr zwanzig Prozent aller zukünftigen Arbeitsplätze aus, s. Robert Reich, *The Work of Nations: Preparing Ourselves for the Twenty-first Century* (New York: Alfred A. Knopf, 1991). S. 171–84.

101 Zur wachsenden Arbeitsbelastung innerhalb des Haushalts s. R. Pahl, *Division of Labour* (Oxford: Basil Blackwell, 1984); s. auch John Brinckerhoff Jackson, *A Sense of Place, a Sense of Time* (New Haven, Conn.: Yale University Press, 1994), Kap. 10.

102 Frank F. Furstenberg Jr., »Good Dads – Bad Dads: Two Faces of Fatherhood«, in *The Changing American Family and Public Policy*, Hrsg. Andrew J. Cherlin (Washington, D. C.: Urban Institute Press, 1988), S. 193–218.

103 Thurer, *Myths of Motherhood*, S. 286–90.

104 Lewis, »A Feeling You Can't Scratch«, S. 51 ff.; Lewis, *Becoming a Father*, S. 31–39, 60–67; Jackson, *A Sense of Place*, S. 42; aktuelle Ergebnisse zum neidischen oder destruktiven Verhalten von Vätern finden sich in Georgia Dullea, »Expectant Fathers' Symptoms«, in *New York Times*, 6. Sept. 1982.

105 Sonia Jackson, »Great Britain«, in *The Father's Role: Cross-Cultural Perspectives*, Hrsg. Michael Lamb (Hillside, N. J.: Erlbaum, 1987), S. 37, 58; Lewis, *Becoming a Father*, S. 59–64.

106 Soren Carlsen, »Men's Utilization of Paternity Leave and Parental Leave Schemes«, in *The Equality Dilemma: Reconciling Working Life and Family Life, Viewed in an Equality Perspective: The Danish Example*, Hrsg. S. Carlsen/J. E. Larsen (Kopenhagen: Munksgaard International Publishers, 1994), S. 79–90; Daten zu Schweden finden sich in Lewis, *Becoming a Father*, S. 189; zur wachsenden Kommerzialisierung der Vaterrolle s. »Here Ye, Hear Ye, Our Baby Is Here«, in *New York Times*, 9. Aug. 1990.

107 Arlie Hochschild, zus. mit Anne Machung, *The Second Shift* (New York: Avon, 1990); Lewis, *Becoming a Father*, S. 175.

108 Furstenberg, »Good Dads – Bad Dads«, S. 207.

109 Furstenberg nennt das »vorübergehende Vaterschaft«; ebd. S. 204–5; zum Thema Serienmonogamie vgl. Lawrence Stone, *The Family, Sex, and Marriage in England, 1500–1800* (New York: Harper & Row, 1977), S. 685–87.

110 Griswold, *Fatherhood in America*, S. 232.

111 David Popenoe, »The Family Condition of America: Cultural Change

and Public Policy«, in *Values and Public Policy*, Hrsg. H. Aaron, T. Mann, T. Taylor (Washington, D. C.: Brookings Institution, 1994), S. 102; Blankenhorn, *Fatherless America*, Kap. 1.

112 Arlie Hochschild während einer Podiumsdiskussion zum Thema »What's Behind the Debate on Family Values?«, American Sociological Association Convention, Los Angeles, 6. Aug. 1994; s. auch Robert Bellah, »The Invasion of the Money World«, in Blankenhorn, Bayme, Elshtain, *Rebuilding the Nest*, S. 227–36.

113 Barbara Katz Rothman, *Recreating Motherhood: Ideology and Technology in a Patriarchical Society* (New York: W. W. Norton, 1989), S. 114–16; s. auch Davis-Floyd, *Birth as an American Rite of Passage*, Kap. 3.

114 Rothman, *Recreating Motherhood*, S. 36.

115 Ebd., S. 42, 88.

116 Dion Sommer, »Fatherhood and Caring: Who Cares?«, in Carlsen/ Larsen, *The Equalit Dilemma*, S. 155–66.

Der Tod und kein Ende

1 W. Lloyd Warner, *The Family of God: A Symbolic Study of Christian Life in America* (New Haven, Conn.: Yale University Press, 1961), S. 167.

2 Michael Kearl, *Endings: A Sociology of Death* (New York: Oxford University Press, 1989), S. XI.

3 W. Lloyd Warner, *The Family of God*, S. 167; s. auch ders., *The Living and the Dead: A Study of the Symbolic Life of Americans* (New Haven, Conn.: Yale University Press, 1959).

4 Kearl, *Endings*, S. 476. Im allgemeinen haben die Leute vor, die Asche beisetzen oder verstreuen zu lassen, stellen aber dann fest, daß sie das nicht schaffen.

5 Amerikanische Zahlen finden sich ebd., S. 239; zu englischen Erfahrungen s. Gillian Bennett, *Traditions of Belief: Women, Folklore, and the Supernatural Today* (London: Penguin, 1987), S. 27–29 und Nachwort.

6 Bennett, *Traditions of Belief*, S. 32.

7 Kearl, *Endings*, S. 474; Kap. 2, S. 12.

8 Warner, *The Family of God*, S. 171–79, 183–85. Spannungen unter den Nachkommen konnten auch zu Exhumierungen und neuerlichen Beisetzungen führen (S. 173 ff.).

9 Ebd., S. 168.

10 R. Porter/D. Porter, *In Sickness and in Health: The British Experience, 1650–1850* (Oxford: Basil Blackwell, 1988), S. 263–4.

11 William Gladstone, *The Gladstone Diaries,* Bd. 1, Hrsg. M. R. D. Foot (Oxford: Clarendon Press, 1968), S. IXX; zur Praxis des täglichen Sterbens s. Porter/Porter, *In Sickness and in Health,* S. 247; Philippe Ariès, *The Hour of Our Death* (New York: Vintage, 1982), Kap. 6; (dt.: Hanser, München 1980).

12 Catrin Stevens, »The Funeral Wake in Wales«, in *Folk Life* 14 (1976), S. 40. Mütter, die das Ritual des *churching* nicht vollzogen hatten, wurden separat beerdigt; Edward Shorter, *A History of Women's Bodies* (New York: Basic Books, 1982), S. 293–95.

13 Irene Quenzler Brown, »Death, Friendship, and Female Identity during New England's Second Great Awakening«, in *Journal of Family History* 12, Nr. 4 (1987), S. 375. S. Halttunen, *Confidence Men and Painted Women: A Study of Middle-Class Culture in America, 1830–1870* (New Haven, Conn.: Yale University Press, 1982), S. 126.

14 Zum Spiel s. John Burnett, *Destiny Obscure: Autobiographies of Childhood, Education, and Family from the 1820s to the 1920s* (London: Allen Lane, 1982), S. 34; zum Thema Beiträge zu Beerdigungsvereinen s. Thomas Laqueur, »Bodies, Death, and Pauper Funerals«, in *Representations* 1, Nr. 1 (Febr. 1983), S. 109–12.

15 Clare Gittings, *Death, Burial, and the Individual in Early Modern England* (London: Croom Helm, 1984), S. 153; Bertram Puckle, *Funeral Customs: Their Origins and Development* (London: T. Werner Laurie, 1926), S. 75.

16 J. W. Frost, *The Quaker Family in Colonial America* (New York: St. Martin's Press, 1973); S. 42; Gittings, *Death, Burial, and the Individual,* S. 83.

17 Ruth Richardson, *Death, Dissection, and the Destitute* (Harmondsworth, Engl.: Penguin, 1988), S. 21; Brown, »Death, Friendship, and Female Identity«, S. 368; Mary Chamberlain/Ruth Richardson, »Life and Death«, in *Oral History* 2, Nr. 1 (Frühjahr 1983), S. 35–36. In Frankreich gab die Schwiegermutter der Braut ihr »Kleid des nächsten Tages«, das diese bei Beerdigungen trug und in dem sie auch beigesetzt wurde; Françoise Zonabend, *The Enduring Memory: Time and History in a French Village* (Manchester, Engl.: Manchester University Press, 1984), S. 135–36.

18 Stevens, »The Funeral Wake in Wales«, S. 33–34.

19 Ebd., S. 28.

20 Richardson, *Death, Dissection, and the Destitute*, S. 7, 23–24.

21 D. Parry-Jones, *Welsh Country Upbringing* (Sirral, Wales: Ffynnon, 1974), S. 47–48.

22 Zit. ebd., S. 48.

23 D. Parry-Jones, *My Own Folk* (Llandysul, Wales: Gomer, 1972), S. 154.

24 Edwin Grey, *Cottage Life in a Hertfordshire Village* (St. Albans, Engl: Fischer, Knight and Co., o. J.), S. 158.

25 Zit. in Leonore Davidoff/Catherine Hall, *Family Fortunes: Men and Women of the English Middle Class, 1780–1850* (Chicago: University of Chicago Press, 1987), S. 109.

26 Zit. in David Stannard, *The Puritan Way of Death* (New York: Oxford University Press, 1977), S. 101; Steven R. Smith, »Death, Dying, and the Elderly in Seventeenth-Century England«, in *Aging and the Elderly*, Hrsg. S. Spicher, K. Woodward, D. van Tassell (Atlantic Highlands, N. J.: Humanities Press, 1978), S. 210–11.

27 Petrus Spierenburg, *The Broken Spell: A Cultural and Anthropological History of Pre-Industrial Europe* (New Brunswick, N. J.: Rutgers University Press, 1991), S. 151–54.

28 Zit. in Alan Macfarlane, *The Family Life of Ralph Josselin* (New York: W. W. Norton, 1970), S. 167.

29 Zit. in Stannard, *The Puritan Way of Death*, S. 108.

30 Smith, »Death, Dying, and the Elderly«, S. 210–11; zum Thema Quäker-Gewohnheiten im frühen neunzehnten Jahrhundert s. Thomas Clarkson, *A Portraiture of Quakerism*, Bd. 2 (London: Longman, 1806), S. 32–43.

31 Halttunen, *Confidence Men and Painted Women*, S. 129.

32 Richardson, *Death, Dissection, and the Destitute*, S. 29; Eileen Yeo, »Culture and Constraint in Working-Class Movements«, in *Popular Culture and Class Conflict, 1590–1914*, Hrsg. S. E. Yeo (Brighton, Engl.: Harvester 1981), S. 169–70.

33 Clarkson, *A Portraiture of Quakerism*, S. 32–34.

34 Stanley Burns, *Sleeping Beauty: Memorial Photography in America* (Altadena, Kalif.: Twelvetrees Press, 1990), Frontispiz.

35 Ariès, *The Hour of Our Death*, S. 451–53; (dt.: München 1980); Halttunen, *Confidence Men and Painted Women*, S. 125–26; Stannard, *The Puritan Way of Death*, S. 154–56, 174.

36 Porter/Porter, *In Sickness and in Health*, S. 252.

37 Nehemiah Adams, *Agnes and the Little Key: Or, Bereaved Parents Instructed and Comforted* (1857), zit. in Halttunen, *Confidence Men and Painted Women*, S. 131.

38 Ariès, *The Hour of Our Death*, S. 609; (dt.: München 1980).

39 Ebd., S. 228.

40 Porter/Porter, *In Sickness and in Health*, S. 253.

41 William Chalmers Whitcomb, *The True Consoler, or, Balm for the Stricker, Original and Selected* (1861), zit. in Halttunen *Confidence Men and Painted Women*, S. 25.

42 Ariès, *The Hour of Our Death*, S. 612; (dt.: München 1980).

43 Zit. in Stannard, *The Puritan of Death*, S. 138.

44 Thomas R. Cole, »The ›Enlightened‹ View of Aging: Victorian Morality in a New Key«, in *What Does It Mean to Grow Old?*, Hrsg. Thomas R. Cole/Sally Gadow (Durham, N. C.: Duke University Press, 1986), S. 125–26; Gerald J. Gruman, »Cultural Origins of Present-Day ›Age-ism‹: The Modernization of the Life Cycle«, in Spicker, Woodward, van Tassel, *Aging and the Elderly*, S. 359–87.

45 Früher hatte *Finalität* »das Ziel des Lebens« bedeutet. Die Bedeutung, die in Verbindung mit dem Reform Act von 1832 eingeführt wurde, lautet folgendermaßen: »die endgültige Form, die sich nicht mehr verändern läßt«; s. *The Shorter Oxford English Dictionary*.

46 Ariès, *The Hour of Our Death*, S. 570–71; John Morley, *Death, Heaven, and the Victorians* (Pittsburgh: University of Pittsburgh Press, 1971), S. 72; John McManners, »Death and the French Historians«, in *Mirrors of Mortality: Studies in the Social History of Death*, Hrsg. Joachim Whaley (New York: St. Martin's Press, 1981), S. 120; Richardson, *Death, Dissection, and the Destitute*, S. 24.

47 Viviana Zelizer, *Pricing the Priceless Child: The Changing Social Value of Children* (New York: Basic Books, 1985), S. 24–27.

48 Burns, *Sleeping Beauty*, Bildunterschriften 5, 6.

49 In früheren Jahrhunderten hatten schwangere Frauen als Sargträgerinnen bei Beerdigungen von Müttern fungiert. Nach allgemeiner Ansicht schützte diese Pflicht sie eher, als daß sie sie gefährdete. Gittings, *Death, Burial, and the Individual*, S. 111.

50 Spierenburg, *The Broken Spell*, S. 137.

51 Burns, *Sleeping Beauty*, Bildunterschriften 58, 69.

52 »Mummification« ist der Ausdruck, den Peter Marris benutzt; s. ders., »Bereavement«, in *Lost and Change* (London: Routledge and Kegan Paul, 1974), S. 28.

53 Zit. in Martha Pike, »Artifacts Relating to Mourning in Nineteenth-Century America«, in dies., *Rituals and Ceremonies in Popular Culture* (Bowling Green, Ohio: Bowling Green University Press, 1980), S. 301. Die Uhren anzuhalten und Spiegel zuzuhängen war neuzeitlicher

»Aberglauben«, den es früher nicht gegeben hatte; Richardson, *Death, Dissection, and the Destitute*, S. 27.

54 Thomas Baldwin Thayer, *Over the River; or, Pleasant Walks into the Valley of the Shadows, and Beyond* (Boston, 1864), zit. in Halttunen, *Confidence Men and Painted Women*, S. 133.

55 Alex Owen, *The Darkened Room: Women, Power, and Spiritualism in Late Nineteenth-Century England* (London: Virago, 1989).

56 Burns, *Sleeping Beauty*, Bildunterschrift 61.

57 Zit. in Richardson, *Death, Dissection, and the Destitute*, S. 24.

58 Burns, Nachwort.

59 Orville Dewey, *On the Duties of Consolation, and the Rites and Customs Appropriate to Mourning* (New Bedford, Mass., 1825), zit. in Halttunen, *Confidence Men and Painted Women*, S. 139 (Hervorhebg. v. Dewey); zum Thema britischer Antiritualismus s. Morley, *Death, Heaven, and the Victorians*, S. 24.

60 Morley, *Death, Heaven, and the Victorians*, Kap. 2; Richardson, *Death, Dissection, and the Destitute*, S. 27, 272–73; Halttunen, *Confidence Men and Painted Women*, S. 146–50, 170–72.

61 Richardson, *Death, Dissection, and the Destitute*, S. 272.

62 Zit. in Puckle, *Funeral Customs*, S. 155.

63 Stannard, *The Puritan Way of Death*, S. 180; Richardson, *Death, Dissection, and the Destitute*, S. 273.

64 Ellen Marie Snyder, »At Rest: Victorian Death Furniture«, in *Perspectives on American Furniture*, Hrsg. Gerald W. R. Ward (New York: W. W. Norton, 1988), S. 241–72.

65 Richardson, *Death, Dissection, and the Destitute*, S. 2–4, 272–81; Thomas Laqueur, »Bodies, Death, and Pauper Funerals«, in *Representations* 1, Nr. 1 (Febr. 1983), S. 109–26.

66 Zur Verschiebung von »Kirchhof« zu »Friedhof« s. Halttunen, *Confidence Men and Painted Women*, S. 127–28; Stannard, *The Puritan Way of Death*, S. 184–85; Ariès, *The Hour of Our Death*, Kap. 11; Puckle, *Funeral Customs*, S. 144–55; Richardson, *Death, Dissection, and the Destitute*, S. 274. Im amerikanischen Süden fallen Decoration Day und Muttertag zusammen. In den anderen Teilen des Landes ist er Teil der Feiern zum Memorial Day, die im Verlauf des Jahrhunderts privater geworden sind.

67 Ariès, *The Hour of Our Death*, S. 533.

68 Puckle, *Funeral Customs*, S. 86; Morley, *Death, Heaven, and the Victorians*, Kap. 6; Halttunen, *Confidence Men and Painted Women*, Kap. 5.

69 Morley, *Death, Heaven, and the Victorians*, S. 69.

70 Halttunen, *Confidence Men and Painted Women*, S. 137–38; Burns, *Sleeping Beauty*, Bildunterschrift 10; Puckle, *Funeral Customs*, S. 87–90. Marris diskutiert in *Lost and Change*, S. 33–40, wie sehr von Frauen immer noch erwartet wird, daß sie so trauern.

71 Zit. in Morley, *Death, Heaven, and the Victorians*, S. 63, 72–73.

72 Burns, *Sleeping Beauty*, Bildunterschriften 13, 25.

73 Puckle, *Funeral Customs*, S. 97 (Hervorhebg. v. Puckle); zur Rolle der Frauen in der Trauer im allgemeinen vgl. Maurice Bloch, »Death, Women and Power«, in *Death and the Regeneration of Life*, Hrsg. M. Bloch/J. Perry (Cambridge: Cambridge University Press, 1982), S. 211–30.

74 Grant McCracken, *Culture and Consumption: New Approaches to the Symbolic Character of Consumer Goods and Activities* (Bloomington: Indiana University Press, 1988), S. 106.

75 Wie Vergangenheit und Gegenwart so verwendet wurden, wird ebd., S. 106–7 diskutiert.

76 Colleen McDannell/Bernhard Lang, *Heaven: A History* (New York: Vintage, 1988), S. 178; Kap. 6.

77 Macfarlane, *The Family Life of Ralph Josselin*, S. 168.

78 McDannell/Lang, *Heaven*, S. 179–80.

79 Zit. ebd., S. 155.

80 Zit. ebd., S. 173.

81 Zit. ebd., S. 258.

82 Anthony Giddens, *Modernity and Self-Identity: Self and Society in the Late Modern Age* (Stanford, Kalif.: Stanford University Press, 1991), S. 6.

83 McDannell/Lang, *Heaven*, S. 265.

84 Zit. ebd., S. 274.

85 Zit. ebd., S. 294.

86 Ebd., S. 293.

87 Ebd., S. 275.

88 Charles Taylor, *Sources of the Self: The Making of Modern Identity* (Cambridge, Mass.: Harvard University Press, 1989), S. 226–27.

89 Zit. ebd., S. 229.

90 Ariès, *The Hour of Our Death*, S. 471; s. auch Ann Douglas, *The Feminization of American Culture* (New York: Alfred A. Knopf, 1977), S. 220–26; Morley, *Death, Heaven, and the Victorians*, Kap. 9.

91 Zit. in McDannell/Lang, *Heaven*, S. 273–74.

92 Douglas, *The Feminization of American Culture*, S. 226.

93 McDannell/Lang, *Heaven,* S. 307, 309, 356.

94 Gwen Neville, *Kinship and Pilgrimage: Rituals of Reunion in American Protestant Culture* (New York: Oxford University Press, 1987), S. 79–87.

95 Kearl, *Endings,* S. 407–416.

96 Mary Douglas, »The Idea of a Home: A Kind of Space«, in *Home: A Place in the World,* Hrsg. Arien Mack (New York: New York University Press, 1993), S. 268.

97 Bennett, *Traditions of Belief,* S. 69.

98 Andrew Weigert/Ross Hastings, »Identity Loss, Family, and Social Change«, in *American Journal of Sociology* 82, Nr. 6 (Mai 1977), S. 1179.

99 Bennett, *Traditions of Belief,* S. 69.

100 Geoffrey Gorer, *Death, Grief, Mourning* (Garden City, N. Y.: Anchor Books, 1967), zit. in Richardson, *Death, Dissection, and the Destitute,* Frontispiz.

101 Zur Hospizbewegung s. Kearl, *Endings,* S. 440 ff.

102 Janny Scott, »Another Legacy of Onassis: Facing Death on Own Terms«, in *New York Times,* 4. Juni 1994. Es ist interessant, daß Angehörige der Mittelschicht sich eher gegen radikale medizinische Eingriffe wehren als Arbeiter. Diejenigen, denen die Medizin nicht in vollem Umfang zur Verfügung steht, wünschen sich den Einsatz aller medizinischen Mittel.

Teil IV

Die Neugestaltung unserer Welten

1 Marina Warner, *Six Myths of Our Times* (New York: Vintage, 1995), S. 19.

2 »Even in the Frenzy of the 90s, Dinner Time Is for the Family«, in *New York Times,* 5. Dez. 1990; Sorge über die zu geringe gemeinsam verbrachte Zeit in der Familie wurde bereits früher ausgedrückt, s. »The Struggle to Keep Family Time Quality Time«, in *New York Times,* 12. Mai 1988.

3 »Family Rituals May Promote Better Emotional Adjustment«, in *New York Times,* 11. März 1992.

4 Dennis Orthner, »The Family in Transition«, in *Rebuilding the Nest: A New Commitment to the American Family,* Hrsg. David Blankenhorn,

Steven Bayme, Jean Bethke Elshtain (Milwaukee: Family Service America Press, 1990), S. 92.

5 Pepper Schwartz, »New Bonds: Para-Dads, Para-Moms«, in *New York Times*, 9. Nov. 1995; Judith Stacey, *Brave New Families: Stories of Domestic Upheaval in Late Twentieth-Century America* (New York: Basic Books, 1990).

6 Catherine Mangold, »These Days, You Make up Holidays as You Go Along«, in *New York Times*, 24. Dez. 1992; Andre Brooks, »Finding Solace: Prayers Accepting Divorce«, in *New York Times*, 31. Aug. 1987. Zum vollen Ausmaß neuer Rituale s. Evan Imber-Black/Janine Roberts, *Rituals for Our Times* (New York: HarperCollins, 1992); zu lesbischen Riten s. Becky Butler, Hrsg., *Ceremonies of the Heart: Celebrating Lesbian Unions* (Seattle: Seal Press, 1990).

7 Peter H. Lewis, »Strangers, Not Their Computers, Build a Network in Time of Grief«, in *New York Times*, 8. März 1994.

8 Ronald L. Grimes, *Marrying and Burying: Rites of Passage in a Man's Life* (Boulder, Col.: Westview, 1995), S. 5.

9 Robert Fulghum, *From Beginning to End: The Rituals of Our Lives* (New York: Villard Books, 1995), S. X.

10 Juliet Schor, *The Overworked American: The Unexpected Decline of Leisure* (New York: Basic Books, 1991), S. 30.

11 Witold Rybczynski, *Waiting for the Weekend* (New York: Viking, 1991).

12 Pepper Schwartz, »The Silent Family: Together, but Apart«, in *New York Times*, 16. Febr. 1995.

13 Ebd.

14 Schor, *The Overworked American*, S. 11–13; Kap. 4.

15 Leonardo Paggi, »The Shaping of Post-Bourgeois Politics in Europe, 1945–1968« (Thesenpapier, Palmer House, Chicago, 1. April 1994), S. 4.

16 John Demos, *Past, Present, and Personal: The Family and the Life Course in America* (New York: Oxford University Press, 1986), S. 36.

17 Zum Head-Start-Programm s. Joseph Kett, *Rites of Passage: Adolescence in America, 1790 to the Present* (New York: Basic Books, 1977), S. 205–11.

18 Joshua Meyrowitz, »The Adultlike Child and the Childlike Adult: Socialization in an Electronic Age«, in *Daedalus* 113, Nr. 3 (Sommer 1984), S. 19–48.

19 Rickie Solinger, *Wake up Little Susie: Single Pregnancy in the Pre-*Roe vs. Wade *Era: A Cultural Study* (New York: Routledge, 1992), Kap. 1,

5, 6; Carin Rubinstein, »The American Family Is Adjusting to Teen-Agers' Work-Spend Ethic«, in *New York Times,* 21. Jan. 1988.

20 Bernice L. Neugarten/Darl A. Neugarten, »Changing Meanings of Age in the Aging Society«, in *Our Aging Society: Paradox and Promise,* Hrsg. Alan Pifer/Lydia Bronte (New York: W. W. Norton, 1986), S. 34–37; John Gillis, *Youth and History: Tradition and Change in Age Relations, 1750 to the Present* (New York: Academic Press, 1975), S. 207–9.

21 Neugarten/Neugarten, »Changing Meanings of Age«, S. 37.

22 Zur Auffälligkeit von Teenagerkrisen s. Kenneth Kenniston, »Youth: A ›New‹ Stage of Life«, in *American Scholar* 39, Nr. 4 (Herbst 1970), S. 631–54; zum Thema Midlife-crisis s. Orville Brim Jr., »Theories of Male Mid-Life Crisis«, in *Counseling Psychologist* 6 (1976), S. 2–9; s. auch Stanley Brandes, *Forty: The Age and the Symbol* (Knoxville: University of Tennessee Press, 1985), S. 17–18.

23 Matilda White Riley/John Riley, »Longevity and Social Structure: The Potential of the Added Years«, in Pifer/Bronte, *Our Aging Society,* S. 55–68; eine kritische Diskussion der Krisenmentalität findet sich in Emily Martin, *The Flexible Body: Tracking Immunity in American Culture from the Days of Polio to the Age of AIDS* (Boston: Beacon Press, 1994).

24 Brandes, *Forty,* S. 8, 15.

25 Grisela Labouvier-Vief, »Individual Time, Social Time, and Intellectual Aging«, in *Aging and Life Course Transition,* Hrsg. Tamara Hareven (New York: Guilford Press, 1982), S. 151–82.

26 Brandes, *Forty,* Kap. 2; Matilda White Riley, Hrsg., *Aging from Birth to Death: Interdisciplinary Perspectives* (Boulder, Col.: Westview, 1979); Neugarten/Neugarten, »Changing Meanings of Age«, S. 36–37.

27 Howard P. Chudacoff, *How Old Are You? Age Consciousness in American Culture* (Princeton, N. J.: Princeton University Press, 1989), Kap. 6–7; Elizabeth Colson, »The Least Common Denominator«, in *Secular Ritual,* Hrsg. Sally Moore/Barbara Myerhoff (Assen/Amsterdam: Van Gorcum, 1977), S. 189–98; Barbara Myerhoff, *Number Our Days* (New York: Simon & Schuster, 1978), Kap. 6.

28 Brandes, *Forty,* S. 105–6.

29 Michael Murphy, »Measuring the Family Life Cycle: Concepts, Data, Methods«, in *Rethinking the Life Cycle,* Hrsg. Alan Bryan et al. (Basingstoke, Engl.: Macmillan, 1987), S. 37.

30 Neugarten/Neugarten, »Changing Meanings of Age«, S. 37.

31 Martin Martel, »Age and Sex Roles in American Magazine Fiction (1890–1955)«, in *Middle Age and Aging*, Hrsg. Bernice Neugarten (Chicago: University of Chicago Press, 1958); S. 56.

32 Neugarten/Neugarten, »Changing Meanings of Age«, S. 35; David Stannard, »Growing up and Growing Old: Dilemmas of Aging in Bureaucratic America«, in *Aging and the Elderly*, Hrsg. S. Spicher, K. Woodward, D. van Tassell (Atlantic Highlands, N. J.: Humanities Press, 1978), S. 18; s. auch Gail Sheehy, *New Passages: Mapping your Life across Time* (New York: Random House, 1995), S. 72.

33 »Conflict for Working Couples: When He Retires, Must She?« in *New York Times*, 9. Nov. 1993.

34 Peter Laslett, *A Fresh Map of Life: The Emergence of the Third Age* (Cambridge, Mass.: Harvard University Press, 1991), Kap. 6.

35 Sheehy, *New Passages*, S. 137–38.

36 Neugarten/Neugarten, »Changing Meanings of Age«, S. 36.

37 Lebouvier-Vief, »Individual Time, Social Time«, S. 151–82.

38 Sheehy, *New Passages*, S. 61–62; Neugarten/Neugarten, »Changing Meanings of Age«, S. 37–38; Marlis Buchmann, *The Script of Life in Modern Society: Entry into Adulthood in a Changing World* (Chicago: University of Chicago Press, 1989), Kap. 2, 8 und Schluß; Sharon Kaufmann, *The Ageless Self: Source of Meaning in Late Life* (Madison University of Wisconsin Press, 1985).

39 Neugarten/Neugarten, »Changing Meanings of Age«, S. 40; Gerald J. Gruman, »Cultural Origins of Present-Day ›Age-ism‹: The Modernization of the Life-Cycle«, in Spicker, Woodward, van Tassell, *Aging and the Elderly*, S. 359–87.

40 John Gillis, »Vanishing Youth: The Uncertain Place of the Young in a Global Age«, in *Young: Nordic Journal of Youth Research* 1, Nr. 1 (Febr. 1993), S. 3–4.

41 David Harvey, *The Condition of Postmodernity* (Oxford: Basil Blackwell, 1989), S. 202–10.

42 Gail Sheehy, *Pathfinders* (New York: Morrow, 1981), S. 294.

43 Sheehy, *New Passages*, S. 71 (Hervorhebg. v. Sheehy).

44 Gruman, »Cultural Origins of Present-Day ›Age-ism‹«, S. 364.

45 Colson, »The Least Common Denominator«, S. 189.

46 Barbara Myerhoff, »Bobbes and Seydes: Old and New Roles for the Elderly Jews«, in *Women in Ritual and Symbolic Roles*, Hrsg. Judith Hoch-Smith/Anita Spring (New York: Plenum, 1978), S. 207–41.

47 Eine nützliche Zusammenfassung dieser Trends findet sich in Malcolm Waters, *Globalization* (New York: Routledge, 1995).

48 Zit. in Clifford Clark, *The American Family Home, 1800–1860* (Chapel Hill: University of North Carolina Press, 1986), S. 235.

49 Zit. in Orvar Löfgren, »Swedish Modern: Nationalizing Consumption and Aesthetics in the Welfare State« (unveröff. Thesenpapier, Rutgers Center for Historical Analysis, 1993).

50 Hermann Bausinger, »Auf dem Wege zu einem neuen, aktiven Heimatverständnis«, in *Heimat heute*, Hrsg. Hans-Georg Wehling (Stuttgart: Kohlhammer, 1984), S. 24; s. auch Dennis Wood/Robert Beck, *Home Rules* (Baltimore: Johns Hopkins University Press, 1994).

51 Harvey Levenstein, *Revolution at the Table: The Transformation of the American Diet* (New York: Oxford University Press, 1988), S. 164.

52 Hermann Bausinger, *Folk Culture in a World of Technology* (Bloomington: Indiana University Press, 1990), S. 54–60.

53 Der Familienurlaub ist der größte Wachstumsfaktor im Geschäft von Club Med; Carol Lawson, »Surviving Vacation (It's a Family Battle)«, in *New York Times*, 1. Aug. 1991.

54 Bausinger, *Folk Culture*, S. 59; Bausinger, »Auf dem Wege«, S. 18–20; Michael Ann Williams, *Homeplace: The Social Use and Meaning of the Folk Dwelling in Southwestern North Carolina* (Athens: University of Georgia Press, 1990), S. 133.

55 Phil Paton, »Feeling at Home at the Office«, in *New York Times*, 27. Aug. 1992.

56 Marian Burris, »Women: Out of the House but Not out of the Kitchen«, in *New York Times*, 24. Febr. 1988; Susan Strasser, *Never Done: A History of American Housework* (New York: Pantheon, 1982); Jennifer Craik, »The Making of Mother: The Role of the Kitchen in the Home«, in *Home and Family: Creating the Domestic Space*, Hrsg. Graham Allen/Graham Crowe (Houndsmill, Engl.: Macmillan, 1989), S. 48–63; Clark, *The American Home*, S. 207, 234–35; Joan Kron, *Home-Psych: The Social Psychology of Home and Decoration* (New York: Crown, 1983), Kap. 5; Orvar Löfgren, »Consuming Interests«, in *Culture and History* 7 (1990), S. 7–36; Dennis Chapman, *The Home and Social Status* (London: Kegan Paul, 1956), S. 27–31.

57 Georgia Dullea, »Teen-Agers' Inner Sanctums, Where Many Worlds Collide«, in *New York Times*, 10. Jan. 1992.

58 Enid Nemy notiert, daß sich ein immer größerer Teil des Lebens im Schlafzimmer abspielt; »The Living Room as Museum: Don't Touch«, in *New York Times*, 6. Aug. 1992; zur sich wandelnden Nutzung des großen Schlafzimmers s. Clark, *The American Home*, S. 216, 243.

59 Robert Calem, »Working at Home, for Better or Worse«, in *New York Times,* 18. April 1993.

60 Löfgren, »Swedish Modern«, S. 18: Arlie Hochschild, Anne Machung, *Second Shift* (New York: Avon, 1990); zum Thema England s. Fiona Devine, »Privatized Families and Their Homes« in Allen/Crowe, *Home and Family,* S. 96–100.

61 »A House with a Picket Fence Still Fits the American Dream«, in *New York Times,* 2. Juni 1992; *East Bay Real Estate Weekly* 1, Nr. 20 (10. Sept. 1993).

62 Jane Gross, »More Young Single Men Hang on to Apron Strings«, in *New York Times,* 16. Juni 1991; s. auch Sheehy, *Passages,* S. 49.

63 Clare Cooper, »The House as Symbol«, in *Design and Environment* 3 (1972), S. 31–33; Clare Cooper Marcus, *House as Mirror of Self* (Berkeley: Conari Press, 1995).

64 Vgl. die Beiträge von Eric Hobsbawm, Breyten Brytenbach und Simon Schama in *Home: A Place in the World,* Hrsg. Arien Mack (New York: New York University Press, 1993).

65 Gina Kolata, »Family Aid to Elderly Is Very Strong, Study Finds«, in *New York Times,* 1. Mai 1993.

66 Tamar Lewin, »Aging Parents: Women's Burden Grows«, in *New York Times,* 14. Nov. 1989; Kron, *Home-Psych,* S. 159–60; John Higgins, »Homes and Institutions«, in Allen/Crowe, *Home and Family,* S. 161–73.

67 Williams, *Homeplace,* S. 117.

68 Rolf Meyersohn/Donal Malone, »Social Meanings of Second Homes for Urban Dwellers«, in *The Apple Sliced: Sociological Studies of New York City,* Hrsg. V. Boggs, G. Handel, S. Fava (New York: Praeger, 1984), S. 327–28.
Die Untersuchung wurde 1979 durchgeführt; s. auch Rybczynski, *Waiting for the Weekend,* S. 171–84. Die Amerikaner machen noch immer am liebsten mit der Familie Urlaub; s. Melinda Henneberger, »A New Poll Describes Vacation Preferences«, in *New York Times,* 23. Mai 1993 (Reiseteil).

69 Amy Willard Cross, *The Summer House: A Tradition of Leisure* (Toronto: HarperCollins, 1992), S. XIII.

70 Orvar Löfgren, »Learning to Be a Tourist«, in *Ethnologia Scandinavica* 24 (1994), S. 124.

71 Jan Bernardes, »Do We Really Know What ›The Family‹ Is?«, in *Family and Economy in Modern Society,* Hrsg. P. Close/R. Collins (London: Macmillan, 1985), S. 192–95.

72 Jan Bernardes, »›Family Ideology‹: Identification and Exploration«, in *Sociological Review* 33, Nr. 2 (Mai 1985), S. 275–79.

73 Arlene Skolnick, »Public Images, Private Realities: The American Family in Popular Culture and Social Science«, in *Changing Images of the Family*, Hrsg. Virginia Tufte/Barbara Myerhoff (New Haven, Conn.: Yale University Press, 1979), S. 297–315.

74 Robert Bly, *Iron John: A Book about Men* (Reading, Mass.: Addison-Wesley, 1990, dt.: München 1991); eine völlig andere Ansicht findet sich in Michael Kimmel, *Manhood in America: A Cultural History* (New York: Free Press, 1995).

75 Eine Beschreibung von Familien, die dies praktizieren, findet sich in Stacey, *Brave New Families*.

LISTE DER ILLUSTRATIONEN

Die Heilige Familie bei der Arbeit
aus dem Stundenbuch der Catherine of Cleves (ca. 1440)
The Pierpont Morgan Library/Art Resource, NY

Herzlichen Glückwunsch zum Geburtstag
William Powell Frith (1836)
Harrogate Museums and Art Gallery,
North Yorkshire/Bridgeman Art Library, London

»Mutter mit totem Kind«
Amerika (ca. 1845–1855)
Copyright The Burns Archive

Zum ersten Mal Vater
Copyright Ronald R. van Oijen

Sach- und Personenregister

DANK

Oft genug hatte ich das Gefühl, daß ich es nicht schaffen würde, das vorliegende Buch fertigzustellen. Natürlich schulde ich meinen Wissenschaftlerkollegen viel, aber noch mehr bin ich den Mitgliedern meiner unmittelbaren Familienwelt – Tina, Chris, Kathy und meiner Mutter Ruth – sowie denjenigen, die fast so etwas wie Familie für mich sind – Lance und Marjorie Farrar, Susanna und Alexandra Barrows, die mir auf vielfältige Weise beim Verfassen dieses Buches geholfen haben – verpflichtet.

Ein Dank ganz anderer Art geht an die Einrichtungen, die meine Forschungen und mein Schreiben unterstützt haben: an das Woodrow Wilson International Center for Scholars, an Clare Hall von der Cambridge University, an das Rutgers Center for Historical Analysis, das Center for the Critical Analysis of Contemporary Culture (Rutgers), das Institute for the Humanities an der Aarhus University und an das Center for Advanced Studies in the Behavioral Sciences at Stanford, wo mein Aufenthalt durch ein Forschungsstipendium der Andrew Mellon Foundation gefördert wurde.

Es wäre unmöglich, all jenen zu danken, die sich über unterschiedliche Stellen und zu unterschiedlichen Zeiten über dieses Buch geäußert haben, doch mein besonderer Dank geht an Bob Nye, Mary Joe Nye, Dorothy Thompson, Edward Thompson, George Chauncey, Philip Greven, Bonnie Smith, Uffe Ostergaard, Hans Fink, Peter Laslett, Lawrence Stone, Rod Phillips, James Gilbert, Joe Kett, Ellen Ross, Gerry Bruns, Frank Furstenberg, Judith Stacey, Arthur Kleinman, Joan Kleinman, Buck Schliffren, Alida Gersie, Bob Scally, Jonas Frykman, Orvar Löfgren, Jackson Lears, Mary Hartman, Thomas Laqeur, Jim Reed, Prosser Gifford, Roger Schofield, Louise Tilly, David Levine, Lisa Cody, Marcia Ian, Victoria de Granzia, Leonardo

Paggi, Jack Talbot, Stuart Hauser, Barbara Hauser, Bob Scott, Emmanuel Sivan, Martine Segalen, Wally Seccombe, David Thelen, Stanley Brandes, Jay Winter, Jan Lewis, Mary Blanchard, Harvey Kaye, Lee Davidoff, Erika Rappaport, David Lowenthal, Alon Confino, Arlene Skolnick, Nikki Gullachi, Gerald Handel, Ted Koditschek, Susan Groag Bell, Phyllis Mack, Lynn Mahoney, Ginger Frost, Elizabeth Roberts, Carolyn Williams, Elizabeth McLachlan, Jim McLachlan, Lige Gould, Cynthia Daniels, Candace Falk, Matt Matsuda und Eric Leed.

Außerdem bin ich Steve Fraser verpflichtet, der dieses Projekt durch die ersten Phasen begleitete, und Gail Winston, die dafür sorgte, daß es zu Ende geführt wurde.